幸福な定年後

足立紀尚

晶文社

ブックデザイン　晶文社装丁室

幸福な定年後　目次

1　新しい「仕事」に挑戦する

フリースクールを自宅ではじめる　14　笠井　聡（62歳）徳島
技術翻訳の会社を設立する　27　森山　寛美（71歳）千葉
雑誌編集者になる　38　湯山　国夫（65歳）東京
テレビタレントに転身する　44　藤井　昇（63歳）奈良
早期退職して夫婦で農業をはじめる　56　湯浅　幹夫（59歳）岡山
派遣会社の調査員になる　66　江端　一則（71歳）奈良

2　好きなことに熱中する

昔の仲間とジャズバンドを再結成する　74　三星広之助（69歳）兵庫
四国八十八カ所をお遍路する　87　安田　享祐（59歳）東京

6 高齢社会に生きる

7 日本を飛びだす

8　仲間と過ごす

9　家族のかたち

1 新しい「仕事」に挑戦する

フリースクールを自宅ではじめる

はじめて生徒がやって来たときは、
それは嬉しかったですよ。

笠井聡（62歳）
元高校教員・徳島県

三年半前に高校教員を定年退職しました。これをきっかけに徳島市の郊外にある自宅を開放してフリースクールを始めたんです。学校が嫌いな中高生ばかりを対象にしたものです。

名称は「徳島フリースクール」といいます。開いているのは週に三日、いずれも午前中だけです。このうちの一日は勉強の日で、それぞれが学んでいる内容の教科書を持って来て、わが家の食堂兼居間で勉強しています。残りの二日は近くの体育館で子どもたちとスポーツをします。ぼくも子どもたちと一緒になってバスケットボールやバドミントンをして汗を流しているんですよ。

いま、うちに来ている子どもたちは、ぜんぶで十一人です。高校生が五人、中学生が四人、それから二十歳の女の子が一人と三十六歳の男の子も一人います。このうち女の子は三人です。このほかにも、ずっとではないけれども、時たまやって来る子が何人かいます。

スクールを始めたきっかけですか？　ご承知のように、最近は学校嫌いの子どもが増えてきています。学校に行かなくなったり、中退してゆく子どもたちにとっての居場所を提供することができれば、個人的にも、いくらかでも世の中のお役に立てるのではないか。そう思って始めたんです。

けっこう充実しているように見えますか？　いやあ、生き甲斐らしきものに思えるようになってきたのは、ほんの最近のことです。始めた頃は、てんやわんやだったんです。この頃は休みの日に子どもたちと一緒にイモ掘りや潮干狩りに行ったりできるようになって、ぼくとしてもようやく楽しい気分になってきました。

◇

学校で教えていた時は体育の教師でした。こう見えても、ラグビー部の監督として生徒をインターハイに連れていったこともあります。毎年、正月の時期に大阪の花園ラグビー場で行われる高校ラグビー選手権に出たこともあるんです。

もともと、ぼくがラグビーを始めたのは大学の時からです。高校までは陸上部で短距離をやっていたんですが、高校の時の先輩から「ラグビー部に入らないか」と誘われたんです。ぼくが卒業した高校はラグビーの名門校で、ぼくが在学していた当時から全国大会にも出場していました。そういうこともあって、高校時代からおもしろそうなスポーツだなあと思っていたんです。

大学は徳島大学です。いまは教育学部ですが、当時は学芸学部と言っていました。徳島大学のラグビー部はすごく弱かったんです。大学ラグビー選手権の地区予選なんかでは、当時の四国で一番強かった松山商大、いまは松山大学と名前が変わりましたが、そことやって五十対〇という大差で敗けるほどでした。なにしろ、ぼくが卒業した高校のラグビー部と試合をしても負けてしまう、その程度のレベルだったんです。

大学にはラグビーを指導してくれる人がいませんでした。卒業した高校の先生のところに指導方法を教えてもらいに行ったりしているうちに、だんだんと高校生にも勝てるようになりました。ぼくは三年生、四年生とキャプテンだったんですが、四年生の時には四国大会で松山商大にも勝って、ついに四国で一番になりました。

もともと教員になるつもりはなかったんです。地元の大学の教育学部に行ったのも、東京の私大に落ちてしまって、たまたま親が願書だけ出してくれていた徳島大学を受けたところ合格したからという、ただそれだけの理由からです。

ところが、大学時代にラグビーの練習などを通じて高校生たちと接するうちに、教師の仕事も悪くないなあと思うようになりました。大学では体育科と社会科の教員免状を取得していたんですが、子どもたちと一緒にラグビーをしたいという気持ちが強かったものですから、体育の教師になることにしました。教師になって最初の二年間は鳴門高校で過ごしました。そのあと徳島市内にある城南高校という学校に転勤になりました。

城南高校というのは県内でも指折りの進学校です。赴任した年の夏休み前に、休み中の練習スケジュールを決めて「さあ、明日からこれでやるぞ」と言ったところ、そんなハードな練習をしていては勉強できなくなるという理由から退部希望者が続出する始末でした。それまでラグビーでは何の実績もない学校だったので、まあ仕方がありません。

いろいろ考えて、合宿の期間中にも勉強時間を設けるなどすることで、ラグビーと勉強が両立できるようにしました。夜の八時から十一時までは勉強時間にして、ぼくは英語を教え、数学は同僚の先生に来てもらうようにしました。そうした努力が功を奏して、城南高校に赴任して十五年目には、ついに全国高校ラグビー選手権大会に出場することができました。それが昭和五十四年のことです。この学校では、その後も五十六年、五十七年、五十九年と合計四回の出場を果たしました。

その後、小松島にある高校に転勤になりました。この転勤はいまから考えると大きな転機になりました。担任をはずれて学年主任や生徒指導主任をやるようになったということもありますが、それだけではありません。それまでは、ずっと進学校でしか教えたことがなかったのに、いわゆる底辺校と呼ばれる学校に行ったことで、学校が好きでない高校生についても目が向くことになったんです。

いまは高校の中退者がずいぶん多くなっていますが、中退率はすでに当時から少しずつ上昇してきていました。そんな学校で学年主任をやっていると、担任が印鑑を押してくれと言ってきます。学校にうまく適応できなくて、やめていこうとしている生徒が中退することを認めるハンコがほしいというわけです。

そうした際に、学年主任はまず担任から話を聞きます。さらに本人や保護者も交えて、これからどうするかについての話をするというのが、いちおうの手順になっています。中退してゆく生徒が次にどうするかについて考えてやるのも、われわれ教師の仕事のひとつと考えて、ぼくも主任の立場からいろいろとアドバイスをするわけです。

この時点で生徒たちのほとんどは、これから先をどう過ごしたらいいのかもわからないまま学校を去ろうとしています。そんな彼らに何か少しでも参考になればと考えて、ぼくはあちこちの受け入れ校の資料を取り寄せては、担任を通じて本人に渡したりというようなことをしていました。

こうした時期を経験したことで、子どもたちを少し客観的な目で見られるようになってきたように思います。それまではずっと担任だけをやってきましたから、主任という少し距離を置いた立場で接するようになったことで、中退していく子どもたちが置かれている状況がどれだけ困難なものかということが、ようやくわかるようになってきたんです。

教師にとって、生徒が卒業することなく学校を去っていく姿を見送るほど腑甲斐ないことはありません。そんな時、担任としては、辞めるなら辞めろと突き放してしまいたくなる気持ちがあることも事実です。しかし考えてみれば、学校という制度になじめないまま中退していく子どもたちに受け皿となる場所を用意してやることも、大人としての仕事ではなかろうか。各地にフリースクールと呼ばれるものが徐々に登場してきてはいましたが、徳島にはまだひとつもありませんでした。ないんだったら、いっちょう、このおれが作ってやろうやないかと。そう思うようになったんです。

その後、さらに定時制高校、農業高校、新設校などに転勤になり、やがて管理職にもなりました。定年の年齢が近づくにつれて、その思いは強くなる一方でした。最後は副校長という肩書で六十歳の定年を迎えました。

また正直に言うと、フリースクールを始めたのは自分自身のためという動機があったことは否定できません。

それまで趣味といえるものがまったくなかったわけではありません。盆栽いじりは若いときから秘かな楽しみとしてきました。ラグビーの指導をしていた頃から、時間ができると自宅の庭にぶらっと出て、松だとか紅葉とかいった盆栽の世話をしていました。そうやって盆栽をいじっていると、どういうわけか心が安まりました。

でも考えてみると、盆栽いじりに喜びを感じるのも、忙しさのなかにつかの間の時間を見つけてやっているからです。いくら盆栽で心安らぐからといって、朝から晩まで盆栽だけいじって過ごすなんてことはできません。それで、定年を意識し始めた五十代の前半ごろから、退職した後はいったい何をやろうかと考えるようになりました。

そりゃあ、やる気さえあれば何だってできますよ。われわれ教員仲間のなかにも、定年になってからタクシーの運転手を始めたひともいます。でも、そうやって新しい世界に飛び込んだものの、けっきょく長続きしないことが多いんです。

そりゃあそうだと思います。だって教師はみんな井の中の蛙ですから。若いときから「先生」と呼ばれることに慣れてしまっていて、頭を下げて何かをするということを知りません。そんな調子でずっとこの年齢までやってきて、そこから世の中に出て新たに何かをやろうったって、なかなかうまくいくはずもありません。

だからといって、定年後にひっそりと寂しく余生を送るというのも真っ平ご免でした。それに、何だかんだ言っても、ぼくは子どもと一緒にいることが好きでしたから。そんな理由もあって、定年退職になったら高校中退者のためのフリースクールをやろうと真剣に考えるようになったんです。

◇

そういう思いがあったので、定年の四、五年くらい前から、各地のフリースクールや高校中退者を受け入れている学校によく見学に行ったりしました。たしか一度、日曜日だったかに神戸のポートアイランドにある高校中退者の塾に行って、そこの塾長さんに話を聞いたことがありました。また同じ四国の高松で開校しているフリースクールに行って、どんな活動をしているか聞いたりもしました。そうするうちに、いったい自分がどんなことができるかということが、だんだんとイメージできるようになってきました。

定年になったのは平成十年三月末です。これで、いよいよ念願のフリースクールが始められるという思いで、意気揚々と学校をあとにしました。

でも、自宅を開放して不登校生徒や高校中退者を受け入れるということ以外、何か決めていたことがあったわけではありません。始める方法やノウハウもありませんし、生徒が来るあてがあったわけでもありません。

どうやったら始められるかについて、自分なりにいろいろと知恵をしぼりました。最初にやるべきだと思ったのは、この場所にフリースクールができるということを、まず地域の人たちに知ってもらわないといけないということでした。そこで、地元の徳島新聞のなかの「アドネット」というお知らせのページに三回ほど広告を出しました。でも、その時の反応はたしか二、三人の人から問い合わせの電話があったくらいで、そのまま終わってしまいました。すぐに通ってくる生徒はいなかったんです。

ここに入ってくる時に目に留まったと思いますが、いまは玄関の横に通りからも見える看板を出しています。でも、最初のうちはそんなものも出していませんでした。派手に広告をうつようなものでもありませんし、しばらくは様子見の状態が続きました。

そんな時に、地元の私立高校から、寄宿舎に舎監として夜泊まりに来てほしいという話をもらいました。それで、そちらに週二回ほど行くことになりました。その寄宿舎では三十八名の中高生が親元を離れて生活しています。ぼくは夕方に寮に行って、門限をちゃんと守っているかとか、自習時間に勉強をしているかといったことを見るのが仕事です。あとは朝まで泊まるだけですから、フリースクールには差し支えないと考えて引き受けることにしました。

でも、そういうことが重なってしまい、フリースクールの開店休業状態は半年近くも続きました。九月になって徳島新聞に再び、今度は一日おきに六回ほど広告を出しました。すると徳島新聞の記者が取材に来てくれて、なんと新聞の一面に写真入りで大きく紹介してくれました。元高校教師がちょっと変わったスクールを始めるというので、これはおもしろそうだと取り上げてくれたんです。その時はかなり大きな反響がありました。とてもぼくだけでは対応し切れませんでしたから、高校で社会科の教師をしている家内にも電話を聞いてもらいました。

この時にあらためて感じたのは、不登校の子を持つ親の気持ちがどれだけ切実かということです。新聞記事を見て電話をしてくるのは、学校に行かなくなってしまった自分の子どもを何とかしないといけないと思う危機感があればこそです。そんな多くの親ごさんたちから、いっせいに電話がかかってきたわけです。ぜんぶ合わせると、この時はたしか百件近くの問い合わせがあったと思います。


そして、とうとう念願の生徒第一号がやって来ました。それは高校生の男の子で、親といっしょに来た本人と話してみたところ、翌日から来たいと言います。本人にも、このままでダメだという気持ちがある様子でした。ところが、翌日の約束した時間になっても彼はやって来ません。どうしたものかと思って家に電話をしてみると、おばあさんが出てきて「まだ寝ています」と言います。本人を電話口まで呼んでもらって「来ると言うとっただろう?」と聞くと「今日はしんどいから、やめときます」。

そんなやりとりが何日か続いたあと、彼がついにやって来ました。あの時は嬉しかったですよ。なにしろ、このぼくを頼ってやって来た最初の生徒なわけですからね。

その彼がここに来て、最初に口にした言葉は「生徒はボクだけですか?」というものでした。「来週ぐらいに来たいと言っている子がもう一人いるから」と答えて、その日は家の近くにある動物園まで一緒に歩いていきました。見たところ、あまりものを言いそうにない子でしたけど、ぼくとはよく話をするんです。雑談をして、またここまで帰ってきました。

翌週になって、もう一人の子も来るようになりました。生徒は二人になったんですが、困ったことがありました。互いにまったく話をしないんです。自己紹介をさせたあと、それからはあいさつも一切しないし、口も聞かない。ふたりとも、ぼくとは話をするんですが、これはどういうことかと思いました。

ふたりが話をするようになる、何かいいきっかけはないものか。そう思っていろいろやってみました。聞くと、ふたりとも釣りが好きだといいます。そこで「今日は釣りに行かんか？」と言って、片道六キロほど歩いて池まで行きました。でも行きも帰りも、それから釣りをしている間も、ふたりはまったくひと言も口を聞かんのですよ。

これは一度、どうにかして話をさせてやろうと思ったんですが、いっこうにその気配もありません。だからといって「話をせいや」と言うわけにもいきません。そのうちネタも切れてくるし、こちらもだんだん困ってきました。

ある日、動物園に行くのに、ぼくは風邪気味だったので「調子がわるいから、お前らは歩いていけよ」と言って、自分だけ車で行きました。本当にどうしたらいいかわからない気分だったんです。そうして、先に着いてから待っていました。すると、なんとむこうからふたりが仲良く話しながらやって来る姿が見えるではありませんか。動物園に着いてからも、ふたりは今度始めるアルバイトのことなどの話をしていました。

しかも、帰りもふたりでにどこかへ行こうとします。聞いてみると、一緒にブラックバスを釣りに行くというんです。この辺はブラックバスが多くて、先に来た子の方はバス釣りがうまいんです。あとから来た子に教えてやるということでした。それまでは本当にやきもきしつつ、内心はどうなることやらと思いながら見ていましたが、これでほっとしました。

◇

フリースクールを始めるにあたって、自分で固く決めていたことがひとつあります。それは、ぜったいに大声を出さない、怒らないということです。

学校の教員を長くやっていると、すぐに大声を出して怒るのが習慣になってしまっています。子どもが言うことをきかない時、ちゃんとしない時に、すぐに大声を出して怒ります。これは教師の悪い癖のひとつだと思います。

不登校の子どもの相手をする時に、大声を出すことは一番の禁じ手です。不登校の生徒たちにとっては大声を出されることが一番嫌だということを、ぼくは学校にいた時の経験からじゅうぶんにわかっていましたから、それだけはやめておこうと自分にきつく言い聞かせておったんです。

ところが、この大声を出さないというのが、ぼくにとっては一番たいへんなことでした。子どもを見ていると、すぐに「こら」と大声を張り上げたくなってきます。それでも、始めたばかりの頃はまだよかったんです。二カ月目に入ると、通ってくる子どもの数が急に増えました。元教師が不登校の子どもを相手になにやら変わったスクールを始めたらしいということが知られるようになってきたんでしょう。


希望者が一気に増えました。

生徒たちの数が増えたとたん、ぼくのストレスは倍増しました。子どもたちは平気で休んだり遅刻したりします。「休むときは、ちゃんと連絡しようなあ」とこちらが何回言っても、彼らには馬耳東風です。いっこうに改まる気配がないんですから。

不登校の生徒たちばかりを集めてスクールをやることが、どれだけたいへんなことなのかということを、この時になって初めてわかりました。これでは誰もフリースクールなんてやらんはずやなあって、つくづく痛感しました。なにしろ、こっちの言うことをぜんぜん聞かない子ばっかりなんですから。

一番しんどかったのは、始めて二、三カ月目の時期だったですね。もう、このへんでやめとこうかなと、そう何度も思いましたよ。こんな調子でずっとやっていたら、こっちが病気になるんじゃなかろうかって。そんなことを毎日ずっと考えていました。なにしろ、こっちの思っていることが、彼らにはぜんぜん伝わらんのです。ぼくも、それなりにいろいろと考えて、やっているわけです。でも、その気持ちがなぜ彼らにはわからんのかなあって、そんなことを何回も思いましたよ。

一例を挙げると、その年の十二月の学校がある最後の日のことでした。翌日から冬休みに入るというので、うちの家内がカレーを作ってくれていたんです。その日はみんなでバスケットをして、そのあと家に戻ってきてカレーを食べることにしていました。そのあと来年の計画をみんなで立てて、いい年を迎えようなあって、そういう話をしていたんです。にもかかわらず、当日の朝に体育館に行ってみると、みんなで十人いるはずのところが四人しかいません。しかも連絡もまったくないんですから。この時はさすがに腹が立ちました。バスケットの試合もそこそこに、さっさと家に引き上げてきました。

ところが、年明けの一月の最初の日には、みんなちゃんと揃っているんです。しかも悪びれた様子もなしに、ケロッとした顔でやって来るんです。取り越し苦労だったんです。また、いまから考えると、こちらも少し急ぎすぎていたと思います。でも、毎回ずっとそういうことが繰り返されると、ぼくもだんだん憂鬱になってくるんです。

もちろん、ぼくも悪いんですよ。教師なんて仕事をやっていると、全員がきちんと揃うと気持ちがいいんです。知らず知らずのうちに、うまくいって当たり前という感覚になってしまっていたんでしょうねえ。

ぼくはこのスクールを始めてから、子どもが来ないときにはこちらから親に電話するようにしています。でも「行っていませんか。すみません」と言う親は、まあ十人のうちの一人くらいです。子どもが学校に行かなくても何も言わない親や、子どもを甘やかせて何でも言う通りにするという親ばかりだということが、だんだんわかってきました。わしの言うことを聞いてくれんのは、あいつらの親との関係からきているのだから、これは仕方ないなあ。急ぎすぎたらいかんなあってことを、自分に言い聞かせられるようになりました。

かといって、彼らにまったく期待しなかったら、ぼく自身の意欲の喪失につながります。でも、あまり期待しすぎると、腹立たしい気持ちがつのるばかりです。そのへんの葛藤というのは、しばらく続きました。

いまはそういうことは少なくなりました。ぼくがいちいち言わなくても、子どもたちが「お前、休むときには連絡いれろや」と言い合っていますから。それに、ぼくの方も言いたいことが言えるようになりましたからね。子どもたちとじゃれ合いながら、相手の腹をドンと突くとか、そのくらいのことはします。すると、むこうも突き返してきます。いまはそういうことができる関係になったんです。これは子どもたちとの信頼関係があって初めてできることなんです。

ここに子どもたちが来始めた頃は、とにかく机に向かう習慣を身につけさせることから始めました。最初の時期にやっていたのが新聞の一面にあるコラムを書き写させることでした。そのうち飽きてくると「次は何をしようかのう?」と子どもと相談しながら次にやることを決めていました。

そんなふうにしてやっているうちに、だんだん形らしいものが出来てきました。いまでは、ここに来ている子どもたちのなかには、高校は中退してしまったけれども、通信制の高校で勉強して高卒の資格をとるという目標をもって頑張っている子もいます。そういう子どもたちのためには週一回、教育大学の大学院生に数学を教えに来てもらっています。そのための謝礼にあてる授業料は、授業を受けている五人の生徒から集めています。水曜日がその勉強の日です。

火曜日と金曜日は十時から十二時半まで、みんなでスポーツをします。ここから歩いていけるところにNTTの体育館があって、そこを貸してもらえるようになりました。この日はいつもバドミントンとバスケットをしています。

やっぱり身体を動かすことで、誰でも前向きな気持ちが出てくるものです。家にばかり閉じこもっていると、どうしても考え方が後ろ向きになってしまいます。週に一回でも二回でもスポーツをしたり人と話したりすることで、気分もずいぶん違ってくるみたいです。

いまでは「みんなで野球チームをつくって大会に

出ようや」なんて言っている子もいます。バスケットも日に日に上手になっていますよ。継続すれば、なんでも大したものです。子どもたちの親も来てくれるようになりました。最近は月に一回、ボーリング大会をやるようになりました。遊びの要素というのは大事ですから。

また、今年の一月には大根掘りにでかけました。ここに来ている子のなかに家が農家の生徒がいて、その家の畑にみんなで行ったんです。三月には鳴門まで潮干狩りに行きました。八月にもイモ掘りをしたあと焼き肉パーティーをやりました。

いろいろなボランティアも来てくれるようになりました。不登校を経験した大学生や、ぼくの高校の時の教え子なんかも来てくれて、いっしょにスポーツしたり手伝ったりしてくれるようになりました。最初は何もかも、ぜんぶ自分でやらないといけなかったのが、いろいろな人の力を借りられるようになったことで、ずいぶんと楽になりました。

最近はそんな人たちがここに来て言うんです。「あの子らは、ずいぶん変わってきたよねえ」とか「元気になっとるよ」って。ぼくはずっと子どもと一緒ですから、そう言われてもよくわからないんですけど、そういう話がでてくることが、いまのぼくにとっては一番の励みです。また、みんなからそう言ってもらってきたからこそ、なんとかここまで続けることができたんじゃないかと思っているんです。

最初にうちに来た子も、いまは学校に行っています。毎日元気でやっているという話を聞くと、ぼくも少しは役に立ったんだなあって悪くない気分です（笑）。不登校の生徒とうまく関係をつくるコツですか？　さあ、そういうことはわかりませんけど、思いあたることはひとつあります。ぼくはここに来たいという生徒と親がいると、まずかんたんな面接をするんです。そのときに「どうして学校にいかんのか？」とは聞かないようにしています。

そのことで、あとから何人かの子どもに言われました。ここに行ってもいいと思ったのは、どうして学校にいかんのかと聞かれなかったからだって。それがわからんから、本人たちも苦しんどるわけです。そういう無神経な質問が、子どもたちをよけいに追いつめているんでしょうかねえ。

　最近では子どもたちにとってもスクールに来るのがだんだん楽しみになってきたようです。先日も夏休みに家族で旅行しようと思って、一週間ほど休みにしたいと子どもたちに言いました。すると、子どもたちから言われてしまいました。「先生は最近サボり癖がついてきたんじゃないの？」って（笑）。子どもたちが言うには、自分たちはスクールのほかに行くところがないのに、休みの一週間はどうやって過ごせばいいのかというわけです。

　もちろん、すべてがうまくいっているわけではありません。なかには、せっかくこのスクールに来るようになったのに、また途中で引きこもってしまった例もあります。本当は学校に行きたいんだけれども、でもなかなか行けない。そういう子どもも、なかにはいるんです。学校に行かないことで人一倍孤独な時間を味わっている子どもたちばかりですから、元気になった姿を見ると本当にうれしい気持ちになります。

　いまでは、うちの娘や家内も時間があるときは体育館にやって来て、子どもたちと一緒にバスケットをすることがあります。じつは、この前も娘に言われたんです。「これって本当にフリースクールかあ？　思いっきり体育会系の団体に見えるけどなあ」って（笑）。

　家内も外では「亭主の相手をしてもらって助かっています」って言っているみたいです。でも、いいんです。じっさい、このスクールを始めたのは、ぼく自身が子どもたちといっしょに身体を動かしたり遊んだりしたいなあと思ったことが理由の半分以上としてあったわけですから。

　そういう意味では、その目的はいまのところ達成されているんじゃないでしょうか。また、そう思ってやっていることが少しでも世の中のためになっているとすれば、うれしい限りです。

技術翻訳の会社を設立する

できれば、お迎えがやってくるその日まで、
仕事がやっていられたら。

森山寛美（71歳）
元医療機器メーカー勤務・千葉県

退職と同時に翻訳会社を設立しました。「モーリス・レンダリング」というのが、その会社の名前です。

会社勤めをしていた若い頃に、たびたびアメリカに行くことがあって、向こうでつき合いのあったアメリカ人がわたしに〝モーリス〟という愛称をつけてくれたことがありました。森山だからモーリス。アメリカ人は相手の性格を見きわめて、ニックネームをつけるのがうまいですからね。レンダーという言葉には翻訳という意味があるんです。

もっとも、会社といっても有限会社だし、実質的な社員はわたしと家内の二人だけです。柏市内にある一戸建て住宅の二階の仕事部屋が会社の所在地です。しかも家内は経理の一部を手伝ってくれているだけなので、実際のところはわたしが一人でやっているだけなんです。

わたしが手がけている仕事は技術翻訳というものです。前に勤めていたのが「日立メディコ」という医療機器メーカーだったんです。病院で使うCTスキャンとかの検査用機器を作っている会社です。その会社から発注される仕事をしています。仕様書とか契約書、取扱説明書などを翻訳するわけです。ま

たサービスマンが使う技術指導書とか技術連絡書なんかも含まれますよ。和文から英文、英文から和文への両方をやります。

ほかにも訳せるものはなんでも翻訳しますよ。インターネットに立ち上げているホームページを見た人から依頼された仕事もやります。大学での研究成果を学会に発表するための論文を訳してほしいという依頼を受けたこともあります。

でも、仕事の比率でいうと前にいた会社が出してくれるのが全体の約九割以上を占めています。うちは別にどこかに広告を出しているわけでもありません。インターネットというとカッコイイかもしれないけれども、そんなにたくさん仕事が入ってくるものでもないんです。

◇

もともとは技術者だったんです。大学は東京大学で、工学部の機械工学科でした。いまは研究施設の一部が柏のこの近くに移ってきていますが、当時の工学部は本郷にありました。卒業して入ったのが日立製作所だったんです。じつは、わたしは生まれは茨城県の日立市で、父親も日立の技術者でした。父親は配電盤といって、発電所から送られてくる電気を家庭に送電する前に電気を分けて電圧を整える、そういう機器を作っていました。

だから二代続けての日立マンです。そう言うと聞こえはいいかもしれませんが、わたしは京葉ブロックでしたから。同じ日立の社員でも、茨城ブロックの方は日立マンという言い方に強い誇りを持っているみたいですけどね。

入社して研修を受けたあとに配属になったのが戸塚工場です。戸塚にいた時は電話の交換機を作っていました。部品の設計をする仕事です。わたしたちが入った時に作っていたのは「クロスバー」という方式のものです。これはコイルに電気を流したり止めたりするとスイッチが入ったり切れたりする、リレーと呼ばれる部品を使っていました。そのあとにトランジスタ部品が出てきて、いまは完全にデジタル電子交換機に切り替わりました。

設計の仕事というのはチームを組んでやります。交換機に必要な部品をいろいろと考えて、図面にしたものを工場のライン責任者と打ち合わせながら作っていくんです。アメリカに行っていたというのも、この電話交換機の部署にいた時期のことです。アメリカには電話会社が地域ごとにたくさんあります。そういう会社に交換機を販売するわけです。だからNECなんかがライバルでした。

販売部門のサポートを担当していた期間は二年ほどです。アメリカに頻繁に出張しては、現地でセールスマンや修理の担当者に技術指導をしたり、逆に製品改良のためのヒントを販売担当者から得たりとか、そういうことをやっていました。一回行くと、だいたい一カ月、二カ月単位で滞在します。長い時には四カ月ぐらいいたこともあります。

その間のやりとりは英語でやるわけです。その前から社内研修で英会話の勉強もしていました。いまやっている翻訳に必要な専門用語なんかも、その時に自然とおぼえたものなんです。

これからは医療分野の市場が大きくなっていくだろうという予想に基づいてのことだったのでしょう。そのあと、グループが力を入れ始めていた医療機器の会社に配置替えになりました。日立メディコは柏市内にあって、ここからもすぐ近くです。

でも電話の交換機と医療機器では内容がまったく異なるし、はたして技術的な応用が利くものなのかと思われるかもしれません。でも、そんなことはありません。大きさと機能が違うだけで、あとはたいした違いはないんです。電子で制御して操作するという点では、まったく同じなわけですから。

医療機器を作るようになってからは、翻訳業務の部署にも頻繁に関係するようになってきました。というのも、医療機器というのは用途が専門的なものだから、どうしても種類が多くなってしまいます。一台あたりの売価も高額になりますし、開発費もかかります。すべて自社で作ろうとしても限界があるので、機種によっては外国メーカーから輸入して販売しているものも少なくないんです。逆に自社の製品を海外メーカーに供給したりもするわけです。

そういうわけで、医療機器の設計・開発に翻訳は欠かせません。仕事で必要な翻訳は社内に専用の窓口があって、そこを通じて外部に出すことになっていました。わたしも仕事上で翻訳の必要がある時には、その窓口を通じて社外の人に頼んでいました。つまり、いまと逆の立場で仕事をしていたわけです。

◇

どうして翻訳の仕事を始めようと思ったのか？　そういう質問をあらためてされても、どうも、うまく答えられそうにありません。こう見えても、深く考えるよりも、さきに行動してしまう性格なものですから。

どちらかというと、子どもの頃から英語や社会科は苦手な科目だったんです。理科や数学は得意でした。文化とか社会に関係することがおもしろいと思うようになったのは社会に出てからです。いまから考えると、追いつめられて勢いで始めたようなものだったとでもいえばいいのでしょうか。まあ、トタン屋根の上のネコが地上めがけて飛び降りる、それに近い感覚だったと思います。

わたしは会社を六十歳で定年になってからも、二年間は定年を延長して勤めていました。定年になっても二年間は給料四割カットで勤められるという制度があるんです。そして二年たつと、また四割カット。つまり、定年前の三十六パーセントになってしまうわけです。ただし、そのうち年金も入ってくるので、そのくらいの収入でも生活していくには困らないわけです。

でも、わたしとしては、定年の再延長を前にして、いくら働けるとはいっても、そんな条件で勤めていたって意味がないなあ、という気持ちがありました。かといって、定年になってから独立して自分で仕事を始めた事例は、周囲を見渡してもありません。働くことを希望するのであれば、その条件で勤めを続けるというのがもっともふつうの選択肢だったわけです。

じつを言うと参考にした例はありました。年齢はわたしより少し若かったんですが、定年になる前に会社をやめて、やっぱり自分で翻訳の仕事を始めた人が同じ会社にいたんです。そういうことが頭のどこかあったので、わたしも仕事を出す窓口の担当者のところに行って、直接かけあってみることにしました。オレにも仕事をくんねえかって。

担当者の答えは、会社を作ったら考えてもいいということでした。会社が取り引きするのは法人であることが条件だから、個人には仕事を出せないことになっているんだと。

そこでわたしは本屋に行って、会社づくりに関係した本を買うことから始めました。『小さな会社の作り方』とか『はじめての簿記入門』とか。そういう本に三冊ほど目を通してみました。その結果、会社を設立するには資本金が最低でも三百万円かかることがわかりました。

株式会社だと資本金が一千万円以上必要ですが、三百万円でできる有限会社でかまわないということでしたので、それで有限会社にすることにしました。このほか登記費用や公証人に対する謝礼などに、たしか二十万円ほどかかったと思います。

会社の翻訳担当者は、まさか本当にわたしが会社を作るとは思ってなかったみたいです。仕方がないなあ、という顔をしながら最初の仕事をくれました。

そうやって仕事を始めたのが平成三年十二月のことです。今年の十二月が来ると丸十年になります。

最初の頃に苦労したのは経理についてです。

法人の場合は青色申告になるんですが、帳簿も簿記でつけることになっています。ところが、最初の一年ぐらいは、どうしてもつけ忘れが多かったものです。一ヵ月に一度ぐらいは合わせてみるんですが、なかなか合いません。家内にも手伝ってもらって、ふたりで読み合わせをしながらやり直したことも何度かありました。パソコンの経理ソフトを使うようになってからはずいぶんと楽になりました。数字を順番に打ち込んでいけば、あとはコンピュータがやってくれます。いま使っているのは『弥生』というソフトです。

自分で仕事をするようになって分かったことですが、仕事というのは三つの要素から成り立っているものなんだなあと思いました。本来の仕事そのものと経理、それともうひとつ、営業というものを避けて通ることはできません。わたしの場合は営業については、あんまりいい言い方ではないかもしれないけれども、いわゆるコネがあったわけです。

ご承知のように、世の中に翻訳の仕事をしたい人っていうのはかなり多いようです。わたしのところにも、ホームページを見た人から時々「翻訳の学校で勉強したんだけれども、仕事がないんです。どうしたら仕事が見つかるんですか？」なんてメールをもらうことがあります。仕事を始めるうえで一番むずかしいのは、じつはこの点かもしれません。わたしの場合はタイミングを上手につかんだことが、結果的にうまくいった要因だと思っています。運をつかむのも実力のうちです。

ただし、運のよさだけでやっていけるものでもありません。こういう仕事をしていると、どうしても避けて通れないのが仕事そのものについての評価です。いい仕事をする人だと評価されることが、次の仕事につながってくるわけです。そこまでいくのが、なかなかたいへんです。

そういえば、一度「トライ」というのを受けたことがあります。仕事をするようになってしばらくたった時期に、仕事を出す窓口になっている担当者から「これをやってみてください」と、仕事とは直接関係のない課題のようなものを渡されました。出された仕事をきちんとこなしているかどうかをみるテストをされたんです。

それを見てもらったあと、担当者から「この翻訳はカネになるよ」と言われました。つまりプロとして立派にやっていけるというお墨付きをもらったわけです。おっかなびっくりで始めた自分の翻訳の腕前が少し評価されているということが分かって、ほっとしたことを記憶しています。

◇

仕事のスピードですか？　文字を打つのはかなり速いですよ。たぶん普通では想像できないくらいの速さだと思います。そうはいっても、最近はだんだん感覚が鈍ってきているので、打ち間違いも多くなってきているんですけれども。仕事はＡ４サイズの紙にびっしり印刷されたものが渡されます。それが二百ページから三百ページぐらいあれば、だいたい一カ月ぐらいで仕上げる、そのくらいのペースです。仕事は納期を守らないといけないので、どんどん片づけていきます。

けっこう速いペースで仕事をこなさなければなら

ないので、一日の時間の過ごし方もできるだけ規則正しくなるよう心がけています。

いつも朝は七時ごろに起きて、ご飯を食べてからNHKの連続ドラマを見ます。いまは『ちゅらさん』という沖縄と東京が舞台の話です。見始めると、ついつい毎日見てしまうんです。会社に行っているときは見られなかったので、これは定年になってから身についた習慣です。

仕事にかかるのは、だいたい九時過ぎからです。一時間仕事をしたら少し休憩するとか、そういう悠長なやり方はしません。やるときは一気にやります。昼過ぎまでぶっ続けでやって、昼ご飯のあと、また午後からも集中してやります。夕方近くの四時頃になると、さすがに一時間ほど休憩します。いつもお茶を飲んでから散歩に出かけるようにしています。

散歩のコースは二つほどあります。ひとつは家の北側の公園のあるあたり。こちらには開発がストップしている空き地があるんです。もう一つは団地のなかを抜けていくコース。どこを通るかは、その日の気分で決めます。

散歩から戻ったら再び仕事にかかります。夕飯を食べる七時ぐらいまで集中してやります。仕事を始めたばかりの頃には、夕食のあともまた仕事にかかって、夜中の十時、十一時までやっていたこともあったんですが、最近はだんだん気力が続かなくなってきました。だから、いまは夕食のあとは仕事はしていません。テレビを見たり、音楽を聴いたりして過ごすことが多いです。

仕事の途中でも、気分転換は適当にやりますよ。あちらの書棚の下のへんに置いてあるのは「アイボ」です。このロボット犬は出始めの頃に購入して、買ってしばらくの間はよく遊びましたが、いまではあの場所に放り込んだままです。本物の動物に比べると、どうしても反応が遅いんです。以前は本物がいたんですが、昨年死んでしまったものですから。あそこに写真が飾ってあるネコで名前はルルといいました。やっぱり本物の生き物の方が相手をしていておもしろいんです。

わたしは音楽CDをかけながら仕事をすることが多いです。曲はクラシックが多いですね。いまは毎月出ているクラシックCDのシリーズを買っています。それをパソコンのCD―ROMプレーヤーに入れると、ほら、けっこういい音がするでしょう？　パソコンからこのヤマハの外付けスピーカーにつないでいます。デスクの下にはウーハーも置いてますから、低音もよく響きます。パソコンの画面には、こうやって操作パネルも出てきます。

CDはとくに気に入ったものがあるわけではないけれども、最近流行の癒し系なんかはよく聞きます。いま聞こえているこの曲は、NHKの番組のテーマ曲にもなっていた『ｆｅｅｌ』というCDです。音楽をかけていると心がゆったりしてきますから、その分だけ仕事もはかどります。

最近は仕事の合間の散歩に出かけるときにハンディカムを持っていくこともあります。桜の季節だったら花をビデオで撮影して、それを家に帰ってから編集して音楽をつけて眺めたりします。たわいもない映像ですけど、思ったようにできれば、それなりに嬉しいものです。

この部屋には、さまざまなパソコン機器類が置いてあるでしょう。こちらはIBMのPC300という業務用パソコンです。ソニーの21インチのモニターといっしょにリースで借りて、もう二年半ほどになります。あと半年たったらこのパソコンは返して、新しい型のものと替えようと思っているんです。

こちらの机にあるノートパソコンは、去年買ったものです。これは五十万円くらいしました。最近増えてきている映画のDVDソフトを見ようと思っても、リースで借りている業務用パソコンでは動画がうまく処理できないんです。ただし仕事で使うOA機器は、買わずにリースするのが正解だと思います。技術はどんどん進歩していますから、三年もたつと、ほとんど役に立たなくなってしまいますからね。

会社組織にしているとリースが組めるんです。法人にしていると、そういうメリットもあります。あちらのレーザープリンターやコピー機もみんな同じ会社からリースしているものです。月々の支払いはぜんぶ合わせても数万円です。

じつはわたしはこういう業務用機器に囲まれていることが大好きなんです。いまこうやって仕事を続けているのも、そういう環境に自分がいられるからということがあると思います。こうした最新の機器に囲まれていると、このうえないしあわせを感じます。この感覚って、わかりますかねえ？　元がメーカーで機器をつくる技術者だったものだから、最新技術の機器を体で感じていたい。そういうところがあるんです。まあ、一種の機器オタクと言った方がわかりやすいかもしれません（笑）。

ついでにパソコンのソフトについても言っておくと、自動翻訳ソフトもひと通り持っています。でも、翻訳ソフトが訳したものは、そのままでは使えないものがほとんどです。とりわけわたしがやっているのは技術用語が多いということもあって、翻訳されて出てきたものがちゃんとした日本語になっていないんです。修正が一ページあたり数カ所程度ならいいんですが、あまりにも多いので、ソフトには頼らず最初から自分でやった方が早いというのが実際のところです。

翻訳の仕事そのものについては、技術翻訳という性格上、訳が正確であることが大事です。だからといって、そのまま直訳すると意味が通じないヘンテコなものになることも多いんです。だから状況に応じて適当に意訳もします。これをどう訳したらうまく伝わるだろうかって考え込むことも、しばしばありますよ。

一般的に言って、簡単な内容ほど翻訳がむずかしいということが言えると思います。例えば、今日も午前中に仕事をしながらずっと考え込んでいたんですけれども、コンピュータのデータ処理を送る作業手順についてのくだりで「相手の装置」という表現がありました。装置はdeviceですが、その前にある、相手の、というニュアンスをどう訳せばいいのかと悩んでしまいました。

もちろん、こういう仕事をしているからには、英和、和英、英英辞典、それから技術辞典や専門用語辞典なんかもパソコンの中に入れています。でも、そういう表現は辞書を引いても出てこないんです。さんざん考えた末に、けっきょく目的地という意味のdestinationにしました。

◇

この仕事をしていて一番喜びを感じる部分はどこかという質問ですか？　これに答えるのはむずかしいですね。

わたしはもともと技術者でしたから、こうやって翻訳の仕事に関わることで、たえず最新の技術について知ることができます。そういうことにおもしろさを感じるということはあります。

しかし、それ以上に仕事そのものがあることが大きな喜びになっていると思うんです。年金だけでじゅうぶんに生活していける身分なのに、こんなことを言って理解されるかどうかわかりませんが。

わたしがやった仕事について評価してくれているからこそ、また仕事が出されるわけです。そして、また頼まれた仕事をきちっとやる――。わたしの日常は、その繰り返しなわけです。単調といえば単調な日々の繰り返しですが、それでもこうやって緊張感とやり甲斐のある日々を過ごすことができるのは、やるべき仕事があるからです。

こういう仕事というのは、なにしろ発注元という相手があってのことです。仕事を納めた時の相手の反応も、じつにさまざまです。やたらと朱を入れたがる人もいます。誤訳ではないのに、とにかく書き込みをしたがる人というのもいるんです。ほんのちょっとしたニュアンスの違いのことなので、趣味の問題と言ってしまえばそれまでなんですけども。反対に、いつもそのまま受け取るだけで、直しを一切入れない人もいます。

朱が入ったものは、その個所をこちらで直す作業をすることもありますし、むこうで直されることもあります。この辺りも人によってさまざまです。

こういう仕事をしていると、仕事の波があるのは、どうしても避けられません。忙しいときもあれば、ちょっと暇になるときもあります。だから収入は月ごとによって違います。さあ、年収でいうと、だいたい一千万円ぐらいでしょうか。もちろん、このほかに年金もあります。

でも、この家はローンの支払いも済んでいますから、べつに生活のために仕事を続けているというわけではないんです。そうやって稼いだお金で、夫婦で海外旅行に出かけたりということもありません。

つまり、いまこうやって仕事を続けているのも、何かに使うためとか、目的があってやっていることではないんです。だって、ほかに何か別のことをして時間を過ごせって言われても、何をしたらいいかわかりませんからね。

ほかに何もすることがないから翻訳をやっている――。そう言ってしまえば、ミもフタもありませんが、わかりやすく言えばそういうことです。いつまで続けられるかはわかりません。仕事が来なくなったら、そこで終わりです。

わたしにとっての理想の終わり方？　できれば、お迎えがやって来るその日まで仕事がやっていられたらという思いはありますよ。自分では、そんなふうに思っているんですが、さあて、いつまで続けられるんでしょうかねえ。

雑誌編集者になる

やっぱり慣れない仕事を始めるというのはたいへんです。

湯山国夫（仮名・65歳）
元化学会社研究員・東京都

以前は化学会社に勤めていて、その研究開発部門の仕事をしていました。定年になってからは出版社で雑誌編集の仕事をするようになりました。いまの仕事に関わるようになって一年半ほどになります。

化学や物理の専門図書を出している出版社の嘱託社員になったんです。

割付けとか校正だとかいった編集の専門的なことは出版社の社員がやってくれます。わたしの仕事というのは、企画に沿って編集のアイディアを出したり、そのテーマにくわしい専門家に原稿を依頼したり、時には自分で原稿を書いたりというようなことです。

いまやっている化学雑誌の場合でいうと、編集会議で次号の企画を立てます。そのテーマに合わせて、どういう執筆者に依頼するかということを考えます。われわれが依頼するのは、化学会社の研究所などの第一線で活躍している研究者が多いんです。その分野にはどういう研究者がいるかを専門図書館に行って調べたり、日経産業新聞や日刊工業新聞、その他の業界紙に目を通したりします。会社時代の知人に適任者がいれば原稿を頼んだりするわけです。

つまり、いまの仕事は会社勤めをしていた頃の延長線上にあるわけです。よく人からは、「やるべき仕事があっていいですね」なんて言われますけど、本人に言わせれば、定年後は会社時代の仕事を一切忘れてしまって、自分の好きなことに没頭している人の方がずっとうらやましい気がします。まあ、どちらが理想的な定年後の生活かはわかりません。

やっぱり慣れない仕事を始めるというのはたいへんです。以前は研究対象だけに向き合っていればよかったわけですが、いまはアポをとりつけて人と話をするわけで、何をおいても人と会わなければ仕事になりません。同じ化学に関係した仕事をしているとはいうものの、仕事の性質はまったく正反対かもしれません。しかも以前は締め切りなんてものもありませんでしたから、最初はとにかく苦労の連続でした。

テーマが決まると、この人に頼もうと見当をつけて原稿の依頼に行くわけなんですが、これがなかなか一筋縄ではいきません。けんもほろろに断られることも度々です。なにしろ企業がしのぎを削っている最先端の科学技術についてのレポートを書いてもらうわけですから、会社によっては外にはいっさい出さないことを内規で決めていたり、公表するにしても、いろいろ条件をつけられることも多いんです。

最初に想定していた人がダメとわかると、また別の人に当たらないといけません。これがまだわたしの専門分野に近いテーマであれば、自分で資料をあたって書くことも可能です。でも、ひと口に化学といってもすそ野は広いですからね。まったく見当もつかない分野のときは四苦八苦することになるんです。

原稿の執筆者がなかなか見つからない。でも締め切りは否応なく迫ってきます。そういうときは、気ばかりあせりながら、ひたすら時間との競走になるわけです。そして、ようやく何とか原稿を書いてもらえたら、また次の企画を決めて、その執筆依頼にかかる……。そんなことを何度か繰り返すうちに、ようやく少しずつ慣れてきました。

◇

わたしの専門は「モノマ」といって高分子の研究です。前にいた化学会社ではこの分野でのさまざまな研究をしていました。プラスチック、塗料、繊維、化粧品、エレクトロニクス・ウェーハーなど、いろいろな製品に使われる高分子技術の開発にたずさわっていました。

　会社にいたときに手がけた仕事のなかで、いまも強く記憶に残っているのは環境処理技術に関するものです。汚水を浄化するプラントで使う高分子凝集剤をつくるための新しい技術を開発するという仕事です。この時はたいへん苦労しました。

　プラントのなかにアルミニウム化合物を入れておいて、そこに汚水を流すと、水がきれいになります。この装置そのものは、それほど目新しい技術ではありません。わたしが会社で取り組んでいたのは、これに使用するアルミニウム化合物の生産コストを下げるための研究です。化合物を作るときに触媒となりうる、いろいろな物質を加えていきながら、低コストで品質の良い化合物を作るにはどうすればよいかという実験をやっていました。

　その時は三人でチームを組んで、試験管とビーカーに向き合いながら何百通りというパターンの化合を試していきました。およそ考えられる、あらゆる組み合わせについて片っ端から試していくんです。まったく新しい技術を開発しようとしているので、教科書的な発想ではうまくいくわけがありません。メンバーで互いに知恵を出し合ったり、いろいろな文献に当たってヒントを得ようとしたりと、およそ考えられるあらゆることをやりました。

　そうやって独自の触媒を見つけ出すことができると、次はビーカースケールの実験からプラントスケールでの実験に移ります。ビーカーの中でうまくいったからといって、実際の生産でうまくいくとは限らないんです。その段階になると、工場に出かけては現場の責任者と話し合いながら実際の生産に耐えられるプラントを作り上げていきます。

　化学化合物のなかには人体に有害なものも数多くあります。そういうものを作る時には防毒マスクをつけて現場におもむきます。それでもすべての有害物を除去できるとは限りません。わたしも現場での研究開発をしていた二十年ほど前に一度肝臓を悪くして治療を受けたことがあります。

六十歳の定年になったときは研究開発部長という肩書きでした。定年延長になった三年間は引き続き開発部門の仕事をしました。退職したのは一昨年です。

最初は完全にリタイアするつもりでいたんです。そう思ってしばらく家でのんびりしていたんですが、何もしない生活というのも張りがありません。これからどうしようかと思っていたところに出版社から連絡があって、力を貸してもらえないかということでした。化学関係のことなら大抵のことはわかっているつもりだったので、まあ多少の力添えは出来るんじゃないかと、そう考えて引き受けることにした次第です。

この仕事を始めてしばらくたってから気がついたのは、研究開発も原稿の依頼も似たようなところがあるということです。最初に自分が考えた筋書きを試してみるという点では同じです。研究開発の仕事では、いろいろと試してみながら一番いい方法を見つけ出します。原稿の執筆依頼も、最初に考えていた相手が無理とわかれば、また別の人や方法を考えます。試行錯誤ということではまったく同じわけなんです。

でも、なにしろ四十年以上も研究開発の仕事一筋でやってきましたからね。ひたすら研究テーマと向き合って、それに没頭するということが習い性になっているんです。それが、いまは相手があっての商売なわけですからね。自分の考えをつきつめていって、仮説を実証しながら結論を出すという実験とは違います。人と会って自分の考えを伝え、相手の意志を確認してコミュニケーションをすることが欠かせません。技術開発でずっとやってきた人間にとっては、これがなかなか骨が折れることなんです。

理想を言えば、定年後も技術者としてやっていけるとしたら、それ以上のことはありません。それがもっとも望みだったかもしれません。しかし技術は進歩しています。いまのように技術革新の早いご時世に必要とされるのは、過去の経験よりも柔軟な発想です。わたしのように年齢のいった年代の技術者が会社に残るということは、現実にはなかなか難しいことなんです。

わたしの場合は、いまの仕事でずいぶん救われている部分があると思っているんです。この年齢まで、ずっと仕事一筋できましたから、ほかに夢中になれる対象が見つけられそうもありません。

だから、熱中できる趣味がある人がうらやましいと最初に言ったのは、謙遜でもなんでもないんです。夫婦で山歩きに出かけるとか、心ゆくまで絵を描いて展覧会をひらくとか、そういうことに没頭している人たちはわたしの友人にも何人かいます。定年になったあとは勤めのことは一切忘れて、自分の好きなことをとことん楽しむことのできる人はうらやましい限りです。

とはいっても、わたしにも趣味といえるものはいくつかあるんですよ。テニスだとかスケッチとか書道とか。テニスは週に一回、同じ世代の人たちが集まるサークルの練習に顔を出しています。スケッチも、わたしは子どもの頃から水彩画が好きで、就職してからもしばらくは油絵を習っていたことがあります。いまもスケッチにはたまに出かけることがありますが、描いているうちはとても楽しいものです。

だからといって、そういう趣味の世界にどっぷり浸かるというところまではいきません。寝ても覚めても絵のことばかり考えて、四六時中ずっと絵を描いているというふうには、どういうわけか、わたしの場合はならないんです。

趣味というのとは少し違うんですが、もうひとつ続けていることがあります。座禅です。これは会社の同僚に誘われてあるお坊さんの講話を聴きにいったことがきっかけでした。座禅をしていると、いろいろなことが思い浮かんできます。死後の世界というものがイメージされるんです。

じつはわたしは家内を十年前に亡くしましてね。それ以来、ずっと病気になって死ぬことがこわかったんです。ところが講話を聴いたり座禅を組んだりするうちに、死に対する恐怖感が和らいできました。極端な話、ガンが見つかって「あと三カ月の命」と言われても動じないような気がします。週末に座禅を組むことは、いまでは生活の一部になっています。仲間とテニスをしたり、絵を描いたりすることも、ほどほどに楽しいことです。

でも、じゃあそれらがわたしにとって生き甲斐かというと、けっしてそうは思えません。趣味はあくまでも気分転換、息抜きにすぎないんです。そう考えてゆくと、わたしにとっての生き甲斐はやっぱり仕事ということになるんでしょうね。若いときからずっと技術開発一筋できた人間ですから、この年齢になってからも、そういうことに関わって生き甲斐を感じられるのは、何だかんだ言ってもうらやましいねって、人からは思われているようです。

すでに六十歳からは年金ももらっていますので、いまの仕事をやっているのは生活のためということではありません。まあ、自己救済とでも言えばいいのでしょうか。ほかに何の取り柄もない元技術者としては、これ以外にできそうなこともありません。そう考えてやっているだけのことです。

テレビタレントに転身する

名前がテレビに出るくらいになれればなあと思ってね。

藤井昇（63歳）
元家電メーカー勤務・奈良県

定年を迎える一年前にそれまで勤めていた家電メーカーの早期退職制度に応募して、まったく別の新しい世界に飛び込みました。テレビタレントになったんです。いまはCMに出たり、ドラマに出たりといった日々を過ごしています。

この仕事を始めてから、すでに四年目になります。まだまだ勉強の最中なんですが、それでも最近では、そこそこの役ももらえるようになってきました。今年はNHKの朝の連続ドラマ『ほんまもん』にも出演しました。それから、テレビドラマで有名な女優さんと共演したりする機会も増えてきました。以前とはまったく違った世界ですから、いろいろな意味で刺激に富んだ毎日を送っています。

以前に勤めていた会社ですか？　松下電器産業です。はじめは生産現場からスタートしました。そのあと営業の部署に移って、退職する直前は販売の仕事をしていました。

松下は製品ごとに事業部制をとっているんです。わたしの場合は電気カーペットや電気毛布の部署などにいました。その前は給湯器の部署にいたこともあります。営業の内勤業務として販売計画を立てたり、そのチェックをしたりするのが仕事でした。

最後はいちおう管理職だったんです。でも、技術者のように特殊な技能を持っているわけではありませんから、定年が延長になる可能性はないと思っていました。再就職を考えるのであれば、知り合いがいる会社につてを求めるか、求人誌なんかを見たりして自分で探してこなければならなかったんです。

わたしが定年後を考えだしたのは、定年になる三年くらい前からだったと思います。会社の先輩なんかを見ていると、松下を辞めたあと、また別の会社に再就職する人が圧倒的に多いんです。わたし自身が思ったのは、サラリーマンはもういいということでした。

十七歳の時から働いてきましたが、以来四十年もの間、ずっと勤め人の生活をしてきたわけです。もうすぐ年金がもらえる身分になるわけだし、さいわい子どもも独立する時期になっていました。これからは生活に汲々として働く必要もないわけなので、できればそれまでとまったく違うことをやってみたいという気持ちが強くありました。

そういうことが頭の中にあったので、ある日たまたま自宅でくつろいでいた時に、当時はまだ家にいた娘に「会社を退職したあとは何をしたらいいと思う？」と何の気なしに聞いてみました。すると娘が何日かたってから「こんなのがあったわよ。応募してみたら」と言ってくれました。それは「テレビタレント募集」と書かれた新聞広告でした。タレントプロダクションがバックアップする養成所の研修生を募集するという内容で、養成所でのレッスンを積んでからタレントとして売り出すというものです。娘はそんな広告を目ざとく見つけて、持って来てくれたんです。

わたしは以前から家族とテレビを見ているときなんかに、出演者のモノ真似をやって家族を笑わせることがありました。また、ご覧の通りの悪役面ですから（笑）、時代劇を見ながら「お前も悪よのう」なんてセリフを真似たりしていたこともあります。そういうこともあって、テレビタレントに向いているのではないかと思ったみたいなんです。

娘が見せてくれた広告を見て、これはおもしろそうだなと思いました。さっそく電話をして詳しい資料を送ってもらいました。ちょうどいいことに、その事務所の大阪の教室にはシニア世代のタレント志望者を養成するコースもありましたので、迷わず申し込みをしたというわけです。

◇

タレントは年齢と関係ない職業だと思われるかもしれません。たしかにそういう見方もありますが、そうはいっても、やっぱりキャリアがものを言う世界です。すでに六十歳を目前にしていたわたしとしては、いまさら一流のタレントになれると思ったわけではありません。その時に考えたのは、タレントというのは自分なりの夢を持ってやっていける仕事ではなかろうかということでした。少なくとも自分の名前がテレビ画面に出るくらいにはなれればなあと、そんな野心をいだいて養成所のレッスンに通い始めました。

レッスンは週一回です。当時はまだ五十七歳でしたから、平日には勤めがありました。それで日曜日のコースを選びました。レッスンの内容はさまざまなものがありました。

タレントの基本は声を出すことです。「あ・い・う・え・あ・お」とか「アメンボ赤いな、あいうえお」とかいった、よく劇団でやっているたぐいの発声練習をみんなで声を揃えて大きな声でやるんです。声を出す時のポイントは、滑舌と声の大きさです。はっきり聞き取りやすい発音ができているかということに尽きます。

でも、これがなかなかむずかしいんです。それに最初のうちは少し照れもありました。なにしろ、それまでずっと会社勤めをやってきたわけですから、日常生活でみんなに聞こえるよう、はっきりと大きな声でしゃべる機会なんて、そうそうあるものではありませんから。しかも、それをレッスンでは周囲が鏡張りになったスタジオでトレーナー姿になった二、三十人が横一列に並んで、大きな声を張り上げてやるわけです。

でも、照れがあったのは最初のうちだけでした。先生に何回か促されて声を出していると、そのうち気恥ずかしさもなくなってきて、気兼ねなく声が出せるようになってきました。

そもそも、こういうところへ来ようと思う人は、わたしもそうですが、恥ずかしさが先に立つよりも、自分からやってみたいという気持ちが強い根っからの目立ちたがり屋が多いんです。だから、みんなも周囲の人に負けないように、どんどん大きな声をだして積極的にやるようになっていくものなんです。

いっしょに練習しているのはわたしと同年配の人たちばかりですが、そのなかには女の人もけっこう多いんです。しかも、なかには「この人、ほんまに同年配かいな」と目を疑うくらい若くてきれいな人も少なくありません。そういう人たちと一緒に練習できるという楽しみもあったので、そのうち日曜日になるのを心待ちするようになりました。

トレーニングはほかにもいろいろありました。「歌」と「演技」それから「日本舞踊」の授業までありましたから。そのなかで一番勉強になったのは、やっぱり演技指導です。

レッスンはできるだけ実際に即した内容になっています。理論や考え方よりもまず実践です。例えば、演技の授業では「鶴の恩返し」という有名な話の台本を渡されて、いきなり演じるように言われたことがありました。男役と女役がその場で指名されて、みんなが見ている前で台本を見ながらセリフを言いつつ演じないといけないんです。雰囲気を出さないとダメだし、しかも急なことですから、演じ切るだけで四苦八苦しました。

台本もまったくなしで、言葉で言われるシチュエーションを演じるという練習もありました。例えば「朝、目が覚めてすぐのところ」と言われたとします。こちらはお手本が何もありませんから、すっと起きあがって部屋を出ていこうとします。

すると先生に「起きてすぐに、そんなにすっと動き出せるんか？」と言われます。そこで、目をこすりつつベッドから出ていく身振りをするわけです。そうすると、今度は「季節はいつか？」と聞かれます。自分なりに考えて、冬の寒い状況をイメージし、なかなかベッドから出られない仕草をしながらその様子を演じる——といった調子です。そんなふうにして、演技描写がだんだん具体的になっていくわけです。

レッスンを受けるようになったことで、ふだん家でテレビを見ているときも、役者の細かな演技やもの言い方にも自然と注意が向くようになりました。これまでは何の気なしに見ていたドラマでも、俳優たちがどんなしぐさや表情で演技しているかに注意しながら見るようになりました。

レッスンの時にわたしがよく言われたのは、〝粘り〟を出し過ぎてはいけないということでした。いわゆるオーバーアクションにならないようにという意味です。演技は〝素〟でやらないといけないということがよく言われます。舞台などでは、遠目からもよく見えるよう、少しオーバーにやった方がいいみたいですが、映像の場合は違います。カメラを通して大きく映し出されるわけなので、自然な振る舞いに見える方がいいんです。

ところが、わたしはご覧の通り、いわゆるコテコテの大阪のオッチャンですから（笑）、動作や身振りもふだんからオーバー気味です。おまけに言葉も、生まれてこの方ずっと大阪弁でしか話したことがありません。タレントとして活躍するためには標準語もできないといけないよと言われて、自分なりに練習もしてきました。演技もできるだけ自然に見えるよう心掛けているんですが、この点だけはなかなか改まりません。いまだに現場で「もっと抑えてください」と言われることも多いんです。

◇

レッスンを受け始めたのが平成六年十一月です。わたしがタレントとしての初仕事をすることになったのは、それから間もなくのことでした。年が明けてすぐにコマーシャルの仕事が舞い込んできたんです。コマーシャルでも役柄によってはオーディションが行われることがあります。この時の仕事は単なるエキストラでしたので、書類による審査だけで出演が決まりました。

仕事というのはサラ金の無人支払機のテレビCMへの出演で、わたしの役どころは画面の中央で踊るメインキャストの脇の方でその他大勢の通行人として登場するというものでした。わたしと同じエキストラは、この時は五、六十人いたと思います。こんなに早く仕事ができたのは、事務所の方針もあってのことだったようです。レッスンも大事だけれども、現場の空気を早いうちに経験させることでよい刺激が与えられるのではないかとの考えからのようでした。

その他大勢のエキストラとはいえ、わたしにとっては初の仕事でしたから、この時はそれなりに緊張もしました。CMの撮影現場には、監督とかカメラマンだとか、とにかく大勢の人がいます。こういう仕事で必要なのは一にも二にもあいさつだと聞いていましたので、とにかくあいさつだけはきちんとするように心がけました。ここでは年齢やこれまでの経歴はいっさい関係なくて、この世界に入った順番と売れているかどうかですべての序列が決まるわけです。覚悟していたことですから、そんなものだと思っていました。

初仕事の撮影が済んでから三、四ヵ月たった頃に事務所に行くと「藤井さん、ギャラが出ていますよ」と言われました。オレもプロのタレントになったんだなあという実感を初めて得ることができたのはこの時です。

仕事といっても、その他大勢の一人として出ただけですから、プロと呼ぶにはあまりにも気恥ずかしいような気もします。でも、その時のわたしには、そう思えたんです。仕事そのものというよりも事務所の人が言った「ギャラ」という言葉に、どういうわけか不思議な感慨のようなものを覚えました。オレもとうとう芸能界の住人としての一歩を踏み出すことになったか――。大げさな言い方をすれば、そんな感じです（笑）。たしか五、六千円だったかのギャラ袋の中に入っていたお金を眺めながら、そんな気分に浸りました。

次に仕事の話があったのは同じ年の六月です。その時はバラエティー番組に出演するという仕事でした。さらにコマーシャルのエキストラなんかを何本も経験したりするうちに、現場の雰囲気にもだんだん慣れてきました。

この仕事をしていると、現場で使われる独特の専門用語というものがあります。そのうちに、そんな言葉の意味や使い方もだんだん理解できるようになってきました。よく知られているところでは「カブる」という言葉があります。出演者がカメラに対して重なっているという意味です。「そこ、カブっているよ」と言われると、重ならないようにさっと移動しないといけません。それから「フレームイン」「フレームアウト」というのもあります。「フレームインしてくれ」と言われれば、カメラに映る位置に入ってくれという意味です。それから「バレる」。「今日はこれでバレてください」と言われれば、撮影が終了したので、解散してくださいという意味になります。

わたしにとって初めて役と呼べるものがついたのは平成十一年二月のことでした。それはＮＨＫの『アイキャッチャー』という刑事ドラマです。たったひと言だけでしたが、ちゃんとセリフもありました。この時のドラマの主演は女優の水野真紀さんです。彼女が扮する大阪府警の女性刑事が飲み屋で飲んでいると、その横からひょいと顔を覗かせて「あんた、ほんまに刑事かいな?」とからむ酔っぱらい客、というのがわたしの役どころでした。

この時も書類選考で決まりました。こういうものは事前に事務所がテレビ局にプロフィールを出すわけですが、その際に撮影日のスケジュール確認を兼ねて事務所からプロフィールを出す旨の連絡がありました。それから数日たって「先日のドラマ出演の件が決まりました」と連絡をもらいました。聞いてびっくりしました。二日後に撮影があって、それがよく名の知られた女優さんたちと共演できるというのですから。水野さんのお母さん役が富司純子さん、まさにそうそうたるメンバー揃いのキャスティングでした。

台本を取りに来て下さいと言われて事務所に取りにも行きました。たったひと言のセリフですが、ちゃんと台本もあったんです（笑）。その台本を持って帰って、ひたすら家で練習しました。いや、恥かしいので家族の前で練習して見せたりということはしませんよ。

家族には、ドラマの出演が決まったことを妻に言いました。でもその反応は拍子抜けするほどあっさりしたものでした。妻はひと言。「へえー。それで、そのドラマはいつ放送されるの?」たったそれだけです。世間の反応なんてこんなものかいなと思いました。

そんなことよりも、とにかく撮影日に備えて演技の練習をしないといけません。家で誰もいない部屋にこっそり台本を持って入って、いろいろと身振りや声の調子を変えながら、同じセリフを何度も繰り返して言ってみたりしました。

撮影は大阪市内の飲み屋を借りて行われました。当日は事務所のマネージャーもついて来てくれました。撮影は夕方からだったんですが、その当日もわたしは与えられた、たったひと言のセリフを撮影の直前ぎりぎりまで練習していました。

そうやって撮影現場で待っていると、自分の出演場面がだんだん近づいてきます。リラックスしようと思えば思うほど、緊張が高まってくるんです。落ち着こうと思って例のセリフを言ってみるんですが、あまりに何回も言い過ぎて、本来の抑揚の調子がわからなくなってくるのには困ってしまいました（笑）。

撮影現場に行って驚いたことがありました。なんと、わたしが座るイスが用意されていたんです。それまではエキストラの仕事しかしたことがありませんでしたから、イスになんて座れるわけがありませんでした。出演者はみんな自分の出番より少し早めに現場に入ることになっているんですが、エキストラの場合は大勢のなかに混じってじっと立って待つんです。「どうぞイスに座って待っていてください」と言われたのは初めてのことでした。なんだか自分がえらく出世したような気になって、悪くない気分でした。

撮影そのものは難なく終わりました。通常は撮影の前にリハといって、セリフと動きを入れて一回合わせることになっています。そして、その後に本番です。NGはありませんでした。撮影したものをスタッフがモニターで確認したあと、すぐに「OKです」と言われました。

ドラマが放送されたのは、その年の八月です。ドラマの最後に出る字幕には、わたしの名前もフルネームで出ました。これで当初の目標をひとつクリアーすることができたなあ、と自分に言い聞かせては、また喜びに浸ったわけです。

◇

そうやって次々と仕事をこなしているうちに、テレビドラマに出演する機会も増えてきました。一方、われわれが仕事をする時のバロメーターとして、どれだけ視聴者に認知される存在かということがあるわけです。

同じテレビドラマでも、レギュラーや準レギュラーぐらいになると露出の頻度もぐっと増えます。でも、われわれクラスのタレントとしては、いきなりそんなわけにもいきません。一回きりの単発出演が基本なわけですから、画面に映るといってもほんの一瞬だけです。見ている人に与える印象も、それほど強くはありません。

露出頻度ということでいうと、比較的おいしいのはテレビCMでしょう。CMは何度も繰り返して流れますから、それだけ視聴者の印象に残りやすいわけです。だからコマーシャルの仕事というのは悪くないんです。

平成十年に図書カードのCMに出演したときは、セリフを言うわたしの姿がテレビ画面に大写しになりました。図書券を持ったわたしが、ゲームセンターで遊んでいる子どもたちに向かって「本を買え買え、子どもたち」と言う、そんな内容のCMです。このコマーシャルが繰り返し流れたことで、知り合いからの反応もずいぶんとありました。また、どうも似ているなあとか、やっぱりあの人やなかろうかとか、前にいた会社の元同僚連中も話していたようです。

わたしは会社にいた時は、部下から怖がられる存在だったんです。若いときはそうでもなかったんですよ。むしろ、宴会の席なんかでは幹事や盛り上げ役を買って出ては楽しく騒いでいる方でした。ところが、いわゆる中間管理職になった時期から、無理に〝鬼軍曹〟に徹していたんです。そういうイメージがあったので、ずっと若い後輩連中の間では「へえー、あの人がいまはテレビタレントなんて」という意外な声が多かったらしいんです。

でも、もともと人前に出て何かをやることは嫌いではなかったんです。小学校の時のことで覚えているのは、学芸会で演じた時の、鬼の格好をして踊るという役です。当時、その話を父親にしたところ、役に必要だった長靴をわざわざ買ってくれました。戦後の混乱期で、まだどの家庭にもお金がなかった時代でしたから、とてもうれしかったことを覚えています。

すっかり話が脱線してしまいました。いまのタレントの仕事をすることで、毎日をとても楽しく明るく、おもしろく生きています。というのも、この仕事をしていると、一日として同じ仕事をすることがありません。とても刺激があるんです。サラリーマンをやっていたころは、基本的には毎日が同じことの繰り返しでした。この仕事は違います。現場に行っても、一緒に仕事をするスタッフの顔からして毎回ごとに違います。もちろん自分の役もセリフも違っています。

仕事についての厳しさの度合いも、サラリーマンの仕事とは比べものになりません。勤め人の場合は、目標が達成できないからといって首を切られることはありません。この世界は、できなければ要らないといわれるだけで、それで終わりです。そのかわりに、個人の努力がそのまま出るのもこの世界の特徴です。タレントは個人で事業をやっているようなものです。自分のやったことが結果になってぜんぶ帰ってくる。それがいいところだと思っています。

じつを言うと、わたしはいまも前に勤めていた会社に時々ふらりと出かけていくことがあるんです。そして後輩たちに言ってやるんです。「サラリーマンなんて、じつに甘い世界だよ。オレがいまいる業界は、ほんとうに厳しいよ」って。このわたしだって退職したからといって、毎日をのほほんと過ごしているのではないんだと。新しい世界で挑戦しているということを身をもって見せに行くんです。

じっさい、この仕事をしていると勤め人とは違ったたいへんさも少なからずあるんです。ロケに行っても二時間待ち、三時間待ちはザラにあります。撮影時間が予定よりも延びて、終わるのが四時間、五時間遅くなったからといって残業手当がつくわけでありません。

早朝からの仕事が意外と多いのも、この業界の特徴です。朝七時に京都に集合してほしいと言われて、始発の電車で出かけたこともあります。おまけに、一度受けた仕事はぜったいに穴を空けられないので、そのための健康管理も欠かせません。

いままでにトータルしてどれだけの仕事をやったかという質問ですか？　今日はたぶんそのことを聞かれるだろうと思って、ここに来る前に確認してきました。エキストラのような小さな仕事も含めると、これまでにざっと百三十本ほどの仕事をこなしてきました。

ただし、こういう仕事は収入が安定しません。仕事はやった分だけ支払われますから、月によってはそこそこの収入になるときもあれば、まったくゼロの月もあります。わたしの場合は、年金という生活の糧があるので、タレント業から得る収入をあてにしているわけではありません。タレント業一本でやっているプロの人というのは、その点はたいへんだと思います。

ただ、収入以上に、この仕事をやっていることのメリットというものはあります。この仕事をしていると、周囲の人間のわたしを見る目が違ってくるんです。うちの家内は、最初の頃は「本当にできるのかしら」と冷めた目で見ていたようなところがありました。退職後に何の目的もなく、毎日ただ家に居られるよりは、多少の生き甲斐になるのなら、よかろうといった程度だったと思います。

ところが、最近はわたしの顔が頻繁にブラウン管に出るようになってきたので、近所の手前も悪くないようです。わたしのことを近所の人から言われて、まんざらでもない様子で話していることもあります。

じつは、わたし自身もそれに近い心境です。今年に入ってからも、NHKの朝の連続テレビ小説『ほんまもん』に出演しました。料理人のおじさんという役どころで、主役の池脇千鶴さんの隣で請求書を見ながら「これはひと桁違うんやないか？」というセリフを言いました。そのシーンはそれなりに視聴者の印象に残ったようで、放映された直後に散髪屋なんかに行くと「ほんまに出てはりましたなあ」と声をかけられたりしました。また近所の人からあいさつされることも以前より多くなりました。

最初にこの世界に足を突っ込むきっかけを与えて

くれた娘は、いまは嫁に行って家を出ました。現在は住んでいるところが離れているんですが、わたしが出演する放送があると聞くと、まめに番組を見てくれているようです。娘に代わって、家にいる三十五歳になる息子がわたしの出演する番組をビデオに録る係をやってくれています。

この先の夢ですか？　さあ、どこまでいけるかわかりませんが、この仕事を始めた以上は一回ぐらいブレイクして有名になれればという気持ちがあることは確かです。それが実現可能かどうかは、また別の話ですけどね。

あまり大きな夢ばかり言っていても、始まりません。実現可能なところでは、連続ドラマの準レギュラーくらいの役がつけばなあって。そんなことを考えながら、いまも週一回のレッスンを受けています。また、こうやって語れる夢があるということ自体がしあわせなことだなあと思うわけです。

早期退職して夫婦で農業をはじめる

金を稼ぐつもりなら、とても百姓はつとまりません。

湯浅幹夫（59歳）
元造船所勤務・岡山県

一昨年の五月に早期退職して農業を始めました。いまは野菜類を出荷して生計を立てています。前に勤めていたのは三井造船所です。船のディーゼルエンジンを組み立てる溶接工の仕事をしていました。

百姓の生活を始めた理由ですか？　造船所というところは十年ごとくらいにリストラをやるんです。自分もそろそろかなっていう予感がありました。また、仕事そのものにも、いい加減、嫌気が差していましたから。それに定年後に何かをしようと思っても、定年ぎりぎりまで会社にいたら、それから新たに何かを始めようという気にはならんでしょう？　年金でも入るようになれば、生活のことを考える必要はなくなります。そこからわざわざ苦しい思いをして仕事を始めるような気にはなりません。もうやめとこうかって、そういう甘ったれた気持ちになるんじゃなかろうかって。それなら会社をちょっと早めに辞めて、農業をメシのタネにしてやっていこうかって思いました。堅い言葉ですけど「晴耕雨読」の生活には若い時からあこがれていました。趣味と実益を兼ねて畑を耕そうと考えて女房を口説いたわけなんです。

でも、実際にやり始めてみたら、思っていた通りにはいきません。雨の日の朝は寝坊したりとか、その日一日は本でも読んで過ごすとか、そういうことを考えていたんですが、そんなふうには、なかなかいきません。雨が降ったら降ったで、またやることがいっぱいありますから。これは天気のいい時でも同じです。野菜の手入れをする必要がない時でも、仕事はいくらでもあります。草のひとつも引かにゃならんし、次に植える野菜の段取りもせにゃならん。そういうわけで、ゆっくり休む間がないんです。

そういうわけで、この二年間を考えてみても、ゆっくり休んだのは盆と正月の三が日ぐらいのもんです。今年になってからは仕事も軌道にのってきたこともあって、暑い夏の間は少しだけゆっくりできましたけど。

脱サラ農業なんて聞けば優雅に思われるかもしれません。でも農業というのは見た目よりもキツい仕事なんです。夏場なんて、朝の四時ぐらいに起きて畑に行くんですから。五時では遅いんです。少しでも早く畑に出て、涼しい時間帯に仕事を片づけます。午前十時ぐらいになると、もう暑くて仕事になりませんから。

いまのこの時期は、いつも女房が作ってくれるおにぎりと、ポットにお湯を入れて朝早く畑に行きます。ひと仕事を終えてから、インスタントのみそ汁を作って朝ご飯です。それを女房といっしょに食べます。農業は一人ではできません。百姓と漁師と商売は、夫婦ふたりでなかったらできんですわ。最近は女房もそういう生活がようやく楽しくなってきたみたいで、朝ご飯がおいしいねって言っています。

まわりから見ると、うらやましく思う人もいるんだろうけれども、それがしあわせだとか、いい生活だと思ってやっているわけではないんですよ。

◇

それというのも、わが家の場合は仕事としてやっているわけです。だから、ある程度は稼がんならんのでね。それと、笑われんような畑にしとかんならんですから。百姓で大事なことは、そこそこの作物を育てることと、あんまり草ボウボウでない畑にしとかんならんわけです。草というのは、引いても引いてもすぐに生えてきます。追っかけっこをしとるようなものです。草を放っとくと野菜が負けます。どうしても養分をもっていかれてしまいますから。最近では自然農法といって、草ボウボウのままで農作物を育てる、そういうのもあります。けど、ああいうので本当にちゃんとしたものが出来るんかいな、と思うんですけど、どうなんでしょう?

稼がんならんいうても、まあ生活費ぐらいのことですけどね。うちの場合は、ふたりの子どもはもう手が離れて、それぞれに所帯を持っています。この家も持ち家ですから住宅費はいりません。野菜はいいものは出荷して、出来の悪いものは家で食べます。だから、食費もふつうの家と比べたら、そんなにかからんのですけど、最低限は必要です。

毎月の出荷額はこのノートにぜんぶ記録していますけど、平均でだいたい月十万円ぐらい入ってきます。季節によって変動があって、六月が一番多くて十四、五万円くらいですか。冬場はそんなにはなりません。寒い時期は野菜の価格は悪くないんですけど、野菜の生長が遅いですから。出荷し始めの頃は、けっこう少なかったですよ。九九年の前半はひと月一万四千円とか、そんなものでした。だんだん調子が出てきて、翌二〇〇〇年の三月で五万四千円です。まあ、三月は一年中で一番出荷が少ないですからね。でも、かかった経費も、このなかから出すわけですからね。種代とか肥料代とか、それから設備なんかにもかかりますから。

いまは二枚の田んぼにビニールハウスを建てて、そこで野菜を作っているんです。建てるのは息子や友達に手伝ってもらったんですが、ハウスそのものが一棟あたり二十万円しました。ふたつ合わせると四十万円です。これにポンプも付けました。地下水を汲みあげられるようにね。それが十六万円。農作業に必要な軽トラックも買いました。

農業を始めたのは、退職する二ヵ月前の九九年三月です。これを見ると、その時期にかかったものがぜんぶわかります。合計すると八十八万円の投資になっています。

そのあとも、車検だとか草刈り機を買ったりとか、なんだかんだとお金がかかっています。冬になると畑にかけるビニールシートが必要になります。正直いって、こんなに金がかかるとは思っていなかったですよ。

畑は二か所あって、両方とも人から借りている畑です。いまは、けっこうかんたんに貸してくれます。この辺りでも最近では耕していない土地がたくさんあります。何か作ってくれれば嬉しいという地主が大勢います。うちもタダでいいと言われたんですが、そういうわけにもいかないので、畑一枚あたり年間で数万円のお礼をしています。

いま、うちで作っている畑は合わせて一反五、六畝ほどです。以前はもう一カ所借りていたんですが、そこは車が入らないので返しました。

うちの場合は、同じ土地で年に六回ぐらい作っています。ハウスを使って栽培すると、そのくらいは出来るんです。そのぶん土を酷使しているといえば、そうなんですけれど。休む間もないというのは、そういう理由なんです。うちの場合は少量多品種です。春から順にいうと、ホウレンソウ、コマツナ、ナス、ピーマン、ビタミナ、ジャガイモ、カブ、ニンジン。ハクサイもあります。葉っぱが開かないやつです。それから、レタス、インゲンマメ。それとナッツナ。これはいいんですよ。というのは、出荷するのは葉っぱだけだからです。

同じ野菜でも一回収穫すれば終わりというのと、ナッツナみたいに同じ株から何回でも収穫して出荷できるものがあるんです。一回出荷しても、そのあとからまた葉っぱが大きくなって出荷できますからね。シュンギクも同じです。ナスやキュウリも寿命が長い野菜ですからね。そういうふうに植え替えなくても、二度三度収穫できるものを中心に栽培しているんです。夏にはスイカやトマトも作ります。

それからネギもいいんです。ネギは大きいとか小さいとかに関係なしに出荷できます。どうせ食べるときは刻みますから、あんまり細かいことは言いません。またネギは夏ごろに植え替えをするためのタネとしても売れます。春にたくさん植えておいて、それを抜いたものを一週間ほど乾燥させます。そうやって苗としても出荷できるんです。

これをまた土に植えておくと、正月頃になると太くておいしいネギになります。それが、次は三月ぐらいまでもちます。つまり一年中出荷できるわけで、だからいいんです。でも、ネギは夏頃に病気になりやすいんです。内側に虫が入って表面に白いプチプチしたものができるんです。これが嫌なんです。どうしても商品価値が落ちますからね。

◇

勤める以前に農業をした経験ですか？　中学生の頃に、家の手伝いをしていたことはあるんです。ぼくは、もともとの生まれが高松で、家が農家だったんです。〝五反百姓〟といって、米と麦だけを作っていました。だから野菜を作ったことはなかったし、百姓をやったことがあるといっても、子どもの時の手伝いだけですからね。

でも、もともと農業は好きだったんでしょうねえ。子どもの時から農作業が苦にならんかったですから。田植えのあと、きれいな緑の田んぼになるでしょう？　あれを見るのは子ども心にも嬉しかったですからね。麦を撒いたときはあんまり嬉しくないんです。麦よりも稲の苗を植えた時の方がきれいですからね。それと、収穫した米の籾すりをするでしょう？　あれはええなあって思っていました。白米のええ匂いがしますから。それから、収穫したあとの一面すっきりした田んぼを見ると、どういうわけかほっとした気分になりました。

冬になったら麦踏みというのをやりました。寒い時期に麦の芽が出るのを踏んで回るんです。当時は靴なんてなかったからね。どこの家でもワラジを編んでいましたから、それを履いて手伝っていました。

学校から帰っても勉強のことは言われんかったですよ。そのかわり、家の仕事を手伝いました。田んぼの石を拾えとか、いろいろ言われました。それから、小遣い稼ぎにウサギを飼うたりね。つがいで飼っておいて、子を増やして大きくしたら一匹三百円で業者が買いに来るので売れたんです。友達同士で、たしか一匹五十円ぐらいで売り買いして、大きくしては売るんです。そういうことを子どもの時からやっていました。

中学を卒業して十六の年から働き始めました。学校に募集が来ていて、それに応募して三井造船所に行くことになったんです。高松から玉野までは連絡船に乗りました。瀬戸大橋はなかったので、高松と宇野港間の宇高連絡船に乗るときには、ずいぶん遠くへ行く気持ちになりましたよ。なにしろ、まだまだ子どもでしたからね。

入社してすぐ寮に入ったんですが、そこでは八畳間に四人で寝るんです。畳なんかボロボロだし、冷たい布団に入って寝ていると、夜中にぱっと目が覚めます。すると真っ暗い天井が目に入って、あの時は本当に寂しかったですよ。寮でも会社でも、先輩というのはこわかったですよ。ひとつ上というのは、とくに厳しかったんです。あいさつの仕方が悪いとか、いろいろな理由でよく怒られました。

ぼくは最初から溶接工として入ったんです。たたき上げの職人ばかりの世界です。そういうところで一から仕事をおぼえていくんです。でも、ぼくらの時はまだよかったんです。午前中は学校で授業を受けて、仕事は午後からでしたから。ひとつ上の先輩の時までは、昼間はみんなと同じように働いて、学校に行くのは夜でした。学校というのは、玉野市と造船所が共同でやっている高校があって、そこで勉強しました。ぼくは最初の頃は、倉敷の水島のコンビナートで使うオイルタンクを作っていました。造船所の工場で石油プラントを組み立てて溶接する仕事です。

オイルショックがあって、一回目は持ちこたえたんですが、二回目にプラント組み立ての仕事は縮小したんです。船のディーゼルエンジンを組立てる仕事に移りました。

作っていたのは、いろいろな種類のディーゼルエンジンです。何十万トンもあるタンカーのエンジンから国内船に積むものまで、さまざまな種類のものを作りました。船に積むエンジンは、船が大きいからといって必ずしも大きなエンジンだとは限らないんです。コンテナ船なんかは速力を上げるために出力の大きいものを積みますし、自衛艦は小さなエンジンをふたつ載せるんです。そういうわけで、エンジンというのは船の種類によって毎回ごとに違います。

エンジンを作る職場では、溶接工のほかに鋼板の切断工、切断した鋼板を削る機械工、組立工、それから組み立てたエンジンをテストする運転係がありました。流れ作業で月に十台のエンジンを分業して作る場合もあれば、とくに大きなエンジンや納期を急ぐ場合には、四十四、五人いた溶接工全員がかかりきりになって仕事をすることもありました。

最近の溶接は「CO_2溶接」といって、電流を四百アンペアぐらい使うわけですが、それだけ光と熱も強いわけです。それを防ぐのに、まず頭巾を被って、塵肺になったらいかんのでマスクをするんです。それから溶接用のメガネと腕カバーもします。作業服が焼けるから前カバーをつけます。さらに安全靴も履くという重装備です。年中そんな格好で仕事をするもんですから、冬でも汗が出ますよ。夏場なんて暑いなんてものではないですから。溶接の熱で体中からダラダラ汗が噴き出てきます。

造船所の仕事というのは最近では競争が激しくなってきて、韓国なんかも力をつけてきていますからね。価格競争に勝つために、細かな部品は中国に仕事を出して、最終的な組み立てだけは日本でやるということも増えてきているんです。現場で仕事をしている人間にすれば、それだけ仕事が少なくなるわけで、これは困ったことです。

考えてみれば、造船所でやっていた仕事というのは、いまぼくがやっている農業とは正反対の仕事です。チームでやっている仕事とは違って、農業はぜんぶ自分で考えながらやらないといけません。雇われていると、細かいことを自分で考える必要がないわけです。あれをやれ、これをやれと言われたことだけやっていたらいいわけです。その分たしかに気は楽ですよ。でも、これではおもしろくないですよ。

いまの百姓の仕事ならスケジュールはぜんぶ自分で決められますからね。農業の最大の魅力は、やっぱりそれでしょう。人に言われてやっているだけでは仕方がないですからね。例えば、いまの時期なら夏野菜の出荷作業をしていますけど、頭の中では次に何を植えるか考えています。そうやって合間を見ながら秋野菜の仕事をするんです。種をまく時期や肥料をやる時期を少し変えてみると、成長の具合もかなり違ってきます。農業には工夫することがたくさんあるわけで、だからおもしろいんです。

それから、結果がはっきり目に見えるかどうかという違いもあります。船だったら、あれは自分が組み立てたということはわかりますが、エンジンは自分が溶接したエンジンがどの船に使われているかなんてことは、ぜんぜんわかりません。農業の場合は、やった仕事の結果が出来具合にはっきり現れます。これはとってもおもしろいことです。ほかの人が作った同じ野菜と比べてみれば、よくできているかどうかは見ればすぐにわかりますから。

でも、造船所にいたときの仕事が意外にも農業の役に立っているということも、けっこうあるんです。ぼくは造船所では、最後は生産管理というところにいました。材料を注文したり、作業の進み具合をチェックして納期に間に合わせたりという部門で、まあ、進行係のような仕事です。そこでは、ひとつのエンジンを完成させるのに、仮組みに一週間かかるとか、溶接に三日かかるといった具合に、作業時間をあらかじめ計算するんです。そういうことが農作業をするのにも活かされているわけなんです。

ぼくも百姓を始めたときには、農作業についてのデータをこんな具合にぜんぶパソコンに入力していました。タネ代がいくらだったとか、植えたのが何月何日で、収穫が何月何日だったとか、いくら売れたかとか。最初はすごく張り切っていましたから、そういうこともすべて記録していたんです。いまはもう頭の中に入っているので、いちいち入力したりしなくなりました。そういうことでいうと、経験したことでまったく役に立たないということはないと思っとるんですよ。

◇

なぜ農業だったかということを考えてみると、やっぱり人に使われたくないということが一番大きい理由かもしれません。それと、さっきも言いましたけど、晴耕雨読を夢見ていたということですかねえ。カラスと同じように、明るくなったら起きて、暗くなったらねぐらに帰る。そういう生活にずっとあこがれていたということでしょうねえ。

今年の夏は、日中はけっこうのんびりさせてもらいました。朝は早いだけに、暑い昼間は息抜きしないと体がもちません。毎日、午前十時頃に家に帰ってきて、シャワーを浴びて缶ビールをちょこっと飲んで。新聞なんかを見ているうちに腹が減ってきます。昼飯を食うて、昼寝して、そのあと図書館に行っていました。図書館はええですよ。クーラーが効いていますからね。涼しい場所で本を読んだり、時には昼寝をしていました。こんな生活は勤め人にはできませんからね(笑)。

そのあとは家に一度戻って、また夕方の五時ぐらいから畑に行きます。暑い時は無理に仕事をしようと思っても作業ができんのですわ。野菜の出来もよくないですから。それでも去年までは、売り上げを伸ばそう思うて、無理してやっていたんです。コマツナと、葉ダイコン、ホウレンソウなんかを、ネットを張って作りました。でも、やっぱり出来はよくなかったです。暑さと水不足で虫食い野菜がたくさんできました。赤字にはならなかったけれども、売り物としてはあんまりようなかったなあ。

そうやって苦労して作った野菜が高値で売れたときが一番励みになりますねえ。お金いうのは、生活の手段ということもあるけれども、苦労に対する報酬ですからね。いい野菜を作って少しでも高い値段で売れた時の喜びは大きいですよ。

会社を辞めて一番最初に野菜を出荷したときのことは、いまもおぼえていますよ。ホウレンソウを十五、六束持っていって、一束五十円の値段をつけたんです。売り上げが千円にもなりませんでした。ぞーっとしましたよ。こんなんでやっていけるかなあと思いましたよ。

でも、ぼくはたんに金を稼ぐ手段として野菜を作っているのとは違います。ゼニカネでやっているんだったら、もとから農業なんかしていませんよ。工場に行けば、日に一万四、五千円は確実にくれますからね。

じつは、会社を辞めてすぐの頃に町工場の仕事に行っていたことがあるんです。電力会社で使う伸縮管を作るアルバイトに行っていました。溶接といっても、いまはかなりロボット化されていますから、手でやるのは一部ですけどね。でも、そうすると、だんだんアルバイトだけで生活していこうかという気になってきます。仕事は疲れるし、家に帰ってから畑仕事をしようかという気にはなりません。やっぱり人に使われるのはつらいですよ。アルバイトをしながら百姓はできませんわ。

そうはいっても、同じ一万円のお金を百姓で稼ごうと思ったら、これはたいへんなことです。時給にすると、百円かそんなものじゃないですか？　カネを稼ぐつもりでいたら、とても百姓なんてアホらしてできません。でも勤めはもうできませんよ。ぼくは退職して百姓を始めたことは正解だったと思ってるし、給料を前の二倍払うからと言われても、会社に行く気はせんですね。

じつは、ぼくは若いときから憧れとったことがあるんです。田舎に行くと、おじいさんが耕耘機を改造したテーラーを運転していて、その横にちょこんとおばあさんが乗っていたりしているのを見かけることがあるでしょう？　あれをずっと前からやってみたかったんです。だから、いまは女房といっしょに仕事ができて、とってもしあわせです。ぼくが農業をやっておられるのは、女房が一緒に仕事をしてくれているからです。

あと二年ほどしたら年金をもらえるようになります。そうしたら、もっと楽しみの部分を増やして野菜を作っていきたいなあって、そう思っているんです。

派遣会社の調査員になる

これまでどれほど居心地のいい温室にいたか、思い知らされました。

江端一則（仮名・71歳）
元放送局勤務・奈良県

二年前から派遣社員として働いてきました。半年間ほど仕事をしては半年ほど休む。そんな調子で仕事をしています。今年の仕事は、ほんの数日前に終わったばかりです。

やっている仕事の内容というのは、大阪府が整備している工業用地の販売を促すための調査です。大阪でも中心部となると交通事情がよくありません。また新事業に必要な土地を確保することもできないので、大阪府では北摂や泉南地域に工業用地を開発してきました。ところが、その少なからずが売れ残っているんです。わたしの仕事は、大阪市内や府下の中小企業を訪問して郊外の工業用地に移転する意志があるかどうか確かめるというものです。

今年で七十一歳になるわたしがこの仕事をやっているのには若干の説明が必要かと思います。これは国がやっている「高齢者雇用促進事業」の一環としてです。財源も国が出しています。

雇用の仕組みはこうです。府から調査の仕事を依託された派遣会社は、われわれのような高齢者を採用して調査にあたらせます。調査員は結果を報告書にまとめます。それを参考にして府の職員が個々の企業に再びアプローチして用地の販売や移転の促進を進めるということになっているんです。

わたしが調査員として働くことになったのは、ある求人広告がきっかけでした。昨年の年明けに、たまたま新聞に「調査員募集」という小さな求人広告が載っていたのを見つけたんです。説明会場に出かけて行ったところ、リタイア年代の人たちが大勢来ていました。仕事内容についての説明のあと、仕事をする意志のある人は残ってくださいと言われました。かんたんな面接を受けたあと、実際の仕事のやり方についての話がありました。そして採用されて調査員として働き始めたというわけです。

この仕事に応募した理由ですか？　わたしは歩き回るのが好きな性格なものですから。以前はＮＨＫで記者をしていました。在職中は大阪放送局で報道部長も経験しました。訪問先で話を聞き、それをまとめるということでは調査員も記者も同じことだと思ったんです。

デスクワークは苦手な方ですが、あちこち出歩く仕事なら、やれるのではなかろうかと考えました。また歩くことで足腰も鍛えられます。これは一石二鳥の仕事だと考えたんです。

なによりも、わたしにとっては家でじっとしていることが苦痛で仕方がありません。ずっと仕事だけを生き甲斐にやってきたものですから、これといった趣味や道楽もありません。仕事をする以外に時間の過ごし方が思い浮かばないんです。

定年になってからもＮＨＫの関連会社に再就職してずっと働き続けることができました。五十七歳で定年になったんですが、カルチャーセンター事業をやっているＮＨＫ文化センターに再就職して六十八歳まで勤めていました。

そこを退職したあとも、仕事を続けたいとは思っていました。でも、この時すでに七十歳を前にしていたわけですから、さすがにこの年齢では再就職もままなりません。退職してしばらくは、暇さえあれば新聞の求人欄に目を通していました。そうやって半年ほどたった時期に、派遣会社が出していた求人広告に行き当たったわけです。

派遣社員になることについての抵抗感はなかったかという質問ですか？　わたしに限ってはありませ

んでした。たしかに、ひと昔前までは派遣社員というと正社員より格下というようなイメージもありました。でも、いまはずいぶん変わってきています。働き盛りの四十歳代、五十歳代の男性が登録することも珍しくなくなりました。最近は学校を出たばかりの新卒者が派遣社員としてひとまず働いてみて、その会社に合えば正社員に移行するというケースも増えているようです。

また、わたしは前に勤めていた文化センターにいたときに、派遣社員の人に仕事をしてもらったことがありました。アナウンサーを派遣してもらったんですが、とてもきっちりとした仕事をしていたという印象がありました。この年齢になると、自分の身分なんて気にはなりません。身分や待遇よりも、とにかく仕事ができればありがたいという気持ちが強かったんです。報酬についてもあまり当てにしていなかったんですが、始めてみると、けっこうくれるんだなと思いました。

◇

実際の仕事についてですが、調査員にはそれぞれの担当地域が割り振られます。わたしのような調査員がぜんぶで三十人ほどいて、大阪府下を分担してまわるんです。一年目は八尾と柏原の担当でした。二年目だった今年は大阪市内の城東区を担当することになりました。

城東区の例で説明すると、区内には約三百四十社の中小企業があります。そのすべてを半年間に回ることになっています。でも会社が休みの日は除かれますから、実質は百二十日ほどしかありません。その日数ですべてを訪問しようとすると、一日あたりで三社から四社くらいは回らないといけない計算になります。これはたいへんなことです。

だから、わたしは仕事をしている期間の平日は毎日遅くとも朝の九時半には担当地域に到着するようにしていました。このため、毎朝だいたい八時半には奈良県生駒郡にある自宅を出ます。現地に着くと、最初にやるのが電話によるアポ取りです。そのためのテレフォンカードが会社から支給されていましたので、これを使って公衆電話から訪問先の会社に電話をします。社長、専務、常務といった立場の人たちにつないでもらって用件を伝えるんです。相手先の企業にはわたしたちが訪問する二週間から十日ぐらい前に府庁からダイレクトメールが送られていて、趣旨はいちおう伝わっているということになっています。

そうやってアポをとってから約束の時間に訪ねてゆくという手順になるわけですが、実際はそう思ったように首尾よくいくわけではありません。相手が不在だったり、会社にいても居留守を使っているフシが感じられることもあります。不在と言われれば、時間を置いてまたかけ直します。今日は都合が悪いから、また明日かけてくれと言われることもあります。そういうことはとても多いので、次々と電話をかけまくって、とにかくアポをとらないことには始まりません。一日に十件から十五件ぐらい電話をかけることもザラにあります。

◇

アポ取りをするときの場所ですか？　ホテルのロビーの電話なんかは使いません。そもそも、われわれが担当するのは下町の工場地帯ですからホテルなんてないんです。急行が停まるような少し大きめの駅や乗り換えのターミナル駅などで降りて、その付近から電話するようにしていました。

城東区なら京橋や放出《はなてん》といったあたりの駅にある電話ボックスに入ります。こういう大きな駅には電話ボックスがたくさん並んでいますからね。最近は携帯電話が普及してきたこともあって、電話ボックスが少なくなってきていますが、こういう駅にはまだ電話ボックスが五つ、六つと並んでいます。ボックスがひとつしかないと、ゆっくり電話をすることができません。あとがつかえていると気を遣いながら電話をすることになりますから。

そうやって、やっとアポをとりつけて経営者と会うことができたとしても、すんなりと話が進むとは限らないんです。まず本題にまで話題を持って行くのがひと苦労です。

そもそも、相手は工場の移転に関心のない人がほとんどです。極端な場合は、会ってすぐ「移転には興味がないよ」と先に言われてしまうこともあります。興味のない経営者にも大阪府が開発を進めている工業団地の魅力についての説明をしながら、相手の関心の度合いを測るわけなんですが、そこまで話題を持って行くのは至難のわざです。

わたしの場合は身近なニュースや景気の話題から始めることが多いんです。例えば、先日みたいに世界中がびっくりするようなテロが起こったあとは、自然とそれに関連した話題になります。以前の仕事柄、新聞やテレビニュースを細かく見る習慣はいまもあるものですから。

話のとっかかりを得やすいやり方のひとつとして、経済の話題から入ることがあります。訪問先の企業の業界がどういう方向に向かっているのかといった話題に水を向けてしばらく雑談すると、それなら工場の移転についてはどうですか、という話にもっていきやすくなります。ただし、いまのように不況の時期にあまり景気の話をすると、どうしても話題が暗い方向にいってしまいます。あまり深入りせず、軽く触れるにとどめるよう心掛けています。

相手がわずかでも工場移転に関心があるようなら、次は移転によって生じるメリットを説きます。例えば、大阪市内で地価が下がったといっても、まだまだ坪二百万円はします。ところが府が開発を進めてきた泉佐野市の「りんくうタウン」や枚方市の「津田サイエンスヒルズ」、北摂の工業団地といったあたりだと坪あたり二十万円ほどです。移転することで、それまではとても不可能だった搬入出に必要な駐車スペースをとることができたり、大規模な設備投資も可能になるわけです。さらには以前の工場用地にマンションを建てて経営の多角化を図るとか、そういう事例を引き合いに出して説明したりすることもあります。

そうやって話をしていくうちに、工場移転を選択肢のひとつとして考えようとする企業もなかにはあります。元の工場用地にマンションを建てても、はたして借り手が見つかるのかとか、従業員の通勤の問題や社宅の問題だとか、そういうことにまで話が及ぶこともあります。

われわれの仕事はここまでです。相手の関心が高いようなら、後日府の担当者を寄越しましょうかという話をします。また府に提出される報告書の備考欄には訪問企業の関心の度合いを書くことになっているので、それを見た担当者がアプローチするという手順になっています。

ただし、正直言ってこちらの話に関心を持ってくれるケースは本当に少ないというのが実状です。十社訪問したうちの一社もあればいい方ではないでしょうか。ほとんどの場合が、まずそういうところまではいきません。相手に興味がないことがわかれば、その旨を報告書に記入して次をあたります。訪問先の一社にかける時間は平均すると約一時間です。話の内容によっては一時間半ぐらいかけるときもあります。

◇

この仕事をやっていて、おもしろい部分？　正直に話すと、たいへんなことの方が多いんです。前にやっていた仕事からは考えられないようなこともこれまでにたくさん経験しました。

一度こんなことがありました。何度電話をかけても留守だというので、思い切って「近くまで来ましたので」と訪問したことがありました。記者の時代にそういうやり方をしたところ、タイミングよく取材相手をつかまえて話が聞けることもありましたから。

ところが、女性事務員にわたしの名刺を渡したところ、不機嫌そうな顔をしながら「いません」と言われました。そして、わたしが帰ったあとに府庁に苦情の電話をしたようです。名刺には派遣会社の電話番号のほかに府庁の担当課の番号も書いてあります。事務員が電話したのは府庁の方だったので、さっそく府庁から派遣会社に連絡が入りました。わたしとしては自分の仕事をふつうにやっているつもりだったんですが、きっとその日はその事務員の虫の居所が悪かったんでしょう。「一日に何度もしつこく電話をしてきて困っている」という苦情を言われたようです。

こうした経験は一度きりでしたが、面談した相手から名刺をもらえないことはよくありました。こちらが名刺を出しているのに、相手は名刺を渡そうともしないんです。自分が誰かということや肩書きも名乗りません。そういうことは、しょっちゅうありました。

NHKの記者として働いていた時はそういう経験をしたことは一度もありませんでした。報道部の記者として、いろいろな立場の人に取材をしてきましたが、そのなかには大会社の会長や社長もいます。でも、いつもそれなりの対応をしてもらっていました。なのに、いまは派遣会社の調査員という立場だからというだけで、まともな対応をされないことも多いんです。

そういう目に遭うと、いたくプライドを傷つけられたような気分になってしまいます。名刺をくれない時には、やんわり要求したこともあります。それでももらえなかったり、自分の名刺を出さずに部下のものを渡されたりしたこともありました。

この調査の仕事をするようになったことは、いろいろな意味での勉強になりました。途中で腹を立てたりすることなく、人の話をゆっくり最後まで聞くことができるようになったと思います。また、それ以前の自分がNHKという名刺で仕事をしていたということにも気づかされたわけです。派遣社員という立場になったことで、世間というものの別の面を思い知らされたということだと思います。

自分がどれほど居心地のよい温室にいたかということを知るきっかけになっただけで、派遣社員というものをやった価値があったといえるかも知れません。たぶんわたしが経験したことなどは、民間企業の営業マンであれば誰でも味わっていることでしょうから。

派遣会社の調査員という仕事は自分が望んでやり始めたことです。息子や娘からは「その年で仕事をしなくても、旅行でも何でもどんどん行って、のんびり暮らしたらいいじゃないか」なんて言われます。でも、出かけて行って、いろいろな人と話をすることが長年の習い性になっているんです。目的のない旅行をしているよりは、ずっと楽しいものです。

この仕事は来年度もまた予定されているそうです。できれば、またやりたいと思っています。

2　好きなことに熱中する

昔の仲間とジャズバンドを再結成する

ギャラをもらってないから、
余計なことを考えずに演奏だけ楽しめるんです。

三星広之助(69歳)
酒店経営・兵庫県

仕事の第一線を引退したシニアばかりが集まって、ジャズオーケストラの演奏活動をやっています。バンドの名前は「サンライズ・ジャズオーケストラ」といいます。わたしは今年で七十歳になるんですが、ほかのメンバーも、みんな七十歳から七十五歳までという年代の人たちばかりです。

〝サンライズ〟の由来ですか? バンドのメンバーがみんないい年齢なので、なかには頭がハゲている人もいるからです。日の出のようなハゲ頭――そこから名前をつけたんです(笑)。

活動がスタートしたのは十年以上も前なんですが、いまでは地域のイベントに呼ばれたり、あちこちの学校や施設で演奏したりと引っ張りだこです。これまでに演奏のために全国各地に行きました。去年は中国の上海にも招かれて演奏してきました。

毎週一回集まって練習することは、結成以来ずっと続けています。また、新しい曲を演奏するときには、事前に家で練習したりもします。全員が揃うと十六人です。わたしの担当はトロンボーンです。

演奏は自分でいうのもなんですが、けっこう本格的ですよ。というのも、メンバーのほとんどが以前はプロとして活躍していた連中ばかりですから。

わたしも、いまはご覧の通り酒屋のオヤジですが、じつを言うと、若い頃にはプロのバンドマンをしていたことがあるんです。それがこの年齢になって、再びこんなに楽しく演奏できるなんて、とてもしあわせです。人前で気分よく演奏できる機会が持てることは、とてもハッピーなことだと思っています。

そもそも、わたしがジャズに足を突っ込んだのは、ずいぶん昔のことになるんです。思い起こせば、もう五十年以上も前のことになります。

◇

それは旧制中学の四年の時のことでした。戦争が終わったばかりで、あちこちにはまだ闇市がある時分のことです。これからの時代は英語を勉強しないといけないというので、わたしはその当時、大阪市此花区にあった関西学院大学のセトルメントというところに補習に行っていました。牧師さんが英語と数学を安い月謝で教えてくれていたんです。

そこでバンドのメンバーに入らないかと誘われたのが、そもそもの始まりでした。土日に教会で行われるミサの時に讃美歌を歌う聖歌隊のバックバンドがあって、そのトランペットが空いているから、よかったら吹いてみないかと声をかけられました。

すぐに夢中になりました。それまで聞いたことのない、不思議なリズムと音色の音楽にたちまち魅了されてしまいました。本格的な演奏のし方をどこかで覚えたいと思うようになりました。大阪市内の天六というところにあった市民会館では当時、週末になるとダンスパーティーが開催されていました。日曜日ごとに二十歳前後から二十五、六歳ぐらいの若者ばかりが集まって踊っていたんです。

バンド演奏をしていたのは、大阪工大の前身にあたる関西高等工業学校の学生たちでした。わたしはそこに入れてもらって、それまでは見たこともなかったドラムの叩き方を教わりました。本格的なジャズというものをここで初めて知ったわけです。「センチメンタル・ジャーニー」とか「ユー・アー・マイ・サンシャイン」とか、そういった曲を自分たちなりに上手に演奏できるよう、一生懸命に練習しました。

次に行くようになったのが進駐軍のダンスホール

です。いまは武庫川女子大の校舎の一部になっていますが、西宮にあった旧甲子園ホテルが当時は接収されて米軍のダンスホールとして使われていました。

そこは進駐軍向けのいわゆる将校クラブです。将校たちが毎週ダンスをするんです。演奏をするのはこの近くに住んでいて、ジャズについて少しは腕におぼえのある若者たちで、アコーディオンやバイオリンといった楽器を持ってきては、いろいろな曲をやっていました。

中学四年生のわたしは、そんなバンドマンのなかでも一番若かったんです。ギャラは一回五百円。毎週いけば月に二千円になります。これは目の玉が飛び出るくらい、とてもいい小遣い稼ぎだったんです。

ここでわたしが担当していたのはドラムです。それまでは教会にあったものや人から借りた楽器を使っていましたが、働いて貯めたバイト代で初めて自分の楽器を買いました。買ったドラムは一番安い程度のものだったですが、そのくらいのものしか手に入らない時代でした。

演奏がある日になると、わたしはドラムをバラして仲間に分けて持ってもらい、阪神電車に乗ってホテルまで行きました。一番年下だったにもかかわらず、いじめられることもなしにメンバーからはずいぶんと可愛がってもらいました。

当時やっていた曲ですか？　この時は、たしか「山越えのともしび」とか「リンゴの木の下で」とか、それからチャイナ・タンゴなんかもやっていました。曲のレパートリーが少なくて、そのくらいしかできなかったものだから、一回のステージで同じ曲を何回もやっていました。

当時のことを思い出すと、とてもではないけれども、よくあんなものでお金をくれたものだなあと思います。稚拙な腕前だったと思いますよ。でも、当時はまだジャズの曲が演奏できるバンドマンもいませんでしたから、米軍もその程度でも我慢してやらせてくれていたんでしょうねえ。

そういえば、うれしかったのが演奏の合間にも飲み食いすることができたんです。アイスクリームやコーヒー、コカコーラを初めて口にしたのもここででした。コーラを初めて飲んだときは「これは薬かいな？」と思いました。まだ未成年でしたから、酒は口にしませんでしたけれども。

それからサンドイッチなども、パーティーが終わってもたくさん残っているものだから、いくら食べても何も言われませんでした。なにせ育ち盛りの時期のうえに食糧難の時代ですからね。喜んでたくさん食べました。

でも、外に持って出たらおこられるんです。とても食べ切れないので、こっそり持って帰りました。ドラムの表皮をはずして、その中に隠したんです。ドラムの中は空っぽで、なんぼでも入りますから、ようけ持って帰りました（笑）。そうやって家に持って帰ったものは近所の人に配ったりあげたり、しました。

そういう場所に出入りしていると、びっくりすることが多かったですね。たしかカールマンギアとかいうドイツ製だったかの車を、女性の将校が運転してやって来るんですから。アメリカっていう国はすごいなあ、としきりに感心したことをおぼえています。

◇

この時期になってくると、わたしはすっかりジャス演奏の魅力にとりつかれるようになっていました。ジャズのどのへんがそんなによかったのかって？　そら、やっぱりアメリカの文化に触れているような気がしたところでしょうなあ。戦争中は楽しいことはいっさい禁止でした。英語は敵国語だというわけで、わたしたちが勉強していたのは中国語でした。戦争が終わったとたん、アメリカやヨーロッパのいろんなものがどっと日本に入ってくるようになったんです。そういうアメリカ文化の香りに触れられるものであれば、何でもかんでも楽しくて仕方がなかったのと違いますか？

それと、音楽というものはなんと素晴らしいものかということを思いました。心をこんなにもウキウキさせて楽しい気分にさせてくれるジャズというものの虜になってしまいました。いまの若い子ならオートバイなんかに熱中するでしょう？　きっとあれと同じでしょう。

旧制中学が改まると、わたしは新制高校に一年通ったあと、近畿大学の前身にあたる大阪専門学校に行くことにしました。ひどい就職難だったので、とりあえず上の学校に行って勉強をしているうちに、就職口もだんだんと増えてくるだろう。そう考えてのことでした。

学校に籍を置きながらもバンドの仕事は続けていました。その頃になってくると、プロのバンドマンに混じって、いっぱしの演奏をしていました。この頃わたしがやっていたのはトロンボーンです。

本当はトランペットがやりたかったんです。でも大学では空手部に入っていて、その練習では素手で瓦を割ったりしていました。両手が傷だらけになるので、そんな手ではトランペットのピストンを押さえられません。それで、同じ吹奏楽器でもピストンのないトロンボーンを吹くことにしたんです。

演奏していたのは大阪市内のダンスホールやキャバレーです。バンドマンというのはずっと一カ所にいることはありません。あちこちのホールを転々とします。そうやって徐々に腕が上がってくると、スカウトされたり仲間と誘い合ったりして、だんだんレベルの高い店に移動していくわけです。

わたしがこの時期に最初に行っていたのは大阪市内の今里にあったダンスホールです。最初はトロンボーンの見習いとして入りました。今里というところは、むかしは大きな盛り場だったところで、ダンスホールが何軒もありました。そしてその後いくつかのホールを経験しました。

通っていた専門学校が新制大学に切り替わったので、わたしは大学に通算で五年間通いました。大学に行っている間はずっとバンドの仕事を続けて、学費もぜんぶこの仕事で稼ぎました。そして卒業した後も、そのままプロのバンドマンとして仕事を続けることにしたんです。

わたしが大学を卒業した昭和二十八年頃は大学出の初任給は一万円ほどでした。でも、われわれバンドマンは月に三万円の給料をもらっていました。とてもアホらして、会社には就職でけんなあ、という感じでした。引き続きダンスホールで演奏したり、それから当時はすでにテレビ放送も始まっていましたから、そのバック演奏をしたり、またある時は劇場で生演奏をしたりという日々を送っていました。その間も、なかなかいい就職口はないもんやなあと思いながら、いちおう就職口探しは続けていたんです。

そのうち昼間は知り合いの計理士事務所に働きに行くようになりました。それが、たしか二十五、六歳ぐらいの時です。計理士というのは、いまの税理士と公認会計士の両方を合わせたようなものです。バンドの仕事は夜が主ですから、昼間の仕事との両立は可能です。その事務所に行くようになったのは、自分で何か商売を始めようという考えがあって、その準備のためでした。

プロのバンドマンになって思ったのは、この仕事は年をとるとキツいなあということでした。最初は若いつもりでも、だんだんと年をとってきます。まわりはだんだんと若いバンドマンばかりになってきますから、気がついたら、いつの間にか自分は「オジン」になっているわけです。

その頃にわたしが考えていたのは、計理士事務所に三年ほど勤めている間にいろいろと商売のやり方を勉強しておいて、三十歳になったら独立しようということでした。三十歳をひとつの区切りの年齢と考えたんです。

商売を始めようと思ったのには理由があります。うちの実家は尼崎で酒屋をしていました。オヤジやオフクロからいつも言われていたのは「何かあっても一番安心なのは商売やで」ということでした。「商売やったら、体を悪うして自分が働けんようになっても、嫁さんが働いたら食べていける」と、そう繰り返し言われたものです。

バンドマンをやっていて一番困るのは、生活が不安定なことです。仕事があるときはいいけれども、仕事が入らなければ収入はありません。いつ何時、おマンマの食い上げになるかはわかりませんから。これでは生活がやりにくいなあと思っていました。

そういうことが頭にあったので、計理士事務所に勤めながら、どんな商売がいいのか自分なりにいろいろと考えてはいました。事務所の人に相談したところ、これからは美容師か仏壇屋がいいんと違うかって言われました。いまから思うと、なるほど、いいところを見ていたなあと思います。両方とも、いまでは当時思っていた以上に大きな業界になりましたから。あの頃にどちらかの商売を始めていたら、いまごろはヒゲを生やしてベンツを乗りまわしていたと思います（笑）。

わたしがその当時に考えていたのは文具店か荒物屋です。どちらも商品のモデルチェンジがありませんし、商品を並べてお客さんが来るのを待っていたら済む商売です。これならバンドをやりながらでもできるだろうと考えていたんですが、いろいろ調べてみると、なかなかそうでもないらしい。外から見ているとわかりませんけど、そういう業界でも、それなりに流行やモデルチェンジもあるということがわかりました。また、ただ待っていれば売れるというものでもなくて、お得意さんを上手につかまえたり、こまめに足を運んで注文を聞いたりとか、そういうこともせんならんらしい。そういうことが、だんだんとわかってきたんです。

◇

結論を言ってしまうと、三十一歳の時に酒屋を始めました。酒屋をやるには免許が必要なんですが、免許をもらうために五年間、酒販の仕事にも従事しました。

わたしはずっと酒屋にだけはなるまいと思っていました。酒屋というのは陰気な商売やなあ、と子どもの頃から思っていたものですから。わたしは五人兄弟の二番目なんですが、そのうちの四人までが酒屋になりました。

自宅を兼ねた店舗を尼崎市内のいまの場所に開いたのは昭和三十六年です。でも開業してしばらくの間は、声がかかるとバンドの仕事にも行っていました。商売を始めたといっても、最初のうちはお得意さんも少ないし、そうかんたんに売上も伸びません。NHKの放送で穴が空いたのでエキストラに来てほしいとか、民放局の仕事でいついつ来てほしい、なんて言われたら、その度に出かけていました。

だからといって、そのままずっとそんな状態を続けているつもりはありませんでした。そっちに戻ったら、確実に不幸になることはわかっていましたから。

わたしが引退した前後から、生バンドの演奏の仕事は急速に少なくなってきていました。それまではテレビや劇場で使うBGMはぜんぶ生演奏だったんです。当時はテレビドラマでも生放送が基本だったので、「ところが彼女は……」というナレーションがあると、それに合わせて「ジャララーン」とバンドが演奏していました。

ところが、この時期になるとテープ録音機が登場してくるようになりました。その頃に完成した梅田コマ劇場にもテープによる再生装置が入り、オーケストラボックスはありませんでした。はじめに一回録音しておけば、それを何回でも流せばいいわけです。これではバンドマンの仕事もおしまいだと思いました。

商売をしながら好きな音楽を趣味程度に続けるという考えも捨てました。商売とバンドの両方を追っていては、どっちつかずになってしまいます。酒屋の仕事というのは、昼間はもちろんですけど、夜も配達だとか接客だとか、いろいろとやることがあるんです。この商売を始めるのならジャズの世界に首を突っ込むのはやめとこう。そう固く心に誓っていました。

また、その頃は仕事を始めたばかりでしたから、どうやったら得意先を開拓していけるかとか、商売をどうやって大きくするかとか、やるべきことは山のようにありました。商売を安定させるためには、わたしも必死にならざるを得なかったんです。

店を始めて半年ほどたつと、バンドのエキストラにはパタリと行かなくなりました。商売の方が忙しくなってきたんです。それで何度か仕事上の都合で断りを入れるうちに、とうとう連絡も来なくなりました。もし酒屋で食べていけないようだったら、また考え直さないといけないところでしたから、それはそれでよかったわけです。

ちょうどその頃に、学生の頃からずっと使ってきたトロンボーンを手放すことになりました。使われなくなったトロンボーンのことを人から聞きつけて、売ってほしいという人がいたんです。

いくらで買ってくれるかと聞いたところ、相手は十八万円と言います。その頃、わたしには欲しいものがありました。それは商売に必要な冷蔵庫で、当時はそれが二十万円でした。店舗や配達に欠かせない車にかなりのお金を使ってしまい、とても冷蔵庫まで手が回らなかったんです。

トロンボーンを売ったお金に二万円を足したら冷蔵庫を買える。そう考えると、その申し出は魅力的なものでした。しかし、トロンボーンを売ってしまうと、もうバンドに戻ることもエキストラでお金を稼ぐこともできなくなります。それでも最終的にトロンボーンを売ることに決めました。

振り返ってみると、この決断をしたことがひとつの区切りになったと思います。なにしろ、わたしはそれまで生活に必要なものをずっとこのトロンボーン一本で稼いできたようなものです。もう音楽とは手を切って、この先は酒屋だけでやっていくんやぞ、という踏ん切りみたいなものを、このことでようやくつけることができたと思います。

◇

トロンボーンを手放して以来、三十年以上もの間ずっと楽器には手を触れない生活をしていました。

そのうち商売にも余裕ができてくると、ごくたまにですが、コンサートを聴きに行くことくらいはありました。グレン・ミラー・オーケストラが来日したなんていうと、聞きに出かけたりもしました。それでも年に一、二回ほどのことです。

そりゃあ、もう一度演奏してみたいという気持ちは、ずっとどこかにありましたよ。でも、ぼくがやっていたトロンボーンやドラムなんていうのは、ひとりで演奏していても、ぜんぜんおもしろないんです。野球をするにも、ひとりで壁にボールをぶつけて遊んでいても、おもしろないでしょう？　あれと同じです。大勢でプレーするから盛り上がって楽しい気分になる。ジャズとはそういうものなんです。

この年齢になって再びバンドを始めることになったのは、かつて一緒にやっていたバンドのメンバーのひとりから声をかけられたことがきっかけでした。

バンドマンの世界から身を引いたとき、わたしは「大阪キューバンボーイズ」というバンドにいました。自分で言うのも気が引けますが、当時は大阪でも一番と言われていたバンドです。このバンドの時は、おもにメトロポリタンというホールで演奏していました。そのバンドの仲間だった真砂隆旺さんのところに、尼崎市役所の担当者から「シニアのジャズバンドを作ってみませんか」という話がありました。それで、もう一度バンドをやろうじゃないかと、わたしに声をかけてきたというわけです。それが平成元年のことです。

市の担当者の話では、なんでも尼崎というところは戦前からジャズがとても盛んだったということです。いまでこそ神戸ジャズなんていいますけど、ずっとむかしは神戸でも大阪でもジャズは風俗的に良くないとして禁止されていたそうです。でも、その頃に尼崎にはキングパレスという大きなダンスホールが大物《だいもつ》駅北口にありました。いわば尼崎は関西におけるジャズの発祥地みたいなところなのだから、かつて活躍していたシニアの世代ばかりが集まってジャズバンドを作ったらどうかと。そういう提案があったんです。

真砂さんという人も、やっぱりわたしと同じように途中でバンドマンから足を洗いました。引退したあとは尼崎市内で楽器店を経営しています。彼はいま、うちのバンドの代表を務めてくれています。

バンドは当初、五人のメンバーでスタートしました。はじめは「尼崎軽音楽実演クラブ」を名乗っていたんです。でも、これでは、あまりにも堅すぎるだろうというので、いまのバンド名に改めました。

それから、ほかにドラムのできる人がいなかったので、最初のうちはわたしはドラムをやっていました。そのうちにメンバーが次々と加入してくるようになったので、プロ時代から慣れ親しんだトロンボーンに変わりました。

われわれの活動はじつに多彩です。まず、いろんなところに呼ばれてボランティアとして演奏しています。幼稚園の七夕祭り。小学校や中学校、高校の文化祭や平和学習会。老人ホームや震災住宅の慰問など。呼ばれたら可能な限り融通をつけて行くようにしています。前には一度、東京で行われているジャズ・コンクールに出場して入賞したこともあります。

昨年は上海で行われた中華人民共和国の建国記念

コンサートに招待されて演奏してきました。この時はアメリカのバンドも来ていました。会場ではなんと入場料をとっていました。野外公会堂で演奏したんですが、日本の「北国の春」をやったところ、とても好評で、三回もアンコールがありました。

活動は月平均で三、四回ほどです。年にもよりますが、一年間で四十回ぐらい、あちこちのステージに呼ばれて出演しています。尼崎市や代表のところに依頼があると、そこからメンバーに連絡があります。メンバーはすでに定年になっている人ばかりです。わたしのように商売をしている人間も、不在にしても他の人間にまかせられるようにしているので、メンバーは全員が平日、土日関係なしに出演することができます。

それでも、なかにはどうしても日程の都合がつかないメンバーも出てきます。そういうときは友人に代役を頼んだりして、できるだけフルメンバーで出演するようにしています。

われわれの活動は基本的にノーギャラです。なかには謝礼をいくらか包んでくれたり、交通費を出してくれたりということもあります。そういったことはケースバイケースでやっています。

いまのバンドの構成はトランペットが三本、トロンボーンが三本、サキソホーンが五本。それから、ピアノとベース、ドラムがそれぞれ一つずつです。それ以外にコーラスが四人いて、こちらはいずれも女性です。メンバーのほかに、決まった指揮者と、それにアレンジャーが三人もいて、やる曲をメンバー構成に合わせて編曲してくれます。

週一回の練習日には、土曜日の午前中に尼崎老人福祉センターに集まってやっています。時間を区切って楽器ごとに音合わせをすることもあります。ふつうのアマチュアバンドの水準と比べると、かなり内容の濃い練習をしていると思いますよ。でも、新譜をやる場合でも、まあ一、二回合わせれば、だいたいピタッと合います。

なにしろメンバーのなかには、定年までずっとプロとして活躍してきた人もいるんです。大阪市音楽団や宝塚歌劇のオーケストラボックスで演奏していた人たちです。それに比べると、わたしなどはずっと吹いていたわけではありません。約三十年間のブランクがあったわけですから、なかなかそんな人たちと同じようにはいきません。一番充実して演奏できる時期がすっぽり抜け落ちているわけですから、この差は大きいですよ。

おまけに年齢が年齢なものだから、最近は演奏していても、老眼が楽譜についていかないということもあります。肺活量も落ちています。むかしみたいに毎日吹いているわけでもありません。昔はかんたんに吹けたものが、いまはやっとということも正直言ってあります。

それでも、わたし自身は途中でバンドをやめたことを後悔していません。むしろ、一番いいタイミングでやめられたと思っています。そしてまた再びこういう年齢になってから楽しく音楽をやれるようになったことは、このうえないしあわせなことだと思っているんです。

音楽には休止というものがあって、これはとても大事なものです。考えようによっては三十年という休止は長いような気もしますが、それだけのじゅうぶんな休止をとったことで、再び楽器を吹き続けたいという気力が残っているんだという考え方をすることもできるかもしれませんから。

ずっとプロとしてやってきたからといって、それがしあわせなことかというと、わたしは必ずしもそうとは思いません。劇場つきのバンドマンになったら、一カ月もずっと同じ曲ばかりやっていなければいけません。マーチングバンドだったら演奏は行進曲ばかりです、生活のためとはいえ、そういう演奏をやっていくようなら、少なくともわたしには耐えられなかったかもしれません。

そういうことを考えていくと、いまのような状況で演奏できるのは、ある意味で一番恵まれているかもしれません。ギャラをもらっていないわけだから、余計なことを考えずに演奏だけ楽しめるという見方もできます。

もちろん、わたしもかつてはギャラを稼いでいた人間ですから、ギャラの持つ重みはわかっているつもりです。でも、いまのわたしのなかでは、ギャラの有無というのは、あんまり関係ないんです。ギャラをもらうというのは、タクシーの仕事といっしょで、ただ好きに運転していればいいのとは違います。お客さんが望むようにやらないといけないわけです。それに本来、ギャラというのは演奏の結果としてついて来るものなわけですからね。

じゃあ、なぜ音楽を演奏するのかというと、自分自身がいい演奏をして楽しみたいからです。一方で、演奏を通じてお客さんに音楽を楽しんでもらいたい。そういう思いもあるので、わたし個人はあんまりやりたいわけではないんですけど、七夕祭りのときだったら七夕の曲をやります。お年寄りが多い時には民謡の曲も入れたりします。

わたしの影響からなのか、いまは孫たちがピアノを習っているんです。小二の男の子と幼稚園の女の子の孫二人が近所に住んでいるんですが、ピアノがあるわたしの家まで毎週、先生に教えに来てもらっているんです。まだまだ演奏と呼べる代物ではないんですが、そのうち孫たちといっしょにセッションできたら、なんて考えたりもしているんです。

四国八十八カ所をお遍路する

自分を解き放つことができる、
お遍路とはそういう場なんです。

安田享祐（59歳）
元電話会社勤務・東京都

勤めていた会社を早期退職して四年になります。退職する間際と退職したあとに合計三回、四国八十八カ所を歩いてお遍路してまわりました。そのことについて話す前に、いまやっている仕事と、会社を辞めた経緯からお話ししようと思うんです。

いまはふたつのことを仕事にしています。夫婦でやっているパソコン教室と大学での非常勤講師です。パソコン教室は在職中に自宅の一部を改造して始めたものです。大学の方は、大妻女子大学が多摩に新設した情報系の学部でパソコンの授業を担当しています。

大学でやっている授業の内容は、ワープロソフトの「ワード」と表計算ソフトの「エクセル」、それから「パワーポイント」というプレゼンテーションの時に使うソフトの使い方について教えています。大学には今年に入ってから話があって、教えに行くようになったんです。月曜と水曜の週二日、いずれも午後に各二コマ、合わせて三時間ずつ教えています。学生のなかには、それまでパソコンをかなりやっている人もいます。反対にまったくパソコンに触れたことのない人もいるわけで、学生の水準はバラバラです。しかも一コマ九十分の授業を緊張感を持たせてやらないといけないので、教える方としてはたいへんです。いつも四苦八苦しながらやっています。

◇

大学時代は機械工学を専攻していました。東北大学の工学部です。学部を卒業したあとは大学院に行きました。これは指導の先生も行くなとは言わなかったから行ったようなもので、自分がとりたてて優秀だったとは思いません。博士課程まで行って、そのあと入ったのが電話会社です。

ぼくが会社を辞めた時期というのは、だんだんリストラが本格化してきた頃だったんです。ぼくらのような研究職というのは、年をとってくるとある意味で役立たずになるわけです。上に行って管理職にでもなれば別ですけれども、研究者としては三十代とか四十代とかの頭の柔らかい時でないと思ったような研究成果も出せないですから。

だから、ある程度の年齢になってくると「大学院にでも行ったらどうですか?」とか「子会社に行きますか?」なんていう話になってくるわけです。わたしの場合も、会社を辞めたのはそういう話が出てきた時期だったんです。

とにかく何らかのかたちで会社を辞めないといけない。そういう空気がありました。五十歳の声を聞く頃に「五十四、五歳くらいになったら辞めるんだよ」という暗黙の了承みたいなものがあったんです。

たしかに就業規則には定年は六十歳って書いてあるけれども、五十四、五歳になると嫌がらせがあるとか、そういうことはありました。まあ、嫌がらせとは言わないんだろうけれども、自分の五十五歳以降の計画をレポートにして出しなさいとかいった話が、上司との面談のときなんかに必ず出てくるわけです。

そういう話がボチボチ出るようになった時に、わたしが思ったのは「もうサラリーマンはやりたくない」ということでした。かりに関連の子会社に行ったとしても、かつての嫌な上司なんかと顔を合わせることになるわけです。そういう人とまた一緒に仕事をするなんて人生は、おもしろくとも何ともない。だから子会社にはぜったいに行くまいと思いました。

それまでいた会社とは関係のない、ふつうのメーカーなんかに行くという選択肢もありました。しかし、自分の場合はこの年齢になって、いまさら新たな研究分野を開拓してバリバリ仕事をしていくという自信もありません。つまり、行った先の会社で求められるのは、それまでの積み重ねを吐き出すという仕事なわけです。それではつまらないな、という思いはありました。

そうすると、残された道は自分で何かをやることしかありません。じゃあ何が出来るのか？　それまで仕事で使っていたパソコンを人に教えるとか、そういうことなら可能なんじゃなかろうかって考えたわけです。

そういう分野の仕事であれば、いままでずっとやってきた、物を相手にする仕事とは違います。会社にいた時はテーマに沿って実験をやって、そのデータをとって発表するということの繰り返しでした。ぼくはもともと人嫌いだったというか、子どもの頃から人とつき合うことがあまり得意ではなかったんです。サラリーマンをやっていた頃も、人に話しかけられなければ、自分の方からしゃべりかけることなんてありませんでした。物を相手にしている方が楽っていうのか、そういうところはありました。

でも、このまま実験テーマと四六時中向き合って人生を終えてしまうというのも、なんだか物足りないなあという気持はずっとありましたし、それだけで一生を終わってしまうのでは、人生を半分しか使っていないのではないかっていう思いがあったこともたしかです。そんな思いが、この年齢になってさらに強くなってきたんです。パソコンを教えるということになれば、無理にでも人とつき合う環境にならざるを得ません。人間そのものを相手にするわけですから、反応もそのつど返ってきます。自分で仕事を始めれば、地域とのつき合いもあるわけだし、けっこうおもしろいんじゃないかって思うようになったんです。

そういうわけで、思いがけず降りかかってきた火の粉をどうするかということがきっかけで自分の人生をなんとかするために自分でパソコン教室を始めようと真剣に考えるようになりました。

そこで、まず妻を説き伏せることから始めました。その結果、わたしと奥さんが講師となってパソコン教室を開くことに、とりあえずなったんです。教室にすることにしたこの建物は、もともとは自宅の離れだったところです。以前はぼくたち夫婦が住んでいたんですが、その一階の六畳ほどのスペースを教室に充てることにしました。

この家はもともと奥さんの実家だったんです。お義父さんが亡くなる直前に、その同じ敷地内にぼくたちも家を建てたのが、いまいるこの建物です。建ててからもう十五、六年になります。

パソコン教室を始めたのは、会社を退職する二年前からです。午後の早い時間帯は妻が教えました。ぼくは三時か四時ごろに会社を出て、午後の遅い生徒さんと夜の部の生徒さんを教えました。会社はフレックスタイム制でしたから、そのあたりは融通が利いたんです。

といっても、スタートした最初は本当に細々としたものでした。一週間に生徒が一人とか二人、多くても四、五人ほどの、そんな程度の規模でした。置いていたパソコンも、マックが二台だけ。ウィンドウズが出始める境目の時期だったんですが、ドスのマシンは教えずに、マックをやりたいというお客さんだけを相手にやっていこうという考えだったんです。

ぼくみたいにずっとマックをやってきた人間からすると、ドスのパソコンはつまらないんです。ウィンドウズになってからは、だいぶマックに近づいてきましたが、当時は操作性でかなりの開きがありました。そんなわけで、最初はウィンドウズには手をつけなかったんですけれども、商売上だんだんとそういうわけにはいかなくなってきました。しょうがないので一台入れ、そのうち二台目も入れました。

教える以上はこっちも知っておかないといけませんから、自分でも勉強を始めました。そうやって、ウィンドウズのソフトである「ワード」と「エクセル」がある程度使えるようになったところで、たまたま大学で講師をやる話を友達が持ってきてくれました。やっぱり勉強したことって役立つんだなあって、いまでは思っているんですけれどもね。

　パソコン教室を始めて三、四年すると、教室の運営も軌道にのってきたので、もう少し本格的にやろうということになりました。この建物の一部を増築して、教室の広さを十畳ほどに広げたんです。退職した当時は高校生だった息子も、いまは教室の手伝いみたいなことをしています。教室で教えるのはわたしたち夫婦で、出張する必要があるときは息子が行きます。そんな家族の分担も自然にできてきました。

◇

　さて、なぜお遍路に行くようになったかということでした。じつを言うと、四国とは会社にいた時から仕事で多少の関わりがあったんです。わたしは会社では四万十川の水質を調べる仕事をしていました。電話回線を使って離れた場所から水質調査をするというもので、いまはそういうこともできるようになってきているんです。

　でも、そういう技術がいくら進んでも、作業をする人間がセンサーの設置やメンテナンスのために現地まで足を運ぶ必要があります。そのため、四国には仕事の必要上から年に何度か行っていました。そういうこともあって四国という土地については精神的に近いものを感じていたわけです。

　退職することは決めたものの、会社の有給休暇がほとんど使わないままたくさん残っていました。わたしの場合は関連会社に行くという考えもありませんでしたから、今後のしがらみも一切ないわけです。じゃあ、この際だから休暇をぜんぶ消化してしまおうと思いました。

　有給休暇を使い切るには、べつに海外旅行でも何でもよかったんです。にもかかわらず、お遍路にしたのは、いったい自分にどのくらい体力が残っているのか確認してみたかったということがありました。

　それまで家と会社を往復するだけの生活をずっと続けてきました。ぼくにはスポーツをするとか、山歩きをするとかいった趣味もありませんから、どちらかと言えば体力には自信のない方でした。歩き遍路をやってみることで、自分の体力がどのくらいあるのかを身をもって知ることができます。

そういうわけで、お遍路を思い立ったのは、べつに信心があるとか、実現させたい願いごとがあるとかいった宗教的な動機からではなかったんです。フィジカルな要素がすごく大きかったわけで、そういうことでいうと、動機そのものは不純です。

実際にお遍路に出かけたのは、会社を退職する一九九七年三月の直前でした。初めに考えたことは、とにかく電車やバスやタクシーはいっさい使わずに、ぜんぶ歩いてまわろうということでした。

八十八カ所をお遍路するといっても、電車や観光バスでまわってもかまわないわけです。でも、わたしの場合は、目的のひとつに体力を確認するということがありましたので、三十日か四十日ぐらいかけたら、まあ、まわれるんじゃないか。そういう軽い気持ちで出かけることにしました。

初めてのお遍路となったこの時は、当時の記録を見ると一月十一日に出発して、帰ってきたのが二月の十六日ということになっています。

まわった時の格好ですか？　お遍路衣装なんか着なかったですよ。最初のうちは、お遍路衣装なんて、なんだかカッコ悪いなあって、そういう照れみたいなものがありましたから。わたしが着ていたものでお遍路らしいものといえば、上着の白装束だけです。あとはトレパン、トレシャツ姿で歩きました。杖も持たなかったです。

見た目はそんなだったんですが、お遍路さんの持ち物で札所まわりに欠かせないものだけは持って行きました。ひとつは「納経帳」です。札所に着くごとに、これにハンコを押してもらうんです。ちゃんとまわりましたよっていう証明書みたいなものです。

もうひとつは「納め札」といって、自分の住所や名前と願い事を書いたものを行く先々のお寺に納めることになっているんです。これを金堂と大師堂の二カ所でそれぞれお経を唱えてから納めます。そのあと納経帳を持って受付に行き、スタンプを押してもらうというのが、それぞれの札所での手順です。

各札所であげるのは般若心経ですが、これを一回唱えるのに五分ぐらいかかるんです。札所一カ所につき二回唱えるわけですから、ひとつの札所で最低十分以上はかかります。それを八十八回くり返すわけなので、ぜんぶまわり切ると、のべ十四時間以上もお経を唱えることになるんです。

ここに持ってきているのが一回目に行った時の納経帳です。こうやってハンコがずらりと並んでいるのを見ると、なかなか壮観でしょう？　ぼくの場合は、さっき言ったような格好でまわっているから、信心がないってすぐわかるんでしょうね。お寺のなかには「お遍路はスタンプラリーじゃないんだから、ちゃんと信心をもってまわりなさいよ」なんて説教するお坊さんもいました。

これはその一回目の時の写真です。同じようにお遍路をしていた人が撮ってくれて、あとで自宅に送ってくれたんです。けっこうヒゲが伸びているでしょう？　着のみ着のままで歩いていたものだから……。

お遍路は山登りと似ていて、行っている最中は苦しかったり、投げ出したいと思うくらいつらかったりするんですが、帰ってきたあとに、いろんな思い出が残るものなんです。そのひとつに行く先々で受ける「お接待」というのがあるんです。地元の人がミカンをくれたり、お金をくれたりします。そういうことを何度もしてもらううちに、そういう体験が自分の心のなかに思い出として残るわけです。帰ってきてから「あの時はよかったなあ」って何かの拍子にふと思い出したりします。

ふつう八十八ヵ所をまわったあとは、高野山に行って「お礼参り」というのをするんですが、ぼくはしませんでした。何度も言うように、自分にどれだけの体力があるかを知りたい、つまり、まわることそのものが目的だったわけですから。ぜんぶを歩いてまわれたことで、自分の体力はまだまだ捨てたものではないということが確認できました。目的は達成されたわけです。

最初に行ったときのことで、もっとも印象に残っていること？　そうですね。たしか高知だったかの無料遍路宿に泊まった時のことです。そのときは五日間ほどその宿に泊まって、野良仕事の手伝いをやりました。その時の体験を思い出すと、いまでも不思議な気持ちになります。

四国には、そんな無料でお遍路さんを泊める遍路宿というのがいまもあちこちにあります。信心深い人がお遍路さんに寝るところや食べ物を提供している、そういう場所です。無料の宿だから、もちろん労働の義務はありません。でも、ただで泊めてもらうのもなんだか申し訳ないなと思って、働かせてもらうことにしたんです。

その宿のことを知ったのは、途中でお遍路さんと知り合いになって、歩きながら話しているうちに「ここは無料で泊めてくれますよ」って教えてもらったからです。そこは花の栽培をしている農家なんですが、わざわざお遍路宿を建てたということでした。

わたしがそこでやった仕事というのは、花の球根を掘り出して、それを株分けする作業でした。ひとつの株に球根がいくつも付いていますから、小さいのは取って大きいのだけ残すんです。掘り出した球根は手押し車を使って畑の外に運び出します。春先になったら、それをまた畑に植え替えるんでしょうね。なにしろ冬の真っ最中ですから、寒くて鼻水たらしながら作業をしていました。

仕事の手伝いをしようと思ったのは、たまたま同宿していたおじいさんと話をしていて興味を持ったからです。その人は冬の間はずっとそのお遍路宿にいて、畑の仕事を手伝っているということでした。春になるとまた遍路に出るって言っていました。そこにいる間は宿で食事も出してくれますし、お風呂にも入れるわけです。

ぼくの場合は、そんなに時間がとれるわけでもないけれども、話を聞いていておもしろそうだし、自分もやってみたいと思ったんです。四、五日でもかまわないかって聞いてみたら、宿の人は「いいですよ」って言ってくれました。畑仕事といっても、べつに鋤や鍬で耕すわけではないんです。ブルドーザーで一度にぜんぶ掘り返してしまいますから。そうして土が柔らかくなったところで、手で球根を掘り出していくという仕事です。

ぼくはそれまで、畑で労働をした経験なんてほとんどありませんでした。だからでしょうね。とても新鮮な感じがしました。それまではずっと会社の研究室での仕事だけやってきたわけですから、屋外で体を動かして働くなんていうことはありませんでしたから。人の家に泊まって働くなんていうことも、初めての経験でした。

◇

二回目のお遍路に出たのは、それから二年半後のことです。きっかけは、うちのおばあさんが亡くなったことでした。妻のお母さんです。「じゃあ、次はわれわれが逝く番になったわけですね」なんて話をうちの奥さんとしているうちに、また行って来ようかという思いになってきたんです。

べつにおばあさんの供養のために歩くとか、そういうことではないんです。歩き切るには、またつらい思いをすることになるけれども、それでも自分のためにもう一度歩いて来ようと思ったんです。

その時の記録を見ると一九九九年の七月二十六日に出発して、八月二十八日までかかっています。前回は冬だったので、今度は夏に野宿をしながらまわろうと思ったんです。テントですか？　そんなものを持ってたら、重くて死んじゃいますよ。着のみ着のままです。そのままの格好で寝ていました。寝袋の小さいのだけ持って行って、民家の軒下なんかを借りて眠るわけです。

この二回目の時は雨にたたられて、とてもたいへんだったことをよくおぼえています。歩いていると足がズキズキ痛むので、靴下を脱いで見てみると、指先にマメができていました。それを我慢して歩いているうちに、さらにその内側にまたマメができて化膿してきたんです。すでに徳島を出るくらいの時期にそんな状態になってしまい、もう歩けないって何度も思いました。

そうやって歩き続けているうちに、二十日目ぐらいになると、もう足がぐちゃぐちゃになってしまいました。もうやめてしまおうって、途中で何度も思いましたよ。でも、ここでやめてしまえば、また挫折感を味わって悔しい思いをすることになるだろうし……。そう思って、足がパンパンになっているのを我慢して最後まで歩き続けました。

野宿をしながら歩こうと思ったのは、その前年の夏に青森まで自転車で行ったことが頭にあったからです。自転車に寝袋だけ積んで、スーパーの軒下とか、いろいろなところで寝泊まりしながら青森までたどり着きました。夏ならそうやって野宿することも可能なんだなあと思って、それで宿には泊まらずにまわったんです。

二回目の時はちゃんとお遍路衣装にしたんです。一回目の時に、行った先々でいろいろな人たちからお接待を受けたことは、さっきも話しました。あんまり変な格好で歩くのは、そうした人たちの思いを無にするような気持ちがしたものですから。

二回目は、とりわけ夏という時期のせいもあって、前回以上にいろいろなお接待を受けました。海岸沿いをトボトボ歩いていると、軽トラックのおばさんがやって来て「車でお遍路さんに食べ物を配って歩いているんですよ」って話しかけられました。「いまなら、なんでもありますから持っていって下さい」って言われて、おにぎりと飲み物をもらいました。ジュースをわざわざ買って、追っかけてきてくれた人もいます。

ものの本を読むと、そういうお接待をするのは、お遍路さんが弘法大師の生まれ変わりだと言われているからなんです。いまでは廃れてきてはいるようですが、お年寄りのなかには、そういう思いを強く持っておられる人もいるわけです。

そういう思いがあるから、わたしらが歩いていると、お年寄りから手を合わされることもあります。また自分が心の底からつらい時にお接待を受けると、涙がこぼれるくらい嬉しくなるわけです。じっさい、本当に目が涙でにじんでしまったこともありました。そういうことが四国という土地にはまだまだ残っているんです。だから「ああ、来てよかったなあ」と思えるんです。

ひとりで歩いているんだけど、周りで誰かが見ていてくれる。そんなところがあります。かりに東京でそんなことをやっていても、たんなる変わり者にしか見られません。そういう四国という土地の懐の深さも、お遍路さんの魅力のひとつなんだと思います。

三回目は弟と一緒にまわりました。期間は翌二〇〇〇年の七月二十九日から八月三十一日までです。これはある事情があったので、わたしの方から弟をお遍路に誘ってみたんです。この時は八十八番から一番札所まで反対からまわりました。

お遍路は一番札所から順にまわる「順打ち」がふつうとされています。反対にまわることを「逆打ち」といって、なにか悩みとか恨みがある時にそうすると言われています。弟とのことではちょっとした思いがあって、それで逆にまわったんです。このあたりは個人的なことなので、あまり詳しく言いたくないんです。

ところが奇妙なことに、十日目ぐらいに弟と別れ別れになってしまいました。互いが知らずに別々の道を行ってしまい、そのまま二十日間ほど別々のまま歩いていたんです。ところが、最後に徳島市内に入る山中で、偶然にばったり再会しました。

弟から話を聞いてわかったんですが、どうやら別れ別れになったのは、山から下る時に弟がぼくとは違う道を行ったらしいんです。弟を見失ってしまったぼくは、ずっとその場所で待っていたんですが、弟が別の道を行ってしまったために行き違いになってしまったということがわかりました。

じつを言うと、弟とはこの三十年ほど連絡を取り合わない状態が続いていました。子どもの頃にはよく可愛がって、一緒に遊んでいた弟だったのに、大人になってから、いつの間にかしっくりいかない関係になってしまっていたんです。

弟をお遍路に誘ったのは、そのことがずっと心のどこかにあったからです。この年齢になると、互いにいつ何があっても不思議ではありません。このまま和解することなく生き別れることにでもなれば嫌だなあという気持ちがずっとありました。

お遍路の途中で別れ別れになってしまったにもかかわらず、終わりに近づいたときにまた出会うことができたことは、ふたりの関係をそのまま象徴するエピソードでした。

◇

お遍路をしたことで何か内面的な変化があったかという質問ですか？　わたしの場合は、そういうことはぜんぜんなかったですね。

世の中には、八十八カ所を達成したことで自分がこんなふうに変わったとか、いろいろなものを得ただとか、そういうことを言う人もいます。でも、ぼくはあんまりそういうことは考えるタイプではないんです。

ただひとつ言えることは、他人がめったにやれない歩き遍路をやれる自分というものを発見できた、そういう誇りみたいなものということはあると思います。

ふつうなら、いい年をして野宿をしながら汚い格好で長い距離を歩くなんて、なかなかできることではないと思うんです。でも、自分はそういうことがやれるし、なおかつおもしろいと思える。ひとと違ったことが堂々とできるということについての満足感と言えばいいのでしょうか。

もうひとつ、そういうことをやったことで妙な自信にもなりました。人とは違う経験をしたわけだから、例えば人と話す時でも、相手が地位のある人だからって、ぜんぜん臆することはないんだと思えるようになりました。どんな人とも対等に話ができるという度胸がついたような気がするんです。

社会で生活している以上は、いわゆる偉い人たちというのがいるわけです。社長だとか教授だとか……。でも、そういう人たちだって、野宿なんかさせたら、おそらく悲鳴をあげてしまうんじゃないでしょうか？　彼らは彼らなりに立派な業績もあるんだろうけども、オレはオレなりに八十八ヵ所を歩ききったわけだし、そのことについては誇りを持ってもいいんじゃないか。社会的に地位のある人と向き合ったからといって、へんに媚びを売ることもないんじゃなかろうって、そう思えるようになったんです。

それから、ひと昔前のぼくなら、ひじょうにシャイだったので、こんなふうに話をしていると、なんとか上手に話をして場を盛り上げないと気まずくなるんじゃないかとか。そんなことをつい考えてしまう人間だったんです。でも、いまは自分を実力以上によく見せようとか、無理に場を持たせようとか、そういうことは考えなくなりました。いまの自分にはここまでの能力しかないんだから、しゃべれなくても仕方がないだろうって、いい意味で開き直れるようになったんです。

会社というところにいると、自分がこういう振舞いをしたら周囲からどのように見られるとか、あの有名な会社の人なのにその程度なのかって思われると困るとか、そういうことを気にするようになっていくわけです。最初はそんなことは気にしていなくても、長く会社にいるうちに、少なくともぼくの場合はそれが習い性になっていたようなところがありました。

会社を離れてしまうと、そんなことを気にする必要がなくなったので、ずいぶん気が楽になりました。会社を離れる時期に八十八ヵ所をまわったことで、自分を解き放つことができたんだと思います。自分にとってお遍路はそういう場だったんだって思っているんです。

お遍路で経験したさまざまな出来事は、日記風の文章にしてホームページで公開しています。それを見た人からメールをもらうこともありますし、いろいろな反応があるので刺激にもなります。子どもの頃には作文なんて大嫌いだったのに、この年齢になってから文章を書くことが楽しくなるなんて、なんだかおかしいですよね。

ぼくの場合は会社を辞めたあとはそれまでと違う世界を歩いてみたいという思いがずっとあったわけです。パソコン教室もお遍路さんも自分のホームページも、会社にいた時とは別の世界です。そういう意味では毎日が新鮮で充実しています。

教室の方は、いまでは週に二十五人ほどの生徒さんが来てくれています。月にのべ百人が来るとすれば、授業料は一人あたり一回二千五百円ですから、月々の売り上げは二十五万円ほどです。そんなに大した売り上げでもないですけども、まあ、ぼくの場合は、経営を拡大することに喜びを感じるというよりも、日々のおかず代ぐらい稼げればいいと思っているところがあるものですから。

こうやって、たいして悩みのない日々を送れるのも健康だからです。お遍路に出かけるたびに、ああオレはまだ大丈夫だなと思える、そういう確認をする旅がお遍路なのかもしれません。また来年行くかどうかは決めていませんが、体力のあるうちにまた行きたいなあと思っています。ぼくの性格からする

と、行って歩いているうちは「つらいなあ」って
延々と思い続けることになるんでしょうけれども。

テニスのシニア大会で全国を転戦する

最近は、ますます勝ち負けにこだわるようになってきました。

中川裕之（63歳）
元建設会社勤務・兵庫県

いまはテニス三昧の生活を送っています。学生時代からずっと続けてきたテニスを、定年になってから再び真剣にやるようになったんです。

シニアの国際大会に日本代表として出場したり、国内の各地で行われる大会に出たりと、これでなかなか忙しいんです。その合間にはテニスクラブでコーチをしたり、自分のための練習に汗を流したりと、本当にテニス漬けの日々です。とても充実した日々を送っています。

シニアの場合にもランキングというのがあります。三十五歳から五歳ごとに年齢別のクラスに分かれているんです。ぼくは六十歳から六十四歳までのクラスでプレーしています。いまはこのクラスのダブルスで全国五位にランキングされています。ただし、全国五位だからといって、実力が必ずしも五番目とは限らないんですがね。

というのも、ランキングはポイント制で決まるものだからです。しかも五位というのは昨年の成績をもとにしたものです。今年のランキングはいま集計されている最中なんです。たかが定年後にやっている趣味のテニスじゃないかって思われるかも知れません。でも、少しでも上位のランキング保持者に勝てるよう力をつけていくのは、けっこうたいへんなことなんです。

シニアのテニス界でも強豪ばかりが集まる一番の大会というのがあります。「全日本ベテラン・オープン選手権」です。広く知られている「全日本オープン」はプロ、アマを問わず、おもに三十四歳までの人たちが争う大会ですが、ぼくが戦っている全日本ベテラン・オープン選手権は三十五歳以上の出場者が対象です。今年も九月二十八日から名古屋で予定されていて、ダブルスは十六組が出場して実力を競うことになっています。

この大会は誰でも出場できるわけではありません。各地で開催される地方大会でいい成績を残した人だけに、その出場資格が与えられることになっているんです。

北海道選手権、東北選手権、近畿選手権、中国選手権……。たしか、ぜんぶで十三か十四の大会があって、それぞれに、また出場枠があるんです。そういう地方選手権に出場して、上位二つの大会の戦績を合計したなかで、成績のよい人から順に全日本ベテラン・オープンに出られることになっています。

地方選手権は自分の住んでいる場所と関係なしに出場できます。このため、自分のスケジュールやコンディションを調整しながら全国を転戦することになります。ぼくもシーズンごとに、この時期は北海道だとか、この時期は徳島だ、岡山だとかいった調子で各地に出かけて行ってます。

その合間に欠かせないのが練習です。ぼくはこの芦屋国際ローンテニスクラブの会員です。ここには、ふだんから週に三回ほど練習に来ています。また、週に二日は同じ芦屋市内にある別のテニスクラブと尼崎市内のコートでコーチをしています。

芦屋のクラブで教えているのは木曜日の午前中です。みんな六十歳を過ぎたシニアの人たちで、そんな方々にテニスを教えています。尼崎の方は病院に勤務している人たちの集まりです。お医者さん、看護婦さん、栄養士さんといった人たち八人ほどに教えているんです。そちらは土曜日の午後です。

木曜の午後はダブルスでパートナーを組んでいる相手と練習する日です。彼はぼくより二つ年下で、やっぱり会社を定年になった人です。その彼が勤めていた住宅会社のコートが尼崎市内にあって、いつもそこで練習をすることにしているんです。そんなわけで、年間を通じてテニスに明け暮れているものだから、夏も冬も日に焼けて真っ黒で、肌が白くなることがないんです（笑）。

ぼくはシングルスもダブルスもやりますが、試合に出るのはもっぱらダブルスの方だけです。あまり体力がないものだから、両方出ると集中力が続かないんです。相棒は両方に出ているんですけどもね。いまの相棒とはペアを組んで三年目になりますが、けっこう言いたいことは言い合う方だと思いますよ。例えば「何度、同じことを言わせるんだ。いい加減にしろよ」なんてことを、ぼくも言いますし、むこうも言ってきます。

もちろん相手を傷つけるようなことは言いません。それから「お前はダメだ」なんてことも禁句です。テニスをやっている以上は、やっぱりお互いに試合に勝ちたいわけです。だから、少しでも強くなれるよう、いいプレーができるようになるために、ギリギリのところで言い合うわけです。

意志疎通をはかるためには、どういうことが効果的かということも、最近は少しずつわかってきました。試合の前になると雰囲気を盛り上げるために「さあ、行こうぜ」といって肩に手をかけるなど、スキンシップを意識的にしたりするようになりました。またテンションを高めるために、少し早めに試合の会場に行って、ほかの人たちがやっている試合を二人でじっと見るだとか。そんなちょっとしたことがプレーにずいぶんと影響してくるものなんです。試合に勝っては喜び、負けては悔しがる。そんなことの繰り返しです。

◇

ぼくが部活でテニスを始めたのは大学の時からです。中学時代は野球部、高校では陸上部で短距離をやっていました。でも、テニスも大学に入る前から趣味でやっていたんです。父親は銀行員だったんですが、高校時代の名古屋にいた頃は銀行の寮に家族で住んでいて、休みの日には寮に隣接したコートで父親とテニスをやっていました。また放課後や休みの日になると友達とテニスを楽しんだりしていました。

大学に入ってからはテニス部に入部しました。ぼくが進学した同志社大学は、入学した年の前年にそれまでの関西の二部リーグから一部リーグに昇格しました。そういうこともあって、練習はとにかく厳しかったんです。

入部してしばらくの間は、新入生はラケットなんて握らせてもらえません。毎日コートの四隅に立ってボール拾いです。しかも練習時間は朝から夕方まで一日中でした。語学と必修科目と体育の授業の時だけは抜けてもいいということになっていましたが、それ以外は授業にも出られないんです。そんなだったので、四月に入部したときは三十人いた同期の新入生が五月になると十人に減っていました。

ただし、試合に出られるかどうかはまったくの実力勝負です。大会が近づいてくると部内で総当たりの対抗戦をやって選手を決めます。中学、高校とやっていた同級生のなかには、すでに一回生のときからレギュラーになった人もいました。

大学から始めたぼくは、なかなかレギュラーにはなれませんでした。それでも、途中でやめようとは思いませんでした。むしろその反対で、クラブの練習が終わったあとも、みんなに内緒で一人ランニングをしたりしていました。

そういう努力が実を結んで、三回生の時にはレギュラーになることができました。でも四回生になると再びレギュラーから外れてしまいました。就職活動なんかもあって、その分だけ練習量が減ってしまったものですから。

そんなわけで、ぼくの学生時代を振り返ってみたところで、これといって輝かしい成績を残すことができたわけでもありません。わずかの期間だけレギュラーの地位にあった、ただそれだけのことです。結果的には無名の選手として終わってしまったわけです。

いま、この年齢になってから、いまだに勝ち負けにこだわってテニスを続けているのも、たぶん学生時代にテニスで完全燃焼することができなかったという思いがどこかにあるからではないだろうかって、自分でもそう思うことはありますよ。

大学を卒業して最初に就職したのは都市銀行です。ぼくが入った銀行は当時は都市銀行でも唯一の為替業務を担当していたところだったんですが、ぼくは預金業務と信用状の担当をしていました。

その後しばらくして転職しました。いわゆる大手ゼネコンと呼ばれるその建設会社では、銀行での仕事の内容を買われたのでしょう、大阪の本店で資金担当の部署に配置されました。国内や海外に置かれている支店では、毎月さまざまな種類の支払いが発生します。資材費や下請けに払う人件費などの支払いに必要な資金を調達したり、完成した建物の代金がちゃんと回収できているかをチェックするという仕事をまかされていました。

会社勤めをするようになってからも、テニスはずっと続けていました。いまのテニスクラブの会員になったのもこの時期で、週にせいぜい一回か二回ほどですが、土日などにボールを打つことはやっていました。

ぼくがいた建設会社にもテニス部があって、そこでの活動にもできるだけ参加するようにしていました。建設業界の別の会社のテニス部と交流試合をやったり、業界を越えた実業団の大会というのもあって、そういう時にはぼくにも声がかかります。営業部や設計部など、ふだんはいろいろな部署で仕事をしているテニス部の人間が集まって一緒に試合に出場したり、飲み会や忘年会をしたりというのも、それなりに楽しいものでした。

でも、資金担当という仕事の性格もあって、いつもテニスにどっぷりというわけにはいきません。建設業界もいまほどたいへんな時期ではありませんでしたが、われわれの仕事は会社の金庫番をまかされているようなもので、常に緊張感がつきまといます。だから、この時期のテニスはあくまでも仕事の合間にやるつかの間の息抜きといった感じでした。

◇

そういうわけで、いまこれだけテニスに夢中になっているのは、会社勤めをしている間にずっとたまっていたツケを一気に支払っているようなものです。定年までの三十数年間、テニスに向かうことのなかった情熱をいっぺんに燃焼させているといったらいいかもしれません。

　定年になって三年半ほどになりますが、いまはシーズンオフの一月、二月以外は毎月のようにどこかにテニスの試合に出かけています。なにしろ一ヵ月に一回のペースで試合のスケジュールを組んでは、全国各地を転戦しているんですから。

　今年に入ってからだけでも名古屋と岡山、北海道の大会に出場しました。このあと、もう一度名古屋に行って、それから広島にも行く予定になっています。しかも、大きな大会ともなると一日では終わりません。トーナメントを数日間かけて消化しますから、勝った選手はその分だけ現地に残って泊まる必要があるんです。

　そういうこともあって会社勤めをしている間は、大会に出たくてもなかなか出られなかったんです。いくら未消化の有給休暇があるからといっても、会社の仕事を放っぽりだして何日も試合会場に残っているなんていうことは、なかなかサラリーマンにできることではありませんから。

　それでも一度だけ大会に出場したことがありました。たしか四十九歳の時でした。結果はなんとか全日本選手権への出場資格を得ることができました。それで自信を深めたわけです。オレもなかなか捨てたものでもないなと。定年になったら思う存分テニスをしようって考えるようになったんです。

　そういう思いで始めたものが、シニアの部とはいえ、いまでは国際大会で日本代表として試合をすることができるようにまでなりました。これは当初に考えていた以上の結果でした。

「東南アジア都市交流対抗テニストーナメント」という大会が毎年秋に行われていて、昨年は上海で開催されました。その大会にはアジア十ヵ国から年齢別に代表一チームが集まって戦うんですが、私たちはこの大会で五位に入りました。

　この時はたしか三回か四回くらい勝ったように思います。二回負けたことはおぼえているんです。見た目は温厚そうに見えるかもしれませんが、これでけっこう負けず嫌いなものですから（笑）。この大会は今年は十月にソウルで開催される予定なんですが、われわれも出場することになっています。

テニスをやっていて年齢とともに変わってきたことですか？　勝負に対するこだわりということでは、最近はますます勝ち負けにこだわるようになってきました。負けは負けだとあっさりあきらめることができなくなってきてしまって（笑）。負けると悔しいものだから、大会から戻ってきてもその悔しさが消えなくて、もっと強くなってやろうとよけいに練習に励んだりします。

じつは、先日あった関西ベテラン・オープンで戦った相手は同期だったんです。数年くらい前から、学生時代にプレーしていたいろいろな大学のテニス部の仲間で、同じ昭和十二年生まればかりが集まって年に一回、試合をやっているんです。その時には勝てた相手だったのに、本戦で当たった時は負けてしまいました。この時はさすがに悔しくて、しばらく練習する気が失せました。

われわれがやるテニスはプロみたいに優勝賞金がもらえるわけではありません。なかには賞金の出る大会もあるんですが、もらうとアマチュアの大会に出られなくなるので、慣習として返上することになっているんです。にもかかわらず、こんなに夢中になってやっているのは、はたから見るとおかしいかもしれません。ここまで熱心になってしまうのは、いったいどういう理由からなんでしょうねえ。

たしかに、テニスをやることで安心できる部分はあるんです。テニスというのは見た目以上に激しいスポーツです。シニアのクラスも三セットマッチでやりますから、一試合やるのに二時間以上かかります。そういうハードな試合を何日にもわたって続けるわけなので、気力と体力が必要です。この年齢になってもまだやれるんだという自信というのか、大丈夫だということを確認できるということでしょうか。

テニスは年齢とは関係なしに、いつまでも続けられるスポーツでもあります。シニアの大会には七十五歳以上というクラスもあるんですが、その年齢になっても元気にやっている人もおいでです。出場者はとても少ないですよ。つまり、それだけ優勝に近づけるわけです（笑）。

ところで、そろそろ考えないといけないのはダブルスを組んでいるパートナーとのことです。ぼくは来年は満で六十五歳になりますから、いまのクラスでは出場できなくなります。六十五歳から六十九歳までのクラスに上がるんですが、相棒の方はまだ六十五歳以上のクラスには出られません。

ぼくとしては、六十五歳以上のクラスで試合に出た方が体力面では有利に戦えます。別のパートナーを探して上のクラスで出た方がいいのか。それとも、ぼくがひとつクラスを下げることで、いまのパートナーといままで通り六十歳以上のクラスに出た方がいいのか。その判断に悩むところなんです。

木曜日の午前中にやっている高齢者の人たちのコーチですが、これはこれで楽しいものなんです。お年寄りにコーチしていると、こちらが教わることの方が多いですから。生徒さんは五人で、七十歳代の人が二人います。あとはぼくと同い年の人が一人と五十六歳と六十八歳が一人ずつです。練習中はできるだけゲーム形式で楽しくやるようにしています。

いつも練習が終わると、お茶を飲みながらみんなで雑談するんですが、話題はたいてい病気のことか身体についての愚痴話です。どこが痛いとか、どこの病気で医者に行っているとか……。そういう話題を聞いていると、自分もあと十年くらいしたら、そういうことになるんだなあってことがわかります。

その人たちは、ぼくの人生の案内役になってくれているわけです。そろそろ身体が動かなくなったときの時間の使い方も考えておかないといけないなあとか。それから、いつまでもテニスにどっぷりでいいのか、なんてことも考えたりするわけです。

うちの家内は海外旅行が趣味なものですから、それにもつき合わないといけません。でも、ぼくの関心はいまのところ、ほとんどテニスにしかないので、一緒に行けるのはせいぜい年に一回ぐらいです。今年はタイに行きました。

その代わりといってはなんですが、ぼくの方が家内にテニスにつき合ってもらっているんです。年に一回は家内とダブルスを組んで、小さな大会に出場することにしています。そのために、今日もさっきまで、このコートで夫婦いっしょに練習していました。

じつは、定年になった年に初めて家内を誘って大阪のテニスクラブで行われている家族大会に出場しました。毎年十一月に行われるその大会には、毎回三十二チームほどが出場するんですが、ぼくたち夫婦は一年目と二年目に優勝しました。そりゃあ、ぼくがふだん出ている大会とはレベルが違いますからね（笑）。

でも、三年目の去年は準決勝で負けてしまいました。ベスト4どまりだったんです。だから、今年はまたぜひ優勝せんといかんなあって話しながら、今日も午前中に夫婦で一緒に練習していたんです。

里山の植物を写真撮影する

写真にして初めて目に見える、
自然の美しさというものがあるんです。

綾田茂清（74歳）
元銀行員・兵庫県

会社を退職したのは六十五歳の時です。その五年前から野山の自然を歩き回っては写真を撮影することを始めました。主なフィールドにしているのはぼくの自宅の近辺の里山です。ぼくが住んでいる川西市の北側には「明治の森箕面《みのお》」という国定公園があります。ここには日本でも少なくなってきた湿地などの貴重な自然がまだたくさん残っているんです。

ぼくはこの森の珍しい植物を撮影する活動を続けているんです。撮影はいまも週二回は野山に出かけています。ご承知のように、こうした自然は近年の住宅開発で急速に破壊されつつあるんですが、また一方で自然を守ろうという運動も起こってきています。ぼくも年に何回かは、こうした自然保護の運動にも参加しています。

これまでに撮りためたフィルムは一万数千カットになりました。そのなかからテーマを決めて選び出したものを大きく引き伸ばし、いままでにギャラリーで二回ほど写真展を開きました。自分の撮影した写真を公の場で見てもらうことによって、地元の自然に対して地域の人々が意識を高めていくきっかけになればと思ったわけです。

カメラを始めたきっかけですか？　昭和五十五年

に、それまで勤めていた旧三井銀行を退職して別の会社に行くことになりました。それが五十三歳の時です。新たに勤めることになったのは、牧場経営や保険代理業務をやっている関連子会社の大阪支店です。

それまでは西日本の各地を転々とする生活をしてきました。高松支店長をやったあと、福岡県の大牟田支店長を最後に転勤族の生活に終止符を打つことになったんです。これを機に兵庫県川西市の花屋敷というところにいまの家を買いました。それがこの年の五月です。

ここに越してきてからは、休日になると自宅近辺のあちこちを歩き回るようになりました。家のすぐ近くには満願寺というお寺があって、ここは清和源氏発祥の地です。それから猪名川の中流にある多田神社にも清和源氏が祭られています。

いまはニュータウン化が進んで失われつつあるんですが、ぼくが移ってきた当時は、このあたりにはそれはすばらしい自然がたくさんありました。それで休みの日になるとカメラを持ってそうした自然の写真を撮りに出かけるようになったんです。

それまでは、とくにカメラが趣味だったというわけではありません。美しい花や木々、珍しい動物たちをただ見るだけではもったいない。どうせなら、その美しさを残しておく手段は何かないものかと考えました。でも、ぼくには絵心もありませんし、文章も書けません。じゃあ一番手っ取り早い方法は写真だろうと考えて撮り始めたわけです。

六十歳になった記念にと、初めて一眼レフカメラを買いました。ミノルタ「α9000」です。オートフォーカスの一眼レフが出始めた頃に大ヒットしたカメラです。うちの家内も花が大好きなものですから、夫婦いっしょにカメラを携えての山歩きをするようになりました。

◇

箕面国定公園の自然というのは、本当に素晴らしいんです。いまでは国内でほとんど見られなくなった珍しい動植物を観察することもできます。そうした貴重な場所のひとつに「地黄《じおう》湿原」があります。

地黄湿原は大阪府内でも最大の湿原ですが、広さは田んぼ数枚分ほどです。この湿原では、春から夏にかけてトキソウという植物が見られます。鳥のトキの羽と同じ色をした色の花を咲かせるんですが、これは絶滅危惧種に指定されています。

トキソウは湿原にしか生えません。でも、現在のような自然環境では、そのまま放っておくとススキが進出してきて、最後には原野化してしまいます。植生が変わってしまうんです。そこで八年ほど前からは、地黄湿地を保護しようという運動が起きました。

「大阪みどりのトラスト協会」という団体が中心になってボランティアに協力を呼びかけ、ススキを刈ったり水草を保護したりする運動が始まりました。ぼくも年に二、三回はその活動に参加しています。

水路に進出してきているススキや雑木を人の手で伐採するんです。状況によっては、水路そのものにも手を加えます。湿原に水がちゃんと流れ込むよう、水の流れを変えてやるわけです。こういう作業には毎回三十人ほどのボランティアがやって来ます。女性の方もおいでですよ。

ぼくが初めて地黄湿原に行ったのは、いまから十三年くらい前のことです。ここに住み始めてしばらくたった頃でした。その湿原に行くには、能勢電鉄の川西能勢口駅から電車に乗って終点の妙見口という駅まで行きます。そこから京都バスの亀岡行きに乗り換えます。三十分ほど乗って倉垣という停留所で下車してから、さらに三キロほど歩いたところに、その湿原はあります。

ぼくは地元に長く住んでいる老人からその所在地を聞いて行きました。ところが、その湿原はわかりにくいんです。自然に生えた立木が目隠しになっていました。前を通ってもわからなくて、そのまま通り過ぎてしまいました。どうしても見つけることができないので、その日は仕方なく戻ってきて、あらためておじいさんに聞き直しました。そうして、たしか一週間ほどしてからまた訪ねて行き、やっとたどり着くことができたんです。

これがその時に撮影した地黄湿原の写真です。こうやって見ると、ただの草地にしか見えないかもしれません。湿地そのものは、上の湿地と下の湿地に分かれているんです。この時の季節は秋でした。写真のここに写っている、白く見えているのがウメバチソウです。それから、こちらがキセルアザミ、そちらがサワギキョウ。これらはぜんぶ保護の対象になっている珍しい草花です。それから、ここにはモリアオガエルも生息しています。

さっき言ったトキソウというのは、ここに写っているこの花です。白くて、なかなかきれいでしょう？　トキソウが咲く頃には、コアジサイという花も咲きます。野生のアジサイです。この写真はアケビ。これはいまごろの初秋の時期に咲きます。

地黄湿原の絶滅危惧種は植物ばかりではありません。ここに写っているのはハッチョウトンボです。この写真でみると、ふつうのトンボの大きさにしか見えませんが、実物は胴体の長さが一センチほどです。世界最小のトンボと言われています。

このハッチョウトンボの写真も、みんなぼくが撮ったものです。この時は望遠レンズも使っていません。五十ミリのマクロレンズです。だから、すぐ近くまで寄らないと、これほど大きくは写りません。でも相手は生き物ですから、あんまり近くまで行くと逃げてしまいます。何度も逃げられながら、やっとこれだけの枚数を写すことができました。

しかし、なにしろこの場所は湿地ですからね。場所や季節によっては水でズクズクの所もあるわけです。靴がビショビショになっているのに、ぜんぜん気がつかないままシャッターを押し続けたこともありました。

カメラを固定する三脚は生き物を撮るときには使えないんです。だから、これらはすべて手持ちで撮影したものです。トンボの方はたえず飛び回っているわけです。最初にだいたいの勘でピントを合わせておいて、ここだと思った瞬間に急いでシャッターを切ります。そうやって十コマほど撮って、ちゃんと写っているのは一コマか二コマくらいです。

稀少な生物ということで言うと、同じ箕面国定公園の「三草山」というところは、とても珍しい蝶の生息地になっています。ここにいるのはゼルフィスというミドリシジミ類の一種で、やっぱり絶滅危惧種です。

三草山は地黄湿原と同じ能勢町の長谷地区というところにあります。ここは大阪府内でも最大級の棚田があるところです。見渡す限り棚田が広がっていて、それは見事なものです。棚田の南側に位置する、鉄かぶとのような形をした丸い山が三草山です。

ゼルフィスはナラガシワの木の葉っぱしか食べません。三草山にはこのナラガシワの林が広がっていて、ゼルフィスにとって絶好の住処になっているのです。ところが、ゼルフィスは蝶のコレクターの間でも人気が高いんです。このため、蝶が卵を産みつける時期になると悪徳業者がやって来て、卵のついた木を枝ごと持って行こうとします。

大阪みどりのトラスト協会では、卵が盗まれることのないようにネットを張ったり、ナラガシワの木が育つように下草を刈ったり苗木を植えたりという活動をしています。ぼくは、もとは三草山の棚田の撮影によく出かけていたんですが、ナラガシワの手入れのボランティア活動にも何度か参加したことがあります。

三草山はアサギマダラという蝶の住処でもあります。アサギマダラは活動範囲がとても広い蝶です。二千キロの距離を移動すると言われているんです。フィリピンの方まで飛んで行って、また日本に戻ってくる、そんな蝶なんですが、三草山にはそんな貴重な蝶も棲んでいるんです。

絶滅が危惧される動植物が近年になって特に多くなっている理由のひとつに、里山の手入れをしなくなったということが挙げられます。むかしはどこの家でも薪を燃料にしていましたから、薪を採るために里山の手入れをしていました。いまはガスや電気を使っていますから、雑木が伸び放題になって、林の中まで日が射し込まなくなりました。そのことがナラガシワなどの生育に影響していると言われているんです。

これは三草山に通い始めた頃に撮影した棚田の写真です。この頃はほとんど毎月のように行っていました。この写真なんか、なかなか美しい棚田だったんです。素晴らしい光景だと思いませんか？　こんな素晴らしい光景だと思いませんか？

かつての棚田はその面影もなくなってしまっています。いまでは棚田の景色はこの写真の中にしか見ることができなくなってしまったんです。

◇

撮影に出かける時はカメラが一台だけあればよいというわけにはいきません。ほかにも撮影に必要な機材をいろいろと持って行きます。

まず三脚です。蝶のような動くものを撮影する時には使いませんが、花や風景の撮影では使用します。レンズは百ミリのマクロレンズと五十ミリのマクロレンズが中心です。三十五ミリの広角系も、風景を撮るのに必要なので持って行きます。いま使っているカメラはキャノン「ＥＯＳ１」です。プロも使っている本格仕様のカメラですが、これはとにかく重いんです。いろいろなものを合わせると、いつも八キロから十キロぐらいになってしまいます。

しかも、ぼくは撮影に行くときはマイカーは使わないんです。いつも電車やバスの交通機関で行くようにしています。だから、これだけの荷物を担いでいくのは本当にたいへんなことなんです。撮り始めた頃はまだ体力もあったんですが、なにしろ、いまは七十四歳という年齢なものですから。

最近は女房にも協力してもらって、できるだけ荷物を軽くするようにしています。カメラバッグの仕切りやクッションをぜんぶ外してしまったり、余計なものは一切入れないようにしたりしています。撮影をする前には、いつも予備撮影に出かけるんですが、予備撮影ではレンズは一本しか持って行かないようにしているんです。

予備撮影をする理由は、花の開花時期が年によって微妙に違うからです。だいたいの見当をつけて、見頃になる一週間ほど前に一回行きます。そのあとに、もっともいい時期に合わせて出かけて撮るようにしています。

一回行って撮影するフィルムは、だいたい一本ないし二本です。以前は四本も五本も撮っていたんですが、いまは絞って撮るようにしています。その程度の撮影本数でも、いまも週に二日か三日くらいは撮影に行っているので、一カ月に換算すると十五本から二十本は撮っているわけです。

しかも、使っているのはすべてリバーサルフィルムです。これはスライド用のフィルムで、通常のネガフィルムに比べると高くつくんですが、発色の美しさがぜんぜん違います。現像や焼き増しもぜんぶプロラボに出していますから、その費用は思った以上にかかります。それでも、以前やっていたゴルフのことを考えると、たかだか知れたものですが。

◇

撮り始めた頃はずいぶん失敗もしました。最初はカメラのフルオート機能を使って、とにかくパシャパシャ撮っていたんです。そのうち、これじゃあダメだ、撮影の技術が必要だなあと思うようになりました。それで昭和六十三年からカルチャーセンターでやっていた自然写真の講座に通い始めました。

そこで勉強するうちに、撮影の方法も少しずつわかってきました。そしてたどり着いたのは、オート機能はいっさい使わずに、すべてマニュアル操作で撮るというやり方です。露出からピント合わせまでを、いまはぜんぶ自分でやっています。

ところが、これがなかなかむずかしいんです。とくに露出はいまでも一番苦労するところです。露出計は使いますが、思った色がちゃんと出るかどうかはわかりません。だから、ここ一番の撮影をする時には適正とアンダー、オーバーの三カットを撮るようにしています。

そうやって工夫しながら撮影した写真というのは、人間の目では見えない世界を見せてくれるものです。写真にすることで初めて目に見える、自然のもつ美しさというものがあるんです。写真を撮り続けていると、そういうことがよくわかります。それから、撮った対象が次々と失われていっています。さきほど話した長谷地区の棚田のように、時代の変遷とともになくなっていくことも多いんです。写真を撮り続けることで、そうしたものが記録として残るわけです。

これら素晴らしい自然を地域に住んでいる人たちに伝えるのも、意味のあることではなかろうか。そう思って平成十一年の三月に、それまでに撮り続けていた写真を集めた作品展を地元の川西市がやっている阪急川西能勢口の駅前にある市民ギャラリーでやりました。

カルチャーセンターで同じ講座を受けていた、ぼくよりひとつ年下のアマチュア写真家との二人展です。それぞれが四十点ほど選んで出品したんですが、ターミナルの駅前にあるギャラリーということで、大勢の人たちに見てもらうことができました。

その時の写真展がわりと好評だったので、ある人が「朝日新聞大阪本社の一階にギャラリーがあるよ。そこで写真展を開いたらどうですか?」と勧めてくれました。それで同じ年の十月にはアサコムホールのギャラリーで写真展を開催することになりました。

その時はもう一人加えた三人による写真展になりました。中之島という人通りの多い場所にあるギャラリーですし、写真展のことが阪神間で配られているフリーペーパーで紹介されたこともあって、予想していなかったくらいたくさんの人に来てもらいました。

あらためて考えてみると、何万年にもわたって積み重ねられてきた生態系がここ数十年ほどの間に、人間が生み出した生活環境の急激な変化のせいで失われつつあるわけです。ぼくの写真を通じて少しでも多くの人たちに、貴重でなにものにも代え難い自然がなくなりつつあることへの危機感を持ってもらえたら——。そんな思いで撮り続けているんです。

ただ、ぼくが写真を撮り続けているのは、こうした立派な理由からだけではないんです。重い撮影機材を担いでいろんな野山に出かけていくのは、写真撮影という行為を通じて得られる、なにものにも代え難い楽しみがあるからです。そんな楽しみのひとつに、訪れた先々での、その土地に住んでおられる人々との交わりがあります。

この近辺には、能勢地区と並んで自然と人々の生活がもっともうまく調和した里山として、宝塚市の北部に位置する西谷地区があります。ここには地黄湿原のような名の知れた湿地はありませんが、もっと小さな湿地がいっぱいあるんです。さっきも言ったサギソウやトキソウ、それからイシモチソウ、カザグルマ、モウセンゴケ、ノハナショウブといった希少種がたくさん残っています。ノハナショウブは信州あたりまで出かけていかないと見られない珍しいものですが、西谷地区に行けば田んぼのあぜ道に生えているんです。

あぜ道で撮影をするときには、田んぼの持ち主のお百姓さんにひと言あいさつに行きます。すると、お百姓さんというのは意外とそういう貴重な植物のことをご存知ないんです。そこで、これはこうこう、こんな植物なんですよって教えてあげると、むこうはへーっという顔で話を聞いてくれます。そこには必ず対話が発生するわけです。

これは西谷地区で撮影したノハナショウブの写真ですが、これを撮るときも百姓さんのところにごあいさつに行きました。聞くと、そこの田んぼでは花が咲く直前に、ほかの雑草といっしょに刈ってしまっていたということでした。ノハナショウブのような一年草の場合は、花が咲かないと年々少なくなってしまうんです。そういう話をしたところ、次から草を刈るときにはノハナショウブだけは刈り残してくれるようになりました。

それから、ナツツバキという七月に花をつける樹があります。これは沙羅双樹というお釈迦さんにゆかりの樹に似ているというので、日本ではお寺や神社に植えられていることが多いんです。人の手で植えられたものは各地にあるんですが、自生のものはほどんどないと言われていました。ところが西谷地区には自生のナツツバキがあちこちにあることがわかりました。地元のお百姓さんと話をしているうちに、群生地があちこちにあることを教えてもらったんです。

そこで、そのことを自然観察会を通じて知り合った農水省の植物検疫事務所に勤める検疫官の人にもお知らせして、西谷のどこにどれだけのナツツバキが生えているかを調べてまわりました。その結果、ぼくはカメラに収めて写真展に出しましたし、そのひとは学会で発表しました。それぞれにメリットがあったわけです。

じつは先週も西宮の名塩というところにあるウメバソウの自生地に行ってきました。何回も通っているうちに顔なじみになったお百姓さんから「これを持って帰りなさいよ」と畑でとれた黒豆をおみやげをもらいました。また、西谷地区の五瀬というところで知り合いになったお百姓さんからは、「ササユリがたくさん咲き始めたから、そろそろ撮り頃ですよ」ってわざわざ電話をいただきました。

写真を撮影をする過程にも、こんな具合に楽しいことがたくさんあるんです。これが二十二年にわたって写真を撮り続けてこられた最大の理由だと思います。

そういうこともあって、これまで開いた写真展には、いずれも「花遍路」というタイトルをつけました。花を訪ねて写真を撮るうちに大勢の人たちとの出会いがあった。花に導かれて、いろいろな人たちと出会わせてもらっている——。そんな意味をもたせているんです。

もともと、ぼくは子どもの頃から花好きの少年だったんです。小学生の時から、ほかの子がカブトムシやクワガタを捕りに行っている時に、きれいな花がどこどこの川の土手に咲いていると聞くと、そこまでわざわざ見に行ったりしていました。

ぼくは高松市の出身ですが、香川大学の前身にあたる高松経済専門学校の学生のときには華道と茶道を習いに行っていました。親父が華道をやっていて、その影響もあったので、男が生け花をすることにはなんの抵抗もなかったんです。銀行に入ってからも、ほんの数年ですが、生け花は続けていました。

でも讃岐平野というのはただっ広いだけで、それほど四季の変化に富んでいるわけではありません。だから川西に越して来たときには、こんなにも四季の変化が豊かでとても貴重な動植物が残っていることの土地がとても気に入ったんです。

ぼくにとって、こうやって野山で草花の写真を撮り続けているのは、生け花の代わりということなのかも知れません。写真に撮る生け花なら草木を傷めることもないし、気に入ったものをいつでも取り出して見たり、大きく引き伸ばして眺めたりすることができます。

前回の写真展から二年がたちましたが、それ以来撮り続けてきたフィルムもずいぶん貯まってきました。来年あたり、またどこかのギャラリーで写真展をやりたいと考えています。そのためのフィルムの整理を、そろそろ始めないといけないなあと思っているところなんです。

そば打ち修業をする

思ったようなそばが打てた時は、
天にも昇るような気分になりますよ。

玉井信夫（71歳）
元都庁職員・東京都

自宅がある八王子市内のあちこちでそば打ちを教えています。人から頼まれて、本格的なそば打ちの仕方について教える会を月に五回ほど開いているんです。また、自分自身もそば屋に行っては、そば打ちをやっています。

いえ、これは仕事としてではなくて、趣味でやらせてもらっているんです。店には週に二回くらい行く時もあれば、一カ月に一度しか行かないこともあります。ひと口にそば打ちといっても、これでなかなか奥が深いものです。そば打ちという行為のなかには、日本人の昔からの知恵や伝統的な生活様式がぎっしり詰まっています。そばを打つことで、そういうことがわかってくるんです。

そうは言っても、本当にうまいそばというのは、そうかんたんに打てるものではありません。長い経験とそのための修業が必要です。じつはかく言うわたしもそば屋に五年以上も修業に通いました。その甲斐あって、ようやく自分で納得できるレベルのものを打てるようになってきたんです。

それでも、心の底からうまいと思えるそばが打てるのは、十回打って、まあ一回か二回くらいです。思ったようなそばが打てた時は、それは天にも昇るようなしあわせな気分になりますよ。そば打ちにはそういう魅力があるんです。

◇

そば打ちを本格的に始めたのは定年になってからです。定年を目前にして、さあ何をやろうかと考えて思いついたのがそば打ち修業だったんです。以前は東京都庁の職員でした。はじめは都市計画局、それから住宅局に移って都営住宅の管理や用地買収の仕事に関わっていました。

わたしがそば打ちをやろうと思ったのは、子どもの頃におふくろがうまいそばを打って食べさせてくれたという思い出があったからです。それが半端ではない、とてもうまいそばだったんです。

というのも、おふくろは若い頃にオヤジからそばのことで叱られたことがあるらしいんです。オヤジは長野の出身です。長野はご存知のようにそばの名産地です。そばの味にうるさいオヤジに「うまいそばが打てなくて、どうするんだ」と言われたようです。

それで、わざわざ家にそば職人を呼んで打ち方を教わったみたいです。おふくろは三多摩の出身なんですが、おかげで、わたしが物心つく頃にはすごいそばを打っていました。

そのおふくろが亡くなったのが昭和四十三年です。わたしは九人兄弟の四番目ですが、兄弟はみんなそばが打てます。兄弟の家に集まると、誰かがそばを打って、それを食べながら、おふくろの思い出話に浸ることになります。わたしも勤めていた頃からそばを打っていました。でも、おふくろが食べさせてくれたような、腰があって表面がつるっとしたそばはなかなか打てません。どうやったらあんなに美味いそばが打てるだろうとずっと思っていたんです。

それは兄弟たちも同じです。いくら姉さんなんかが偉そうなことを言ったって、おふくろみたいなそばが打てないじゃないかと内心では思っていました。おふくろが使っていたそば打ちの道具類もみんな兄弟が持って行ってしまっているんですから。じゃあ、このオレがうまいそばを打ってやろうじゃないかって、そう思ったんです。おふくろの技術を引き継ぐのはこのオレだと。

それから、わたしは二十代の時に肝硬変を患ったことがありました。食事制限を受ける生活を送っていたんですが、そばならかまわないというんで、自分でそばがきを作って食べていました。そばそのものを打っていたわけではないので、直接の関係があるかどうかはわかりませんけど。

わたしが都庁を定年になったのは平成二年の三月です。都庁というところは定年になった人間にちゃんと第二の職場を用意してくれるんです。わたしにもそういう話があったんですが、そば打ちを覚えるという目標があるので断りました。それを断るのには、ひと苦労しました。

退職した翌月から、さっそく西多摩郡のそば屋へ修業に通い始めました。ここは都庁にいた時の同僚の息子がやっている店です。同僚から紹介してもらって、そこに見習いとして通うことにしたんです。修業のためですから、給料はありません。

家を出るのは毎朝六時過ぎです。帰宅するのが夜の十一時ぐらいになります。ほかの店員さんとまったく同じ勤務条件で通うことにしたんです。そうしたのは、やっぱりお客さんに出すものを打たなければ、本当のそば打ちは身につかないと思ったからです。

打ち方は主人の仕事を見ながら覚えます。それがすごく厳しいんです。一回しか言ってくれないんですから。さっと一回やって見せてから、さあやってみろと言われます。でも、そんなすぐに出来るわけがありません。なのにガミガミ怒られるんですからね。それまでは人を怒ることはあっても、怒られることはない立場でしたから、それはつらいものでしたよ。

こちらも、けっして遊びで行っているつもりはないんです。主人からも「打ったものはお客に出すんだから、そのつもりでやってくれよ」と言われていました。ちゃんとしたものが打てないと、そのそばは捨てることになります。どうしたって真剣にならざるを得ません。

◇

ひと口にそば打ちといいますが、なかなか複雑な手順があるんです。まずそば粉を石臼でひくところから始まります。朝のうちにひいたそば粉と小麦粉とを八対二の割合で混ぜ合わせます。「二八そば」と言うのはこのためです。小麦粉を入れるのは、つなぎにするためです。

そうして混ぜたものを次はふるいにかけます。八十メッシュぐらいの細かい目のものを使って、くっついている粉をはがしてやるんです。そうやってよく混ぜたものに加水します。これは別名「水回し」ともいいます。そば粉に対して四十六%から四十八%くらいの水を加えるんです。水は粉が欲しがっているだけ与えてやります。そうやってから、そばを揉んでやります。「手のひらで躍らせる」という言い方をします。手に余計な力が加わったらダメなんです。空気を入れながら適度に泡立たせます。

水が均等にまわってきたら、今度は「玉作り」とをします。丸く玉状にするうちに、表面がつるっとして内側がボタッとした、そういう生地になってきたらシメたものです。そうやって玉にしたものを、今度は「鏡作り」といって棒で広げます。平たくしていきながらツノを出してやるんです。四隅に伸ばして四角にしていきます。

この時のタイミングが、じつは一番難しいところなんです。あんまり長く揉んでいると、そば粉の中に含まれているグルテンがまわってしまって、そばの味が落ちてしまいますから。

そうやって四角に伸ばしたものに、いよいよ包丁を入れていきます。「一寸二、三刻み」という言葉があります。三・三ミリぐらいの太さです。厚みは一・四ミリぐらい。この厚さが均等になるようにしておかないと、茹でたときに煮えすぎる部分と生煮えの部分ができてしまうんです。

そば切り包丁は刃渡りが二十五、六センチほどと標準的な長さですが、高さが十五、六センチもある大きなものです。そんな包丁で手首のスナップを利かせながら、前下がりになるように切っていきます。「包丁はまわせ」というんです。刻むのではなくて、まわすように切れとよく主人から言われました。

一回に打つ量は、だいたい一・五キロから二キロぐらいです。そのくらいがちょうどいいんです。多すぎても少なすぎてもダメです。そうやって切ったものはすぐに使わずに、木舟に入れて風通しのいい涼しい場所に一時間ぐらい置いておきます。そうすると味が良くなるんです。

そうやって打ったそばは、お客さんの注文に合わせて「釜前」と呼ばれる人が、やわらかい中火で茹であげます。これにも相当の熟練が要ります。棒を使ってよく湯にひたしてやるんです。茹であがると、そばが湯の中で三回くるりと回転します。回さなくても自然に回ります。そのタイミングを見計らって、さっと上げます。

そばが茹であがる時にはちょっとした目印があります。最初は白かったそばがだんだん透き通ってくるんです。それと同時に回転し始めます。白いうちはまだダメです。この目印をうっかりしていると見過ごしてしまうと、もう茹で過ぎです。味が落ちてしまいます。そのタイミングをほんの何秒かのところで見分けないといけませんから、どうしても数をこなすことが大事になってくるんです。

わたしはそういう修業を二年間やりました。それから、お礼奉公というのも古い言葉ですが、そのあと別のところにある支店に三年ほど行きました。そうしているうちに、かすかな希望がもてるようになってきました。これなら何とかなりそうだという感触がつかめてきたんです。

そんな大げさなと思われるかも知れませんが、たかがそばごときと思ったら大間違いです。本当にうまいそばを打とうと思ったら、熟練した技術と細かい神経が必要です。じっさい、そばというのはそうやって努力するだけの価値があるものです。わたしは美味いそばを打つためなら、どんな努力も苦には思えないんです。

◇

そうやって覚えたことを、いまは人に教えながら自分自身も楽しむ日々を送っています。どうして仕事にしなかったのかという質問ですか？　そう聞かれることも、たまにあります。これだけの修業をしたのなら、自分で店を始めることもできただろうに、どうしてやらないのかというわけです。

この年になってくると、金儲けだとか、そういうことはどうでもよくなってくるんです。年金もあります。倹約していますから、多少の蓄えもあります。それに月々に必要な生活費なんて知れたものです。

商売するとかいうことよりも、わたしはそばを打つこと自体が楽しいんです。だからやっているんです。もともと、うまいそばを食べたい一心から始めたそば打ちの修業です。ただ、うまいそばを食べることは、いまも楽しみのひとつではありますが、そのうち、だんだん食べることはどうでもよくなってきました。

もちろん、そばは毎日でも食べたいんですよ。でも、食べなくても、そばを打って「今日はいいのができたな」と思えれば、それでじゅうぶんです。いちいち食べてみなくても味はわかるんです。

うまく打てたそばは、香りがとてもいいのが特徴です。口に入れると適度な腰があって、噛むと香りがふわーっと口いっぱいに広がります。でも、そういうそばは、そう打てるものではありません。一カ月に一回あるかどうかです。そういうそばが出来たときは、打っていると自然にわかるんです。そういう時は厨房でも「今日はいいのが出てるよ」なんていうことを職人同士で互いに言い合います。なぜそういう違いが出るのかはわかりません。体調の善し悪しでもないんです。ただ偶然みたいなものとしか言いようがありません。

食べる楽しみ、打つ楽しみ、それから、教える楽しみというのもあります。近所のお宅でそば打ち教室を開いているのは第二、第四木曜日の午後と土曜日です。一回あたりの参加者は五、六人ほどです。ほかの場所でも月に二回ほど教えています。カルチャースクールとは違いますから、授業料はもらいません。だから、ていねいにわかりやすくというやり方はしません。参加者にも「嫌なら来てもらわなくてもいいよ」とはっきり言います。本物のそば打ちを覚えたい人だけが勉強する、それが会の趣旨なんですから。

こういう教室をやっているのは、そばを打つことそのものが好きだからですが、それだけではないんです。やや大げさな言い方をすれば、社会に何か残せるだろうかということを考えた結果でもあるんです。むかしからその地域ごとにずっと伝わってきた知恵や技術というものがあります。そばはもとは中国が発祥ですが、これが日本に入ってきて江戸時代にいまのような食べ方をするようになったといわれています。

ひと口にそばといっても、さきほど説明した「二八そば」、これはそば粉を小麦粉で割るので「割り粉打ち」ともいいます。そのほかに、そば粉百％の「生粉《きこ》打ち」やイモ類をつなぎに使う「つなぎ打ち」などがあります。

「つなぎ打ち」は、自然薯《じねんじょ》を使うのが一般的ですが、長野ではヤマゴボウ、新潟では麩のりといった具合に、その土地の特産物を使うことが多いんです。そばを勉強すると、その土地固有の食文化がよくわかりますし、ほかにもいろんなことがわかります。

こういう日本の文化を次の世代に伝えるのは、われわれ年長者の役目だと思うんです。日本でも最近は若い人たちがハンバーガーなどのファーストフードをよく口にしますが、日本にもそばのような固有の素晴らしい食文化があるわけです。それを若い人たちに伝えていくことは意味のあることだと思うんです。

◇

そういう人たちに頼まれて教室を始めてすでに丸三年になります。いまわたしが教えている人だけでも五、六十人になるんですが、いまわたしが力を入れているのは、そば打ちを教える人を育てることです。わたしの代わりに初心者に教えられる人の育成をはかっているところです。というのも、じつはわたしにはほかに計画していることがあるからです。それは、山菜がとれる山を作るということです。

山の芋、山椒、タラの木の芽、ヒメウコギ。それからネマガリダケ、これはチシマザサという野生の笹の一種で、春にタケノコと同じようにして食べます。ヒメウコギは擦りおろして、うどんに入れて打ってみたところ、なかなかいい味でした。これらの山菜を山で育て、高齢者で出荷するということを考えているんです。そうすれば高齢者にとってもいい運動になります。

計画はすでに動き出しています。わたしの知り合いの農家が所有している八王子郊外の山を借りることができました。いまはその山で土地改良をするために竹炭を焼く方法を学んでいます。京都の人が主催する研究会に顔を出しているんです。また来年は和紙の作り方を習いに行こうと思っています。

そうやって高齢者たちが生き甲斐を見つけられる、そんな場所を提供できればと考えています。そうすれば、みんな健康になります。少なくともその分は病院に通う回数が減りますから、老人医療費もいくらか軽減されることになります。

そば打ち教室も忙しいし、山菜の計画もこれから課題が山積みです。こう見えても、やることがたくさんあって、けっこうたいへんなんです。

3 職人の技をきわめる

自作のバイオリンで演奏を楽しむ

わたしが制作した楽器だけの合奏団の誕生も夢ではないなあ。

谷口源太郎（65歳）
元銀行員・京都府

六十歳で定年になってからバイオリン制作を始めました。これまでに四丁のバイオリンを完成させました。いま作っているのはビオラです。また、アマチュアの室内合奏団の活動もやっています。自分が作ったバイオリンを携えて、病院や幼稚園に行って演奏するということをやっているんです。

バイオリン作りをするようになったきっかけですか？　わたしはさくら銀行、現在は三井住友銀行になりましたが、あそこに勤めていたんです。バイオリンはその頃からずっと弾いていました。在職中は市民オーケストラに所属して演奏していたんですが、自分が思うような音の出るバイオリンになかなか巡り合えなかったんです。じゃあ、いっそのこと自分でバイオリンを作ろうかって考えたわけです。定年になって自分の好きに使える時間が持てるようになったのを機会に、バイオリン作りを習い始めました。

これがわたしの作ったバイオリンです。ちょっと弾いてみましょうか。どうです？　そこそこの音が出るものでしょう？　既製のバイオリンと聞き比べてみても、なかなか個性的でいい音が出るものに仕上がっていると思います。

こちらのバイオリンも自作のものですが、ニスはまだ塗っていません。白木のままです。見た目にはこちらの方がきれいでしょう？　ところが、これにニスを塗ると、音がぜんぜん違ってくるんです。ほら、こうやって弾き比べてみると、音が微妙に違うのがわかりますか？　ニスを塗ることで音に深みが出るんです。

バイオリンは作り始めて五年ですが、演奏のキャリアは長いんです。自分のバイオリンを初めて持ったのは中学生の時です。

新聞配達のアルバイトをして買ったのが一番最初です。もともと子どもの頃からクラシックの音楽が好きでした。SP盤のレコードが家に何枚もあって、大バイオリニストのエルマンの曲なんかを聞いていました。わたしの父は早く亡くなったんですが、おばからは「お父さんはバイオリンをやっていたのよ」という話を聞いていました。そういうことが頭にあったので、自分もバイオリンをやってみたいという気持ちになったんでしょうね。

とりあえずバイオリンだけは買ったんですが、弾けるようにならないと意味がないわけです。ピアノは鍵盤を叩けば誰でも音は出せますが、バイオリンはそういうわけにはいきません。ちゃんとした音が出るようになるまでには、それなりの訓練が必要です。むかしから三味線でも「調子三年」と言って、そのくらいの時間がかかると言われています。バイオリンの場合は弓を弦に対して直角に当てて弾くことで音を出すわけですが、そのコツをつかむまでがひと苦労です。その力加減がとてもむずかしい楽器です。

その頃に住んでいた衣笠の家の近くには楽器屋があって、その二階にバイオリン教室がありました。そこに週に一回通っては、ときどき家でもギコギコやっていたと思います。そのうち、だんだん曲が弾けるようになってきて、バッハのガボットやメヌエットなんかもやるようになりました。

ところが、バイオリンという楽器は一人で弾いていても、ちっともおもしろくないんです。それで誰かと一緒に演奏をしたいなあと思うようになりました。その頃、地元の京都新聞に「ホーム通信」という欄があって、誰でも一行か二行、無料で広告が出せました。そこに「一緒にバイオリンをやりませんか？」という広告が載っているのを見つけました。その連絡先に電話して、自分のバイオリンを持って訪ねていきました。

そのグループでやっていたのは、若い人もいましたけど、もっと年の離れた人たちがほとんどでした。西陣で織り屋さんをやっている人とか、当時の国鉄に勤めている人だったと思います。そういう大人の人たちに混じって、モーツァルトのセレナーデや小さな合奏曲を演奏しては楽しんでいました。二重奏、三重奏、それからビオラの人も探しました。

そうするうちに、だんだん欲が出てきて、チェロの人もいたらいいのになあって思うようになってきます。それで、また「ホーム通信」に広告を出して探したりしました。学校を出て働くようになってからも、そんな具合にしてバイオリンの演奏は続けていました。

◇

ある日、市電に乗っていると、車内の中吊り広告に「京都市民管弦楽団を結成」とあるのが目に留まりました。見るとメンバー募集のお知らせでした。問い合わせてみたところ、なかなか本格的なオーケストラのようです。すぐに入団しました。それが三十三歳の時でした。

設立されて間もない楽団でしたから、その運営委員なんかもやらされながら演奏活動をしていました。練習は毎週水曜日の夜六時半から九時頃までです。勤務が京都だった時はいいんですが、大阪に転勤になった時はひと苦労でした。

銀行ではATMのメンテナンスの仕事をしていたんですが、その関係で大阪の福島区にあるオンラインの管理部門に配属になった時期がありました。そんな時期は、練習がある日になると通勤の途中で三条京阪駅のコインロッカーにバイオリンを入れておいて、仕事が終わるとそれを取りに行ってから練習会場まで駆けつけていました。

市民管弦楽団では毎年春と秋になると二千人が入る京都会館の第一ホールで演奏会を開きます。このうちの一回は京都市が全面的にバックアップしてくれる盛大なものでした。ベートーベンの『第九』やモーツァルトの『レクイエム』、ハイドンの『天地創造』……。いろんな曲をやりました。それから、毎年八月になると岡崎の野外音楽堂で行われる土曜コンサートにも出演していました。

なかでも、もっとも印象に残っているのは創作オペラ『一寸法師』をやったことです。これは京都に本社がある家電部品のメーカーがスポンサーになって公演が実現したものです。この時はわれわれオーケストラは舞台の下のオーケストラピットで演奏しました。演奏しているわたしたちの姿は客席から見えなくて、まるでプロのような雰囲気で演奏することができました。

予定されている演奏会の日が近づいてくると、土日なんかに京都市内や大津のお寺や宿泊施設で合宿をして特訓したりしていました。演奏のレベルですか？　ハイアマチュアと言っていいのかどうか……。プロとは違って、あくまでも愛好家の集まりですからね。玉石混淆、ピンからキリまでいろいろな人がいましたよ。それでも最初の頃は、演奏そのものが楽しかったですからね。なにしろ、自分たちの演奏を大勢の聴衆に聞いてもらえるわけです。しかも演奏するのはオーケストラ向けの大曲揃いです。自己満足と言ってしまえばそれまでかもしれないけれど、そうした曲が弾けることそのものが嬉しかったですね。

演奏会が終わると「今回の演奏会は五割ぐらいの出来だった」とか「今回は八割ぐらいだった」とか、そんなことを自分なりに考えたりします。そのうち、だんだんと腕も上がってくると、自分なりに納得できる演奏ができるようになってきたことも喜びでした。

でも、そうやって演奏するうちに、自分なりの課題も生じてきました。もっと自分の力が出せる演奏をしてみたいという気持ちに、だんだんとなってきたんです。

オーケストラでの演奏は、第一バイオリンと第二バイオリンに分かれていて、それぞれ十数人ずつの編成になっています。これだけの人数で演奏するとやっぱり迫力もありますし、オーケストラの魅力もそこにあるわけです。でも、大人数になればなるほど演奏はむずかしくなってきます。バイオリンという楽器はピアノのようにキーを押さえれば正確な音程が出るという楽器ではありません。高いピッチになればなるほど、左手で押さえている弦の間隔が狭くなってくるんです。それだけに、高い音を大勢で正確に奏でるということは至難の業になってきます。それだけに、一人でも音を外してしまうと、それでお終いですからね。

その一方で、演奏している者としては自分なりの個性的な音を出したいという欲求があります。でもオケで弾いていると、そういうわけにはいきません。バイオリンだけで三十人近くの人がいるわけですから、ちょっとぐらい頑張ったところで音は変わりません。

そういう思いもあったので、オーケストラの活動とは別に、再び室内管弦楽の演奏もやるようになりました。カルテットというバイオリン二丁にビオラとチェロというのがもっともベーシックな室内管弦楽のスタイルです。そのくらいの少人数でやっていると、それなりに自分の音が主張できるんです。

この場合、メンバー同士の気が合っているというのがとても大事なことです。演奏しているそれぞれに自分なりの音楽の指向や好みというものがありますから。最初のうちは、市民管弦楽団の練習の帰りの市電の中で同じ楽器を持っている人に声をかけては、とりあえずメンバーを合わせながらやってみるということをしていました。

でも、そうしたメンバーはいろいろな会社に勤めているわけで、転勤になることも多いんです。やっと気が合うメンバーが見つかったと思ったら、また一年ぐらいすると異動でどこかへ行ってしまいます。すると新しい人に声をかけて合わせてみます。そんな調子で、メンバーは次々と入れ替えながらしばらく活動をしていました。

そんな調子で定年になるまでずっとバイオリンを弾き続けてきたわけですが、バイオリンに救われたこともずいぶんあったと思うんです。まず、月に何度かこうした活動をすることは、とてもいい気分転換になったと思います。あまり自分では意識したことはありませんが、最近言われている音楽療法とでもいうのでしょうか。バイオリンを演奏することで、仕事で疲れた気分をリフレッシュすることができました。また音楽活動を通じてたくさんの人たちと知り合いにもなれました。定年までなんとか仕事を続けて来られたのも、バイオリンのおかげだったと思っています。

◇

定年になる前ごろからずっと考えていたことがありました。それは本当にいい音の出るお気に入りのバイオリンを手に入れたいということです。

バイオリンというのはおもしろい楽器で、値段でいえばピンからキリまであるんです。有名なストラディバリウスなんていうのは一六〇〇年代の後半から一七〇〇年代の初め頃にかけて作られたものですが、高いものになると一丁が四億円ぐらいします。ところが、そのへんの楽器店で売っている五万円のバイオリンでも、ひと通りの演奏をすることは可能です。

オーケストラなどの場でも、バイオリニスト同士が親しくなって最初に話す話題といえば、自分のバイオリンの自慢話です。「わたしはイタリア製のものを使っている」とか「ぼくのはドイツ製だ」とかいった会話をあいさつ代わりにやるわけです。そんな調子だったので、わたしも市民管弦楽団に入ってすぐの頃に奮発して、そこそこのバイオリンを買いました。一九〇〇年に作られたフランス製のバイオリンです。

このバイオリンにはパリの万国博覧会で金賞をとったということを証明するラベルが貼ってあります。値段も百万円近くしました。それまで使っていたのはドイツ製だったんですが、それも数十万円の単位のものです。わたしはそのフランス製のバイオリンを定年になる前までずっと使っていたわけですが、弾いているうちにだんだん気に入らなくなってきたんです。

バイオリンも弾き手によって音色の好みというものがあります。それから、弾いているうちに耳が肥えてくるということもあります。買ったときには気に入っていても、だんだん欠点が目についてくることも、バイオリンを弾く者にとってはあるわけです。

そういうこともあって、バイオリンに限らず、弦楽器奏者というのは絶えず楽器のグレードアップを目指すのがふつうです。これがプロの演奏家であれば、金に糸目をつけないということも可能かもしれません。また、有名なプロになるとコレクターが持っている楽器を貸与されるということもあるんですが。

でも、われわれアマチュアは、そういうわけにはいきません。楽器に費やせるお金にもおのずと限りがあるわけですから。では、どうしたらいいのか？いっそ気に入るものを自分で作るしかないだろう……。そういう結論に達したわけです。

じつは、わたしは銀行に入る前は電気関係の会社にいました。工業高校の土木科を出たあと、最初に就職した会社では無線機の修理や調整の仕事をしていました。また趣味で真空管を買ってきてステレオのアンプを組み立てたり、デジタル時計を作ったりということをしていた時期もあります。いまは楽譜の編曲にパソコンを使っているんですが、これも部品だけ買ってきて自分で組み立てたものです。

そういうこともあって、何かを自分で作ることについては自信もありました。そこで書店で『バイオリンを作る』という本を買ってきて、作り方を研究してみることにしたんです。

本には設計図から細かな作業のやり方までくわしく書いてありました。ところが、その本に書いてある通りにやってみたとしても、どうもできそうにない気がしました。そこで、わたしはその本の著者に電話をしてみたんです。バイオリン職人であるその人は、自分の工房も持っている人でしたが、彼から言われたことは「本だけ見ても、作り方はわかりません。本気で習いたければ、月に一度でもわたしのところに通ってきなさい」ということでした。

でも、その人が住んでいるのは埼玉です。そんな遠くでは無理だなあと思って、半ばあきらめかけていました。ところが、あるきっかけから、大阪の高槻市内に教えてくれるところがあるということを知ることになったんです。

その人は、かの有名な「チャイコフスキー国際音楽コンクール」のバイオリン制作部門で金賞を獲ったという腕前の持ち主で、イタリアから帰国したあとは自分の工房を開いているということでした。問い合わせてみると、平日しか教えていないということです。当時はまだ勤めがありましたから、定年までの一年間は待つことにしました。そして定年になると同時に入門したわけです。

銀行の上司は、わたしが定年後も引き続き勤めるものとばかり思っていたようです。ポストも用意してくれていたようですが、わたしにはそのつもりはありませんでした。定年になったのは一九九六年四月ですが、その翌月からバイオリン工房で勉強を始めることにしました。

◇

バイオリンの作り方を教える学校とはいっても、べつに授業があるわけではありません。それぞれが作業をするための机が一人ひとりに与えられます。工房に行ってその机で作業をするだけです。もちろん、家に帰ってからも作業をしないと追いつきません。工房に行くたびに、師匠がポイントになるところを見てくれます。「こうした方がいい」とか「それでいいよ」とかいったアドバイスをくれるわけです。

定員は十四人です。なかにはプロのバイオリン職人を目指している若い人もいましたし、わたしみたいに定年になってから自分のバイオリンを作りたいと思って来ている人もいました。授業料は四時間で一万円。一日に学べるのは八時間までです。期間はいちおう二年間ということになっていました。

ここに通いながら作業をするうちに、少なくとも一丁のバイオリンが完成することになっています。でも作業の進み具合は人によってさまざまです。わたしの場合は三年通って二丁作りました。さきほどお見せしたバイオリンは、その工房に習いに行っているときに作ったもので、あれはストラディバリウスのモデルです。

こうやって作ったバイオリンと、そのへんの楽器店で売っている五万円、十万円クラスのバイオリンでは、いったいどちらがいい音がするのか？　そういう疑問があるのは、もっともだと思います。

五万円、十万円のバイオリンは大量生産とはいえ、いちおうメーカーが作ったものです。音質の点では、素人の手作り品とは比べものにならないのではないか。そう思われても不思議はありません。しかし、実際は手作りのバイオリンの方がはるかにいい音がするんです。それはバイオリン本体の構造がぜんぜん違うからです。

バイオリン制作でポイントになるのは、いい音を出すためにもっとも重要な底板と前板の作り方にあります。われわれがやっている作り方では、底板は四センチほどの厚みのある板からノミを使って手作業で一枚ずつ削り出します。ところが、そのへんの楽器店で売っている既製品だと、それを機械でやってしまうんです。薄い板に熱湯をかけておいて、その上からプレス機で型にはめて一気に曲げるというやり方です。手間をかけて削り出すなんていうことはしません。

じつは、この違いが音の響きに一番関係してくるんです。熱してぐっと曲げてしまうやり方をすると、木の繊維に含まれているセルロースという成分がバラバラになってしまいます。音が響かなくなるんです。だから、われわれのようなアマチュアの手によるものであっても、ハンドメイドの方が機械で作ったものよりも間違いなくいい音がします。このことは、はっきりしています。そのかわり、手作りで制作する場合には、ちょっと想像できないくらいの手間暇がかかっています。

工房に入った時は、まず道具の手入れから学びます。まず、裏板や面板などを削るための大カンナ、中カンナ、豆カンナといった専用の道具が必要です。そうした道具を手に入れて、それらの手入れの仕方から教えてもらうわけです。それらの道具を使って、今度は「治具」と呼ばれる、バイオリンを作るための道具を作ります。板を削るために固定させる、そんな道具です。

わたしが教えてもらったのはイタリアのクレモナ派という流派のものです。ひと口にバイオリン作りといっても、ヨーロッパにはいろいろな流派があるんですが、わたしの師匠がイタリアで学んだのがクレモナ派のものだったんです。また、いまではバイオリンの作り方は研究し尽くされていて、名器と言われるバイオリンの設計図がいくつもあります。

「誰々というバイオリン作家の何年型ならこの図面」という具合に、いろいろな型のものが揃っています。そのなかから自分が作ろうと思うものを選んで制作にかかるわけです。

バイオリンに使う木は裏板がカエデ、表はモミが最上とされています。なかでもバルカン半島産のものがもっともいいと言われていますが、最高でもせいぜい十万円ぐらいです。既製品を買うことを考えたら安いものです。

ちゃんと完成させられるかどうかという不安ですか？　それはなかったですね。師匠の指導を受けながら作業を進めていくわけですから、ある水準以上のものが必ずできるようになっているんです。ただし、人によっては器用、不器用というのがありますから、その違いはどうしても出てきます。また見た目の美しさでいうと、五万円のバイオリンの方がずっと上かもしれません。

わたしが作ったバイオリンのこのあたりを見てください。ぜんぶ手で削り出しているので、よく見ないとわかりませんけど、削りムラがあります。それでも音の響き方でいうと、こうやって丁寧に手で削り出したものの方がずっといいわけです。

そうはいっても、バイオリンという楽器を自分で作ってみると、考えていた以上に苦労した部分も少なからずありました。ひとつ例を挙げると、それは木工制作というもののむずかしさです。

わたしには金属加工の経験もありますから、習う前は木工制作なんてかんたんだろうと思っていたんです。金属加工なんてコンマ・ゼロ一ミリの世界ですが、木工は設計図を見る限りでは一ミリ単位の作業ですから。

ところが、その考えは間違っていました。きちんと図面通りに削ったつもりで作業を終えて、その翌日に張り合わせの作業をしようとすると、どういうわけか違ってしまっているんです。ひと晩たって板が乾燥すると、前日にはなかった狂いが生じているんです。部分同士はニカワを使って接着するんですが、狂いのあるものを無理にプレスしてくっつけようと思えば、そりゃあ付きますよ。でも、そういうやり方をしてしまうと、板がある方向に引っ張られてしまうことになります。これでは板がうまく共振しません。いい音が出ないんです。

音がよく出るようにくっつけるには、板を上からふわっと置いた状態で、そのままピタッと付くようにしないといけないんです。つまり、完全に平面が出ていないとアカンわけです。でも、木は生き物ですからね。木に含まれる水分比も上がったり下がったりして、絶えず変化しています。この点が木工で一番苦労するところです。

そうやって苦心しながらバイオリンを作ることで、自分が演奏する時にも役立つことがたくさんあります。自分が使っているバイオリンは、いまどういうコンディションにあるのか。そういうことがちゃんと理解できていれば、よりいい演奏をすることにもつながります。

例えば、バイオリンには内側の見えない中心部に「魂柱《こんちゅう》」というものが入っているんです。五センチ角ほどの木の塊です。その魂柱の位置を少し動かすだけで、音の響き方がものすごく変わってきます。そういう微調整も自分でできるようになりました。

じつはバイオリンを作りはじめた時には、最高の材質の木を使ってひとつだけ気に入ったバイオリンを作ったら、それで終わりにしようと思っていたんです。一丁あればずっと一生使えますから。ところが、ひとつ完成させたことで、バイオリン作りのおもしろさに目覚めてしまいました。最初に作ったバイオリンは、じゅうぶん満足できるものだったんです。でも、作り方に少し変化を加えるだけで、また違った音色の個性的なバイオリンができる。そのおもしろさにとりつかれてしまったんです。

早い話が、自分で音をコントロールできるおもしろさを知ってしまったということです。自分でバイオリンを作れば、この表面の部分を〇・一ミリだけ薄くしてみようかとか、いろいろと自分なりに工夫できます。あるいは、木の質によってほんの少しだけ形を変えてみるだとか、そういうパラメーターをいろいろと変えることによって音もまったく違ったものになってくることがわかると、新しいバイオリンの楽しみ方を発見した気分でした。

それで、これからは一年に一丁ずつ作っていくことにしたんです。そのうち慣れてくると一年もかからなくなりました。十カ月ぐらいで仕上げられるようになりましたから。バイオリンはひとりで弾いてもおもしろくないけれど、バイオリン作りはひとりで作業をしていても、すごく楽しいものなんです。

◇

そうやって作ったものを、今度は聴衆の前で演奏する喜びもあるわけです。さきほど話したカルテットはメンバーの入れ替わりを重ねながら、だんだんと固定するようになってきました。それで一九九一年一月に「イーハトーブ管弦合奏団」という室内合奏団を結成しました。定年になる四年前です。

この合奏団のメンバーはバイオリン四人にビオラ二人、チェロ二人という複数編成にしました。実際に演奏する時はバイオリン二、ビオラ一、チェロ一という通常のカルテット編成ですが、演奏の直前になって急にメンバーの誰かが都合がつかなくなるということがよくあるんです。複数の編成にしておけば、代わりのメンバーをかんたんに融通することができます。

イーハトーブの活動は当初は土日に限定したものでした。わたしが定年になってからは、呼ばれたら平日でも、どこへでも出かけられるようになりました。でも最初の頃は待っていても依頼はありません。そこで案内を書いたチラシを作って、京都市近辺の施設などに郵送しました。それがきっかけで、いろいろなところから声がかかるようになりました。

ここ数年、毎年のように演奏しに行っているところに京都市内のホスピス専門病院があります。ここには死を前にして言葉も交わせなくなった患者さんたちも多いんですが、われわれの演奏に一生懸命耳を傾けてくれる人たちがたくさんいます。音楽というのは人間の心に届く最後のメッセージなんでしょうか。われわれの奏でる旋律を聴きながら涙を流す人もいます。演奏したあと部屋に招かれて「わたしも前にバイオリンをやっていたことがあるんですよ」と語りかけられたこともありました。

曲目はいろんなものに及びます。最初の一曲か二曲は本格的な室内合奏曲をやります。そのあとは、お年寄りが多い時には「椰子の実」のような誰にでも親しみのもてる曲をやります。わたしの妻もピアノができるので、キーボードで参加することもあります。十一歳年下の妻とは市民管弦楽団で知り合いました。いまは専業主婦ですが、月に二回、土曜日の午前中にうちの団地の集会場でやっている合奏団の練習の時には、お茶出し係をやってくれています。

近いうちに、地域の児童祭りに行く予定があって、その時は「千と千尋の神隠し」と「とっとこハム太郎」を演奏しようと思っています。それで、さっきまでその編曲をしていたところです。編曲といっても、そんなにむずかしくないんですよ。ギターのコードと同じ要領で、使える音程は自然に決まっていますから。主旋律がバイオリンだけではおもしろくないので、順番にそれぞれの楽器に振り分けていけばいい、ただそれだけのことです。

こういう編曲はいまではパソコンを使ってやることにしています。デスクトップ・ミュージックというんですが、そのためのソフトもいろいろと出ています。やり始めると、それはそれで楽しいものです。自分が思ったようなアレンジがかんたんにできるわけです。

あらためて考えてみると、いまはバイオリン制作から演奏、そして編曲まで足を突っ込んでいます。音楽に関係する、ありとあらゆる種類の活動に関わっているわけで、別の見方をすれば、これほどしあわせなことはないと思うんです。

かりにプロのバイオリン制作者になったとしたら、演奏を楽しむ余裕まではないと思います。本当に良い楽器を作ろうと思ったら、制作活動に集中し、専念しないといけませんから。プロの演奏家にしても同じことです。こんなふうにしてバイオリンに関するさまざまな活動を楽しみながらやっていられるのも、定年後という特殊な環境のなかでこそ可能なことではないかと思うんです。

わたしにはぜひ実現させたいと思っている夢があります。それはわたしが作った楽器だけを使ったカルテットで聴衆の前で演奏するということです。いま作っているビオラは年内には完成する予定です。あとはチェロを作れば、わたしが制作した楽器だけの合奏団の誕生も夢ではないなあって。そんなことを考えているところなんです。

仏像を彫る

お腹に力を込めて、
魂が仏さんの中に入るようにノミを振るいます。

藤原明（72歳）
話し手・藤原忠（60歳）
自営業（建具店）・兵庫県

わたしの兄は仏像の彫刻を趣味にしています。わたしは兄貴とふたりで建具店を経営しているんですが、その兄が仏像を彫るようになったのは、たしか五十歳になった頃からです。七十二歳になったいまも、仕事の合間にせっせと仏さんを彫っています。

いま来てもらっているこの場所は、いつも兄が仏さんを彫っている作業場です。彫りかけの仏像がいくつか作業台にあるでしょう？　あちらの棚に並んでいるのは兄貴が完成させた仏像の数々です。阿弥陀如来、菩薩、布袋さん、えべっさん……。なかでも布袋さんはこれまで何十体という数を彫ってきました。変わったところでは神農さんがあります。これは中国から伝わった薬の神様です。この近くにある薬草園に祭ってあるものを手本にして彫ったものです。

ここにあるのは四十体ほどですが、もうかれこれ二十年ほど彫っていますから、これまでに作った仏像もかなりの数になりました。でも、兄貴は完成したものをすぐに人にあげてしまうんです。人にもらってもらい、大事にしてもらうことに一番の喜びを感じる人間なんです。

じつは、わたしの兄はいわゆる聾啞者です。まだ子どもの頃、たしか二歳ぐらいの時に高い熱をだして、それ以来、耳と口が不自由になりました。言葉を覚える前に耳が聞こえなくなってしまったので、そのために言葉もしゃべれないんです。

わたしは子どもの時からずっと兄と一緒に生活してきました。兄が何を考えているか、手にとるようにわかるんです。不思議に思われるかも知れませんが、これは本当です。兄の言いたいことがわかるんです。兄が日々何を考えて仏さんを彫っているかということを、わたしの口からお話しましょう。そのうえで兄貴に会ってもらったらと思います。

◇

わたしたちは五人兄弟です。兄貴は次男、わたしは末っ子で、年はひとまわり違います。兄貴は尋常小学校を卒業したあと、十三歳からこの近所にあった建具店に手伝いに行くようになりました。両親としては、障害がある兄貴を家で遊ばせておくよりは、その方がよかろうと考えたようなんです。

ところが、建具店の親方から「この子はなかなか器用なところがある」と見込まれたというんです。教えたことはいっぺんに頭に入るし、しかもぜったいに忘れない。なかなか筋がいいというので、いろいろな仕事を仕込まれました。兄はそこで五年ほど働いていたんですが、そのうちに独立したいという気になってきたようです。家で仕事をするようになって、最初は親父があちこちから仕事の注文をとってきていました。

そのうち兄の面倒を誰が見るのかという話になってきました。両親はどうしても早く亡くなるわけですから、兄弟の誰かが兄の面倒を見ることになるわけです。兄弟というのは不思議なもので、みんな同じ母親の腹の中から出てきたわけなのに、ウマが合う、合わないということがあります。兄貴の上にはまだ上の兄がいたんですが、長男だからといって必ずしも面倒見がいいということはありません。うちの長男の場合はその気が一切なかったようです。

それで、わたしは中学校を卒業するとすぐに、ひとつ山を越えた隣町の建具店に弟子入りしました。ボストンバッグをひとつ下げて住み込みの丁稚奉公に出たんです。じつは、わたしが丁稚修業に行く前に、わたしの上の三男も建具店に弟子入りしていました。ところが、どうしても体力的にきついというので、途中で帰ってきていました。そのあと、わたしが行ったわけで、両親にしてみれば、わたしは最後の頼みの綱だったわけです。

五年の修業を終えて家に戻ってからは、以来ずっと兄貴と一緒に仕事をしてきました。そうなったのは、子どもの頃の思い出と関係があったのかも知れません。

兄貴が家で仕事をするようになった十七、八歳の頃のことです。当時わたしはまだ五つか六つの子どもでした。兄貴はいろんなものを作ってくれました。竹馬、竹トンボ、本立て……。カブトムシを採りにいったり、魚釣りに連れて行ってくれたこともありました。そんなふうにして兄の世話になったことが、いまこうやって兄貴と一緒に仕事をしている原風景みたいなものなのかもしれません。

二人で建具店を始めてからも、さいわい仕事がなくて苦労するということはありませんでした。大きな仕事はやれないけれども、まかされた仕事についてはきっちりとやる――。兄貴はすでに近所でそんな評判をとっていました。そんなわけで、商売を始めた当初から比較的順調にやって来れたと思います。

開業してしばらくの頃は、昼間は建具を作って、夜になるとわたしたちの仕事場を作っていました。仕事場といっても最初は掘っ立て小屋みたいなものです。材木を買ってきて自分たちで建てるという作業を、仕事が終わってからやっていたんです。必要に応じて継ぎ足したり建て替えたりしながら、これまで六回ぐらい増改築を重ね、やっといまの仕事場のかたちになりました。

とりあえず仕事場ができると、今度は機械を入れました。中古の機械を見つけてきては、月賦の支払いを組みました。そういうお金の工面やお客さんに出す見積もりについては、わたしの担当です。兄貴はひたすら建具を作るのが仕事です。建具の寸法は一律に決まっているんですが、家によって少しずつ歪みもあります。わたしが仕事の注文を受けた先で測ってきた寸法をもとにして、兄が建具を作るわけです。

わたしがいつも大したものだと思うのは、うちの兄貴は失敗というものをほとんどしたことがないということです。たくさん仕事をしていると、たまにうまくはまらないということがあります。その原因は、ほとんどがわたしの測りまちがいです。だいたいがそうなんです。

それから、記憶力もわたしの及ぶところではありません。建具にも流行というのがあります。流行り廃りに合わせて、次はこういうデザインにしようとか、ちょっとこの辺をこんなふうに変えてみようとか、そんな具合に趣向を凝らします。枠の内側に入っている縦の骨組みの本数を二本にするとか、五本に増やして凝った雰囲気を出そうかとか、そういうことを考えるんです。

そういう時に頼りになるのは兄貴の記憶力です。「あの仕事の時は何本やったかいな?」と訊ねると、兄貴はそれが二十年前のことであっても、しかもメモを見ることもなしに、正確な数字を即座に口にします。この点については大したものだといつも舌を巻きます。自分の実兄ながら、まったく敬服する限りです。

◇

そうやって仕事をこなすうちに、だんだん仕事にも余裕が出てきました。家の母屋も建て替えましたし、それほど夜遅くまで根を詰めて仕事をする必要もなくなってきました。いまでも仕事が混んでくると、時には七時頃まで残業をすることもありますが、ふだんは五時半か六時ぐらいには終うようになりました。兄貴が彫刻を始めたのは、そんな時期からです。最初のうちは、ちょっとした時間を見つけては、花だとか昆虫だとかいった身近なものを彫っていました。

ある時、隣町に住む中学校の先生が、兄が彫刻のまねごとのようなことをしていると聞きつけて訪ねてきてくれました。そして、その人たちがやっている美術の勉強会に誘ってくれるようになったんです。このことが兄貴を本格的な彫刻に目を向けさせてくれるきっかけになったようです。

日曜日になると、会のメンバーと一緒に近くのお寺に仏像を見に行ったりするようになりました。兄貴はそのうち、自分でも仏像を彫ってみようかという気持ちになってきたようです。兄はそれまでは、仏像彫りというのは特別の修行や功徳を積んだえらいひとがやることで、自分のような凡俗がやるものではないと考えていたようです。勉強会に参加するうちに、そうした考えが変わってきたようでした。

仏像を彫ることを覚えてからは、これに一心不乱に熱中するようになりました。もともと兄貴には健常者のように他人とおしゃべりをして気を紛らすということができません。仕事で習い覚えたノミを使って何かを懸命に彫ることで、自分の心の内を表現することがいい気分転換になるのでしょう。

そもそも、兄貴にとっては、仕事で建具を作ることも、趣味で仏像を彫ることも、どちらも同じことのようです。だから、仕事をする場合でも手加減をするということがありません。われわれも商売でやっているわけですから、ふつうであれば、この仕事は安いから少しくらい手を抜いておこうか、なんてことを考えるものです。でも兄貴にはそれがないんです。

兄貴は自分が納得できる完全なものを最初から作ろうとします。金銭面はわたしが担当しているので、兄貴には考える必要がありません。どんなに時間がかかっても、自分が納得するものを作ろうとします。ただし、仕事には必ず納期というものがあります。「これは急ぎでやってくれよ」と言うと、その通りにやってくれますけど、本心は中途半端な仕事をするのが大嫌いです。これは仏像の場合もまったく同じです。この点、仏像のいいところは、いくらでもやり直しができるということです。納期なんてありませんから、自分が本当に納得できるところまで彫ることができますから。兄貴は仏像彫りのそういうところが一番気に入っているようです。

ただし、建具と仏像では大きな違いがあります。仏像には立体感というものがあります。それをどうやったら上手に出せるかということに一番苦心しているみたいです。

兄貴が仏像を彫る時は、必ずモデルになる仏像というのがあります。その写真を参考にしながら彫るんです。図面は見ません。だから、正面からの写真はあっても、それが上、横、斜めそれぞれの角度からどう見えるかということを考えて彫らないといけないんです。なかなか思った通りにいかない時は、途中まで彫ったものでもあきらめて、新たに彫り直すこともあるようです。

最近はテレビを見ることが、兄貴のもうひとつの気分転換になっています。どうして画像だけで内容を理解できるのかが、わたしにも不思議なんですが。でも休みの日だからといって、一日中ずっとテレビばかり見ているわけにもいきません。急ぎの仕事がない時には、平日もこの作業場に入って仏像を彫っています。ふだんの日は仕事が終わってから夕食後の一、二時間。休日なら五、六時間くらいやっていることが多いみたいです。

◇

兄貴は放っておくと、いつまでも仕事に熱中しています。力を抜くということができない性格です。休憩もとらずに一心にやりますし、多少の疲れがたまっても関係なしです。手を抜いたり休んだりという気持ちがまったくないんです。これでは体を壊してしまいます。

根を詰めすぎているなと思う時はわたしの方から「きょうは休みにしようか」と言って、平日でも臨時休業にすることがあります。たいてい、ふたりして車に乗って、ぶらっと出かけるようにしています。

行き先で一番多いのはお寺です。建具屋というのは工務店と一緒に仕事をすることが多いんですが、うちの取引先のひとつに宮大工の工務店があります。これまでも、そこと一緒にお寺の仕事をたくさんやってきました。それで、臨時休業にした日には、この近隣でもそこそこ名の知れた古刹に出かけます。

お寺に行けば、いろいろな仏像が置いてありますから、それを見せてもらったり、住職から話を聞いたりします。また、お寺の建物を見せてもらうと、それが仕事にも役立ちます。

見せてもらった仏像で気に入ったものは、わたしが写真を撮っておきます。じつは、わたしの趣味は写真を撮ることで、この点がちょうど互いを補完する関係にあるんです。わたしが撮影した写真は、現像して兄貴に渡します。兄貴はそのなかから自分が一番気に入ったものを選んで、それを参考にしながら彫るんです。ここに置いてある仏さんは、そうやってふたりで見にいったものばかりです。

そうやって精魂を込めて彫った仏像を、何の惜しげもなく人にあげてしまうところは、ふつうの人には理解できない感覚です。一体を仕上げるのに二カ月も三カ月かかるんですが、そういう力作でも、それを人が心の底から気に入ってくれれば、何の惜しげもなく手放してしまいます。

兄貴は耳は聞こえませんが、相手が自分のことをどう思っているのか、そういうことについての勘がとてもよく働くんです。その人が本当にほめているのか、お世辞で言っているのか。そういったこともすぐに見抜いてしまって、それはわれわれ健常者には真似のできない能力です。

不思議なことといえば、以前にこういうことがありました。同じ地区の薬問屋さんが家を新築されて、うちでその建具の仕事をやらせてもらいました。その時、兄貴はたまたま神農さんを彫っていたので、ふたりで相談して、心ばかりの新築祝いとして一番出来のいい神農さんを贈ることにしました。

わたしは出来上がった神農さんを持ってその家に伺ったんですが、先方のご夫婦はさきほど鳥取から帰ってきたばかりということでした。聞くと、その家のご主人は、新築した家の床の間に神農さんを飾りたいと思って、それを探しに鳥取まで行ったのだけれど、なかなか気に入ったものがなかったということです。

そこで兄貴が彫った神農さんを見せたところ「これは大きさも形も思っていた通りのものです。こんなものをもらえるなんて、ありがたい」と大喜びされました。その神農さんは、いまもその家の床の間に飾ってもらっています。

また、もう十年くらい前になりますが、兄貴が近所のおじいさんに弥勒菩薩をあげたことがありました。そのおじいさんは体のあちこちが痛むそうで、自分の体の痛むところと同じ場所をさすったら治るということを聞いて、仏像を毎日さすっていたそうです。すると、えらいものですなあ。おじいさんが亡くなった時にその仏像を見せてもらったんですが、仏像がピカピカに光っていました。手のひらで毎日さすっているうちに、手の油で光沢が出てきたんです。自分が彫った仏像をこれほど大事にしてもらっていたということを聞いて、兄貴もとても喜んでいました。

◇

そのうち兄の仏像彫刻のことは少しずつ地元でも知られるようになってきました。地域のコンクールに出して金賞をもらったり、町内の文化祭に出品を依頼されるようにもなりました。ところが、昨年の七月に地元のお寺の仏像が盗難に遭うという事件があったんです。

わたしたち兄弟が住んでいるこの集落には天徳寺という真言宗の寺があります。いまでは住職のいない小さなお寺です。この寺では毎年、七月二十一日になると大日如来祭というのをやります。ご本尊の大日如来を囲むお祭りなんですが、その準備にかかろうと世話役が本堂を開けたところ、ご本尊が盗まれていることがはじめてわかりました。

その年のお祭りは仏さんのないまま済ませました。しかし、ご本尊をどうするかを考えないといけません。世話役の人が新しい仏像はいったいいくらするか調べたところ、小さいものでも七十万円から百万円、もとと同じくらいの大きさであれば、なんと二百万円もするということがわかりました。

これは困ったなあということになりました。というのも、前の年にお宮さんとお寺の改築が重なって、地域の人たちからはすでに相当なお金を集めていたからです。とてもまた集めるわけにはいかないなあという話になりました。

その年の暮れにあった集落の総会の席でも、またこの話が出ました。この時はわたしも役員として出席していたんですが、その席でうちの兄に彫ってもらったらどうかという話になったんです。わたしは家に帰って兄に話してみると言いました。本人にその気があるかどうかを確認することが先のことです。村の人たちは高くつくのではないかと心配していました。

兄に話してみると、ぜひやりたいと言います。「費用はどうするんや?」と聞くと、いらん、いらんと言います。兄はこれまで仏像でお金をもらったことがないので、今回ももらう気は毛頭ないようでした。

仏像作りは年明けから掛かりました。できればお祭りがある七月までには完成させたいので、六カ月ほどの期間で仕上げないといけないことになります。でも、すぐに彫り始めるわけにはいきません。まず、素材になる材料を探し手に入れないといけないからです。その役目はわたしの仕事になりました。

仏像を彫るには、たいていケヤキの木を使います。兄がいつも彫っているのは高さ四、五十センチくらいのものですが、盗まれた大日如来は高さが八十センチほどです。幅と奥行きもかなりのものですから、素材にする木は相当の大きさが必要です。でも、これだけの木の塊ともなると、そう滅多にあるものではありません。しかも大きさだけでなく、しっかり乾燥したものでないと、いい仏像は彫れません。わたしは仕事であちこち出かけるたびに、そういう木がどこかにないか聞いて回っていたんですが、適当なものはなかなか見つからなかったんです。

ところが、灯台もと暗しとはよく言ったものです。二月の下旬になって、同じ町内のいつも一緒に仕事をしている工務店の作業場で雑談していた時のことです。ふと足元を見たところ、大きなケヤキの塊がごろりと転がっているのが目に飛び込んできました。測ってみると、高さは一メートル。幅と奥行きがそれぞれ四十五センチほどあって、これならサイズもぴったりです。

工務店の大将に聞いてみたところ、このケヤキの塊はずっと置きっぱなしになっていたもので、これから先も使う予定はないといいます。事情を話すと、そういうことならお金はいいから持って行ってくれと言ってもらいました。

お手本にする仏像についても、わたしが手伝わせてもらいました。いつも天徳寺に来てもらっている住職の世話で、もとのものに似た仏像を見ることができました。仏像をわたしが写真に収めて、それを見ながら兄貴はノミを振るいました。

兄貴は四カ月ほどかけて、それは見事な大日如来を彫り上げました。完成した仏像をお寺の本堂に納める日には、さきの住職や集落の人たちにも集まってもらって、お祝いをしました。兄貴にとっても、自分が苦心して彫ったものをみんなにほめてもらったことは、このうえない喜びだったようです。その時の気持ちは、わたしにもよくわかりました。

そんな兄貴も最近は、以前ほど仕事がこなせなくなってきたと言うようになりました。たしかに腕が落ちてきたということもあるでしょう。もう七十二歳なんだから、年をとると、みんなそういうものなんだと言って励ましています。兄貴から仕事と仏像彫刻を取ってしまったら何も残りません。この先、少しずつでもいいから仕事を続けて、最後まで職人としてやっていけたら。そういう思いでやっているようです。

◇

ちょうどいいところに兄貴が帰ってきました。きょうは土曜日で仕事も休みにしているので、いままで出かけていたみたいです。わたしが間に入って、兄貴が言っている内容を伝えます。聞きたいことを聞いてみてください。

――立派な仏像がたくさんありますね。いまは何を彫っておいでですか？

こっちはえべっさんで、こっちが大黒さんです。ここは大黒さんが振り上げている大槌の部分で、これを彫り出すのに、いま苦労しているんです。こうやって、自分が彫ろうと思う絵を木にマジックでざっと描いて、それから少しずつノミで彫っていきます。

――仏像を彫るうえで一番難しいのはどのあたりですか？

彫る素材が一つひとつ違っているところです。その素材の堅さや癖を見極めながら作業をしていかないと、大事な部分が割れたり欠けたりしてしまいます。そのうえで、奥行きや立体感を出すことにも、いつも腐心しています。

――どういう気持ちで彫っているんですか？

お腹にぐっと力をこめて、自分の魂が仏さんの中に入るようにしながらノミを振るいます。でも、なかなか、かんたんにはいきません。これはケヤキで、すごく硬いですからね。ちょっと彫ってみますか？

兄貴の生活は、わたしから見ても理想的なものです。夜更しをすることもありませんし、ずっと早寝早起きの規則正しい生活を守っています。睡眠も毎日八時間以上きちんと摂ります。

わたしも今年は還暦を迎えたので、勤めをしていたら、そろそろ定年になる年齢です。わたしも兄貴を見習って息の長い仕事をしていきたいと思っています。

能面師になる

若い頃におぼえた手先の感覚はいつまでも残っているものです。

金田政光（82歳）
元メッキ会社勤務・愛知県

定年になったのは六十五歳の時です。ちょうどその年から能面を打ち始めました。いま八十二歳ですから、すでに十七年ほどやったことになります。

自分で言うのも気が引けるんですが、この数年はセミプロの域に達していると思っています。作品展に出したものを譲ってほしいと言われたり、依頼を受けて地域の能楽やお祭りの面を作ったり、修理したりする機会も増えてきました。これまでに打った能面の数は百二十ほどになります。

能面は「作る」と言わずに「打つ」という言い方をします。能面のことは面《おもて》と言います。一年に平均で七面ほど打ってきたことになります。

能面を打つのは、なかなかむずかしい作業です。というのも、よく「写す」という言い方をするんですが、ある時代に作られた作者のものを、そっくりそのまま模倣しないといけません。自分で創意工夫を加えて、作りたいように作ったものは能面とは呼ばないんです。

ひと口に能面と言っても、たくさんの種類があります。自分が打とうとする面の型紙をあらかじめ用意しておいて、その型紙に沿ってノミで彫り進めていくやり方がふつうです。おでこの高さや頬のくぼみ、目尻の寸分までを、すべて本物に忠実に再現していきます。

例えば、ここにあるのは「増女《ぞうのおんな》」という中年女の面です。増阿弥という中世の能面師の手によるものとされています。この面の型紙はぜんぶで十枚ほどになります。あご、鼻、口など、それぞれ部分ごとに型紙があって、各部分を彫る時には型紙で頻繁に確認しながら作業を進めます。

これとは反対に、同じ面打ちでも狂言面や舞楽面の場合は、自分が彫りたいように彫っていいことになっています。こちらは創意工夫が許されているんです。だから「恵比寿」や「大黒天」といったおなじみの狂言面の場合は、それぞれが少しずつ違ったものになっています。

◇

そもそも能面を打ち始めたのは、定年になる前の年に地元の熱田神宮に能を見に行ったことがきっかけでした。うちの家内は謡曲をやっていたことがあるんです。能で演じ手が合わせて舞う、あの独特の節回しの唄です。

家内はわたしよりも七つ年下で、同じ兵庫県の姫路出身なんですが、謡曲は女学校を出たあと二十歳のころからやっていました。なんでも家内のお兄さんが子どもの頃から鼓をやっていて、その影響で同じ師匠のところに兄妹で習いに行っていたそうです。二十四歳でわたしのところに嫁いで来てからは、習いに行くことこそなかったんですが、家で家事なんかをしたりしながら時々口ずさんでいました。

わたしははじめは伝統芸能にまったく関心がありませんでした。だから家内が唄っているのを「変わったものが好きなんだなあ」と言って笑っていました。ところが、熱田神宮に能を見に行って、その考えが一変してしまいました。その時の能は境内に常設されている能楽堂で行われたんですが、これは素晴らしいものだなあとたいへんな感銘を受けました。

当時は能についての詳しい知識もありませんし、なにがどう素晴らしいのかも自分自身がよく理解できていなかったと思うんです。でも、これまで日本人として生きているうちに、知らず知らず身についた伝統美に訴えかけられたと言えばいいのでしょうか。いわゆる幽玄的な侘び寂びの世界に、いっぺんに魅了されてしまったんです。

わたしは会社を退職するまでの間をずっと技術屋として過ごしてきました。高等小学校を卒業した年に生まれ故郷の相生を出て、最初に勤めたのが名古屋市内にあった金属加工会社です。

そこは社員が五十人ほどの小さな町工場で、日本ガイシという電気の絶縁体を作っている会社の協力会社でした。工場で使う送風機やポンプの金属部品の加工をしているその会社にわたしは十五歳で入り、最初の五年間は旋盤工としての仕事のイロハをみっちり仕込まれました。

当時のもの作りの仕事というのは、ぜんぶ手作業でやっていました。いまみたいにスイッチを押せば、あとはコンピューターが仕事をしてくれるわけではありません。手先の勘と経験に頼る、まさに職人的な世界だったわけです。

職場で働いている職人の仕事ぶりには目を見張るものがありました。いちいち物差しで測りながら仕事をするようなことはしないんです。手加減ひとつで百分の一ミリ単位まで出すという仕事の仕方を誰もが当たり前のようにやっていました。わたしはその職場でものづくりの基礎についてたたき込まれたんです。

わたしがいた会社は、戦争中は軍に関係する業種の指定を受けていました。なかでも社長とわたしは兵隊の召集が免除されていました。昭和二十年に戦争が終わって二、三年すると、新たに「旋盤工一級試験」という国家資格ができました。その試験を受けて合格しました。その後しばらくすると、わたしは現場を離れて生産ラインに必要な機械の設計や生産管理の部門に移りました。その会社には二十年間、昭和二十九年まで籍を置いてから、やはり日本ガイシの協力会社だった金属メッキ会社に移りました。

新たに勤めることになった会社は社員が三十人ほどで、わたしがまかされたのは設計と機械管理の仕事でした。その会社でやっていたのは溶融亜鉛メッキで、俗に言う「天ぷらメッキ」というやつです。送電部品が雨露に濡れても腐食しないよう、摂氏四百五十度くらいにまで加熱した亜鉛の液体に浸けてメッキ加工をするわけです。

わたしが入社した頃までは、金属メッキの作業というのはぜんぶ手作業でやっていました。ハエ叩きの大きなもののような器具の先っぽにメッキをする品物をひっかけて、煮立った亜鉛液の中に突っ込みます。しばらく時間をおいて引き揚げ、品物を手作業で外して、また新しいものをひっかけてから液に突っ込むという作業のやり方をしていたんです。室温は年中を通して摂氏四十度から四十五度くらいになりますから、作業をする人間もたいへんです。なによりも手作業でやっていては効率が上がりません。それで機械化をすることがこの時期の課題だったんです。

生産現場の自動化を進めるのがわたしの仕事としてまわってきました。手順としては、まず最初に設計図に起こし、これをもとに外注の協力会社で試作機を作ってもらいます。いろいろと考えた末に、ラインにコンベアを取りつけて、その上にメッキするものを載せれば、ラインが回っている間に亜鉛液の中に浸かってまた上がる、という装置を考案しました。コンベアのスピードを調整できるようにすることで、メッキの厚さも自由に変えられるよう工夫もしました。

その装置が完成したのが、たしか昭和三十二年のことでした。それまでは会社全体で一日かかって三百キロから五百キロのメッキ生産しかできなかったのが、この自動装置の導入で一時間に一トンの生産が可能になりました。この時は発明の責任者ということで、わたしの名前で特許も取得しました。

その当時、わたしが所属していたのは設備係でした。その係長から設備課長、設備部長、技術部長となって、さらに取締役も兼務することになりました。たしか田中内閣の時だったと思いますが、昭和四十八年には会社は社員が二千人を越えるまでに成長しました。

◇

会社を退職したのが昭和五十九年六月のことです。五十年間ずっと技術屋として働いてきたなかで、わたしにとってもっとも深く印象に残っていたのは、働き始めた時期に教え込まれた、手先を使ってものを作るということでした。若い頃に体でおぼえた感覚は、いつまでも消えてなくならないものです。

そういうこともあって、熱田神宮で能を見たあと、わたしはこれしかないと直感したんです。わたしには家内のように唄うこともできないし、舞うこともできません。でも面を打つことだったらできるんじゃないかって、そう思ったんです。

こうして退職した年の八月から面打ち教室に通い始めました。名古屋市内にある勤労会館というところでは、水墨画に陶芸、盆栽といったさまざまな教室をやっていて、そこの面打ちコースに入りました。

ここで教えていた講師の先生は、もともとは郵便局に勤めていたんですが、勤務のかたわら京都の能面師の所に通って技術を取得した人です。この人が打った面は、いまではひとつ三十万円もします。プロ級の面打ち研究家として、少しは知られた存在です。

教室は月に二回あって、わたしは第二土曜と第三土曜のそれぞれ午前中に行くことにしました。教室はいちおう三カ月ということになっています。ただし学校のように講義を受けるわけではなくて、一回二時間ほどの授業でそれぞれが先生に十分ほど指導してもらうというやり方です。

二十人の受講生のうちの全員が同じ作業をしているわけではありません。進度も腕前もさまざまです。ここは継続して何年も通っている人も多くて、新しい受講生はシーズンに二、三人です。わたしはいまもこの教室に通い続けています。

習い始めて一年ほどたった頃に、通っている教室の受講生ばかりが出品する作品展がありました。受講生たちはみんな「翁」の面を出したんですが、この作品展にはわたしの友人も見に来てくれました。その時、友人がわたしの面を見て、「この面は金田さんに似ているね」って言いました。

さきほども言ったように、能楽の面は写すという考え方です。それが打った人間に似ているということは、わたしというものがそこに出てしまっているわけです。それで、えらく反省しました。その時に思うようになったのは、こうやって面打ちの技術をせっせと身につけているものの、能面というものがどのように使われるものかということを、わたしはそれまでほとんど知らないということでした。

面のなかには、いくつもの演目で使われるものもあれば、特定の演目にしか使われない専用面と呼ばれるものもあります。それらの面がどういう場面でどのような使われ方をしているのかという知識もなしに、いい面を打つことはできないのではないか。そう考えるようになったんです。

それからは能楽に関する本を買ってきたり、できるだけ多くの舞台を見に出かけたりするようになりました。いわゆる「能書き」を勉強したわけです。

いまでもよくおぼえているのは、やはり熱田神宮で行われた薪能の素晴らしさです。その時は、たしか「土蜘蛛」という演目だったと思います。薪能とは日が落ちてから舞台の左右で薪を焚いて演じるというスタイルの能楽です。暗闇のなかで薪のこうこうとした炎に照らし出されながら演じ手が舞う姿は、なんと優美なものか。とても美しく華麗だと思いました。

また各地にある博物館や美術館に能面を見にも行くようになりました。静岡県の三島にある美術館、兵庫県の篠山にある歴史美術館などにいい能面があると聞くと、出かけて行くようにしました。

福井県の池田町というところに住んでいる能面師をわざわざ訪ねていったこともあります。やっぱりその道のプロと呼ばれる人たちに話を伺うことで、目から鱗が落ちるようなことは多いんです。訪ね歩いて見たり聞いたりしたことは、そのつどノートに筆記してまとめています。また内容をいつでも取り出して見直せるよう、ぜんぶファイルしています。

さらに、能の勉強をするだけではなくて、自分も能を実際にやってみようと考えました。そう思って謡曲を習いに行ったりもしたんですが、しばらく続けているうちに、若い時に患った喘息がぶり返してきました。ほどほどにしないとダメですよと医者から忠告されたので、謡曲の方はやむなくあきらめました。代わりに能楽の会に入って、いまは年に三回ほど名古屋近辺の能楽を中心に見に行っています。

◇

ひとつの面はふつう六十時間ぐらいで完成します。

彫ってから色を塗るまでをぜんぶ合わせると、だいたいそのくらいの時間がかかります。一日あたりの作業時間は八時間くらいです。朝起きてから、夜床に就くまで、ほとんど一日中彫り続けていた時期もあります。最近では年のせいか、集中力が続かなくなってきました。一日に四、五時間ということも多くなってきました。

面打ちに使う木地は檜です。最近ではデルトンと呼ばれる南洋材も、柔らかくて彫りやすいという理由から使われることがあります。でも、もっともいいとされているのはやっぱり檜ですね。

檜は彫りやすいことに加えて丈夫なところがいいんです。木質によっては彫っているうちに、まぶたの細かい部分が欠けてしまったりということもあります。檜を使う場合でも、そういうことのないよう細心の注意を払いながら、丁寧に彫っていくんです。

彫り上がると、次にかかるのが塗りの作業です。これがけっこう手間がかかるんです。まず、木地の表面に「胡粉《ごふん》」というものを塗ります。これは牡蠣の殻を砕いて天日にさらして作った白い粉なんですが、これにニカワを混ぜたものを刷毛を使って一日に三回塗ります。それを日をおいてじゅうぶんに乾かしたあと、サンドペーパーで表面を磨きます。この工程を五回繰り返すんです。そして最後に「仕上げ胡粉」というものを塗って、その上から「古色」をつけます。

古色というのは灰色がかった塗料です。胡桃の実や夜叉玉を水に浸けて腐らせて作ります。胡粉のままだと本当に真っ白です。いかにも作りたてという感じがしますし、そのまま舞台で使うとハレーションを起こします。だから灰色に塗って、わざとくすんだ感じを出すんです。

これもただ塗ればいいというものではなくて、刷毛の目の方向も、面の種類によってぜんぶ違っています。この面はすべて縦方向に塗るとか、この面なら額の部分は横で、頬の部分だけ縦だとか、そういう微妙な違いも塗り分けます。じつに細かいことにまでこだわって作業をするんです。

ここまでくれば、完成まではあとわずかです。髪の毛を描いたり、目の周囲に色を入れたりとかいった作業があります。あるいは口元を朱墨で赤く塗ったりということもします。髪の毛を描き込む際は黒墨を使います。この作業も案外むずかしいものなんです。墨の単色だけで髪の毛の微妙な感じを出すのは、なかなかむずかしいです。

例えば、同じ女面でも、さっき話した「増女」のほかに「小面《こおもて》」「若女《わかおんな》」「深井《ふかい》」「万眉《まんび》」などがあって、それぞれ髪の毛のほつれ方や重なり具合などもぜんぶ違います。そういうものもきちんと描き分ける必要があるんです。

瞳の部分を描き込む作業も事情は同じです。筆加減がちょっと違っただけで、感じがずいぶん違ってきます。そういう細かな作業には時間もかかりますし、とても気を遣います。最後の仕上げとして、本物に近い風合いを出すための作業も欠かせません。

本物の面は数百年にわたって実際に使われ続けているものです。能楽師が舞台で何度も被って演じるうちに、うしろで結ぶひもを通している耳の部分に空けてある穴の周囲が擦れてきたりしています。そういう擦れた感じも、サンドペーパーを使って出すんです。わたしたちが作ろうとしているのは、あくまでも本物のコピーです。ひとつしかない本物がもつ細かな雰囲気までを再現するのは並大抵のことではないんです。

◇

そんなふうにして面打ちの勉強を続けているうちに、思いがけない話が舞い込んできました。ある祭りで実際に使われるお面の製作をまかされることになったんです。

その話は最初、わたしが通っている面打ち教室の先生のところにあったものです。話を聞いた先生が、それならと推薦してくださって、お鉢がわたしのところに回ってきたんです。

製作の依頼を受けたのは、愛知県東栄町の足込地区というところで毎年行われているお祭りで使われるお面です。国の重要無形文化財になっている「花祭り」というその行事では、鬼を模したお面を被った人が家々を練り歩きます。その際にお湯が面にかかるので、色落ちしないよう特殊なアクリル塗料を塗って仕上げてほしいということでした。

東栄町は飯田線に乗って天龍川沿いに北上していったところにあって、静岡県境に近い山間いの町です。お面型をとるために、わたしはその町まで三回ほど足を運びました。朝早く名古屋の自宅を出て、神社からお払いを済ませて持ってきてもらった本物のお面をいろいろな角度から写真に収め、また返してもらうということを、そのつど繰り返しました。

このお面を彫るための木地に使ったのは大きな桐の木です。ここに持って来たのは原寸の七十パーセントの大きさのミニチュアです。いきなり彫って失敗するといけないので、最初にこのサイズで試し彫りしてみたんです。まずこれに百時間ぐらいかかりました。

そうやって感じをつかんだあと、彫り始めたわけですが、なにしろこれが大きいんです。大人が被って頭の前面がすっぽりと隠れてしまうほどの深さもあります。それを大ノミで彫っていくわけですが、これは考えていた以上の大仕事でした。しかも、裏側の窪み部分にまでは大ノミが入りません。しかたがないので小さいノミを使って彫り進めたんですが、とうとう腱鞘炎になってしまいました。何度も医者通いをしながら、ようやく三百時間をかけて完成させた時には、依頼があってから丸二年が経過していました。最初に木地をもらった時には十七キロあったんですが、彫り上がったものを測ってみると一・六キロまで減っていました。

出来上がったものは平成七年の春に神社に奉納しました。これはまったく期待していなかったことなんですが、謝礼として十万円いただきました。もっとも、完成までにかかった医者代を差し引くと手元にはいくらも残らなかったんですが。

それ以降もお面を修理してほしいという依頼を受けました。三重県伊勢市内の一色神社で行われている能楽で使っている能面を直してほしいと言われたんです。「穴吹」という面でしたが、これは平成十一年三月に返納しました。また、この同じ年の十二月には「小面」を返納しています。

そうやってわたしが打ったり直したりした面が、いまでは実際の舞台やお祭りで使われているんです。これは、なかなか気分がいいものですよ。飾り物としてとっておかれたり、大事に保存されたりというのも悪くはないんですが、面というのは実用品です。使われることではじめて世の中の役に立つものですから。

面の製作の世界では、自分が作った面には製作者の名前を入れることができるんです。これが何ものにも代え難い喜びであるわけです。東栄町に奉納した花祭りのお面には、裏側にわたしの名前「政光」を書き込みました。その上から黒い墨を塗っていますから、いまは見えません。繰り返し使われているうちに、だんだん墨が落ちてきます。すると、わたしの名前が人目に触れることになるんです。その日のことを想像すると、とてもワクワクします。

完全な面を作ることは至難の業です。それでも少しでも自分の納得できるものを仕上げたいと考えて、二年前からは水墨画も習い始めました。たかだか面打ちと言ってしまえばそれまでですが、なかなか奥が深くて味わい深い世界です。

陶芸を夫婦で楽しむ

いま思っているのは、
少しでも長くこの遊びができたらということです。

斎藤實苗（76歳）
元裁判所職員・宮城県

定年になる一年前に退職して作陶活動に専念する生活に入りました。仙台市内にある自宅の庭に仕事場と窯を構えて、毎日ろくろや窯と向き合う日々です。

いまコーヒーを入れて出しているこのカップも、わたしが作ったものなんです。わたしが手にしているものとセットになっているんですが、ショップで買ってきたとしか思えないとよく言われます。この部屋の隅に飾っている焼き物の数々も、ぜんぶわたしが制作したものです。

あちらの棚には、皿とか湯飲みだとかのいろいろな陶磁器が並んでいるでしょう？　あの茶色い皿は土物といって、赤みがかっているのは鉄分が入っているからです。むこうにある大皿は磁器で、赤や青の鮮やかな色に仕上がっています。磁器というのは陶石を粉にしたものをこねて焼いたものです。この皿は深い紅色なのが特徴です。「辰砂《しんしゃ》」という中国の幻の釉薬を使っているんです。炭酸銅など十種類の原料を混ぜ合わせて作ります。

陶芸では焼き上げる前後に釉薬や灰を塗ることによって独特の微妙な風合いを出すんですが、窯に入れるごとにぜんぶ違った焼き上がりになります。それが陶芸の最大の魅力であり、おもしろいところでもあるわけです。

そうして焼き上げた陶器には、ものによっては家内が筆を入れて仕上げをします。絵付けは家内の仕事なんです。夫婦でひとつの陶器を作り上げるというのも、なかなか悪くないものです。

こうして完成したわたしの作品は、あちこちのショップに置かれています。東京なら南青山にある美術館にも展示してあります。文化庁が主催する「日本工芸展」にこれまでに三回ほど入選しているので、だんだん実力が認められるようになってきているんです。

こちらにある大皿は工芸展に入選した時の作品のひとつです。ご覧の通り、直径が三十センチ以上もあるもので、全体が濃い緑色がかっています。これは釉薬のせいです。仕上げに田舎からもらってきた囲炉裏の灰を使っているんですが、そのためにこんな緑色に焼き上がっているんです。なかなか趣があるでしょう?

わたしのように師匠にもつかない人間が日本工芸展のような権威ある工芸展に入選するのは珍しいことなんです。ただし、こう見えても陶芸のキャリアはかれこれ三十年ほどになるんです。ここに並んだ作品の数々は、勤めの片手間にずっと続けてきたことを定年になってさらに本腰を入れてやってきた、その成果というわけです。

◇

そもそも焼き物を始めたきっかけは、じつにささいなことでした。気分転換にと思って始めたことなんです。だから焼き物である必要はぜんぜんなくて、仕事を忘れて楽しめるものなら、山歩きでも、釣りでも、なんでもよかったんです。

勤めていたのはとてもストレスが溜まる職場でした。裁判所の職員です。書記官といって、裁判に必要なさまざまな書類を作成したりするのが仕事でした。他人の人生を左右するような大事な仕事をまかされているわけで、うっかりミスは許されません。一番長かったのは仙台高裁ですが、東北のあちこちの地裁をまわりました。

わたしは山形県鶴岡市の出身ですが、四十六歳の時には山形地裁にいました。その当時、山形市内にあった工業試験場が一般公開されていたのを、たまたま見学に行ったんです。そこに焼き物を体験するコーナーがあったので、何の気なしに参加したところ、意外とうまく出来たので気をよくしました。

山形には平清水という窯場があって、そこでは一般向けの陶芸教室もやっていました。実際に焼き物を焼いている窯元で、一日かけて土のこね方などの基本的なことを教えてくれるんです。作った陶器は窯元が焼いて、後日送ってくれます。休みの日に出かけては土をこねているうちに、すっかり陶芸の魅力にはまってしまいました。

土をこねるには、手先に相当の力を込める必要があるので、見ている以上に力の要る作業です。作業台に粘土の塊を置いて、うんうん言いながら土を押したり延ばしたりするんです。かなりの力仕事なものですから、一生懸命に土をこねている間は余計なことは考えません。

陶芸を始めたことで、夜もよく眠れるようになりました。頭と気ばかり遣う職業のせいか、わたしはそれまでずっと不眠で悩んでいたんです。陶芸を始めてからは、それまでが嘘のように熟睡できるようになったんです。指先を使う力仕事をすることによって、そんな効果が得られることがわかってからは、家でも積極的に陶芸をするようになりました。

日曜日になると、買ってきた土を取り出しては一心にこねました。そうは言っても、初めの頃は道具さえ満足に揃っていません。ろくろもありませんから、手びねりといって手だけで形を整えていくんです。とにかく土をひねって作ったものを焼き上げれば、なんとか形のある実用品として使えます。最初はそれだけのことがおもしろくて仕方がなかったんです。

だんだん熱中するようになってくると、そのうち平日に勤めから帰ってきてからも土に親しむようになりました。帰宅して夕飯を食べると、すぐに作業にかかります。また翌朝も早目に起きて、勤めに出かけるまでの時間に前日の手直しをします。土は空気に触れないよう密封しておけば、何日かかけてこねても固くならないんです。

四十七歳で仙台に転勤になったのをきっかけにして、陶芸教室に入ってきちんと勉強することにしました。行けるときにだけ行って、作業机で実際に作業をしながら細かい技術をその場に即して教えてもらえる、そんな陶芸教室もうまい具合に見つかりました。平日は勤めがありましたから、教室にはおもに土日や祝日に行っていました。ここに二年間通って自分が作りたいものを自由に作りながら、土のこね方や釉薬の使い方などの陶芸の基本的な技術をあらためて基礎から学び直しました。

陶芸というのは見た目以上に奥の深い世界です。さまざまな焼き物の種類があるわけです。袋ものと呼ばれる壺類や、カップや茶碗、皿ものなど、いろいろなものがひと通りできるようになってこそ一人前です。

何かを作る時には、まず土を前にして出来上がりをイメージしてから作業にかかります。陶芸のおもしろさは、焼き上がったものが最初のイメージにどれだけ近いかにあると思います。

でも、最初のイメージ通りのものができることはまずありません。形、色の出具合、全体の雰囲気などが少しずつ違ったものになっているのがふつうです。思っていたものの七割か八割の出来なら上出来の部類かも知れません。

イメージ通りになっていないことが必ずしもマイナスに作用するとは限りません。形が少し歪んでいたり、釉薬の発色の調子が少し変わっていたりといったことが、見る人によってはおもしろいという評価になったりするんです。そうした一筋縄ではいかないあたりが陶芸の深みでもあるわけです。

ろくろの使い方を学んだのも仙台の教室ででした。ろくろを使って形を整えるという作業には、ちょっとしたコツをつかむ必要があります。「芯出し」といって、こねた土の塊をろくろの上に置いて中心をとります。それから「土取り」と言うんですが、ろくろの上で回るように大きさを整えてから、実際にろくろを回すという手順があります。

仙台にいる時期に、そうやって陶芸の基礎をみっちりおぼえた頃に、今度は福島に転勤になりました。福島にいた時は適当な陶芸教室がなかったことや、仕事の忙しさもあって、陶芸活動はしばらくお休みしました。そして、また少しして気が向くと陶芸を再開しては、また休んだりという調子で、退職するまでは楽しみに重きを置いた趣味のひとつとして土をこねていました。

◇

裁判所を退職したのは五十九歳の時です。それまではこれといった目標もなしに陶芸を続けてきたわけですが、ずっと中途半端な状態のままやってきただけですし、心の底から満足できる作品ができたという実感が持てたことはありませんでした。

裁判所というところはほかの官庁とは違って天下り先はありません。第二の職場を世話になることは考えられないわけなので、長い定年後をどうやって過ごそうかということを考えるようになりました。そうするうちに、残りの人生を思う存分、陶芸に打ち込んでみようかという気持ちになってきたんです。

そう考えると、できるだけ早いうちに取りかかった方がいいに決まっています。陶芸に体力と気力は欠かせませんが、どちらも日に日に落ちていく一方です。そう考えて、昭和五十九年三月に退職することにしました。

その時に考えたのは、どうせ始めるのなら、その道を極めてみようということでした。そのための環境から整えることにしました。転勤が多いので、それまでずっと官舎暮らしだったんですが、仙台市内のいまのところに土地だけは買っていました。まずそこに家を建てました。庭には作陶をするための仕事場をつくり、窯を設置しました。

それから、わたしのようにどの師匠にもついていない無名の人間が世に出るにはどうしたらいいかということを考えました。一番手っ取り早いのは賞を取ることです。陶芸の世界にも、いろいろな会が主催するコンクールがあります。そうしたものに応募して、入選する目標を設定しました。

作品が認められるには、その作者のオリジナルな感覚や独自の感性が必要です。そのための勉強と称して、あちこちに出かけていくことから始めました。国内はもちろんですが、なかでも参考になったのは、退職した年に行ったパリとロンドンです。大英博物館とルーブル美術館でたくさんの工芸品や美術品を見てまわったことは、とてもよい刺激になりました。のちに平成八年にも再びパリを訪問して、やはりあちこちの美術館を見て歩きました。

こうした努力が実を結び、昭和六十二年には「日本工芸展」で、ついに念願の初入選を果たすことができました。退職して三年目の快挙です。初めて出品したのはその前年ですが、この時は落選しましたので、挑戦して二年目のことでした。

この展覧会には毎年二千人の出品者があります。このなかには染色や漆といったあらゆる工芸品が含まれています。陶芸部門では約千人、千四百点の出品があって、このうち入選するのは二百五十点ほどです。これには重要無形文化財保持者、いわゆる人間国宝と呼ばれる人たちの作品も含まれますので、じつはとてもレベルの高い展覧会です。こんな名誉ある展覧会に入選できたことで、かなりの自信になりました。

工芸展の入選をきっかけにして、仙台市内でミニ個展を開くことができるようになりました。わたしの出身地である山形の地方銀行の仙台支店が会場を提供してくれるようになったんです。

その銀行のギャラリーは仙台駅前に近い目抜き通りにあります。大通りに面したショーウィンドーのなかに設けられていて、ここでは毎年、秋の二週間、近作を中心に二百点ほどの作品を並べるこのミニ個展は昨年まで続けていました。ここは支店が終業になってからも照明だけはついているので、夜間でも通行人が作品を目にすることができます。そういうこともあって、展示期間中から「あの作品を譲ってほしい」という連絡をもらったりしました。

年間に作る作品の数ですか？　毎年おそらく千点ぐらいになると思います。でも、ずっと同じペースで作業をしているわけではありません。作陶にはサイクルがあるんです。

ずっと土ばかりこねている時期もあれば、窯に火を入れて焼く作業にかかっていることもあります。わたしの場合は、釉薬の仕上げまでをぜんぶ一人でやっていますから、工程ごとの作業を一度に集中してやることにしています。セットの茶碗なんかを作る場合でも、三百個なら三百個分の土を一度にこねます。そうしないと同じ調子に仕上がりません。規模の大きな窯場であれば、工程ごとに何人かの職人がいて分業体制でやるわけですが、われわれのようなところでは、そういうわけにはいかないものですから。

ただし絵付けだけは家内に頼んでいます。これは、たまたま家内が若い時から墨絵をやっていたからです。なかなか上手にやってくれているんですよ。中国の水墨画風とか日本調だとか、モノによって違った仕上げになるわけですが、うまく描き分けてくれています。

家内の方も、頼まれることで上達するし、張り合いもあると言ってくれています。わたしも、彼女が期待した以上の仕事をやってくれるものだから、とても助かっています。

そうやって制作した作品は、基本的にはぜんぶ売り物のつもりで作っています。じっさい始めて数年間は、バブル景気のせいもあってか、けっこう売れていたんです。でも最近では残ることも多くなりました。だからといって値段を下げて捌くというのも気が引けます。だから残ったものはタダで人にあげることもあります。

そりゃあ、ぜんぶ売れるに越したことはないですよ。でも、生活がかかってやっていることでもありません。年金もありますし、この年齢になってお金を残すことを考えても仕方ありません。足が出ない程度に作品が売れて、これからも続けていくことができれば、くらいに思っているものですから。

材料費といっても、たかだか知れたものです。土は二十キロで千五百円ほどです。ほかに要るものといえば、窯に使う灯油代くらいです。焼き上げる時は素焼きと本焼きの二回、窯に入れるんですが、それぞれ焼く時間が違います。素焼きで十二リットルちょっと、本焼きで二十五リットルほどの灯油をひと窯で使います。灯油は十八リットルで七百円ほどですから、経費といっても本当に知れたものなんです。

◇

実際に仕事場を見てもらった方が話が早いかもし

れません。ご案内しましょう。ご覧の通り、鉄骨の柱に壁はモルタルで、まあ小屋に毛が生えたようなものです。広さも六畳ほどですから、やや手狭です。建物そのものは大工さんに建ててもらいました。

入口の戸を開けると、むこうはすぐ壁です。戸口のスペースは、ろくろを回したり、ヘラを使って面取りをしたりといった作業をするところです。上を見てもらうと、鉄骨を組んだ棚があります。形を整えた陶器を窯に入れるまで、ここに置いておいて乾かすためのものです。この棚は自分で作りました。

奥にあるのが窯です。このあたりは仙台市の郊外とはいっても、近所には住宅も密集しています。こんな住宅地では薪は使えません。それで灯油窯にしました。それでも住宅地の庭で灯油を燃やすわけなので、窯を使用する時間帯には気を遣っています。素焼きに八時間、本焼きには十二時間かかるのですが、どちらも朝五時に火入れをして、いつもその日の夕方には終わらせるようにしています。

そういうわけで環境的には問題ないんですが、たいへんなのは仕事場の内側です。なにしろ火を入れている最中は、かなりの高温になるものですから。夏場だと四十二、三度にもなります。小型扇風機がひとつ置いてあるだけなので、夏場の作業場は蒸し風呂のようです。

この施設を作るのにかかった費用ですか？　仕事場を作るのに五十万円、窯を買うのに五十万円、合わせて百万円ほどかかっています。そのお金は退職金を取り崩して工面しました。

毎日の過ごし方ですか？　規則正しくて平凡な一日ですよ。朝は六時前に起きると、まず携帯ラジオを持って散歩に出かけます。このあたりは住宅地ですけれど、ちょっと先まで行くと田んぼが広がっているんです。そのあたりまで行くと六時半になります。ラジオ体操の音楽が流れ出すので、曲に合わせて体操をします。

九時か遅くとも九時半には仕事場に入って制作にかかります。昼ご飯を食べたあと、午後の一時か二時前ぐらいから五時頃まで、また作業をします。六時か七時ぐらいまでやることもたまにありますが、そんなことは滅多にはありません。夕飯を食べて九時を過ぎると、風呂に入ってそのまま寝てしまいます。そんな単調な日々の繰り返しです。

陶芸を始めてかれこれ三十年ほどになりますが、心の奥底から納得できる作品ができたことは、これまでほとんどありません。焼く前は、なかなかいい具合にいっていたのに、窯から出してみると思ったように仕上がっていなくて、思わず割ってしまいたくなる時も少なからずあります。家内は「納得がいかない物でもとっておいて」と言います。少しぐらい形が悪かったり色がおかしくても、実用品としては何の問題もないのだから、割らないでほしいというんです。

でも自分としては、そういう不満足な作品が人目に触れることが、どうにも我慢できないんです。男と女では、このあたりの感覚がどうも違うみたいです(笑)。

陶芸を始めて得られたことは、いろいろありますよ。なかでも、いろんな人たちと知り合いになれたことが一番よかったと思っています。裁判所に勤めていると、世の中の人たちと知り合ったりつき合ったりする機会が少ないんです。裁判では公平さを要求されるので、いろいろな人たちと交流することをよしとしない雰囲気が強かったものですから。

また、さまざまな分野で活躍する人たちと知り合う機会もぐっと増えました。陶芸をする人には女性も多いですからね。また個展を見た外国人が、わざわざこの仕事場を訪ねてきてくれたこともあります。作っているところを見せてほしいと言って訪ねて来る人も多いんです。

でも、楽しみばかりではありません。この頃では、つらく感じることもあります。最近では、このあたりでは少しは知られる存在になってきましたから、あまり変なものは作れません。そんなプレッシャーも感じるようになってきました。

創作活動というのは絶えずオリジナリティーを探求していかなければいけないんです。過去の手法を漫然と繰り返しているだけでは、見る人が見れば、進歩を求めていないことがすぐにわかってしまいます。いくつになっても自分なりの創意と工夫を凝らしながらやっていかないといけない。陶芸とはそういう世界です。

例えばこの作品。仕上げの灰薬を塗るのに、刷毛の代わりに稲穂を使ってみたんです。灰がかかっている部分と、かかっていない部分があるのがわかりますか？　この微妙なかすれ具合を出したいと思って稲穂を使ったんですが、なかなかいい感じに仕上がったと自分では満足しています。

この頃は、ものを創るということの本当の意味がようやくわかってきたような気がします。自分にしかできないものを生み出すことは、たしかにつらくて苦しい作業ではありますが、そこが同時に喜びでもあるわけです。

来年は仙台市内のデパートから、そこでは二回目になる個展を開くという話をもらっています。いま思っているのは、少しでも長くこの遊びができればということです。そういう思いで毎日、土と向き合っているんです。

4 商売をはじめる

もんじゃ焼き屋を開業する

どうしたら会社以外の人間とつき合えるか、それが課題だったんです。

小澤敏男（61歳）
元ビル管理会社勤務・東京都

五十八歳の時に三十五年間勤めた会社を早期退職して、もんじゃ焼きの店をオープンしました。まったく経験したことのなかった飲食店の経営を夫婦で始めることにしたんです。

勤めていたのは山武という自動制御メーカーの子会社です。ビルディング・オートメーションといって、ビルの空調だとかエレベーターとかを管理する会社にいたんです。社員が千人ぐらいの規模の会社だったんですが、その会社にいた時は総務部長や社長室長を経験しました。その前には名古屋支店長をやっていたこともあります。若い時から営業管理畑の仕事が長かったんです。

退職間際には部長職から外れたので、最終的な肩書きは企画室長です。これは特別養護老人ホームなどのケア施設の分野で新しい事業を開発するのが仕事で、部下なしのポストでした。新規事業を起こすヒントを得るために、いろいろな団体の活動に顔を出したり、有識者の講演会を聴くなんていうこともやっていました。

定年まで一年を残して自己退職をすることにしたのはリストラに遭ったとか、辞めてくれと言われたとか、そういう理由からではありません。定年は六十歳だったんですが、あのままいても、たぶん定年延長になって六十二、三歳までは会社に残っていられたと思います。

にもかかわらず、なぜ定年を前にして退職しようと思ったのか。それは、このまま定年まで会社にしがみついていても、最後はくたくたになってしまうだけだと思ったからです。そんなふうになってしまってから、いざ定年後について考え始めても、うまくいくわけがないだろうって。そういう直感みたいなものがあったことはたしかです。

新規事業の担当として高齢者介護の現場を見てまわるうちに思ったのは、自分自身が介護の手を借りないで老後を送るにはどうしたらいいかということでした。介護の利用者になることを考えるのではなくて、社会的弱者にならない方法を考えないといけないと思いました。

このまま会社にずっといて、定年後も嘱託として残れたとしても、その頃には身体のどこかがおかしくなっているかもしれません。それでは意味がないわけです。それなら、いっそのこと早くリタイアして次の世界に飛び込んだ方が、よほど楽しいんじゃないかって、そう思ったんです。

わたしもそうでしたが、勤め人というのは自分が住んでいる地域のなかに誰も知人がいないわけです。家と会社を往復しているだけで、地域のつき合いというものがまったくありません。だけど年をとってゆくこれからは、地域社会に入っていかないと生きていけないって、そんなことを当時から考えるようになったんです。

◇

いまやっている店の屋号は「樽や」といいます。もんじゃ焼き、お好み焼き、ネギ焼き……。焼けるものは何でも焼きますよ(笑)。JR三鷹駅から南に下った連雀仲町商店街の一角にオープンして丸二年になります。

営業時間は夕方の五時から十一時までです。店はご覧のように十坪ほどですから、十人も入ればいっぱいになってしまうんですが、地元のいろいろな人が食べに来てくれます。おかげさまで忙しくしています。

ただ、退職した時には、こういう店を始めようという明確な考えがあったわけではなかったんです。何がしたいのか自分でもまだよくわからなかったんですが、とりあえず会社を辞めてから考えたらいいやと思いました。

会社を退職したのは一九九七年の六月です。辞めた翌月に、二週間ほど南カリフォルニア大学に加齢学の講座を受けに行きました。いえ、これはもんじゃ焼きの商売とは関係がないんです。ただの気分転換をかねて勉強に行こうと思ったんです。定年に役立つ直接のヒントが得られたわけではありませんが、自分自身がそういう年齢に足を踏み入れる時期にさしかかっていることを、あらためて自覚するきっかけにはなったと思います。

もんじゃ焼きの店を思いついた直接のきっかけは、うちの女房が調理師の資格を持っていたことです。定年後の生活を考えるうえで、しかも地域社会と結びついた活動をするとなると、女房の協力というのはどうしても欠かせません。うちの女房は専業主婦だったんですが、調理師の免許は若い時に取得していました。

それで女房とふたりで外食関係商売でもやろうかと考えるうちに、ふと気づいたことがありました。浅草あたりに行けば、もんじゃ焼きとかお好み焼きの店なんて、いくらでもあります。そういう店は最近とくに流行っているようです。ところが、この三鷹市内の近辺では、そういう鉄板焼きの店というのがほとんど見あたらないんです。これはチャンスではなかろうかと考えました。

でもこの時期は、わたしの腹づもりでは、カミさんが調理を担当して、わたしは銀行担当とか雑用係という役割分担だったんです。いまみたいに店のカウンターで毎日コテを使ってお好み焼きを焼いたりビールを運んだりして接客することになるなんて、思ってもいなかったんですから。

では二人とも商売をした経験がないわけなので、この時期は、店を始めるにはどうしたらいいんだろうって、夫婦でずいぶん相談しました。そもそも、もんじゃ焼きがどういうものかということさえ、まだよくわかっていなかったんです。だいたい、わたしなんて、もんじゃ焼きとかお好み焼きなんて、それまで一度も食べたことがなかったんですから。

そこで味を舌で覚えるためと称して、夫婦で浅草や北千住あたりに出かけて行っては片っ端から食べ歩きをすることから始めました。そうやって自分の足と舌で経験するうちに、これはなかなかうまい食べ物だと思うようになりました。

ある程度の味がわかってくると、次は調理の仕方についてです。お好み焼きの作り方については、本場の大阪に「若竹学園」という学校があって、その分校が浅草にもあることを知りました。女房がそういう話をどこかで聞いてきたみたいです。その学校に一週間通えばお好み焼きの店が開けるようになる、そういうコースがあるというんです。まず女房がそこに行って、調理のし方を覚えて来ました。

コースを修了したカミさんから「今度はあなたも行って来てちょうだい」と言われました。そう言われると、しかたがありません。しばらく時間をおいて、わたしもみっちり一週間、学校に通いましたよ。

学校に行ってみて意外だったのが、十人ぐらいいる生徒のうちの半分までが男性だったということです。わたしみたいに退職してからお好み焼きで独立しようと思っている人は意外と多いということを知りました。まだ四十歳ぐらいの男性も何人かいました。

授業は実習がほとんどです。粉の混ぜ方、分量の測り方、卵のとき方、火の加減……。初めてやることばかりだったので、とても新鮮で楽しいものだと思いました。なにしろ、それまでは家で包丁も握ったことがなかったので、これがかえってさいわいしたのかもしれません。

いろいろと失敗もしました。真っ黒こげにしてしまったり、生焼きだったり。一日に十五枚以上も焼いているうちに、だんだんコツがつかめるようになってきました。

授業ではコストのことなんかも細かく教えてくれます。キャベツ一摑みでいくらくらいだとか、豚肉がこのくらいでいくらするとか。合計すると一枚あたりの単価がいくらになるという話を、こと細かに説明してくれるんです。あの細かさは、さすが大阪だなあと思いました(笑)。

人のことを笑ってばかりいられません。たぶん人から見ると、わたし自身がやっていることも相当おかしいんじゃないかと思います。それまで食べたことのないお好み焼きの作り方を一週間ぐらいでマスターして、それを人に食べさせて商売にしようっていうんだから。自分でもいい加減な話だと思いますよ(笑)。

◇

そうこうするうちに、店をどこに構えるかについて考えないといけない時期になってきました。そう思っていたところ、自宅から数軒隣の商店街に適当な空物件が見つかったんです。そこの大家さんとは前から知り合いで、気心も知れています。どうだろうかという話をしました。なかを見せてもらうと、こぢんまりとしていて手頃な広さです。それでここに決めたわけです。

開業資金ですか? ぜんぶ入れると六百五十万円です。一番お金がかかったのは内装工事費です。外側からはわからないけど、この店の壁と天井には耐火性の石膏ボードが入れてあるんです。鉄板テーブルをいくつも使いますから、その熱で火事になる可能性がありますから。火を使う商売だから、それなりに気を遣っているんです。電気工事もぜんぶやり直してもらいました。

それから飲食店をやるとなると、厨房まわりとかインテリアとか、いろいろなものが必要になってきます。鉄板テーブルがぜんぶで六つ。椅子なんかも浅草の問屋街で買ってきたものです。商売柄、大型の冷蔵庫も必要でした。初期投資を安くあげるために、中古品なんかもずいぶん探しましたよ。

開業資金のうち、自己資金は半分くらいです。足りない分は地元の信用金庫から融資してもらいました。企業向けの貸付をしている部署に行ったら、貸すという返事をくれました。必要書類を提出したところ、すぐに審査が通ってOKが出ました。

店がオープンしたのは一九九九年の七月です。会社を退職してちょうど一年後でした。それまでは失業手当をもらっていたんです。わたしの場合は自己都合による退職でしたから、待機期間が三カ月ありました。そのあと九ヵ月間の給付があったんです。その給付もそろそろ終わりになるので、その時期に合わせて商売を始めることにしたわけなんです。

オープンする前に、開店の準備でお世話になった町会の役員さんたちを招待して一席設けました。商店街の人たちや近所の人たちにも声をかけたんです。そういう時にうまく動いてくれたのが女房でした。女房の場合は幼稚園、小学校、中学校と、子育てをつうじた地域とのつながりがあったわけですから。まあ、女房からすると、逆にここにしか社会がなかったわけですけど。

店をオープンしたのは日曜日でした。開店の当日には新聞折り込み広告を入れました。といっても、店の近辺にほんの少しだけですけどね。

地元の商店会にも加入したものですから、商店会からはお祝いの花輪も届きました。花輪があると、店の前を通る人たちの目を自然と惹きつけます。新しく店ができたことを知ってもらうには、もってこいのPR効果があったと思います。

お客さんはオープン当日からたくさん来てくれました。初日はたしか五、六十人ぐらいだったと思います。満席の大にぎわいでした。ただし、こういう商売は客単価が低く、一人あたり千円ちょっとです。だから売り上げといっても、日に六、七万円ほどだったと思います。

意外に思われるかもしれませんが、開店直後というのは黙っていても、お客さんは物珍しさから来てくれるものなんです。それに、うちの場合は前に勤めていた会社の同僚なんかも来てくれました。ただし、そういうお客さんはオープンして一週間ぐらいまでです。むしろ、問題はそのあと、どれだけリピーターが来てくれるかということなんです。うちの店も時期がたつと売り上げも下がってきて、そのうち日に三、四万ぐらいに落ち着きましたけどね。

でも、そのうち年金も入るようになりましたから、店の売り上げと合わせると、まあ夫婦二人で最低限の生活はやっていけます。でも経済的なことで言えば、会社にいた方がずっと余裕はありますよ。それじゃあ以前の会社勤めがしあわせかっていうと、けっしてそうとは言えないと思うんです。やっぱり精神的な充実感が一番大事ということじゃないですか。

◇

商売を始めて二年になりますけど、考えることはいろいろあります。おいしくて最高の出来のものを毎回、同じように焼き上げるなんて、まず不可能だということです。何十枚焼いても、形や火の通り具合なんかがぜんぶ違います。小麦粉と野菜を混ぜ合わせて焼いたものにソースをかけた、ただそれだけの食べ物かもしれませんけど、それでも完璧なものを焼くってことは至難の業だと思いますよ。

しかも、わたしもずっと一カ所にいて、ただ調理だけしているわけではありませんからね。こちらの鉄板で焼きながら、また別のテーブルで違うものを焼いたりするわけです。その合間にも、生ビールを出してあげたり、お客さんとたわいもない雑談をしたりすることも仕事のうちです。ほかにもやる仕事はいくらでもあります。そうやって、手と身体を動かしながらお客さんの相手をするのが、とても楽しいんですよ。

この仕事を始めてからわかったこともあります。この商売はお客さんの回転にものすごく時間がかかるということです。これがラーメン屋だったら、お客さんが座ってから十分後にはラーメンを平らげて店を出て行くわけです。でも鉄板焼きの場合は、一人あたり一時間くらいかかりますからね。

おまけに、こういう商売は相席もできません。それから、次のお客さんを入れるためには、鉄板をコテできれいにしないといけない。見た目以上に手間暇のかかる商売なんだということが、自分でやるようになってから初めてわかりました。

そうやってお客さんの相手をしていると、よく聞かれるんです。サラリーマン時代には部長もやった人が、どういうわけで鉄板焼きの商売なんですかって。

さっきも言ったみたいに、若い時は、会社でいろんな仕事をしてきました。資材の仕入れ担当とか、売り掛けの管理とか、マーケティングの仕事とか……。社員教育や給与計算の仕事をしたこともありました。でも、会社にいる時はすべてが広く浅くの仕事です。専門職ではないので潰しが利かないんです。

つまり管理職の人間っていうのは、世の中に出ても何の役にも立ちません。わたしの場合は資格も持っていませんでしたし、このままでは仕方がないなあ、という危機感がずっとあったんです。このままいたら、会社人間の世界から抜けられなくなるんじゃないか。会社以外の人間とつき合うことができなくなっちゃうんじゃないかって。

つまり、どうやったら会社以外の人間とつき合えるようになるかということが、わたしにとっての課題だったんです。別の世界に入っていろいろな人とつき合えれば、もっと視野も広がるんじゃなかろうかって。

じつを言うと、いまはもんじゃ焼きの商売だけをやっているわけではないんです。地域でいろんな活動に足を突っ込んでいます。退職してから、地元のマラソン愛好団体にも所属するようになりました。その仲間たちと青梅マラソンなどの市民向けのマラソン大会にも参加しています。もんじゃ焼きの店は、わたしのなかでは半分ぐらいのエネルギーでやっているということなんです。

けっきょく、自分が何のために生きているのかっていうことだと思いますよ。自分の存在が地域社会に受け入れられ、認められることが老後の生き甲斐にもつながっていくということなんでしょうね。それに比べると、会社ってのはいつまでもいられるところではないし、狭い世界です。

そういうこともあって、この店は地域に提供し開放していく場という考え方なんです。地元の老人会とか、いろいろな団体の会合の場として使ってもらっているんです。自分もそんななかに身を置いときたいっていう気持ちがあります。それは金儲けとか損得勘定とかではないんです。場所を提供をするという存在価値が自分にあるのなら、それで満足できるんです。そういう地域への関わり方の中心に、もんじゃ焼きの店があるんです。

三鷹といっても限られた狭い社会です。でも、そこにはいろいろな人たちがいて、それなりにユニークな活動がたくさんあります。見方を変えると、そうしたつき合いのなかに身を置いているだけでも楽しいことじゃないかって。また、そうしたつき合いのなかから、新しいつながりが広がっていけばうれしいなあと思っているんです。

ここは毎年九月になると、地元の八幡さんのお祭りが行われます。その神輿を担ぐために、都内一円から大勢の人がやって来るんです。神輿はちょうどこの店の前を通ります。そして神輿担ぎの人たちが、祭りが終わったあと、この店に集まってドンチャン騒ぎをするんです。そういうのは自分も一緒に参加しているようで、とても楽しいですよ。幼稚園に行っている子どものママさんたちが昼間ここにやって来て、ワイワイ飲み食いをしたりとか。

うちの娘は嫁ぎ先の家で毎年、外国人の高校生を三週間ほどホームステイさせているんです。その娘が去年、預かっている高校生たちをこの店に連れて来ました。もんじゃ焼きを焼いて食べさせたところ、とても感激した様子でした。十六、七歳のアメリカの黒人の女の子が「デリーシャス」を連発していました。

また、この近所に住んでいる外国人の家族が一カ月に一度、店に必ず食べに来てくれるんです。その家の子どもはアメリカに勉強に行っているんですが、日本に帰ってきた時にはボーイフレンドをこの店に連れて来ました。そうしたことが、わたしにとってはとても嬉しいことなんです。

「おばあちゃんの店」の運営に参加する

お客さんに「おいしい」と言ってもらえるだけで、作り甲斐があるというものです。

古川道恵（66歳）
鈴木律子（61歳）
西尾ヒサ江（60歳）
主婦・元タイル工場勤務・元調理師・岐阜県

古川　ここに集まった三人は、すでに子育てや勤めも終えて、それぞれに楽しい生活を送り始めた者ばかりです。わたしたちが住んでいる山岡町は岐阜県の東濃地方に位置しています。人口五千人ほどの小さな町で、冬の寒さが厳しいことから日本一の寒天の生産地として知られています。鈴木さんとわたしは町が援助してくれている「おばあちゃんの店」の運営に参加しています。

鈴木　「おばあちゃんの店」とは、町内の高齢者が作った味噌や漬け物、クッキーといった加工品や野菜を販売しているお店です。運営に参加している高齢者は現在は二十五人で、少額ですが出資もしています。

西尾　わたしは「コミママ」という子育て支援の活動をしています。コミママというのはコミュニティー・ママの略で、お母さんが子供の世話ができないときに代わりに面倒を見てあげる、そういうボランティア活動のことです。都会と違って、このあたりには託児所やベビーシッターがありません。そこで、わたしたち子育てを終えた世代がお母さんたちの育児の手助けをしているんです。といっても常設の施設があるわけではありません。町役場の子育て支援をしている部署にお母さんたちから依頼があると、何人かいるボランティアに連絡が入ります。その子どもさんたちを預かって中央公民館の育児支援ルームで一緒に過ごす、そういう活動をしているんです。

古川　「おばあちゃんの店」では、いま一番の人気はお昼の日替わり弁当です。それぞれの家で育てた野菜を持ち寄って作るお弁当なんです。野菜のおかずが豊富に入ってるうえに、ご飯もかやくご飯などいくつかのなかから選べるようになっています。これにみそ汁まで付いて一食四百円というので、たいへん好評です。

弁当は平均して一日に六十食ほど出ています。最近ではその評判を聞きつけて、わざわざ恵那市や多治見市などからもお客さんが来てくれるようになりました。昼時ともなると、店内は大勢のお客さんでにぎわいます。二階建ての店内には二十数席あるんですが、ほとんど埋まってしまうんです。店の営業時間は十一時半から夕方の四時過ぎまでで、年中無休です。みなさん、おいしい、おいしいと言ってくれます。

鈴木　店では八つのグループが交代で仕事にあたっています。三人から五人ぐらいで一つのグループをつくっていて、それぞれに「あじさい」だとか「さわやか」「ひまわり」などといった名前があります。だから、お弁当作りも八日に一回まわってくるんです。メニューも当番のグループで相談して決めます。

野菜はそれぞれが自分のところの畑で作っているものを持ち寄ります。ここは見た通りの田舎ですから、どこの家にも田畑がありますから。大根煮を作ることになれば、メンバーの誰かが「うちの畑から抜いてくるわね」ということになります。

それでも買わないといけないものもあります。肉とコメ、それから調味料。そういうものはスーパーで買ってきます。それに必要なお金は買い物に行った時は立て替えておいて、あとから精算します。その日に売れたお弁当の売り上げのうちの一割は店舗使用料として店に支払うことになっています。材料費としてかかったものを精算し、最後に残ったものがわたしたちの稼ぎになるわけです。

◇

古川　お弁当作りはぜんぶ自分たちの責任でやらないといけないので、その点が一番苦労するところです。わたしはこの前も大失敗したばかりです。

その日はどういうわけかお昼のピークを過ぎてからお客さんが大勢やって来ました。たくさんは来ないだろうと思っていたのに、予想に反してお客さんが急にどっと来たんです。それでご飯が不足してしまいました。慌てて追加炊きしたんですけど、また足りなくなったらたいへんだと思って、ちょっと多めに四升炊きました。すると、そのあと客足がパタリと止まってしまい、けっきょくその日はご飯がたくさん残ってしまいました。仕方がないので、みんなで分けて持って帰りました。

ご飯をあまらせないよう、うまく予想してぴったりの量を炊くのは至難の業です。オープンして一年半になりますが、これだけはいまだにうまくいきません。なにしろ家で炊く時は、決まった量のご飯しか要りませんから。お客の入りを読むというのか、過不足なくご飯を炊くことは本当にむずかしいんです。

だから当番になっている日のお天気には、前の日から必ず気をつけます。晴れているのと雨が降っているのとでは、お客さんの入り方がぜんぜん違ってきますから。こんなことはお店の運営に関わるまでは気にしたこともありませんでした。わたしはずっと専業主婦でしたから、家族にご飯を食べさせることはずっとやってきましたけれど、お店でお客さんに食べてもらうことはこれが初めてでしたから。

鈴木　わたしは去年までずっとお勤めしてきました。この町から三十キロほど離れている瑞浪市という中央本線沿いにある町のタイル工場で働いていました。昨年の三月三十一日で定年になったんですが、そのあと何をしようかと思っていたところ、義理の姉から「四月一日からお店がオープンするけど、一緒にやらない？」って誘われました。お店に関わるには出資金が必要だというので、とにかく一万円だけ持って来て、事情もよくわからないまま参加することになりました。

店の運営に参加するには三人以上のグループを作ることになっているんです。それで知り合いの二人に声をかけてグループを作りました。「さわやか」というのが、わたしたちのグループの名前です。わたしの名前が律子だからです。グループ名をどうしようかと相談していたところ、誰かが「プロボーラーに〝さわやか律子さん〟ていたわねえ。〝さわやか〟にしたら」って言ったんです。そうしてグループを作ったところ、オープンして二日目にいきなりお弁当の当番が回ってきたので、とても慌ただしい思いをしました。

わたしがタイル工場でやっていたのは製品の選別です。コンベアから出てくる製造されたばかりのタイルのなかから、できの悪いものをハネていく、そういう仕事です。勤務の八時間はずっとコンベアの前で立ちっぱなしで、とてもきつい仕事でした。

それ以前からパートタイムであちこちに働きには行っていました。子どもが学校に入学して手がかからなくなってきた時期から、茶碗工場なんかに行き始めたんです。正社員として働くようになったのはタイル工場が初めてで、それが四十二歳の時でした。

タイル工場の勤めの時は、朝七時五分になると家の近くまで会社のマイクロバスが迎えに来ます。仕事が終わるのは夕方の五時半です。また送迎バスに乗って家に帰り、夕食の支度にかかります。そんな生活を足かけ十九年続けました。自分でもよく頑張ったと思います。

なにしろ朝が早かったですからね。毎朝四時過ぎには起きていました。下の娘が高校に行く頃には、とてもお弁当を作る余裕まではありませんでした。だから娘には「自分のお弁当は自分で詰めてね」と頼みました。それと娘には三年間、一日も休まずに高校に通わせました。勉強はできなくてもかまわないから、毎日学校に行くことと弁当を自分で詰めることは約束させたんです。そのふたつだけは三年間守ってくれました。

古川　わたしは勤めをした経験はありません。その代わり、若い時からずっと年寄りの介護に明け暮れてきました。嫁いできたのは十九歳の時です。わたしは在所の者で、実家は嫁ぎ先のほんの二、三軒隣りです。いまと違って、むかしは親からこの家に嫁に行けと言われれば、はいそうですかと言って行ったものです。

わたしの夫は農協に勤めていました。勤めのことしか頭にない人で、家のことはすべてわたしにかかってきました。結婚した当初は大おばあさんがおいでで、その世話もしました。しばらくするとお姑さんも倒れて、寝たきりになってしまいました。

いい医療施設もない時代だし、お医者さんが言うには、絶対安静にしておくようにということでした。お医者さんは時々来ますけど、それ以外の世話はぜんぶわたしの仕事でした。いまみたいに紙おむつもないので、実家から持ってきた肌襦袢や腰巻きを直しておむつに使いました。実家の母が持たせてくれたんですが、これがとても役立ちました。

具合が思わしくなくなると入院させて、よくなるとまた家で介護をして……。そんな生活が十四年間続きました。そのうちお義父さんも入院することになって、ふたりでベッドを並べて寝ていたこともあります。お義父さんも、あちこちに神経性の持病をお持ちの人だったんです。ふたりも面倒は見れませんので、お義父さんには「一緒に病院にいるんだから、お義母さんの面倒は見てくださいね」と頼みました。

嫁ぎ先の家ではニワトリを飼って卵を出荷していたんですが、どうしても介護に手がかかってしまいます。気がつくと八百羽ほどいたニワトリはすっかり弱ってしまっていました。あの頃が一番たいへんでした。子どもがニワトリ小屋の中で寝ていたこともあります。

主人は家のことはみんなわたしにまかせっきりでした。大おばあさん、お義母さん、お義父さんのお葬式を出しましたが、主人はいずれの時の死に目にもあえませんでした。嫁ぎ先の両親が亡くなったあとは、今度は実家の母が寝たきりになり、その世話をすることになりました。わたしには兄もいるんですが、遠くに住んでいるので、近くにいるわたしのところに自然とその役割が回ってきたんです。

なぜこうも次々と介護ばかりしなければならないのか。そう思ったものです。こんなことがずっと続くのなら、いっそ自分も死んでしまいたいと何度も思いました。寝たきりになった年寄りを眺めながら、これでは死ぬこともできないなあと思っていました。その母親も平成六年に亡くなりました。実の母親ですから、もちろん悲しいことは悲しかったですが、やれやれという気持ちもどこかにありました。これでやっと介護から解放されると思うとほっとしました。

それから半年おいてから、さらに主人が亡くなりました。六十四歳で脳溢血で倒れ、そのまま息をひきとりました。本当に急なことだったので、介護をする間もありません。倒れたのは田植えをしている最中です。とにかく忙しいだけの人生で、お昼にゆっくりお茶を飲むことも満足にできない生活でした。せっかく定年になったことだし、これからはゆっくりできるから、温泉に行ったり旅行をしたりして人生を大いに楽しもうね、なんて話していた矢先のことでした。

この時はえらく落ち込みました。それまではずっと家族の世話をすることを張り合いにしてきた生活だったのに、そういうことが一切なくなってしまいましたから。毎日死にたい、死にたいと思うようになりました。そんな時に町内の高齢の女性ばかりが集まって「日曜市」が始まることになったんです。

◇

古川　日曜市とは町内のおばあさんが自分の家の畑でとれた野菜を持ち寄って販売するというマーケットです。スタートしたのは平成七年八月で、当初のメンバーは十三人でした。

おばあさんが野菜を持ち寄って毎週日曜日に青空市を開く、ただそれだけのことなのに、どういうわけか、これがだんだん評判になってきました。一年ほどたったところでメンバーの間から「せめて雨風がしのげるようにしたい」という意見が出ました。それまではテントひとつない道路沿いに野菜を並べているだけでしたから。

町役場に掛け合ってもらってきた間伐材を利用して、とりあえず雨が降っても濡れない程度のものを自分たちで作りました。とても建物と言えるような代物ではありません。よく海水浴場にある海の家みたいなものです。柱と屋根はあるけれど壁や扉はない、そういうトタン小屋を年寄りだけでなんとかこしらえました。

そうするうちに日曜市の活動もだんだん大きくなってきました。出店する人も百人を越すようになってきて、わざわざ近郊の市や町からやって来るお客さんも増えてきたんです。そこで、日曜だけでなくて毎日開いている常設の店舗があればという話になりました。そうした時に、たまたま町の特産品である寒天の販売店が駅前に移転することになったんです。前の建物が空くので、その建物を町が提供してくれることになりました。

鈴木　西尾さんには、わたしの孫たちもずっとお世話になっていました。

西尾　わたしは三十八年と二カ月間、山岡保育園で調理師をしていました。給食を作るのが仕事だったんですが、小さな保育園なので、保母さんと一緒に園児の世話もしていました。給食を食べたあと、子どもたちと一緒に大の字になってお昼寝したりとか。だから鈴木さんや古川さんのお孫さんたちのこともよく知っています。

ところが、以前は町内に六つあった保育園が統合されることになりました。また給食も新しくできた給食センターで作ったものを小中学校や保育園に届けるように変わったんです。わたしは定年までまだ一年あったんですが、これをきっかけに勤めをやめることにしました。家族的な雰囲気で仕事をするのが好きだったので、この年齢までやってきたようなものですから。

勤めをやめたあと、しばらくして顔なじみの役場の人が「今度コミママの制度が始まるんだけど、手伝ってくれない?」と声をかけてくれました。子どもの世話をするのは嫌いではないので引き受けました。それが昨年の十二月です。

預かっているのは〇歳児から二歳児までで、まだ保育園に行けない年齢の子どもたちです。しゃべれない子どもでも、こちらから話しかけると、内容をじっと聞いているから不思議ですよ。意味はわからなくても、気持ちは伝わるものなんです。

やっていて嬉しいのは、子どもがなついてくれたときです。いまも一人アトピー性皮膚炎の子がいて、食べ物にも気をつかわないといけないし、環境にも慣れないようで、最初は苦労していました。でも、根気よく相手をしているうちに、だんだんなついてくれるようになりました。最近では、顔を合わすと、むこうから笑ってくれるようになりました。

この年齢の子どもを持つお母さんはたいへんだと思います。この年齢の子どもは見てくれるところがないんですから。離乳食しか食べないので、その用意にも手間がかかります。抱っこしてやらないと泣きだすし、おしめを替えなきゃいけないし……。一番手間暇のかかる時期ですからね。そんな時に数時間でも子どもを預けられるところがあれば、それだけでとても助かるようなんです。

古川　でも、いまの若いお嫁さんたちは、わたしたちの頃と考え方がまるっきり違いますからねえ。いまは女の人も車の運転をするのはふつうになりましたけど、これはわたしたちが若い時には考えられないことでした。わたしはずっと運転免許を取りたかったんですが、そう言うと「なんとお転婆な嫁だ」と反対されました。けっきょく免許は取らず終いです。

鈴木　わたしたちの世代になると、少し時代が違っていました。わたしは畑で作ったナスを売って貯めたお金で免許を取りに行きました。

古川　ショックだったのは、主人が亡くなってまもなくの時期に、息子が家を建てると言い出したことです。わたしは、まだ落ち着かないから、もう少し待ってくれって言ったんです。だから、いまうちには母屋と息子夫婦の家とが並んで建っています。

古い家に六人が一緒に暮らしていた時は、わたしは家族の洗濯もしましたし、孫の子守りもしていました。でも、息子が新しい家を建ててからは、考えを変えないといけないと思うようになりました。若い者には若い者の考え方があるのだから、それはそれでしかたがありません。ただし、自分たちでやっていくという限りにおいては、やらせにゃいかんと、そう思うようになってからは洗濯も子守りも手伝うのは一切やめにしました。

食事もそうです。それぞれの家に台所がありますから、ご飯もそれぞれで作ります。朝だけは一緒に食べますけど、お昼と夕飯は別々です。わたしは夕食のあと、勝手にビールを飲むのを毎日の楽しみにしています(笑)。

西尾　うちも同じ敷地内に息子夫婦が家を建てました。でも古川さんのところとは反対で、うちは朝は別々です。主人はいまも左官の仕事をしていて朝が早いので、若い者を待っておれないんです。代わりに夕飯はみんなで食べます。それぞれの台所で作ったおかずを持ち寄って一緒に食べています。

鈴木　うちの場合は二世帯住宅ではありません。ひとつしかない台所仕事も嫁に譲りました。だから、ふだんは料理をすることが出来ません。でも、たまには煮付けとか焼き魚とか、自分が食べたいものを作りたくなることがあります。そういう時は、朝早く起きてこっそり料理します。でも、そのままにしておくと嫁に悪いので、ちゃんときれいに掃除して、わからないよう元通りに片づけておきます。

だから、わたしは「おばあちゃんの店」で料理の腕をふるうことがいい気分転換になっています。それに、ここでみんなと一緒にお弁当を作っていると、いままで知らなかったことが学べるので、とてもいい勉強になります。

例えば、おこわを作るときはお米を蒸籠に入れて蒸すわけですが、蒸し布の下に割りばしを入れておくと蒸し布が蒸籠にくっつかず、きれいに外せます。そういうことを、わたしはここに来て初めて知りました。いままで主婦業何十年のベテランのつもりでいましたけど、まだまだ教わることがたくさんあります。

古川　それはわたしも同じです。カラスミを作る時に、なるほどと思ったことがありました。カラスミというのはこの地方特有の食べ物で、ウイロウの兄弟みたいなものですが、ご飯代わりにもなります。

これを作る時は、白米を粉挽きしたものに砂糖と塩を加えるんですが、わたしはこれまで砂糖をぜんぶ一度に入れていました。ところが、作るのが上手な人のやり方を見ていると、少しずつ入れて混ぜているんです。その方が砂糖がまんべんなく溶けるみたいです。六十歳の手習いです(笑)。

鈴木　それに、ここでお弁当を作っていると、本当に嬉しいことがありますからね。店の入口に置いているノートには、お客さんがいろいろな感想を書いてくれます。なかには「おいしかった。また食べに来ます」とハガキを寄越してきてくれる人もいます。

西尾　たぶん気のあった仲間同士で料理をするのがいいんでしょうね。わたしも保育園の時は同僚と三人で作っていましたけど、三人の気持ちがピタッと合わないと、おいしい料理にはなりませんでした。そういうものではないですか？

古川　そうそう。メンバーが二十五人もいれば、たまには悩み事の相談なんかを受けることもありますよ。でも途中でやめる人はいないもの。ここではみんなが自分のいいところを活かし合っているんだと思います。

　スタートした頃は五グループしかなくて、当番が頻繁に回ってくるのでたいへんだったけど、いまはちょうどいい回数になりました。赤字を出すわけにはいかないけれども、みんながここで料理を作るのはお金のためではないもの。ここに来ることが生き甲斐になっている、そういう人たちばかりです。

　なによりも、ここでお弁当を作って出すと、お客さんが「おいしい」と言ってくれます。「おいしい」っていう言葉を、いったい一日に何度言われることか。これまでも家で何万回とご飯を作ってきましたけど、家族から「おいしい」と言われたことはめったにありません。ここでは「おいしい」という言葉が聞けます。それだけでも作り甲斐があるというものです。

お見合いをすすめる世話好きのおばさんがいるでしょう？　あれと同じです。

副業だった人材派遣会社を本業にする

斉藤敏雄（65歳）
元鉄工会社勤務・兵庫県

いまは人材派遣会社を経営しています。会社の名前は「極東ブレーン」といいます。会社に登録してもらっている設計やＩＴ関連などの特殊な技術をもった人たちに、派遣社員としてあちこちの企業に行ってもらっています。

この会社を始めて二十年ほどになります。もともとは旭化成とその協力会社に合わせて四十数年勤めたサラリーマンだったんです。派遣会社は当初は勤めの片手間の副業として始めたものです。それが、勤めを退職したいまは本業となり、定年後の生き甲斐にもなっているというわけです。仕事を通じて毎日いろいろな企業の人たちとつきあいがあり、これがいまは日々の大きな刺激になっているんです。

ただし、会社をやっているといっても大した規模ではありませんよ。資本金が三百万円の有限会社ですし、常駐スタッフもわたしのほかに事務の女性社員が一人いるだけです。派遣をしている人は現在は十五人ですが、その人たちを社員として数えても二十人にも満たない小さな会社です。

派遣しているのは、なにかしら設計やデザインに関連した仕事をしている人たちです。これは、わたしがもともと技術者だったために、この分野の仕事が自然と多くなったんです。内訳は、まず環境設計の工事に関わっている人たちが五人ほどいます。リサイクルセンター建設の設計などをする仕事です。いまは環境問題に関心が高まっていますから、どこの会社でも環境関連の事業に力を入れているんです。またデザイン関連の仕事をしている人が五人います。いまはCAD、これはコンピューター・エイディッド・デザインの略ですが、いろいろなデザインをすべてコンピューターでやれるようになりました。最近は「三次元CAD」といって、パソコン上で立体デザインまでやってしまいます。あとはロボットやライン設計といった、どちらかというと生産現場に近い仕事をしている人たちです。

　これら技術者派遣の仕事はきわめて特殊で限られたものです。そのため、通常の派遣の仕事のように半年や一年で仕事が終わるということがありません。契約期間はいちおう一年間ですが、その会社が業務から撤退でもしない限り派遣終了ということにならないんです。いまはご存知の通りの厳しいご世ですが、にもかかわらず契約終了はそんなにありません。会社を設立して以来、ずっと同じところに行ってもらっているという人もいるくらいです。

　この仕事のむずかしいところですか？　派遣している人たちの気持ちをつかんでおくことは欠かせません。このため、一ヵ月に一度くらいは派遣先の会社に出かけて行って、一緒に昼ご飯を食べたりします。そうやって顔を突き合わせて、相手が浮かない顔をしていたら「何か心配事があるんですか？」ってさりげなく聞いたりします。娘さんの結婚相手を探している、なんていう話を聞けば、紹介できそうな人に当たって橋渡しをしたりということもあります。

　そんなふうにして公私にわたるおつき合いをしておけば、終生離れられない関係になるんです。うちは大手企業のように大資本があるわけでもありません。頼られたら応える。そういうことを繰り返すことで、しっかりとした関係を結ぶことができるのではないかって思っているんです。

◇

会社を始めたきっかけですか？　たしか四十六歳

の時に、仕事でつき合いのあった人から「技術系の派遣会社をつくったらどうですか？」と勧められたことでした。

わたしは当時、高校を卒業してすぐに入社した旭化成から転籍して鉄工会社で働いていました。移った先の会社では水島や川崎で進められていた化学繊維のプラント建設の仕事に関わっていたんです。私がいた会社は旭化成の協力会社としてプラント建設に必要なさまざまなパーツ部品を供給していました。部品のうち大きなものは神戸製鋼などが製作していたんですが、これらの企業と打ち合わせながら細かな金属部品などを作るということをやっていました。

プラントの建設には土地買収や設計、施工など、さまざまな仕事があります。その当時、わたしが関わっていた会社のなかに、新明和工業というところがありました。工事用の特殊車両を作っている会社です。技術系の派遣会社をつくったらどうかと言われたのは、その会社の人です。

特殊な技能を持った専門技術者の派遣会社はいまでこそ当たり前の時代になりましたが、その頃はその種の会社はまだありませんでした。日本経済が右肩上がりを続けるなか、専門技術者が活躍する場はますます広がりつつありました。さまざまな専門技術者を必要とする会社からすると、新しい分野の仕事が発生するごとに技術者を養成していたのでは追いつきません。

まだ終身雇用の意識が強かったこの時期に、特定分野のスペシャリストを確保することは容易ではありませんでした。しかも企業にとって新規事業にはリスクはつきものです。ペイしなければ、その事業から撤退することもあるわけです。そういうことを考えてゆくと、企業にとっては派遣会社に必要な人材を派遣してもらうことがもっともいいやり方だったわけです。

会社を作ってほしいと言われて、わたしはさっそく設立にかかりました。当時は有限会社なら資本金が五十万円で設立できましたから、そのためのお金は自分で用意しました。会社の所在地を自宅にして登記し、女房を代表取締役に据えました。

派遣会社の仕事は見合いの仲人と同じです。専門技術者を派遣先の会社の担当者に引き合わせる場をセッティングします。でも昼間はわたしも会社の仕事がありますから、派遣の仕事は夜にやるんです。

適当な技術者がいると聞くと、ちょっと飲みに行きましょうかと誘って面接をします。面接というと言い方が硬くなりますが、その人がどんな人物かということを一杯やりながら見るんです。やっぱり人間にはウマが合う、合わないということがありますから。そうやって登録してもらった人を、やっぱり夜に、依頼を受けていた会社の担当者と会わせるわけです。

人材を集める方法ですか？　新聞広告を出すなどということはしません。うちで扱っている分野の人材というのは、どこまでも特殊な技能を持った専門家です。広告なんか出したところで集まるようなものではないんです。スカウトはもっぱら人の紹介です。登録してもらっている技術者に「あなたみたいに優秀な人を、できればもう一人探しているんだけれど」と言えば、だいたい連れてきてくれます。それぞれの専門分野ごとに学校の同窓だとか前にいた職場の同僚とかいったつき合いが、どの世界にもあるわけですから。

でも、そうした専門の技術者を希望する会社に紹介したからといって、それでこと足れりというわけでもありません。当時は携帯電話なんて便利なものはありませんでしたから、何かあれば昼間に勤めていた会社に連絡がきます。

さいわい、わたしは大阪支社の責任者をしていましたから、上司から咎められる立場ではなかったんです。おまけにわたしのいた会社はおおらかで自由な社風だったので、副業禁止の規定もありませんでした。隠したりすることなく堂々とやっていました。この通り声は大きいので、まわりの人たちに筒抜けでしたし、みんなそのことは知っていました。

そんなわけで、たんなる副業のつもりで軽い気持ちから始めたんですが、その後は派遣社員の数も徐々に増えてきました。そうすると、つき合いのある会社から、こんな人をまわしてほしいという依頼が二つ、三つと重なることがあります。でも、必ずしも思ったように適当な人が見つかるとは限りません。すると、それがストレスとなって負担に感じるようになってきました。

わたしは三十代後半に胃潰瘍になったことがあるんです。派遣会社を始めてしばらくしたこの時期には、相手企業の期待に応えられないことが原因で、以前に患った胃潰瘍がぶり返してきました。胃というのは本当にストレスに弱い臓器で、大きなストレスがかかると、たったひと晩で穴が開いてしまうものなんです。

また入院することになるのかと悲痛な思いで病院に行ったところ、医者からある薬を渡されました。その頃開発されたばかりの薬で、まだ厚生省の認可が下りる前のものでした。それを服用することで胃を切らずに済みましたし、本業と副業の両立を継続させることもできました。

定年になったのは六十二歳の時です。途中で会社を辞めて派遣会社の経営に専念しようと思ったことですか？　わたしの場合には、そういう考えはまったく起きなかったんです。

派遣会社からの収入も、一時は勤め先の会社からもらっていた給料と同じくらいになったこともあります。でも副業はどこまでいっても副業だと考えていました。勤めていた会社の仕事が自分に合っていると思っていましたから。いろいろな取引先と打ち合わせをして、その内容を会社の設計や製造部門に持ち帰り、取引先が希望する製品を仕上げてゆく。そんな仕事のプロセスにおもしろさを感じていたんです。

水島のプラント建設が終わってからは、芦屋市内に居住して大阪まで通勤する生活を続けていたんですが、自社工場があった宮崎や各地を頻繁に行き来していました。その合間に人材派遣の仕事もこなすという生活は多忙ではありましたが、充実も感じていました。

◇

じつは派遣会社をやめようかと思った時期が一度だけありました。それは会社を定年になった直後のことです。

ひとの世話をすることは苦にならない性格なので、二足のわらじを履きつつもサラリーマン人生をまっとうすることはできました。でも、勤めを辞めたとたん、いったんぜんぶをクリアしたいという思いが湧いてきました。何もしない悠々自適の生活というものを送ってみたいと思うようになったんです。

そんなことを考える時期は一年ほど続いたんですが、けっきょく考え直しました。派遣先で働いてもらっている人たちの生活もありますし、ここで中途半端に投げ出すわけにはいかないと思うようになったんです。

それ以降は、むしろ勤めていた時よりも積極的に派遣会社の仕事を考えるようになりました。といっても、会社の規模を大きくしようとか、もっと儲けてやろうとかいったことではないんです。じっさい、派遣技術者たちのなかには年収が一千万円を超す人も多いんですが、それと比べたら、わたしがいま会社から得ている収入なんて、むしろ少ないくらいですから。

では、この仕事をやっていていったいどんなメリットがあるのか？　それなりにおもしろいことがあるんです。

さきほど話した三次元ＣＡＤの設計の技術者の派遣先企業というのはトヨタ自動車です。いまは自動車のボディーをデザインをするのにコンピューターグラフィックスを使うようになっているんです。従来のデザインのやり方だと、試作の段階で鋳型を作ってデザインを検討するという方法をとっていました。変更があるたびに鋳型をとり直して試作品を作るわけで、この方法だと新しいデザインを決めるのに二年くらいかかっていました。

ところが三次元ＣＡＤを使えば、それがたった八カ月でできるんです。最近の自動車の売れ行きはデザインに負うところが大きいので、各メーカーはしのぎを削っています。デザインの決定までの時間をできるだけ短くすることが自動車メーカーにとっての重要課題になっているんです。

派遣会社の仕事に関わっていると、そういうことがよくわかります。仕事上の必要から、ものを作っている現場の責任者と直接会って話を聞くわけですから。だからこそ必要な人材を供給するというニーズにも応えられるんです。ただし、そのためには最先端の技術についての勉強が欠かせません。新聞も細かなところにまで目を通します。たんなる定年退職者であれば読み飛ばしてしまう新聞記事も、刺激的で有用な情報に感じられます。

トヨタ自動車で働くことになった技術者のためには、社宅もこちらで用意しています。そんなこともあって、先日も豊田市に行ってきました。その時はトヨタの技術部が入っている建物の前を夜の十時頃に通ったんですが、その時間になっても窓には明かりがこうこうと灯っていました。

わたしはその光景を見て、なるほどなあと納得しました。こんな時間になっても大勢の社員が仕事をしているとは、さすが日本一の利益を出している会社だなあと。これはほんの一例に過ぎませんが、派遣会社の仕事を通じて社会の動きを知ることができます。これは年をとっても大事なことだと思うんです。

また、この人材派遣の仕事をすることで人から喜んでもらえます。大げさな言い方をすれば、日本の企業が世界に伍して生き残っていく、そのために必要なお手伝いをしているという自負もあります。世の中のお役に立っているという実感が持てるんです。このことが仕事を続けていくうえで、なによりも大きな動機づけになっています。

じつは先日もこんなことがありました。その人はわたしが前にいた旭化成に勤める四十九歳の人で、東京で応力解析の仕事をしていました。鉄に力を加えると、どのくらいのたわみが発生するかということを計算するという、かなり専門的な分野の仕事です。会社の方針でその部署がなくなってしまうことになって早期退職したんですが、求職活動を始めて一年ほどになるということでした。

本人に会って話を聞いてみると、これまでずっと解析の専門家としてやってきたわけだし、今後もその仕事を続けたいということでした。それで、わたしもあちこちに当たってみました。大阪の日立造船でその話をしたところ、ちょうどＩＴ部門で解析の人材がほしいということでした。引き合わせたところ、うまく話がまとまりました。

その人から話を聞いた時は、わたしもそれは熱心に聞きましたよ。新しい職場が見つかった時の本人の喜びようといったら、それはたいへんなものでした。そういう時は、わたしも本人と同じくらい嬉しくなるものです。

必ずしも会社の仕事に結びつくものばかりではありません。川崎重工に勤めていた五十歳の人の相談にのった時のことです。その人の場合はクラッシャーといって、岩石を砕いたりゴミを粉砕したりする特殊な機械技術を専門にしていました。母親が明石市内にいて、その介護をしたいので関西に戻りたいということです。

わたしは最初、神戸製鋼に話を持って行ったんですが、日本ではその技術の需要はないということでした。いまは重厚長大型の産業はみんなアジアに行ってしまっていて、神戸製鋼でも縮小している最中だということだったんです。

そこで、わたしは彼にアドバイスしました。これから先も技術者としてやっていきたいのなら、ぜひともCADを操作できるようになりなさいと。その人も一流大学の工学部を卒業して会社に入り、はじめは現場からのスタートだったんです。ところが五十歳近くなると、すっかり管理職におさまってしまい、毎日机に座ってハンコを押す日々を送っていたわけです。それではとても使い物になりません。部下がCADの操作しているのを見たことはあるでしょうけれども、自分でできるようにおなりなさい。彼にはそう言いました。

彼はわたしのアドバイスに耳を傾けて、職業訓練学校に入って三カ月ほどCADの操作を勉強しました。それが終わると、またわたしのところにやって来ました。学校に通っているうちに、いくつかの会社から求人が来たけれども、どれがいいだろうかという相談です。そのなかから、わたしはこれがいいと設計系のコンサルタント会社への就職を勧めました。

その間に母親の介護の問題もありましたから、わたしの知り合いのケアマネージャーを紹介しました。会社に行くようになっても母親のことを心配せずに仕事に専念できるよう、そのお世話もしておいたんです。

いま彼はそのコンサルタント会社で活躍しています。結果的には、うちの会社と契約を結ぶことにはならなかったわけです。これは仕事になる、ならないということだけでやっているわけではないという一例です。

派遣会社の仕事というのは、人から頼りにされた時に精一杯のことをやってあげれば、とても喜んでもらえます。むかし、お見合いを勧めて回る世話好きのおばさんがよくいたでしょう？　あれと同じですよ。

こういう技術者派遣の仕事は誰にでもできることではありません。技術のこともわかっていないといけないし、同時に人脈も必要です。最近は大手の派遣会社もこの分野に参入するようになりましたが、なにしろ特殊な世界ですから、クライアントの要望を満足させるような細かなフォローはなかなかできないんです。

ちょっと専門的な話をすると、工業の分野では二つのものをくっつけることを「はめ合い」と言います。これには余裕をもってくっつける「遊合」と、なめらかにくっつける「滑合」、ぴったりくっつける「静合」の三種類があります。異なるものをどういう状態でくっつけたらいいのかを考えながら話を進めるということは、経験を積んだベテランにこそ向いた仕事です。わたしはこの仕事を一種の人助け、社会貢献だと思っているんです。

一度は畳んでしまおうかとも思った小さな派遣会社ですが、いまはあと五年、十年と、可能な限りやっていきたいと思っています。

洋品店のオーナーになる

真面目に堅実にやってきたことが、
思いがけないチャンスをもたらしてくれました。

佐竹毅（仮名・69歳）
元服飾メーカー勤務・大阪府

男性用の服飾品を取り揃えた洋品店をやっています。ジャケット、シャツ、ブルゾン、コート、ネクタイ……。ハンカチや靴下なんかの小物も扱っています。いまはオーナーですが、この店にはもともと社員として勤めていました。じつは会社が倒産してしまったので、店舗をそのまま引き継いで自分で商売を始めたわけなんです。

勤めていた会社はネクタイメーカーです。関西ではわりと知られたブランドだったんですが、あちこちに店も出していて、大阪府下だけで六店舗ありました。昭和五十五年にその会社がここで直営店をオープンした時から、わたしは店長をまかされていました。

わたし自身はそれ以前から、アパレル関係ばかり数社で勤めを経験してきました。テーラーメイドの洋服店から始まって、以来三十年というものを、ずっと服飾の仕事に携わっていました。そういう経験が評価されて、この店舗をまかされることになったと思っています。この店には、以前はこの二階のほかに、同じこのビルの五階にも店舗がありました。五階の方ではおもにインポートものを扱っていました。

こういう服飾店がおもしろいのは、品筋を少し変えただけで客層もガラリと違ってくるところです。これが売上げにも大きく影響してくるものなんです。そういうこともあって、この店は開店当初から自分が手塩にかけて育ててきたという自負がありました。愛着もそれだけ強かったんです。

◇

ある日、会社は倒産しました。ただし、何の前触れもなかったわけではありません。予兆らしきものはありました。

倒産する三ヵ月くらい前から、品物の納入状況が極端に悪くなってきました。商品を発注しても、卸の担当者が色よい返事をくれません。いろいろと理由をつけて、商品を入れてくれないところが出てきていました。メーカーから人がやって来て、店に並べている商品を差し押さえされたこともあります。ネクタイやジャケットなどの商品をみんな持っていかれてしまい、店はほとんど開店休業の状態になりました。給料も一年ほど前から遅配になっていましたから、社員同士でも「いよいよみたいやなあ」という話をしていました。

そこで、わたしはこのビルの管理事務所に行って、担当者に状況を説明して言いました。「もしも会社がダメになったら、自分が店を引き継いでやりたいと思っています。そのつもりでお願いします」と自分の意志だけは早めに伝えておきました。

会社が倒産したのが平成八年の十一月です。倒産と同時に、わたしは希望通りオーナーとして店をやることになりました。このビルでは、ふつうは会社組織でないと契約しないそうです。わたしの場合は特例として認めてもらったんです。

わたしはそれ以前からビルに入居するテナントが集まって行われる運動会や交流会にも積極的に参加するようにしていました。そういう日頃のつき合いのなかで、わたしという人物を見ていてくれたのでしょう。ビル会社の常務からひと言「まかしとけ」という返事をもらうことができました。

以前の仕入先からの協力も得ることができました。しかも供託方式にしてもらうことで話がついたんです。供託方式というのは、仕入先から商品を買い取るのではなくて、預かって店の棚に並べ、売れた分だけを支払うというやり方です。買い取りと比べると利幅は低いんですが、商品が売れ残る心配はありません。また運転資金も少なくて済みますので、わたしのような個人事業主にとってはたいへん助かります。

一般的には、供託を希望しても、なかなか同意してもらえないものなんです。ところが、うちの場合は百パーセント、すべての商品を供託でお願いすることができました。これは仕入先の人たちがわたしの仕事ぶりを見てくれていたからだと思っています。「この人ならだいじょうぶ」と担当者が会社を説得してくれたからこそ、商品を供託で仕入れることができたと思うんです。ビル会社の件も同じですが、これまで長年にわたって真面目に堅実にやってきたことが、こうした思いがけないチャンスをもたらしてくれたんだと思います。

ビル会社や仕入先との交渉を進める一方で、女房にも話をしました。自分の考えを率直に言ったところ、女房は「好きなことをやったら」と言ってくれました。

この時わたしはすでに六十四歳になっていましたから、いまさら再就職ができる年齢でもありません。でも、わたしには働きたいという気持ちが強くありました。さいわい年金をもらえる年齢に達していましたから、生活はそちらで何とかなります。赤字を出さないようにさえすれば、夫婦ふたりでやっていくことは十分可能だという見込みはあったんです。

こうして、わたしがオーナーとなって店を新規にオープンしたのが平成九年の一月のことです。屋号も改めて、心機一転してスタートを切ることにしました。

ご覧の通り、ここはお客さんが四、五人も入ればいっぱいになる広さです。九坪しかない店にショーケースや商品棚を置き、さまざまな商品を詰め込んで並べています。新規オープンにあたっては、かなり大がかりな模様替えをしました。そのための改装費として二百八十万円ほどかかりました。

開業にかかった資金としては、ほかにテナントに入居する際の保証金として二百五十万円が必要でした。前の会社との契約関係はいったん切れてしまうので、そのために新たな保証金が必要になったんです。また、仕入れのための資金はいらないといっても、やっぱりいろいろとお金もかかります。すべてをひっくるめると、たしか六百万円を少し上回るくらいの金額になったと思います。これらは貯金を取り崩して工面しました。

店舗のテナント料ですか？　月に七十万円です。このくらいはするものですよ。だって、なにしろ梅田という繁華街の一等地にあるビルに店を構えているわけですから。知らない人からすると、びっくりするような高さかもしれません。でも、このくらいはふつうだと思います。ただし、これだけのテナント料を払っていこうと思えば月に三百万円の売上げは確保しないといけないんです。テナント料のほかに、さまざまな経費も必要ですし。

わたしの給料は別にしても、まず女の子たちの給料があります。前の会社の時からいた女性二人にも、そのまま残って働いてもらうことにしたものですから。それに光熱費や通信費もかかります。これらのものを考えると、そのくらいの売上げがどうしても必要になってくるんです。

商品の売上げ比については、全体のうちの半分まではが、紳士用ジャケットとセーター、スラックス類で占めています。あとはシャツ類が三割、ブルゾンが一割、ネクタイやベルトといった小物類が一割といった内訳です。

◇

とても幸運だったと思うのは、前の店からのお客さんがかなり残ってくれたことです。まったくの新規開店となると、そういうわけにはいきません。新しく開店した店がその地域で認知されて、お客さんに足を運んでもらえるようになるには、ふつうは二、三年かかるものです。せっかく前の店の顧客がいるんだから、これを生かさない手はないだろうと考えました。

そこでやったのが、リニューアルの時に行ったオープンセールです。前の店でお得意さんだった人のところに招待状を郵送して、目玉商品をたくさん揃えたセールをやったんです。この時には大勢のお客さんが足を運んでくれて、たいへんな盛況でした。なにしろ、前の店の一ヵ月分をたった一日で売り上げることができたんですから。

おかげさまで、その後も店の経営は順調です。当初の目標売上高になんとか到達することができて、内心ほっとしています。あの時に思い切って決断して、本当によかったと思っています。

アパレル業界にいる人間というのは、誰でもいつか自分の店を持って商売することについて憧れている、そういうところがあるんです。最初はみんな勤め人からスタートするわけですが、いつかは自分の店という城を持つことを夢見て働いているんです。

そういうことからすると、わたしも齢六十歳半ばにして、ようやく一国一城の主になることができました。たった九坪の店舗ですが、日本有数の繁華街の真ん中に、まがりなりにも自分の店を持つことができたわけですから。この喜びはとても言葉では言い表せません。

苦労することですか？　いまのところは喜びの方が大きいんです。こうやって毎日、販売の第一線に立っていると、いろいろと嬉しいことがあります。一番嬉しいのは、わたしの意見を参考にするためにお客さんが来てくれることです。

指名買いといって、わたしのアドバイスを聞きたいからといって、うちの店に足を運んで買ってくれる。そういうお客さんが大勢おいでです。そういうお客さんに対しては、今年の秋はどんなセーターやジャケットが流行するかとかいった話をします。コーディネートについてのアドバイスもします。このジャケットならこんな柄のスラックスと合わせればいいとか、あなたにはこれがお似合いではないですか、といった話を参考にして買って行ってくれます。それだけお客さんが信用してくれているわけで、そういう時には、まだまだ自分も捨てたものではないなあと思いますよ。

コーディネートのセンスというのは、ある程度は感性というのか、持って生まれたものがあるような気もします。一方で、その人が育った環境によるところも大きいので、勉強すればある程度身につく要素もあります。

いずれにしても、この仕事をしている以上は流行情報について知るのも大切なことです。このシーズンはどんな色が流行するのかとか、どのようなものが人気だとか、そういうことを勉強するために展示会などにまめに足を運んだりすることも欠かせません。

アパレル業界では、メーカーがシーズンごとに展示会を開催します。各メーカーが自社製品をアピールするために、ホテルなどの会場を借り切って小売店向けに展示会というものをやるんです。やっぱり流行のことはメーカーさんが詳しいですからね。うちの店は四十代後半以降の紳士物が中心なんですが、季節の変わり目になると仕入先から招待状が届きます。そういう展示会で仕入れた最新情報をもとに、お客さんにさりげなくアドバイスするわけです。

いまはご存知のようにデフレの時代です。とりわけ服飾業界では販売価格の下落が激しくて、経営はけっして順風満帆とは言えません。でも、いまさら商売替えをするとか、そういうこともできません。ファッションが好きでこの商売をやってきましたから、終わりまでこの商売でいこうと思っています。

商いは飽きずにやることだ、なんて言い方をします。もういい年齢になってきたので、体力的にもむかしほど自信はありません。寄る年波には勝てないので、この商売からいつ手を引くかはわかりません。それでもお客さんが来てくれているうちは、飽きずに続けていきたいと思っています。

技術を習得して表具店を開業する

この年齢になって、右向け、左向け言われて仕事をするのはご免こうむりたい。

山本精一（76歳）
元化学会社勤務・山口県

わたしは六十三歳の時にサラリーマン生活に終止符を打って、自分で表具店を始めることを決心しました。山口県下松市内の自宅で実際に表具店を開業したのが六十五歳の時です。以来かれこれ十一年になるわけです。

ひと口に表具店といっても、やっている仕事はいろいろです。和紙などに書かれた文字や絵を新しい表具に仕上げるということや、打ち直しといって、古い掛け軸や表具なんかの修理もします。ふすまや障子の張り替えなんていう仕事もやっとりますよ。

こう言っちゃあなんじゃが、わたしの仕事はシルバー人材センターあたりでやっているのとはわけが違うと自負しておるんです。開業する前には表具店で二年半の勤めも経験しとりますからね。だから料金もそれなりのものをもらっとるんです。

以前に勤めていたのは、(株)トクヤマという会社です。苛性ソーダやセメントの販売に携わっとったんですが、そんな人間がどういうわけで表具店を開業しようと思ったのか。理由を話せと言われても、いろいろありますよ。なかなかひと口では言い切れないものなんじゃがねぇ。

◇

わたしは大正十四年の生まれです。地元の徳山中学を卒業したあと、陸軍士官学校を出て軍人になりました。配属されたのが中国の山西省だったんですが、近眼だったので歩兵はダメだと言われて、仕方なく工兵隊に入れられました。

工兵というのは、本隊が進軍する先々に行っては、橋を架けたり道をつくったりする仕事です。もともと若い時から物をつくることに向いとったんでしょうなあ。

戦争が終わると故郷の徳山に引き揚げてきたんじゃが、当時はなかなか仕事がありませんでした。徳山の駅前でしばらく自分で商売をやっとりました。表向きはおもちゃ屋ということにしていたんですが、まあ早い話が闇市みたいなもんです。食料品とか石鹼のような日用雑貨だとか、ほかにもいろいろなものを買い付けてきては、それを売ることで、どうにか生計を立てとりました。

二年ほどすると、ようやく経済も回復してきました。それで募集があって入ったのが、(株)トクヤマの前身にあたる徳山曹達《ソーダ》です。昭和二十三年から二十七年までは徳山市内の本社にいたんですが、それ以降はずっと東京勤務でした。東京では営業企画といって工場の生産計画を立てたり、そのための市場調査をしたりという仕事を主にやっとりました。仕事そのものにはやり甲斐を感じましたよ。なにしろ高度成長期に入る前の時期のことでしたから、先を読んで事業計画を立てていけば、会社が順調に大きくなっていったわけですから。

戦後になって始まったものに「電解ソーダ」というソーダ灰を作る事業がありました。うちの会社は電解ソーダでは後発組だったんですが、工場を他社よりも早い時期に増設して、ついに業界トップになったこともありました。

ソーダ生産の工場というのは、建設し始めてから生産をスタートするまでに一年くらいかかるんです。景気の動向を見ながら工場の増設を考えるんですが、なにしろその見極めがむずかしい。ソーダ生産は国の基幹なので、旧通産省の指導で生産計画を立てるということはあったんですがね。

新しく工場を作るとなれば、巨額の投資が必要になります。投資したものが回収できなくなると企業の存亡に関わってきます。だから、その緊張感というのは、たいへんなものがありました。

ただ、そういう仕事はあくまでもサラリーマンとしてやっているわけです。事業が失敗したからといって、出世の妨げになることはあっても、個人のカネで穴埋めするということまではありません。そういう意味では、サラリーマンの仕事は気楽といえば気楽です。最後は営業企画課長という肩書きで六十歳の定年を迎えました。

そのあとは会社の取引先だった資材販売会社に行きました。社員が三十人ほどの小さな会社で、そこでは常務という肩書きでした。最初の話では、その会社には五年ほどいてもらえんかという話じゃったんですが、でも三年ほどたった頃に、もうやめようと思いました。理由のひとつには、その会社の社長との折り合いがよくなかったものじゃから。

わたしに言わせると、その社長は私腹を肥やすことばっかり考える人間じゃったものですから。社員の給料はできるだけ抑えて、自分の会社の利益を増やそうということばかりを考えていました。自分がオーナーでもあるわけじゃから、会社の儲けが増えると自分の利益もそっくり増えるんです。

そんなことではいかんと、わたしは何度か言ってみましたが、効果はありませんでした。なにしろ、こちらも給料をもらっとる立場じゃったですからね。そんならこんな会社はやめてやろうと思うたわけです。

その時に考えたのは、もう勤め人の生活はやりたくないということでした。たぶん前にいた会社に言えば、またどこか別の再就職先を紹介するくらいのことをしてくれたと思います。でも、わたし自身は会社に勤めることはやめようと思いました。

そのうえ、さいわいというべきか、体の方はまだまだ元気じゃったんです。というよりも、むしろ元気があり余って仕方がないという感じで、この年で隠居ということにはとてもなりそうもない気がしていました。これは下手をすると九十歳ぐらいまで生きるんじゃなかろうか、なんて思うとりましたから(笑)。

かりに九十歳まで生きるとすれば、まだ二十七年もあります。これは相当長い年月です。それまで生きることになれば、この先どういう社会変動があるかもわかりません。年金制度が崩壊するんじゃないか、なんていう議論も当時からすでにありました。

それから、いくら年をとって元気でも、目標がない人生というのも寂しいものじゃなあという思いがありました。人間、何のために生きているかという目的をはっきりさせとかないといかんと考えたわけです。

◇

それにしても、なぜ表具屋だったのか。それはさっきも言ったように、若い時に工兵だった経験があったからです。それに、わたしのなかには、人間の活動の基本はものを作るということだと思っとるところがあるんです。

会社では、とかくものを売る営業の仕事の方が大事だと思われているフシがあります。でもよく考えてみると、ものを作る仕事がきちっとできていないと、どうにもならんじゃろうと思うわけです。わたしも会社で仕事をしている時に、よくお客さんに頼まれて工場に連れて行くことがありました。製品をどういうところで作っているのか見せてほしいと言われて、生産現場を案内するんです。そういうところに行くと、みんな汗を流して働いています。その活気に圧倒されます。

新しい製品を開発する時も、生産現場の仕事をしている技術者たちと顔を合わせることは欠かせません。そういう時は、お客さんがこうこう、こういう製品をほしいと言っているけれども、どうにかならんじゃろうかって現場の人たちに頼んで、何とかしてもらうんです。

一度こういうことがありました。製鉄所の高炉には鉱滓というのができます。溶鉱炉の燃えカスです。これに水をかけると「高炉セメント」という特殊なセメントができるんです。あるとき営業担当者から、お客さんがどうしても高炉セメントがほしいって言ってきているんだが、どうにかならんか？　と言われたことがありました。そこでわたしが仲介役になって、セメント製造部の人やらセメント材料を買う仕入れ担当者やらに声を掛けて、ようやくなんとかすることができました。そうすると営業担当者も喜んでくれました。

そういう仕事をやりながら、世の中に必要なものを知恵をしぼって工夫しながら生産するもの作りの仕事というのは、本当にすごいもんじゃなあと感心するようになりました。長い勤めの間にものを作るということに対しての憧れがだんだんと強くなってきたのかもしれません。

たしかに、もの作りの仕事とはいっても、表具のほかにもいろいろな業種が考えられます。左官だとか、大工だとか……。勤めていたのがセメントメーカーなわけじゃから、左官屋なら一番近い商売じゃろうと思われるかもしれません。でも、どちらも無理じゃと思うとりました。左官の仕事はセメントを担がんならんのですよ。その年から見習いを始めたとして、独立する頃にはけっこういい年齢になっています。そこから重いセメントを担げといったって、どだい無理な話です。

また大工も大勢でやる仕事です。ベテランの棟梁になろうと思ったら、やっぱり若い時からやっていないとむずかしい。それに大工は高いところに上がることが多いから、運動神経が鈍くなってきている高齢者には向かないと考えました。

それに、最近の大工というのは、工場で作られた柱やパネルをはめこむだけの仕事になっています。かりにそういう仕事をしたとしても、下請けのまた下請けになるのが関の山でしょう。この年齢になって仕事をするのに、元請けから右向け、左向け言われて、その通りにやらないといけないというのもつまらない。そういう仕事のし方はご免こうむりたいと思うとりました。

べつの選択肢としては、植木屋になろうかという考えはありました。東京農大の成人学校というのがあって、そこの園芸養成コースを受けてみたところ、合格していたんです。でも、そこは入学の時期が年に一回だけじゃったものですから、まだ半年以上も待たにゃならん。並行して願書を出していた職業訓練学校の方は半年に一度の入学じゃったから、すぐに入学できるそちらの方を選んだんです。時期のタイミングが違っておれば、ひょっとしたら、いまごろは植木屋をやっていたかもしれなかったですなあ(笑)。

そういうわけで、第二の職場を早々に退職したあとは、中野区内にある職業訓練学校の表具コースに通い始めました。訓練学校の授業は月曜から土曜まで毎日ありました。先生は「表具経師連合会」という団体に所属しているプロの表具師の人たちです。表具に関する授業が朝の九時から夕方の四時すぎまで一日中みっちりありました。ただし通っている間は、授業を受けるだけで一日あたり五百五十円をくれるというんだから、この点はなかなかよかった(笑)。

授業の内容は曜日ごとにきっちり分かれとりました。月曜日は掛け軸についてです。火曜日が屛風。水曜がふすまを骨からぜんぶ新しくする方法について教えてくれました。木曜日の午前中はふすまの学科。ふすまというのは三尺、六尺、九尺といった具合に、大きさがぜんぶ決まっているんです。だから、やり方さえおぼえれば、必ずきちんとはまるようになっています。そういう建具についての基礎知識や材料なんかについても教わりました。

木曜の午後と金曜日は実習がある日です。実際にやってみることで仕事のやり方をおぼえます。古いふすまをはがしては、また新しく貼ってみる。そういうことを何回も繰り返しました。作業をするのは表に貼ってある紙の部分だけです。骨までぜんぶやり替えることはしません。土曜日の授業は午前中だけです。カンナの掛け方なんかを教わりました。ふすまというのは長い間使っているうちに歪んでくるんです。そこで骨の部分をカンナで削って修正する技術が要るんです。

われわれが授業受けていたクラスは学生が二十四人でした。職業訓練学校に来るような人たちですから、みんな素人ばかりです。なかには少し経験のある人もいたようですけど、ほとんどが初めての人ばかりだったと記憶しています。

◇

そうやって半年間の授業を受けているうちに、だんだん基礎的な技術が身についてきました。一方で、わしは学校に通っているうちから職業安定所にまめに足を運んでは、こまめに調べて希望する会社に面接の申し込みをしておきました。それで卒業と同時に表具店で働くことができたんです。

いま自分で考えても、よく採用になったと思いますよ。きっと運がよかったんでしょうなあ。職業訓練学校で少しばかり勉強して、仕事ができますと言ったところで、なかなか採用されるものではないですから。おまけに年齢も六十三歳です。いまだったら、そんな高齢者を雇ってくれるところはなかろうと思いますよ。

勤めることになった表具店があったのは杉並区内です。表具屋というのはだいたい一人か二人の職人でやっているのが普通です。人を雇おうなんていうところはよほど規模の大きなところで数は少ないんです。

東京の職人はみんな独立して仕事をしています。わたしが働くことになった表具店では、そんな「組」と呼ばれる職人のグループを五つぐらい抱えていて、会社が受けてきた仕事を内容によって割り振るというやり方をやっていました。その会社の仕事をしている職人はぜんぶで十三、四人から二十人ぐらいだったと思います。わたしが所属していたのは、ふすまと障子の組で、一番多い時でたしか五人くらいの職人がいました。

労働条件ですか？ 日給が七千円です。社会保険はありません。小さい会社だし、職人の世界というものはどこもそんなものだと思っていましたから、べつに気にもなりませんでした。また会社からまわってくる仕事のほかにも、それぞれが自分がとってきた仕事もやっとりましたよ。仕事を一本やったらいくらという計算で、それはそれで副収入になるんです。

そういうわけで、月にすればそこそこの稼ぎにはなりました。反対に、これはうかうかできんなと思いましたよ。下手をすれば、ずっとそのまま勤めていた方が稼ぎがいいわけです。独立しようという気持ちがだんだん失せてしまいますから。

仕事に慣れてくると、月に二日か三日は仕事を休んで、その日は掛け軸を習いに行くようにしました。

独立したあとのことを考えて、いまのうちに掛け軸の技術をしっかり身につけておこうと考えたんです。

わたしは最初から表具店に勤めるのはどれだけ長くても三年ぐらいと思うとりました。仕事のやり方をおぼえてしまったら、勤めはさっさとやめて故郷の山口に戻って開業しようと考えとりましたからね。結果的には二年三ヵ月で勤めをやめました。

故郷に帰って老後を過ごすことは、ずっと早い時期から思い描いていたことです。またこれと前後して、山口に帰るきっかけになった出来事がありました。女房の父親が亡くなったことです。

うちの女房は長女です。弟は東京にいますし、地元に残っていた妹とは十一歳も年が離れています。わたしたち夫婦が東京にいる間は、その妹がずっと両親の面倒を見てくれていました。そういうこともあったので、同居するとまでいかないにしても、できるだけ近いところに住んで、今度はわたしたち夫婦が両親を見ないといけないという気持ちがずっと心のどこかにありました。

両親がともに欠けてしまってから戻っても意味ないじゃろうということで、表具店を辞めて東京の住まいを引き払い、山口に戻ることにしました。それが平成三年の七月です。それに合わせて、かねてから計画していた表具店の開業を決めました。表具屋を始めたのは引っ越しを済ませた翌八月からだったので、とても慌ただしいスタートでした。

開業したのは、かねてから下松市に用意していた自宅でです。まだ前の会社に勤めていた昭和五十年に、徳山市に隣接する下松市というところに購入してあった分譲宅地に家を建てとりました。この土地は、もしわたしが勤めている間に何かあっても、家内や子どもが帰れる場所をと思って用意しておいたものです。百十坪ほどの土地に建坪で三十五坪の家を建て、その家の一室を作業場にして表具の仕事を始めました。

◇

家がある場所は新興住宅地のど真ん中です。商業地でもないし、人通りがある場所柄でもありません。服飾店とか飲食店とかいった不特定多数のお客さんを相手にする商売でもありませんから、そういう場所でよかろうと思いました。こういう商売というのは広告を出したところで、それほど効果も見込めません。税務署に届けだけは出しておきましたが、家の表に看板を上げることもしませんでした。

それで本当にお客さんからの注文があったのかと思われるかもしれません。心配には及びません。注文は次々と舞い込んできました。

表具業を始めるにあたっては、わたしもいろいろな人に挨拶状を書いて、ふるさとに戻ってきたことと開業したことを知らせておきました。会社にいた時の元の同僚とか中学時代の同級生とかには、こまめに手紙を書きました。

また、この時に思いがけず役立ったのが、女房のつき合いの広さです。うちの女房は徳山女学校の卒業ですが、自分の同級生や友達に連絡をとってくれました。そういう知り合いには趣味で書道をやっているとか絵を描いているとかいう人が少なくなかったものじゃから、そこからの注文も少なからずありました。

書や絵を掛け軸にする場合には、この辺でもふつうは京都あたりに出すことが多いんです。知り合いのなかには、京都に頼むよりも安くつくじゃろうと、さっそく持って来てくれる人が何人もありました。知り合いの書道の先生たちのなかにも、一度試しにと頼まれることも多かったんです。そういうわけで最初から仕事は絶えることなくありました。

ふすま直しの仕事については、むしろ掛け軸よりもたくさんの仕事がありました。こちらは掛け軸とは違って、道楽でお金をかける世界とは違います。その代わり、誰でも家に住んでいる以上、ある程度の年数がくれば、どこの家庭でも需要があるものじゃから。

掛け軸に比べると、ふすまの仕事は単価が安いんじゃが。ざっと十分の一くらいじゃろうか。一枚あたり二千七、八百円といったところです。でも、こちらは一軒受ければ必ず何枚かがセットになりますから。これが月に十五枚あったとして、年に換算すれば百八十枚。十年で千八百枚ほどの仕事量になったと思います。掛け軸の方は年間で十五本ほどですよ。合計すると、これまで百五十本くらいの仕事をこなしたんじゃなかろうか。

開業の時にかかった費用ですか？　設備投資とか、そういうものはたいして必要なかったと思いますよ。それでも何やかやで、七、八十万円ほどかかったんじゃなかろうか。

道具類でいうと、まず刷毛があります。掛け軸を仕上げるには「打ち刷毛」や「水刷毛」といって、糊を付けたり外したりする作業をするためにいろんな種類や大きさの刷毛が必要です。カンナやノミも高いものになるとひとつ三万円くらいします。これも一本や二本というわけにはいかんもんじゃから。

予想した以上にかかったのが、掛け軸の装飾に使う布類じゃったんです。一本の掛け軸を仕上げるためには「本紙」と呼ばれる文字や絵が描かれた紙や絹に、裏側から「裏打ち」と呼ばれる当て布をします。正しい掛け軸の仕上げ方では、この裏打ちに使う当て布だけで「肌裏」「増裏」「中裏」「総裏」と四種類にもなるんです。

そうした布を表装の注文がある度に買っていたら、とても高いものになってしまいます。また、これが東京にいるのなら、いつでも必要な布を手に入れることができます。でも地方住まいの身では、必要な時に必要な量だけ買うというわけにもいきません。

それで、必要になりそうな布を反物で買い置きしておくことにしているんです。一本が三十尺といいますから、十メートルほどの単位で購入しているんです。なかには貴船緞子と呼ばれる高級品もあるので、一本あたりが一万五千円から二万円、高いものだと四万円くらいすることもあります。そうしたものを絵の内容や相手の趣味に合わせていろいろ選べるように、何本も用意しておかないといけないんです。そのため最初の出費はけっこうかかりました。

◇

これまでやった仕事で、一番印象に残っているものですか？　会社の元同僚じゃった人から頼まれた掛け軸の仕事は、いまでもよう覚えておりますよ。その人の家に代々伝わっている、徳山藩お抱えの有名な絵描きが描いた絵を頼まれたんです。けっこう由緒のあるものでした。

すでに掛け軸になっているものでも、長い年月が経つうちにくたびれてきます。その絵の場合も、裏打ちをやり直してもらいたいというんです。この仕事ではとても気を遣いましたよ。なにしろ、それまでの裏打ちをいったんぜんぶ外してしまって、それから新しい裏打ちをせんならんのですからね。

そういう作業をする時の神経の使い方というのは、そりゃあ尋常でないものがありますよ。なにしろ、絵が描かれている一番元になっている「本紙」というのはペラペラの薄い和紙です。時間もたっていますから、扱いをやり損なうとかんたんに破れてしまいます。そんなものを水に浸して糊を溶かしてはがそうというわけで、たいへんな作業です。

そういう作業をしている時には、仕事場に女房に入って来られたり、うっかり話しかけられたりすることがあると仕事になりません。「ぜったいに入らんように」と言ってから仕事をするんですが、そういう時はあとから女房に「あまりピリピリし過ぎて、わたしまで気を遣う」と言われることもあります。

じつを言うと、仕事そのものについても女房の力を借りている部分が大きいんです。掛け軸の裏打ちなんかの仕事をする時、大きなものになると、一人ではやれない作業があります。紙をひっくり返したり、また戻したりする時に家内に片方の端を持ってもらったりして手伝ってもらうこともしばしばです。

それから、例えば色彩感覚です。この本紙にどんな色合いの布をどういうバランスで置けばいいのかという感覚が、この仕事にはどうしても欠かせんのです。でも、男なんてずっと会社にいるわけで、そういう感覚には長けておりませんよ。

しかし、女なんてものは、どのスカートにどのブラウスを合わせたらいいかとか、そういうことを四六時中考えているのが半分仕事みたいなもんです。まあ女というのは、われわれ男たちがとうてい及ばない色彩感覚を身につけておるわけです(笑)。だから、色の合わせ方に迷った時には家内に相談しますし、意見を聞いたりもします。でも、いろいろ聞いても、けっきょくは自分で決めないといけないんじゃけれども。

わたしも表具の勉強を始めた頃には、色彩感覚を身につけようと思って、よく美術館や展覧会に行っとりました。いまでも所用があって上京した時なんかには、時間があれば上野の国立博物館に足を運んだりしますよ。

内助の功ということで言うともうひとつ、掛け軸には「風帯」といって軸を吊した時に垂れる帯状のものを付けます。ミシンで縫わないとできない仕事なので、これも女房にやってもらっています。

こういう仕事をしていて嬉しいこと？　やっぱり依頼人から「きれいにやってもらいました」と礼を言われる時です。わたしも、こう見えても手抜き仕事をする性格ではありませんから、相手の気持ちに応えようと一生懸命にやります。だから、やった仕事のことでひと言、そう言われた時は、自分の気持ちが通じたような気持ちになるもんです。

でも、なかには失敗もありますよ。注文を受けたことを必要以上に丁寧にやり過ぎて、相手から「こんなに立派にやってもらうつもりはなかった」と言われたことがありました。どちらかというと、仕事をつい真面目にやってしまうんですが、結果的には、そのことがさいわいしてきたんじゃなかろうかと思うとります。

ところで、いま来てもらっているこのマンションですが、ここにはこの五月に越してきたばかりです。さきほど話した下松の家は処分して、徳山駅まですぐのところにあるこの分譲マンションを購入しました。下松市の家には住んで十年たったんですが、そろそろ修理が必要な時期になってきていました。また年をとってくると、一戸建て住宅は手入れがたいへんです。

下松の家にいた時は土いじりを趣味にしていました。庭でジャーマンアイリスという花を育てたりして、越してきてすぐの時期は楽しかったんですが、最近は年齢のせいか、土いじりもだんだん苦になってきました。

それなら、わざわざ土地付きの家に住む必要はなかろうし、売ってしまった方がいいという話になりました。女房も「わたしは一人になったらマンションに住むわ」と言うものですから。じゃあ、いまのうちに処分してしまおうかと。

そういう話をしていたところに、ちょうどタイミングよく買い手がつきました。それで買い換えを決めました。新しく移ったこのマンションの間取りは4DKです。玄関がオートロックになっているので、防犯上も安心です。購入代金は二千万円ちょっとでした。

ここに越してきた理由のひとつに、子どもたちとのこともありました。東京に住んでいる娘たちがわたしたちの顔を見に来るのに、前の家にいたのでは交通の便が良くなかったんです。このマンションなら新幹線が止まる徳山駅からも近いので、何かあった時のことを考えると安心じゃろうと思いました。

表具の仕事はこれまで十一年やってきましたが、ここに移ってからは、ふすま替えの仕事はやめて、掛け軸の仕事だけを受けるようにしています。マンションの一室では、ふすまのような大きな物をあつかう仕事はやれないものじゃから。今後は掛け軸の仕事を楽しみ程度にやっていこうと考えとります。そろそろ別のことを生き甲斐にしていこうかと思うとるんです。

じつは、いまは太平洋戦争の歴史を勉強したいと思うとるところです。そういう思いもあって、今年の初めには、日本郷友連盟という団体が主催する旅行に参加して東南アジアに行ってきました。マレーシア、ジョホールバル、クアラルンプール、マラッカを六泊七日でまわりました。自分が若い時に関わった戦争というものに、この年齢になってから、どういうわけか関心が出てきたものじゃから。

わたしの親が精一という名前をつけたのは、ひとつのことに精を出すようにという思いからだったそうです。それとは反対に、若い時からいろいろなことに気の多い性分で、この年齢になってもひとつのことに思いが定まりません。また新しいことに関心が出てきてしまって。自分でも本当に困ったものだなあと思うとります(笑)。

5　終のすみかをさだめる

Uターンして自力で家を建てる

晴耕雨読の理想的な生活だって？
いやあ、そんな悠長な話ではないんです。

青木慧（65歳）
フリージャーナリスト・兵庫県

ぼくは一九九五年に、それまで住んでいた千葉県から生まれ故郷の兵庫県市島町に帰ってきました。これを機会に自分で家を建て、畑を耕してニワトリを飼う生活を始めたんです。

本業はフリーのジャーナリストで、べつに家を建てることを職業にしている者ではありません。こちらに帰ってきてからも原稿を書く仕事は続ける一方で、野菜を作ったりニワトリを飼ったりと健康な日々を送っています。いま住んでいるこの場所を「山猿塾」と名付けて、自分が食べる物はできるだけ自分で作るというエコロジーな生活を実践しているんです。

いま来てもらっているこの家は、すべて自分だけで建てたものです。図面を描くことに始まって、柱を建てる、床を張る、屋根を葺く、そして左官仕事に至るまで、誰の手も借りることなく、ぜんぶ自分だけでやりました。使っている材木も地元丹波の間伐材だけです。自分で言うのもなんですが、ご覧の通り、素人が建てたにしてはなかなか立派な家ができたなあと満足しているんです(笑)。

フリーのジャーナリストになって二十年ほどになります。上京したのは高校を卒業してすぐの一九五九年です。最初は本当にいろんな仕事を経験しました。ぜんぶは憶えていないけれども、最初の頃にはテレビのセールスマンをやったこともあります。

当時はテレビがまだ出始めの頃だったんですが、ぼくはけっきょく一台も売ることができませんでした。そのあと、おじがやっていた装身具の会社で働いていたこともあります。そこをやめて自分でブローチやヘアピンなんかをデザインする仕事をやっていた時期もありました。

その後、自動車の業界紙に半年ほど勤めました。その頃に経験したことは、のちにフリーになってからもずいぶん役に立ちました。ぼくが書いたものに『日産共栄圏の崩壊』という本があります。これは一九八〇年に出版したんですが、凋落が始まった時期の日産自動車についてレポートしたものです。

そのあとトヨタ自動車についても書きました。アメリカの自動車業界についての現地ルポもやりました。IBMの欠陥パソコンについても書きました。ぼくは長年にわたって大企業を取材し、企業社会が抱える矛盾について書いてきました。そうするなかで、人間にとっての理想の生き方は自分の生活に必要なものを自分で生産することにあるのではないか、と考えるようになったわけなんです。

◇

この丹波に移り住むことになったのは、まったくの偶然がきっかけでした。バブルの時期に竹下内閣が「ふるさと創生資金」というのをやりました。全国すべての市町村に一億円ずつ配ったんです。この市島町にも一億円が入ることになったので、町では「未来塾」という会を作って町内の若い人たちにその使い道を考えさせたんです。

ぼくはその勉強会に呼ばれて講演をすることになりました。かつての同級生がメンバーの一人になっていて、彼から依頼を受けたんです。講演のなかでぼくは「いずれは里山暮らしを始めたいと思っている。自分で食べる物を自分で作りながら、農林業について考えてみたい」という旨の話をしました。

そういう考えは、ぼくはずっと前から持っていました。都会で生活することの不健康さというものについて気づくようになっていたんです。

ぼくたち夫婦は、千葉にいた時からよく山に遊びに行っていました。休みの日になると、愛犬も一緒に車に乗せて一家でよく山歩きに行っていたんです。一日を山の中で過ごしたあと、再び車に乗ってわが家に向かい始めると、犬がクスンクスンと鼻を鳴らし始めます。空気の汚れに敏感に反応するんです。

じっさい、都会から離れて新たに移り住む場所を探していました。取材をかねて北海道にまで土地を見に行ったこともありました。

講演を聞いた「未来塾」のメンバーからは、「それはおもしろい。ぜひやってみてください」と言われました。町内で適当な土地を探してあげますよというんです。そうして探してきてくれたのがこの土地です。

いまいるこの一ノ貝という集落にうってつけの土地が見つかったという知らせをもらったので、ぼくは女房と一緒にこの土地を見にやって来ました。この町に対する女房の第一印象は「自然がとても豊かなところね」ということでした。

女房は東京生まれの東京育ちなんですが、体があまり丈夫でないものですから、ぼくとつき合うようになってからは、ずっと山に連れて行ってました。彼女はフリーの編集者をしているんですが、田舎暮らしについての雑誌を編集したりしていたこともあって、田舎での暮らしにはかねてから興味をもっていました。

この土地を見に来る前に、じつは自分が生まれ育った場所で、同じ町内の安下という集落にも行ってみたんです。ぼくは五人兄弟の五番目です。東京に出る頃には誰も生家を継ぐ者がいませんでしたので、その家は始末して、墓だけ残して東京に出たんです。その土地を三十数年ぶりに訪問したわけです。

そこで思ったのは、これはとんでもないことをやっているなあということでした。

小川という小川がぜんぶコンクリートブロックで塗り固められてしまっていました。ぼくが子どもの頃は、これほどひどくはありませんでした。子どもの頃にメダカやザリガニを捕って遊んだ小川が排水路のようになっていて、とても生き物なんて棲めない状態でした。

そんなところに帰ってきても、なんの意味もありません。この町に住むにしても、もっと自然の豊かなところでないと仕方がないと思いました。

そんな思いで友人に案内されてこの場所にやって来た時、ここなら住む価値があると思いました。なにしろ、ここはもっとも山奥に位置する集落のなかでも、さらにどん詰まりの一番奥ですから。本当に水もきれいです。この奥には人が住んでいないので、上流から生活排水が流れてくることはありません。すぐ上は森ですから農薬が散布されることもないんです。山深く、辺鄙なところではありますが、それだけに自然は豊かです。そういうわけで、こんな山奥にあえて住むことに決めたんです。

しかし思い起こしてみると、子どもの頃はわたしたちは一ノ貝のことをバカにしていました。あんな山の中に住んでいる連中はサルと一緒だぜって。一ノ貝から来ている同級生のことをそう言ってからかっていたんです。それがいまでは、このぼくが一ノ貝に住むようになったわけです。「山猿塾」という名前はそこから来ているんです。

◇

じつを言うと、生活を変えなくてはならなくなったもうひとつの理由がありました。パソコン病になってしまったことです。

病院では上腕外顆炎と診断されました。医者に言わせれば、キーボードの打ち過ぎによる手の酷使ということですが、ぼくはそうは思っていません。パソコンという機械が人間に合っていないからです。ぼくは早い時期から原稿をパソコンを使って書くようになりましたし、資料もぜんぶパソコンに入れています。指先だけしか使わない生活を続けてきた結果、こういうことになってしまったんです。

もう何年も前から肩から腕にかけて激しい痛みを感じるようになっていました。それでも、そのまま辛抱してパソコンに向かい続けていたところ、ついに箸も持てない状態にまでなりました。四六時中ずっとパソコンのディスプレーを見ていたものだから、視力もずいぶん落ちました。それで、しばらくのんびり農業でもやりながら暮らしつつ、体を回復させようと思ったんです。

ところで、当初はこの家の建築はぜんぶ業者に頼むつもりでいました。地元の同級生に住宅業者もいたものですから。おまけに当時はバブル景気の終わり頃です。八千代市にあった一戸建ての自宅は四千万、五千万と値上がりしていました。この調子でいったら、そのうち一億円ぐらいになるんじゃないか、なんて思っていたくらいです。

ところが田舎暮らしを決めて、家を売りに出したちょうどその時期に、バブルが崩壊してしまいました。けっきょく売れた値段は二千六百万円です。残っていた住宅ローンを差し引くと、手元に残ったのはたった五百万円だけでした。

ぼくは同級生の住宅業者に「五百万円で家が建てられるかい?」って聞いてみました。すると「建てられるわけがないだろう。バカも休み休みに言ってくれ」という答えでした。でも、もう土地は購入してありますから、後戻りはできません。じゃあ、いっちょう自分で建ててやろうかって、そう考えたんです。

考えてみると、家を建てる作業には設計から大工、左官、配管まで、あらゆる作業の要素が含まれています。つまり全身を使う運動になるわけで、これはまさにパソコン病から回復するリハビリとしては、うってつけではなかろうかと思いました。

この場所は、以前は田んぼだったところです。整地はさすがに自分ではできません。基礎の工事も業者に頼みました。それが終わる時期になると、さっそくここに越してきました。それが一九九五年の四月二十六日のことです。

やって来て最初にやったのは、テントを張って生活をしながら土地を観察することでした。ここにはいろんな方向から風が吹き込むことがわかったので、風に強い平屋が適当だということがわかりました。次に雨露をしのげる資材置き場を作りました。

家の設計も自分でやりました。図面も自分で引いたんです。よく聞かれるんですが、設計事務所にはいっさい頼まず、相談もしませんでした。本を読んで勉強はしました。千葉にいる時に『建築士の資格を取得する方法』といった専門書を十冊くらい買ってきて、一ヵ月ぐらいでざっと目を通しました。

その気になれば、素人にだって家の設計くらいはできるんです。大事なことは、どういう家を何のために作りたいかということです。その点さえ明確にしておけば、あとは根気さえあれば誰にだってできます。

ぼくの場合は、実際の作業に取りかかる前に購入したものがひとつありました。それは磁石です。なにしろ、作業をしようにも指が麻痺していてクギが持てないんです。苦労してつまんでも、すぐに落としてしまって、拾うことさえままなりませんでした。クギを手元に固定するために使ったのが磁石でした。

クギはネジクギを使いました。これなら、カナヅチを持たなくてもドライバーでねじ込むことができます。だから、この家で使っているクギはぜんぶネジクギです。

最近は「インパクト・ドライブ」という便利な道具もあります。ネジクギの頭の部分に機械を当ててスイッチを押せば、ダダダッと音がして、次の瞬間にはもうクギが頭まで木に埋まっています。失敗しても、反対に回せば簡単に抜けます。素人にはこれが一番いいんです。

建築材料に用いたのは檜の間伐材です。これは地元の森林組合から買いました。この家にはぜんぶで六百本の間伐材を使っているんです。間伐材は大きさも太さもバラバラです。そんな丸太の一本一本を縦方向に二センチ幅で製材します。真ん中部分から厚さ二センチの平材をとります。両面の板がとれない細目のものは半割にして、これは半円の肌を表に出して壁板に用いました。わが家の外壁がログハウスみたいに丸いのは、そういう理由からです。

生木というのは、そのままにしておくと年月がたつうちに、だんだんとヒビ割れていくものです。だから家の柱にはふつう、あらかじめ背割れというのを入れてあります。でも、この家で柱として使っている木に背割れは施していません。天日にさらして、すべて自然乾燥させて割ったんです。

太い丸木を天気のいい時期に外に出しておくと、一週間もするときれいに割れてしまいます。この家の柱が木目に沿っていろんな割れ方をしているのは、そのせいなんです。こういう割れ方の方が、機械で真っ直ぐな背割れを入れたりするよりも自然な感じがしていると思いませんか？　この方が木の持っている本来の性質をそのまま活かしていることにもなると思うんです。

間伐材は六百本まとめて六十万円でした。一本あたりに換算すると、ちょうど千円です。間伐材ではない成木の檜を使ったら一本が七千円、外材でも三千円はするということです。

◇

実際の作業にかかったのは、この年の七月からです。最初に作ったのはトイレでした。作業中は資材小屋で寝泊まりしていました。でも、これはあくまでも小屋なので、それまでトイレがなかったんです。山の中に板で囲んで済ませていました。家の中でも、このトイレと風呂の水回り部分だけは杉の間伐材を使っています。

建物だけではなく、家の中に使う建具類なども、できる限り自分で作ることにしました。だから、うちは玄関の扉から、衣類を収納する備えつけ家具、トイレットペーパーを入れるボックスに至るまで、ぜんぶ手作りなんです。ただし、いくら自分で作ろうと思っても、どうしても調達しないといけないものがいくつかありました。ガラスと瓦です。

ガラスはこの家では一畳サイズのものを四十五枚使っています。南斜面に広がる集落が見渡せるように、また外光がふんだんに入るようにと考えて、できるだけ大きなガラスを使うことにしました。これが一枚七千二百円でしたので、合計すると三十二万円ほどです。

ガラスをはめ込む窓枠は自分で作りました。丸太の真ん中部分からとった板を縦方向に二つに製材して、それを窓枠として使っているんです。だから実際に見てもらったらわかりますが、ガラスがはめ込まれている内側部分は丸太の形がそのまま残っています。これもわざと自然のカーブがそのまま残るようにした方が風情があると思ったんです。

柱の高さはすべて三メートル七十五センチになるように揃えてあります。また縦横二間ごとに一本ずつ柱が立っている、そういう構造にしました。そうすれば誰の手も借りることなく、自分一人で作業ができるからです。

作業のなかで一番苦労したのは屋根の瓦葺きでした。この家の屋根にはセメント瓦が三千枚とその下に敷く防水シート合わせて約六トンもの重さのものが上がっているんです。この作業をぜんぶ自分だけでやるのはたいへんなことでした。

これから屋根瓦の作業にかかろうかという時に、瓦屋の専務がやって来ました。「あんたは手が痛いと言っているのに、こんなに重いものを持って上げていたら体を壊しましょうか?」と言ってくれました。瓦を上げる機械をリースしましょうか？」と言ってくれました。いちおう手配もしてもらったんですが、けっきょく機械は使いませんでした。

機械を使うと、その分費用がかかるということもあるんですが、そんな理由からだけではありません。機械で上げたのでは、リハビリにならないからです。機械でいっぺんに上げてしまったら、あとの作業はクギを打つことだけです。屋根の上で毎日クギ打ちばかりやっていたら、ますます手が痛くなってしまいます。

そう考えて、けっきょくこれもぜんぶ手作業でやりました。ハシゴを使って、瓦を何枚か抱えて屋根に持って上がります。屋根の上では瓦をクギでコンコン留めて、瓦がなくなると下に降りてまた瓦を持って上がる。そういう作業を繰り返しました。ハシゴを昇ったり降りたりということを一日に何十回とやるわけです。思っていた以上の重労働でした。

うちの家の屋根を下から見ると、傾斜が緩いように見えるでしょう？　でも実際に上がってみると、けっこう急なんです。屋根の上では地下足袋を履いて作業をするんですが、慣れないし緊張もします。ずっとやっているうちに足も突っ張ってきます。

ところが、作業しているうちにだんだん慣れてきて、最後の方は屋根の上を飛び回って作業ができるようになりました。あまり夢中になってやりすぎて、ホイホイと調子よく作業をするうちに端っこまで来ていることに気づかず、屋根から落っこちました。そんなことが二度ほどありました。

落ちたのは二回とも足からだったので、さいわい大事には至りませんでした。そのあとも捻挫した足で松葉杖をつきながら屋根に上がっていました。いや、どうってことはありませんね(笑)。

瓦を葺く作業は、当初の予定では雪が降る前に終えてしまおうと思っていました。しかし考えていた以上に時間がかかってしまいました。クリスマスの前に大雪が降ったので、作業は雪下ろしをしながらやりました。瓦葺きはけっきょく春までかかりました。

その様子があんまりたいへんそうに見えたんでしょうねえ。女房が「手伝いましょうか?」って言ってくれました。でも、自分一人でだいじょうぶだからと言って断りました。女房には生活費を稼いでもらうという大事な役目がありましたから。ぼくが家作りにかかりっきりで収入がない期間は、その分を女房の編集の仕事で穴埋めしてもらうことになっていたんです。そういうこともあったので、女房の手助けは頼まず、けっきょく最後までぼく一人でやり遂げました。

◇

念願のわが家が完成したのは一九九六年の十二月です。一年半以上の時間を費やしたことになります。費用は予定していた通り五百万円の枠内でおさまりました。お世話になった人たちを招いて、ささやかなお披露目パーティーをしました。

家の建坪は三十五坪です。もっと広く感じるかもしれませんが、それは中庭のせいです。家の中央部分が吹き抜けになっているので、実際よりもより広く感じられる構造なんです。

いまぼくたちがいる場所が、玄関とリビングを兼ねたスペースです。半分が三和土《たたき》になっています。お客さんは靴を脱がずにそのまま話ができる、そういうつくりにしたんです。

かつて日本の家屋にはどこの家でも三和土がありました。これがあると意外に便利です。畑の土がついたままの野菜や、ストーブにくべる薪なども、そのままここに置いておくことができます。ご覧の通り、うちではリビングに置いたダルマストーブは真夏も出しっ放しにしています。

家のなかをぐるっとひと回りして案内しましょう。その方がぼくも説明しやすいから。

玄関を入ってすぐ正面のこの部屋は客間です。いまは板の間ですが、板の上に畳を敷いてその周囲を丸木で固定すれば、あっという間に日本間に早変わりします。真ん中に置いてあるこの和机を、ぼくは「臨終机」と呼んでいます。何本かの丸太を半分に切って、平らな部分を上にして接ぎ合わせたものです。一人では担げないくらいの重さがあります。家で誰かが死んだら、この机の上に布団を敷けば、そのまま弔いができるようにしてあります。最初からそのことを考えたサイズに作ってあるんです。

この部屋の廊下の脇にあるこの中には仏壇が収納してあります。壁のように見えているこの板を下ろせば、こんな具合に仏壇が出てくるんです。自家製の備え付け仏壇です。

この奥の部屋は、ぼくの仕事場と女房の仕事場です。もともとはひとつの部屋なんですが、真ん中に書棚を置いて間仕切りにしてるんです。こちらがぼくの仕事机です。机に向かうと真南を向くようになっています。この広い窓からは、この集落全体が見渡せます。

この家に来る人は必ずあそこの道を通ってきます。ぼくは地元の人たちの車は全部知っていますから、見慣れない車がくると、約束をした誰々さんかな、なんてことがすぐにわかるんです。

仕事机の前にあるのは、ぼくが考えて作った椅子です。長椅子みたいでしょう？　こうやって上に引っ張れば、背もたれがかんたんに外れるようになっています。そうすれば昼寝もできます。そのうち、もし寝たきりになったとしても、ここで横になりながら原稿が書けるんです。この部屋にはロフトがあって、そこは書庫にしています。いますぐ必要でない本や資料はここに入れているんです。

女房の仕事場の向こうがわれわれ夫婦の寝室です。ここの部屋の家具は作り付けになっていて、衣類もぜんぶここに収納できるようにしました。また窓際には長イスが作り付けてあるんです。靴下やズボンをはいたりする時に、これがあるとずいぶん楽です。また夏の時期になると寝る前にここに腰を掛けて、涼しい夜風に吹かれながら晩酌することもあります。だから、ここにはこんなふうにグラスの跡がついてしまっています。

ぐるりと一周して、居間の奥がトイレと風呂です。風呂の洗い場はコンクリートを流し込んだままにしています。家づくりで一番カネがかかったのが、じつはこの水回りなんです。台所や浄化槽も含めた上下水道の工事に二百万円という見積もりがきて、びっくりしました。内訳をきちっと出してくれと言ったところ、どういうわけか百万円になってしまいました。

そんなわけで、いろいろと自分なりに工夫しながら、どうやったら誰の力も借りずにできるかと考えながらやっていたら、こんなユニークな家に仕上がりました。われながら予想していた以上の出来上がりです。しかも、ぜんぶ自分で作った家なので、細かい部分の一つひとつにまで愛着があります。

この床の高さだって、この場で作業しながら決めました。年をとると、ちょっとした段差でも気になります。どのくらいの高さが適当か、何度も自分で昇り降りしては試してみたんです。そうやって時間をかけながら作っても文句を言う人はいないし、作業をしながら「こうした方がいいな」と思うことがあったら、またそこから自由に変更できます。そこが自分で家を作るおもしろいところなんです。

じつは、まだ完成していないものがひとつだけあります。それは客間のカーテンです。カーテンもぼくが作ることになっているんだけれども、ふつうのカーテンにはしたくないんです。天然の材料だけで作りたいというこだわりがあるものだから。この家だって化学製品はいっさい使っていないんです。カーテンも綿百パーセントの布を入手してはいるんだけど、それを裁断して縫う作業がなかなか進まないんです。

◇

家の前にニワトリ小屋があったのが目に入ったでしょう？　あの小屋もぼくが作ったものです。なかにいるニワトリは放し飼いにしています。あの鳥は交配種で「ゴトウもみじ」といいます。そのへんにはちょっといない、珍しい品種のニワトリです。

いまいるニワトリはぜんぶで四十四羽です。ヒヨコやオンドリもいるので、卵を産むのは十一羽だけ

郵便はがき

料金受取人払

神田局承認

5691

差出有効期間
平成15年10月
31日まで
(切手不要)

101-8791

(受取人) 034

東京都千代田区
外神田2-1-12

晶文社行

◇購読申込書◇

ご注文がある場合にのみ
ご記入下さい。

■お近くの書店にご注文下さい。
■お近くに書店がない場合は、この申込書にて
直接小社へお申込み下さい。
送料は代金引き換えで、冊数に関係なく
一回380円になります。
宅配ですので、電話番号は必ずご記入下さい。

(書名)	¥	( )部
(書名)	¥	( )部
(書名)	¥	( )部

ご氏名 ㊞ TEL.

ご住所 〒

晶文社　愛読者カード

お名前《ふりがな》	（　　歳）	ご職業
ご住所	〒	
Eメールアドレス		
お買上げの本の 書　　名		

本書に関するご感想、今後の小社出版物についてのご希望その他

ホームページなどでご紹介させていただく場合があります。（諾・否）

お求めの 書 店 名		ご購読 新聞名		
お求め の動機	広告を見て （新聞・雑誌名）	書評を見て （新聞・雑誌名）	書店で実物を見て 出版ダイジェスト 〃 晶文社ホームページ 〃	そ の 他

今後、新刊案内〔**「出版ダイジェストの特集版」**〈奇数月1日刊に掲載します〉〕などお送りする際の資料といたしますので、次のアンケートに該当される方は、（　）内に○印をお付け下さい。

1.（　　）既に新刊案内が送られている。
2.（　　）新刊案内が送られているが重複している。
3.（　　）新刊案内が送られているが今後中止してほしい。
4.（　　）新刊案内を送ってほしい。（今まで送られていないので）

ご購読、およびご協力ありがとうございます。なお、2・3および住所変更をお知らせ下さる際は、必ず帯封に記載されているコード番号もご併記願います。

です。それでも、うちだけではとても食べきれないほどの卵を産みます。だから、あまったものは近所にあげます。肉もほとんど買いません。オンドリや卵を産まなくなったメンドリをつぶして食べますから。

最近では、スーパーで売っている卵や鶏肉はとても食べられなくなってきました。養鶏場で育てたニワトリはエサも悪いし運動もさせません。エサには抗生物質も入っていますから、口にすると味がぜんぜん違うんです。

うちのニワトリのエサはぜんぶ自分のところのものだけやっています。買っているものといえば屑米ぐらいです。この近くに無農薬米を作っている家があって、売り物にならない屑米をそこから買ってきて、それをニワトリに食べさせているんです。ぼくらが食べているのも屑米です。ニワトリにも、それと同じものを玄米のままやるんです。うちでは野菜もたくさん作っているんですけれど、そのうち人間が食べるところなんてほんのわずかです。トマトでもキュウリでも人間と犬がちょこっと食べたら、あとはぜんぶニワトリにやります。

こんなふうにして飼っていると、鶏舎公害なんてものとは無縁です。いまの養鶏業なんて、千羽、万羽の単位で飼っているわけですから、どうしても臭いや汚水の発生源になってしまいます。その点、うちの場合はこのくらいの規模だし、しかも放し飼いにしているので、そういうのとは関係ありません。

またニワトリのフンは、野菜のいい肥料になるんです。ニワトリのフンは小屋からできるだけ早く引っぱり出します。それをヌカと混ぜ合わせて野積みしておくと、これがいい堆肥になります。この堆肥になる過程のものもニワトリは好むんです。堆肥にたかるアリやミミズがニワトリの大好物です。サワガニなんかも取ってきてニワトリにやりますよ。カエルやドジョウなんかも喜んで食べます。

また、うちでは年間で百品目を目標に野菜を作っています。トマト、ナス、ジャガイモ、サツマイモ。それから豆類では丹波の黒大豆やサヤエンドウ、インゲン、アズキ。それにショウガ、ニンニク、ダイコン、カブ、ニンジン、シイタケ、イチゴ、ニラ、ラッキョウ……。数え始めると、きりがありません。

畑の広さはぜんぶで一反半ほどです。「汗かき農園」と名前をつけて、できるだけ手作業でやるようにしています。うちに機械類は小型耕耘機ぐらいしかありません。あとは四輪駆動の車が一台あるだけです。

果樹も二十種以上あります。富有柿、種なし柿、ミカン、スダチ、大粒と小粒の梅にサクランボ。それからリンゴにスモモ、ブルーベリー、イチジク、クリ……。このため、わが家の食料自給率は考えられないくらい高いんです。

ただし米だけは半分ほど買っています。水利権の問題があって、ぜんぶは作ることができないんです。年間で百五十キロほど作ってるんですが、さっき話した無農薬の屑米をそれと同じくらい買っています。米の不足分を補うために作っているのが小麦です。これはうどんにして食べます。うちでは三食に一食くらいの割合で手打ちうどんを食べています。

ここで「山猿塾」を始めたのは、人間がこれまでやってきた暮らしを変えないとダメになってしまうという発想からでした。東京なんて、もう人間の生活するところじゃないと思いますよ。都会ではみんな、毎日イライラしながら暮らしています。千葉に住んでいた時なんて、わざわざ人の家の前にゴミを捨てていく人がいました。社会環境がいくところまでいってしまっているんです。

理屈ではなくて、ここには触れれば感じる自然があります。いまの世の中は自然に親しむ機会があまりにも少なすぎると思うんです。山猿塾とは、そうした自然から学ぶ場だと考えているんです。

塾といっても塾長はいません。ぼく自身もここでは学んでいる塾生のひとりです。ぼくが塾長と思っていたのは、今年死んだ犬です。「習志野権兵衛」という名前だったんです。変わった名前でしょう？ペットショップで売れ残っていた柴犬で、たしか三万円か四万円で買って来たんです。名前がなかったので、だから名無しの権兵衛。それと、ぼくの車が習志野ナンバーだったので、洒落でそういう名前にしたんです。

さっき表にいたあの犬は二代目で「高見文吉」と

言います。山猿塾だからモンキーにしようと思ったんだけど、カタカナは嫌だから文吉にしたんです。あれは高いところが好きで、いつも犬小屋の上に登って高見の見物をしているものだから、それを姓にしてやりました。

犬は人間を肩書きで判断しません。カネを持っているとか持ってないとか、そういうことも彼らには関係ないことです。だから一番塾長にふさわしいだろうって、そう思っているんです。

◇

ここでの暮らしぶりですか？　毎朝五時頃に起き出すと、まず家の周囲をぐるっと回ります。畑に行って、芽がどのくらい出ているかを見たり、ハクサイやキャベツについているアブラムシを取って、それをニワトリにやったりします。ニワトリたちは喜んで食べますよ。

朝ごはんは六時から六時半頃までです。八時前になると農作業にかかります。昼メシは十一時です。朝が早いものだから、そのくらいになると腹が減ってくるんです。その前にビールを一本飲みます。また、あと一息という時に、お中半を食べることもあります。畑仕事には瞬発力が要りますから。午後からも農作業です。三時頃にもお中半をとります。女房には、ここに来てから以前の倍以上食べるようになったと言われます。

ぼくがここでやっていることは、実地の体験取材だと思っているんです。自分が実際にやってみて、体験したことや考えたことを活字にしていこうというのがぼくの考えなんです。これまで、ぼくは企業社会を取材しては、いろいろと批判を続けてきました。じゃあ、それでいったい何か変わったかというと、なにも変わっていない。自分はこれまで何をやったんだろうかという思いがありました。

それから、自分が考えていることが本当に実現可能かということを確認してみようという気持ちがあったこともたしかです。はたして間伐材だけで家が建つのか？　究極のエコロジー生活とは、どんなものか？　そういうことを実践してみたわけです。じっさい、やってみて新たに発見したこともずいぶんとありますし、体験そのものを自分でも楽しんでいるんです。

田舎暮らしを始めるうえでのポイントになるのは、地域の人たちとの交流のし方です。田舎では地域の人たちとのつき合いというものがどうしても欠かせません。この点が都会での暮らしとは一番違った部分であるわけです。

一例を挙げると、集落には共同の山があります。日役《ひやく》といって、その山の下草を刈ったり木を間引いたりします。そういうのには、ぼくも積極的に参加します。そういう場で地域の人たちと仲よくなることがあるわけですから。

それから、人が所有している山の間伐を請け負うこともあります。山の手入れをする手間賃をもらう代わりに間伐した木をもらってきて、ストーブの薪にしたりします。でも、やっぱりタダでもらうのは気分が良くないので、ぼくは国と県が出している間伐手当を山の持ち主にそのまま渡すことにしています。

でも、何でもかんでもつき合うことはできません。ぼくは納得のいくことだけしかやらないんです。ここに移って来る前から、集落の人たちにもそういう話はしていました。例えば、お寺の日役なんていうのもあるんだけど、ぼくは行きません。うちはお寺の檀家にはなっていませんから。今日も村祭りがあるみたいですけど、これにもぼくは参加しません。

でも、どうやったら地域の人たちの役に立てるかということは考えないと、こういう田舎ではやっていくことはできないんです。それが田舎の生活というものです。

このことに関係して、いまもあることに関わっています。それは、この集落から下ったところにあるバイパス沿いの土地に大阪の業者が分譲墓地を計画していることがわかったんです。その対策を地域の人たちから相談されて、ぼくもだいぶん知恵を貸しました。企業の取材を長年やってきたわけなので、そういう事情についてはふつうの人よりも通じていますから。けっきょくその計画は中止させることができました。途中から、うちがその対策センターみたいになってきて、地区の役員さんたちが集まって何度も話し合いをもちました。

ぼくたち夫婦にはふたりの娘がいます。ここに移ってきてからは、その娘たちも頻繁に遊びに来るようになりました。下の娘の子どもは二歳になるんですが、その子に豊かな自然を見せたいと言ってはよく連れて来ています。この家は娘たちにとっても居心地がいいみたいです。千葉にいた時よりもずっと頻繁にうちに来るようになりましたから。

晴耕雨読の理想的な生活だって？　いやあ、そんな悠長な話ではないんです。自分としては、いまは畑仕事に重点を置き過ぎてしまっていて、本当はそれではいけないと思っているんです。

個人的には、ここで体験した農業や林業のことや、それから地球上のいろいろなものの流れの本質に迫れる、そんな内容の本をいずれまとめたいと考えているんです。そういう思いがぼくのなかには強くあります。そのためには、いつでも畑仕事を投げ出す覚悟は持っているつもりなんですけどもね。

夫婦で福祉マンションに入居する

お金で解決できる方法があるのなら、
その方がずっといいいんじゃないかと思うんです

倉澤幸也（78歳）
元電話会社勤務・大阪府

昨年、女房とふたりで福祉マンションに入居しました。大阪市城東区内にある九階建ての建物で、地下鉄の最寄り駅までは歩いて五分ほどです。ここは交通の便のよさが最大の売り物で、市民センターに習い事に行ったり都心まで出たりするのにも、とても便利がいいんです。

福祉マンションというと聞こえはいいんですが、早い話が民間の有料老人ホームです。わたしたちが住んでいるのは、それぞれの部屋が独立している集合住宅の一室ですが、階下には介護が必要になった高齢者たちのためのフロアもあります。いわゆる介護付き有料老人ホームと呼ばれているものです。

わたしたち夫婦は、いまのところは、どちらも介護は必要ありません。でも、元気そうに見えても、わたしもそろそろ八十歳の大台に手が届く年齢になってきました。いつ寝たきりにならないとも限りませんから、同じ建物のなかに介護付きホームがあると、とても安心できるんです。この隣には内科医院もあります。その医院の医師がこのマンションの地主です。

ここに夫婦で入ることにしたきっかけですか？
平成十一年の初めにわたしが病気になったことです。

昭和五十八年に電話会社を定年になって、さらに平成六年まで嘱託カウンセラーとして働いていました。そのあと泌尿器系を患ったんです。

膀胱炎と前立腺肥大を併発して手術を受けました。当初の予定では、入院は二週間だったんですが、けっきょく一ヵ月ほどに延びました。家に帰ってからも、しばらくはうちの奥さんに世話してもらっていたんですが、奥さんもついに看病疲れから倒れてしまったんです。ふたりとも寝込んでしまい、ヘルパーさんに来てもらって急場をしのぎました。

これがきっかけで、老後をどうするかということがわが家の課題として浮上してきたんです。わたしたちには子どもがいませんから、まわりに世話をしてくれる人間も期待できません。そういうこともあったので、早いうちから手を打っておこうと思うようになりました。

わたしの父は八十六歳、母は九十歳で亡くなりました。ともに老衰だったんですが、高齢者の面倒を見ることの苦労は身をもって知りました。とりわけ、母の介護は五年にも及びました。あのたいへんさはなかなか口で言えるものではありません。食事、入浴、おしめの交換……。わたしも時々はおかゆを食べさせたりしていました。

いくら身内でも、介護というのは本当にたいへんです。なにしろ二十四時間、その面倒を見るわけですから。もっとも、当時のわたしには仕事がありましたから、九割ぐらいまでを奥さんにまかせていました。そういうこともあって奥さんから「そろそろ互いの介護のことを考えましょうよ」と言い出された時は、その気持ちが痛いほどよく理解できました。

また、有料老人ホームに入居した理由のひとつに家のメンテナンスのことがありました。ここに来る以前は神奈川県の大和市というところに住んでいたんですが、三十年ほど前に買った建坪三十坪ほどの家はそろそろ老朽化していて、修理の必要が出てきていたんです。

家の修理というのは、屋根の修理をする場合でも、ダメになった瓦だけ替えればいいというわけにはいきません。瓦ぜんぶを葺き替えることになるので何百万円というお金がかかります。庭木の手入れにしたって、年に何度かは植木屋さんに頼んでいましたから、そのたびに出費もあります。

元の同僚からも、年をとってきたので自宅を売ってマンションに引っ越したという話を聞くことがありました。そういうこともあって、わが家でも病気になる前から、家を処分してマンションに引っ越そうかという話は出ていました。

専門家の話では、家そのものはあと二十年くらいはだいじょうぶということでした。それでも二十年後には確実にダメになります。そうなってから家を処分することは、なかなかできるものではありません。それなら、価値のあるいまのうちに売ってしまった方がいいと考えるようになったんです。

◇

「終のすみか」を本腰入れて探し始めたのは、病気が回復した平成十一年の四月からです。当初はマンションに引っ越すという考えが頭にありましたから、神奈川県内のあちこちの新築マンションを見てまわりました。

ところが、その手の都市型分譲マンションの住人というのは、どうしても若い人たちが多いんです。年代の違いというのか、高齢者にとっては近所づき合いがうまくいかず、なじめないことも多いという話も耳にします。それにマンションというのは介護ということを考えても不安が残ります。いよいよ身のまわりの世話が必要になってきた時に、通いのヘルパーさんでは安心できないと思いました。

わたしたち夫婦が抱えているそんな問題について相談にのってもらおうと、地元の市役所や県庁の窓口にも足を運びました。ああいうところでは、はっきりした具体的な言い方はしないものです。でも、こんな方法がありますよとか、こういう機関があるので訪ねてみてはどうですか、というアドバイスはしてくれます。そうやって、いろんなとこに行って話を聞くうちに、わたしたちにはどうやら有料老人ホームというものが一番向いているんじゃないかという結論に達しました。

そこで銀座にある全国有料老人ホーム協会というところに三、四回足を運んで、担当者から説明を聞きました。ひと口に有料老人ホームといっても「入居型」や「分譲型」など、いろんなタイプがあることがわかりました。そこから紹介してもらったホームを実際に見にいったりもしました。神奈川とか千葉とかの比較的近場にある老人ホームの体験宿泊にも五、六回くらい参加してみました。

ところが、そういうタイプの老人ホームというのは、どちらかというと交通の便が悪いところにあることがほとんどです。いざ現地に行ってみると、最寄り駅からシャトルバスで三十分もかかる山の中だったりします。たしかに環境はいいかもしれませんが、どこに出かけていくにも不便で仕方がありません。定年後の生活とはいっても、たまには人に会って話をしたり、街に出かけていったりということをしないと、すぐに老け込んでしまいます。

そんな時に知ったのが、あるNPO法人のことでした。老人ホーム協会からもらってきたパンフレットのなかに、これまでにない新しいタイプの高齢者住宅を横浜市内に計画しているということが書いてあるものを見つけたんです。

そのNPO法人では、住まいが完成する前から会員たちがいろいろな要望やアイディアを出し合って、それを建設する有料老人ホームに反映させるという活動をしています。わたしたちがいま入居している介護付きの有料老人ホームを全国各地で管理運営している会社の株式を十パーセント保有する株主でもあります。

しかも、その福祉マンションが計画されていたのは横浜市の港北区で、交通の便としては申し分がありません。うちの奥さんもすぐに気に入りました。

そういうわけで、港北区のホームへの入居をほぼ決めて、その準備にかかることにしました。

住んでいた家を売りに出したところ、買い手もすぐに見つかりました。購入を希望したのは地元の建設会社です。値段についてはずいぶん粘りました。そりゃあ、こちらもできるだけ高く売りたいですからね。最終的に三千五百万円をちょっと上回るくらいの価格になりました。

ただし、心配なことがひとつありました。入居する予定の福祉マンションにはモデルルームがなかったんです。いくら話だけ聞いていても、実際にどんなものになるのかを見たわけではありません。自分たちの目で確かめておきたいという気持ちがありました。

そう思っていると、仮契約をする直前に担当者が「これと同じものが大阪にもできるんですよ。一度それをご覧になってはいかがですか」と言ったんです。それを聞いて、じゃあ大阪に行ってこようかって奥さんが言い出しました。

うちの奥さんは京都の出身で、今年で百一歳になる母親はいまも京都にいます。兄弟たちもみんな京都や奈良に住んでいるものですから、彼女からするとやっぱり同じ関西ということで興味があったんでしょうね。

わたしのその時の気持ちですか？「大阪かあ……」という感じでした。なにも大阪くんだりまで見にいくことはないじゃないかって。港北区なら当時住んでいた大和市と同じ神奈川県です。引っ越すにしても、ずっと簡単ですからね。しかし、たくさん見ておくことは参考にこそなれ、まあマイナスにはならないだろう。そう考えて、とりあえず夫婦で見に行くことにしました。

そんなわけで、この場所まで見に来たんですが、建物そのものはまだ完成していませんでした。モータープールだったところを整地して地鎮祭をやっている最中でした。これからここに建てるんですよっていう説明だけ受けました。なのに、奥さんはもうここが気に入ったと言うんです。

それと、わたしたちが来たのはたしか木曜日だったんですが、土地の持ち主であるお医者さんにもお会いすることができました。木曜の午後は休診だったので、たまたまお目にかかれたんです。先生は自分の考え方を熱心に話されました。

ホームと同じ敷地内に医師がいてくれるということは、とても安心できる要素です。ホームには介護スタッフも常駐するということですから、介護という点でも心配ありません。ふたりともドクターの人柄がとても気に入りました。

しかし難点もありました。ここは大阪市内でも市街地ですから、騒音がかなりあるんです。今里筋という幹線道路がすぐ近くを通っていて、その交通量はかなりのものです。そのためホコリも相当あるんです。でも、それだけ交通の便がいいわけだから、その分は仕方がないと思っています。ともかく交通の便を優先させた結果、ここに入居することに決めたんです。

大阪に来ることについては多少の躊躇もありました。そのことは奥さんにも言いました。でも、男というものは定年になったら奥さんの意向を無視しては何もできやしません。奥さんからは、それまでから関西に移りたいということを何度も聞かされてきました。ずっと言われ続けてきたわけだし、わたしもこのへんで観念しようと思ったわけです。

そういうわけで、大阪の有料ホームに入居する契約は済ませたんですが、ホームそのものが完成するのはそれから半年先です。自宅の売却は決まってしまっていましたから、その間は大阪市内で同じ会社が管理している十年ほど前に作られた有料老人ホームに仮住まいすることになりました。

たいへんだったのは運び込む荷物についてです。というのも、引っ越し先は五十平米ほどしかない集合住宅の一室です。それまでの家財道具の多くは、ほとんど処分することになったんですから。

衣類や家具については、最低限の必要なものだけ残し、あとはぜんぶ人にあげました。いまのご時世では、そんなものを売ろうと思ったって値段がつきません。家具類は近くの農家の人に引き取ってもらうことにしました。スーツ類はぜんぶ後輩に譲りました。

家具類で持ってきたのは食器棚と食卓、それに冷蔵庫や掃除機ぐらいです。そのほかに持ってきたものといえば、ゴルフセットと本ぐらいのものです。わたしは謡曲を趣味にしているものですから、そのための本がたくさんあるんです。あとはミシンが二台。これは奥さんが趣味の洋裁をやる時に使う大型の特殊ミシンです。最後に残ったものに、お墓がありました。これは家具を引き取ってもらった農家の人に頼んで、見てもらうことにしました。

いま住んでいる部屋は入居する時に三つに仕切ってもらっています。食堂兼居間、奥さんの部屋、それからわたしの部屋として使っています。定年後はそれぞれが好きなことをして過ごす時間が長いんです。わたしが謡曲の稽古をするときは大きな声を張り上げますから、部屋中に響きわたります。奥さんがミシンをかける時も、けっこう大きな音がします。だから間仕切りを入れてもらったんです。

◇

いま、わたしたちがいるこの一階のスペースはレストランとの兼用です。ここに来れば日に三度、コックさんが日替わりで料理を作って出してくれるんです。あらかじめ予約しておけば食べられる、そういう決まりになっているんです。料金は朝が三百五十円、昼が六百五十円、晩が七百円です。

うちの場合、朝と昼は原則として奥さんが作ります。ここに来て食べるのは夕食だけです。夕食を食べる時もたいてい奥さんと一緒ですよ。さあ、仲が良いのかどうか……。別々に来て食べる理由もないわけだし、それがふつうじゃないですかね。

こんなふうに同じ建物のなかに食べに行けるところがあれば、とても便利です。このことではなによりも奥さんが喜んでいます。女の人にとっては一日に三度の食事を考えなくてもいいわけだから、ずいぶん気が楽になるでしょうね。また、奥さんはいまグラウンドゴルフに熱中しているんですけど、いない時にはわたしはここで食事をすればいいわけだから。

ここの食事については、そりゃあ言いたいことがまったくないわけではないですよ。味付けは少し薄目になっているんですけど、これは健康のことを考えてのことだと思います。若い人と違って高齢者はどうしても運動量が少ないから、塩分を控え目にしてあるんでしょう。

味付けに物足りなさが残るのは仕方のないことだと思います。十人が十人に合う味付けというのはありません。ここでは一種の集団生活をしているわけですから、その点をよく理解していないと、ここでの生活に適応できません。

集団生活と言っても、べつに細かなルールがあるわけではないんです。門限もありません。そのほかの点はふつうの分譲マンションとまったく同じです。人の世話になりたくない、そういう考えの人たちが三十人ばかり同じ建物に暮らしている。ただそれだけです。

見てもらったらわかるように、玄関ホールの前にはスタッフ室があって、いつも誰かが居てくれます。自分が住んでいる階までエレベーターで行けば、そこから先はふつうのマンションとまったく変わりません。ほかに違っている点といえば、車イスが出入りできるように建物すべてに段差がない構造になっていることくらいでしょうか。

ここがふつうの分譲マンションなんかと違っているのは、ここでは部屋の居住権を買うという考え方をする点です。入居の際に権利金を払って、それがその後十年間の家賃の前払いという扱いになるんです。うちの場合は夫婦ふたりが住む広さの部屋に入っているものだから、権利金は約三千万円でした。このほか管理費として月々七万円と厨房維持費一万円が必要です。

それともうひとつ、ここには介護スタッフが常駐しているということです。この建物の二階は介護が必要になった高齢者が生活するフロアになっているんです。世話をしてくれるヘルパーさんたちもいます。寝たきりになったとしても、あわててヘルパーさんの手配をしたり施設を探したりする必要がありません。介護フロアへ移ればいいだけです。

これなら奥さんに負担をかけてたいへんな思いをさせることもありません。反対に奥さんにもし何かあって、介護が必要になったとしても、わたしに世話はできません。夫婦だからお互いに面倒を見ないといけないとか、愛情があれば平気だとか、そういう問題ではないと思うんです。お金で解決できる方法があるのなら、その方がずっといいんじゃないかって思うんです。だからここに住むことに決めたんです。

わたしたちがここに住み始めてから、ちょうど一年がたちました。その間に亡くなった人もかなりおいでですよ。さあ、たぶん六、七人になるんじゃないですか。

誰かが亡くなると、葬儀屋さんが来て棺を用意してくれます。なきがらを納めてもらい、花で飾ってもらいます。そのあと、ちょっとしたお通夜をやります。出棺のときは「誰々さんが出られます」というアナウンスが館内に流れます。すると、みんな玄関ホールのところまで下りてきて、お棺が出ていくのを見送ります。

いずれは自分もそうなるわけだし、同じ建物に住んでいて多少なりとも縁があったわけですから。できるだけそうやって見送ってあげた方がいいだろうという気持ちがあるから、みんながそうするんだろうと思います。

すっかり湿っぽい話になってしまいました。わたしたち夫婦は、いまのところは元気そのものです。病気で苦しんでいた頃のことが、いまでは嘘みたいです。わたしも奥さんも毎日あちこちに行ったりしては、好きなことをして暮らしています。

◇

それでも大阪に来てすぐの頃は、それなりに苦労しましたよ。なにしろ、それまでのつき合いがみんな関東ばかりでしたから。最初の頃は電話代が月に一万円もかかっていました。

いまはこちらでの知人も増えてきました。前にいた会社のOB会が各地にあって、その謡曲の会が神戸や京都や奈良にあるんです。それまでは面識もなかった人たちばかりですが、顔を出しているうちにだんだん馴染みになってきました。謡曲の活動だけでも月に四、五回は出かけます。ほかにも大阪市がやっている公民館での習い事なんかに出かけたりしています。

それから、この有料ホームに住んでいる人たちだけで謡曲のサークルをやっているんです。きっかけは、わたしがここで去年のいま頃にあった何かの会で、隠し芸と称して謡曲をうたったことです。そしたら、みんなから教えてほしいって言われてしまって。

そういうわけで、いまは週に一回わたしが先生役になって、夕食後にこのレストランで練習しているんです。みんなで一時間半ぐらい、大きな声を張り上げています。いまではメンバーも十四、五人ほどになりました。そういうサークルが、ほかにも書道や盆栽やコーラスなど、いくつかあります。盆栽の会の先生をやっているのも入居者の一人です。いろいろなサークルがホーム側のお膳立てではなくて自発的にできているんです。

それから月に二回、映画の鑑賞会もやっています。これは、ここのドクターが大の映画好きなものだから、その主催で住人みんなで映画を見るようになったんです。これまでに『タイタニック』や『ローマの休日』『雨あがる』なんかを見ました。

そんな調子で、おかげさまで毎日楽しく元気にやっています。さいわい、心配していたように介護を受けるような状況には、いまのところなっていないんですが、だからといって家を処分してここに移って来たことを後悔しているわけではありません。

こういうホームに入居するのは、安心を買うということなわけですから。本当に介護が必要になってからでは、不動産を処分しようにもできません。また、いよいよになってからでは奥さんに一番負担がかかります。奥さんの強い意向があったからこそ、ここに移ってくることに決めたわけですが、まあ住めば都です。

勤めている時は上司に従い、定年になれば女房に従う――。いまのこのご時世、男が長く生きていくには、頭の切り替えが必要ということでしょうかねえ（笑）。

瀬戸内海の島でミカンを栽培する

死ぬ直前まで畑仕事をやって、
最後はポックリ死ぬのがわたしの理想です。

川岡善三（60歳）
元スーパーマーケット勤務・山口県

わたしは今年の六月に定年になったばかりです。それを機に、生まれ故郷の瀬戸内海の島に帰って来ました。ミカンを栽培しながら、気ままなリタイア生活を始めて二カ月あまりがたちました。

周防大島は人口二万人ほどの小さな島で、ミカンの名産地として知られています。また、人口のほぼ半分がお年寄りという高齢者の島でもあります。島は、わたしが住んでいる東和町、それから大島町と久賀町、橘町の四町からなっています。

この島では年をとっても元気な老人が多いんです。八十歳のお年寄りでも、多くが田畑を耕して暮らしています。きっと山と海に囲まれた風光明媚な自然と気候が高齢者にいいんでしょうね。自然が豊かなことについてはご覧の通りです。ただし典型的な過疎地で、生活をするには不便です。とりわけ、わたしが住んでいるこの西方という集落は島の東南に位置していて、交通機関といってもマイクロバスが日に数回、山間や海岸の道を縫うようにしてやって来るだけです。

いま来てもらっているこの家は、定年退職した記念にデンマークからの輸入木材で建てたものです。実家の隣に建てて女房と移り住みました。だからうちは畑を挟んで同じ敷地に家がふたつあるんです。ここで毎日ミカンの手入れをしたり、野菜づくりの準備をしたりという生活をしています。また、若い時から好きだったオーディオを聞いたりして、いわゆる悠々自適の日々を送り始めたばかりです。

考えてみれば、勤めをしている間はずっと各地を転々としてきました。転勤、転勤の連続だったんです。わたしが勤めていたのは東京に本社がある私鉄系のスーパーです。勤務地は首都圏や北海道が長かったんです。北海道には十三年もいました。定年になる数年前に山口県の下松市に戻ってきて、そのまま定年を迎えました。退職するまでに、ぜんぶで十一カ所くらい店を移りました。

ざっと日本の東半分を一周して、やっとこの生まれ故郷の島に戻って来ることができたことに、とにかくほっとしています。これでようやくゆっくりできるなあ、というのが、いまの偽らざる心境です。

◇

若い頃はこの島を早く出たくて仕方がなかったんです。学校から帰ってくると農業の手伝いばかりさせられていましたから。

わたしが子どもの頃には、島はすでにミカンの産地でした。ミカンは水はけのよい土を好みます。この島は砂と石ころからできているので、ミカン栽培に適してるんです。急斜面の多い島ですから、雨が降ってもすぐに流れてしまいます。気候もミカン向きの温暖な土地です。だから、ぼくらが子どもの頃から、多くの家がそれまで棚田だったところをつぶしてはミカン畑に変えていました。

小中学校の時は、学校から帰ってくると、草とりとか、消毒の手伝いとか、そんなことばかりやらされていました。まだ機械もない時代のことですから、ぜんぶ手作業での手入れはたいへんなことだったんです。なかでも一番きついのは収穫です。ミカンを入れた箱を担いで急な傾斜を何回も往復しないといけませんでした。ミカンはほとんどが水分だから、とても重くてね。

また当時はまだ燃料に薪を使っていましたから、炭焼きもしていました。どこの家でも山に薪をとりに行くので、その手伝いもさせられました。うちでは乳牛を一頭飼っていて、その世話もありました。

　わたしは農業がどうしても嫌だったので、中学を卒業すると島を出ようと思いました。それで、わざわざ下松市の工業高校に行きたいと父親に言ったんです。父親はずいぶん反対しましたよ。

　当時はいまみたいに本州との間に橋も架かっていませんでした。本州との行き来にはフェリーしかなかったんです。でも下宿をさせるとお金もかかるし、それにやっぱり家業のミカン農家を継いでもらいたいという気持ちが強かったみたいです。わたしは七人姉弟の五番目なんですが、上は女ばかりです。つまり長男だったんですが、家業を継ぐつもりはまったくありませんでした。自分としては、工業高校で手に職をつけてから勤め人になろうと勝手に決めていました。

　わたしが高校を卒業する頃になってくると、全国各地でミカンがさかんに作られるようになってきました。そのため、それまでは比較的高値で取引されていたミカンが暴落するようになりました。でも、そういう経済的な理由からだけではなくて、たんにミカンの栽培が重労働だから家業を継ぎたくなかったんです。

　高校を卒業して入ったのは日本鋼管です。最初は川崎市内の工場に配属になって、港湾で起重機の運転をしていました。特殊免許を持っていたので、海外から運んできた鉱石や石炭を船から下ろす仕事に回されたんです。

　二十一歳の時に夜間の大学に通うことにしました。同じ寮の先輩にやっぱり夜間の大学に行っていた人がいたので、わたしも通おうと思ったんです。入学したのは国学院大学の法学部です。当時の日本鋼管は「カネと命の交換会社」なんて陰口をたたかれていました。給料は悪くなかったんですが、勤務は昼夜三交代制でキツかったですからね。このままずっと勤務をしていては、とても定年まで体がもたないと思いました。

　二十五歳で大学を卒業して入ったのがスーパーの西友です。製鉄会社というところは、いったん工員として入社すると、途中で事務職に変わるのがむずかしかったんです。転職したのは昭和四十二年の九月で、まだスーパーが登場し始めた頃です。商品を並べさえしておれば、ものが売れた時代でした。西友ができたのは昭和三十八年で、まず首都圏で地歩を固めてから、このあと全国展開を図ってゆく、そういう時期だったんです。

入ってすぐの頃は、もっぱら売場を担当していました。川崎、荻窪、練馬区の中村橋、墨田区の平井。それから千葉の稲毛から八千代台に移り、横須賀にも行きました。三年に一度くらいのペースで転勤していました。

その次に行くことになったのが北海道です。札幌市内には二軒の店があって、まず西町店というところで衣料品を担当しました。それから元町店では店長をやりました。そのあとに関わったのが、同じ北海道の滝川駅前に予定されていた大型店舗の立ち上げです。

滝川では開店準備委員長という肩書きをもらって、まったく何もないところから開店にまでもっていくという、そういう仕事でした。行って最初にやったのが地元との調整です。商店街を対象にした説明会を何度も開きました。地元の商店街は大型店の出店によって影響を受けることになるので、不安を解消するために話し合いの場を持つわけです。当時は大型店ができるとなると地元の商店街は大反対でしたから、その対策が一番たいへんな仕事だったんです。

それが終わると、建物の建設と店舗工事にかかります。さらにテナントとして入ってもらう店探しもあります。この時期はいろいろな仕事が山積していますから、無事にオープンするまで気を抜くことができません。現場の責任者として最終的に自分で判断しなければならないことも多いので、何ヵ月も休みなしで働きました。

こういう大型店の立ち上げは、まるっきり何もないところからスタートして店舗や町の一部を作っていく、そういう仕事です。いろいろなアイディアが、のちのち大勢の人々が生活を営むことになる町づくりにそのまま活かされることになるので、その点はおもしろい仕事だったと思っています。

滝川店がオープンすると、そのまま店長になりました。滝川には出店準備の期間から妻子は札幌に残したままの単身赴任でした。子どもが高校に行っていた時期だったので、転校させない方がいいと思ったんです。

滝川の仕事がひと段落した頃に、たまたま社内報を見ていたところ、高校時代を過ごした山口県の下松市にショッピングセンターを作るという計画が目に留まりました。いい機会だと思って、会社に言ってそちらの仕事に変えてもらいました。こうして出身地の山口県に帰ってくることになったのが平成二年の三月です。

◇

下松市に新しく建設されるショッピングセンターというのは、商業集積整備法という法律にもとづいて進められていたものです。西友と下松市が共同出資する第三セクター「下松タウンセンター開発」が事業主体でした。

わたしはその会社の開発部に所属して、滝川の時と同じように地元との調整から始めました。この計画は地元の誘致を受けたものだったので、その点はやりやすかったですよ。平成五年にオープンしたのが「ザ・モール周南」という商業集積施設です。それまでは徳山市がこのあたりの商業の中心地だったんですが、この施設ができたことで徳山から下松に移るきっかけになったと言われています。

その後も二期目、三期目の計画を実現させる仕事に携わりました。シネマコンプレックスという、映画館が七つも入った施設をつくったり、大型家電店を誘致したりしました。最後は常務の肩書きで定年になりました。

ところで、定年になってすぐに、どうして生まれ故郷の周防大島に戻ろうと思ったのか。そのまま下松市で余生を送るという選択肢もたしかにあったわけです。

父は二十五年前に亡くなっていますし、その後ずっと元気だった母も、昨年この世を去りました。だから面倒を見なければならない親がいたわけではありません。生活するのに不便なこんな過疎の町に戻るより、そのまま暮らしやすい下松に住み続けた方がよかったのではないか。そう思われるのも、もっともなことだと思うんです。

でも、わたしにとっては、定年になってこの大島に帰ることが、ここ四、五年の間ずっと考えていた抱いていた夢だったんです。六十歳になったら生まれた島に帰りたい。この島でミカンを作りながら、ゆっくりと暮らしたい。そんな生活に、いつしかあこがれるようになっていました。

そう思うようになったのは、ある出来事があってからです。滝川から下松に転勤になった時期に、わたしはリンパ節腫瘍という病気になりました。先日、亡くなった前セリーグ会長の高原須美子さんも、これと同じ病気です。いまは元気そうに見えるかもしれませんが、危うく命を落としかけたんです。

その時にあらためて思ったのは、もっと自分を大事にしないといけないということでした。さっきも話したように、それまでは典型的な仕事人間でした。休みも満足にとらないことを誇りにしていたようなところがあったと思います。もっとも、それまでは医者にかかったこともありませんでした。初めて病気になったことで、健康が何ものにも代え難い大事なものだということを痛感するようになったんです。

いまの企業には、人間を大事にしようとしない考え方が露骨に感じられます。いくら命を削って働いたところで、ひと言「君はいらない」と言われれば、それでお終いです。社員をかんたんに使い捨てするようなやり方になってきているんですから。

わたしもそういう目に遭った同僚から相談を受けたことがあります。でも、何もしてあげられず、つらい思いをしました。

そんなことを思うようになった四年ほど前からは、下松市で会社勤めをするかたわら、この家まで時おり通って来てはミカン栽培をするようになりました。一カ月か二カ月に一度ですが、誰も世話をする者がいなくなった果樹の手入れをしたり、草とりをするようなことをしてきました。

それでも八年ほど前までは、母がミカンの出荷をしていたんです。そのミカンの木も、何もせずに放っておいたらすぐにダメになってしまいます。草に負けないよう、まめに除草しないとあっという間に荒れ山になってしまうんです。母が死んだあとは、島内にいる姉たちが代わる代わるこの家にやって来てはミカンの木の手入れをしてくれていました。

毎年甘い実を結ぶわが家のミカンの木は、そうやって父母から姉たちの手を経て、いまはわたしたち夫婦が世話をすることになりました。わたしたち姉弟にとって、このミカンの木はきっと何かの象徴なんでしょう。家であり、両親の思い出であり、幼い頃の思い出であり……。大事に世話をして実を結ばせることで、ほっとした気分に浸ることができるのは、きっとそういう理由からだと思うんです。

わたしがミカン栽培で心がけていることがひとつあります。農薬はできるだけ使わないということです。使っても一シーズンに一回とか、せいぜいそのくらいです。農薬をぜんぜん使わないわけにはいかないんです。何回以上散布してくださいという申し合わせが集落であるからです。ふつうは六月頃から毎月のように消毒します。防虫が目的だから、うちだけ消毒をやらないわけにはいきません。

ミカンの木の世話にも、一年を通じてきまった手順があるんです。春になったら剪定を始めます。余分な枝を切って揃えるんです。また、七月頃に実がなったら摘果といって、なり過ぎた実を摘みとります。そうすることで、残った実に栄養がじゅうぶんに行きわたるんです。

うちで作ったミカンは、形はあまり良くないんですよ。わたしが以前スーパーで売っていたミカンなんかと比べると、見た目はかなり劣ります。でも農薬をあまり使っていないので、安心して食べることができます。

そうやって作ったミカンを知り合いに送ってあげると、とても喜んでもらえます。いまはそれがわたし自身の一番の励みです。またお返しにその地方の特産品を送ってくれたりすることもあります。北海道の知人がカニを送ってくれたりだとか。そこには利益や利潤だけを考えてやっているビジネスでは得られない喜びがあります。損得なしに人とやりとりできることが、とても快いんです。

かつての取引先などから再就職の話をもらうこともあります。でも、サラリーマンの生活に戻ることはまったく考えていません。そう思っているからこそ、会社勤めに不便なこの島に帰ってきたんです。

サラリーマンの生活にストレスは避けて通れません。自分の感情を殺したまま、ひたすら上司の指示にしたがって仕事をするということには、どう考えても無理があると思うんです。

◇

この島はたしかに生活は不便です。この家から一番近くのスーパーでも車で十五分くらいかかります。だから週に何回かは車でそこまで出かけていって、買いだめをしておかないといけないんです。でも自然だけは豊かです。緑と海に囲まれた生活は気持ちがいいですよ。うちには畑もありますから、ホウレンソウやハクサイやキャベツなんかを作ろうと思って、いまその準備をしているところです。自分で作った野菜を毎日食べる、そんな生活を始めたいと思って、いまは肥料にする堆肥を作っているんです。

この窓から見える、あそこの畑の隅に積んであるのが堆肥です。上からシートを被せて寝かせてあります。わたしはこれまで野菜を作ったことがないので、いまは姉たちから野菜の作り方を教わっているところなんです。

この家の二階にはオーディオルーム兼書斎があります。音楽鑑賞は若い時からの趣味だったんです。これまでオーディオには何百万円もかけてきました。でも、これまではせっかく買ったオーディオを思いきり鳴らすことができませんでした。なにしろ、ずっとマンション住まいでしたから。ここではそんな気兼ねは無用です。隣の家まで何十メートルも離れていますから。目いっぱいボリュームを上げたところで、近所から苦情を言われる心配はありません。自慢のオーディオをお見せしましょうか？　ご案内しましょう。

スピーカーはアルテックというメーカーのものです。ジャズ喫茶なんかによく置いてある、大型の本格的なタイプです。これは一本が四十万円ぐらいしました。買ってからずいぶんになるんです。ご覧の通り、かなりの大きさがあるでしょう？　公団住宅に住んでいた時は、部屋のひとつがこのスピーカーだけでいっぱいになりました。こちらのサブスピーカーは一本が十万円くらい。こちらのアンプはデノン製です。プリアンプとパワーアンプがセットになっていて、やっぱり三十七万円くらいしました。このようなオーディオルームを持つことは、わたしにとって長い間の夢だったんです。その夢を定年になってやっと実現することができたわけで、いまはとても満足しています。

もっと満足しているのは妻じゃないかと思いますよ。この家は妻がスケッチしたものを設計事務所で図面にしてもらって建てたんです。建坪は七十平米で、延床面積が百四十平米あります。階段の部分が吹き抜けになっているので、その点広々と感じると思います。使っている材木はすべてデンマークからの輸入材で、窓は保温と防音のため二重サッシにしています。建設費には二千八百万円かかりました。

じつを言うと、周防大島に帰りたいといったわたしに妻が出した条件が、この家を建てることだったんです。妻は最初、定年後に住むのは札幌にいた時に買ったマンションでいいと言っていたんです。でも、わたしがどうしてもこの島に帰りたいと言ったものだから、それなら自分の好きな家を建ててほしいと言われました。

妻は島とは縁のない人間です。首都圏の店で働いていた時の元同僚です。ここに越してきて二カ月近くの間に、彼女もこの土地の生活にだんだん慣れてきてくれて、わたしもほっとしています。

いま課題にしていることがあります。もっともっと甘くておいしいミカンを、どうやったら作れるかということです。ミカン農家としてはまだまだヒヨッ子みたいなものですから、改善する点がたくさんあるんです。そのうち、本当に満足できるミカンができるようになれば、直販を始めるのもいいなあって思っているんです。自分のホームページを立ち上げて、そこで注文をとって。そんなことができるようになればいいなあって(笑)。

そうやって、死ぬ直前まで畑仕事をやって、最後はポックリ死ぬというのがわたしの理想です。ここは本当の過疎地だから、救急車を呼んでもなかなか来てくれません。そのぶん、病院の集中治療室で本人の意志と関係なしに鼻にチューブ管を突っ込まれることもないわけです。この島でなら、いたずらに苦しい思いをすることもなく、最後は楽に死ねるんじゃないかって思っているんです。

カナダと日本を行ったり来たり

ぜんぶ自分で働いて稼いだお金を使ってやっていることです。

植田宏（68歳）
元部品メーカー勤務・静岡県

わが家にカナダのヴィクトリアに別宅があって、カナダと日本との間を半年ごとに行き来しています。別宅といってもアパートメント・コンドミニアム、日本風に言えばマンションです。一九九九年の秋に購入したものです。夏の間はあちらで過ごします。肌寒くなってくると静岡県伊東市の自宅に戻って冬を越すというパターンで、一年を過ごしています。

定年になるまで住んでいたのは名古屋です。わたしはもともと仙台の出身なんですが、若い頃から寒さにはめっぽう弱いんです。それで、定年になったらとにかく温暖なところに住みたいという気持ちがありました。それで選んだのがこの伊東です。今日も十二月の下旬というのに、戸外の気温は十度です。これでもまだ低い方なんです。うちはご覧の通り高台にあるんですが、車で三十分ほどの市街地に出るとさらに二、三度は暖かいですから。

伊東は冬をしのぐにはもってこいの土地です。この近くでは温泉も出るので、ここまでパイプで引いています。うちに届くまでにはすっかり冷めていますけど、温め直せば家に居ながらにして温泉に毎日入ることもできるんです。

ここから東京まで出るのに、たしかに時間はかかりますよ。伊東駅からJRの直通電車で一時間四十分ほどです。熱海駅で新幹線に乗り換えても時間はそれほど変わりません。通勤にはちょっとつらい距離ですが、定年後の人間にはあまり関係ありません。

ただ、冬が暖かいということは夏はそれだけ暑いわけです。反対にヴィクトリアは夏がとても快適です。なにしろ北緯四十八度に位置している町ですから。北海道の稚内で四十六度です。ヴィクトリアがどれだけ北かわかるでしょう？　それで夏になると夫婦でむこうに移ってゴルフをしたり、ホームパーティーをしたりして楽しむんです。そんな渡り鳥のような生活を始めて丸二年が過ぎました。

われわれのような転勤族にとって、地縁というものはあまり関心がないんです。生まれたところにずっといるよりも、自分が気に入ったところに住みたいという志向が強いんでしょうね。それで名古屋で若い時期に買った分譲一戸建てを定年と同時に売り払って、伊東に越してきたわけなんです。

◇

現役時代はずっと出稼ぎをしていたようなものです。勤めていたのは創業者が社長でもあった部品メーカーです。エレクトロ・マグネティック・インターフェアレンス、つまりEMIと呼ばれる電磁波障害を防止する機器を作っている会社です。パソコンやファックスにつながる回線に親指ほどの大きさの器具がついているのを見たことがありませんか？　あれがEMIを防止するための部品です。ただしわたしがいたのは製造する方ではなくて、ずっと総務畑だったんです。人事や経理といった裏方を担当していました。

もともと、横浜の大学を卒業してすぐに石油商社に入社したんです。卸がメインでしたが、直営のガソリンスタンドも全国に六十カ所ほどありました。その会社では東京を振り出しに地方都市を転々としました。

名古屋支店にいた時にまた異動の辞令が出ました。次の行き先は富山県の高岡市だというんです。これには躊躇しました。家族と一緒に赴任するというのが条件だといいます。ここの歴代の所長はみんな女性で失敗しているので、家族と一緒でないとダメだというんです。

当時わたしは四十二歳だったんですが、長女が名古屋市内の有名私立学校に通っていました。せっかく苦労して入れた学校だったのに、それが無になってしまいます。またオイルショックの後だったので、この業界も先細りだなという考えもありました。どうしようかと思っていたところに、地元の会社で経理課長を探しているという話を耳にました。それが定年まで勤めることになった会社です。

転職先の会社では経理の一切をまかされました。社長は新製品を次々と開発して販売することについてはとても長けた人だったんですが、財務管理には弱かったんです。その分野をしっかり支えるというのがわたしに与えられた仕事でした。

ところが創業者が社長でもある会社というのは、社員にとって本当につらいものなんです。なにしろ社長の鶴のひと声ですべてが決まってしまうんですから。わたしがいた会社もそんな典型的なワンマン会社です。じっさい、そういう雰囲気に嫌気がさしてすぐにやめてしまう人も多かったんです。しかも名古屋の会社はお金にとても厳しいところがあります。とりわけ、わたしがいた会社では性悪説をとっているようなところがあって、日々いろいろと厳しいチェックが入ります。そんなさまざまな要因があって、とてもストレスを感じる毎日だったんです。

ただ会社の一番大事な部分をまかせてもらっていたわけなので、仕事そのものにはやり甲斐を感じていました。その点はよかったんです。それでも仕事はたいへんでした。あんた、本当によく続いたねって、よく人から言われました。

そのうち会社が大きくなってきて、やがて海外に拠点をつくることになりました。アメリカとドイツに現地事務所を設立して、そのあと台湾と韓国にも駐在員事務所を設けました。アジアのこの二カ所の拠点づくりにはわたしも関わりました。

現地法人を設立するには、まず会社登記をすることから始めます。役所に届け出をするわけなんですが、そのための書類は現地の言葉で現地の法律に則って作成します。この作業は、しばらくむこうに滞在しながら法律事務所に依頼して進めました。実際に会社が立ち上がると日本から責任者を派遣するんですが、事務所ができるとすぐに仕事が始められるように現地で社員を採用する仕事もやりました。

そのうち会社が上場することになりました。わたしは財務担当の取締役管理本部長として、経営情報の開示などの仕事に関わりました。会社では以前から自社株を持つことを推奨していましたので、株式上場に伴うキャピタルゲインも懐に入ってきました。

この時期にちょうど定年後の生活について考えるきっかけになる出来事がありました。目の病気になったんです。網膜に風邪のウィルスが入って、あやうく失明しかけました。仕事のうえで創業者社長に接する時間がどうしても長いので、そのストレスが影響していたと自分では思っています。

約一カ月間の入院を終えて会社に復帰してみると、わたしの仕事は上司と部下がこなしてくれていました。それまでは自分がいないとこの会社の財務は立ちゆかないと思っていましたから、少し拍子抜けした気もしました。でも、これならわたしがいつ会社を辞めても支障はありません。そう思うと気が楽になりました。それからは会社に診断書を出して、夜の七時になるとピタッと仕事をやめて帰宅するようにしました。

また、それまで会社には定年の規定がなかったんですが、わたしは自分の責任で役員の規定を作り、その第一号として定年退職しました。これが六十二歳の時です。

◇

会社を辞めたら名古屋を離れようという考えは、退職する前からずっとありました。名古屋というところは、どうでもいいことに対しても妙に細かいんです。また名古屋人は地元の人間だけでまとまってグループをつくり、よそ者を容易に受け入れません。つまり都会に見えても、いまだにムラ社会なんです。わたしは名古屋のそういうところがどうしても好きになれませんでした。

それで定年になる少し前から新たに住むところを探し始めました。その時に夫婦で話したのは、暖かいところの方が過ごしやすいだろうということでした。すぐに思い浮かぶのは伊豆や房総のあたりです。

東京に近い方が何かと便利ですからね。

もうひとつ条件がありました。妻の義理のおばがまだ元気で、周囲に面倒を見る人が誰もいなかったんです。東京で一人暮らしをしているおばを引き取って、一緒に住もうという話になっていました。

伊豆には多少のなじみもありました。会社が保養用にもっているタイムシェア方式のマンションが伊豆にあったからです。これを利用して、週末になると伊豆までやって来ては土地探しから始めました。そうして見つけたのが、いま家があるこの場所です。ここに家を建て、おばを引き取って一緒に暮らし始めました。

この家は二世帯住宅になっています。こちらの棟には大きめのリビングルームとダイニングキッチン。それから二階にも部屋が三つあります。おばが住んでいたむこうの家は平屋建てで、六畳の和室とリビングルーム、寝室、納戸があります。トイレやバスもそれぞれ別々にあるんですが、二軒は玄関口でつながっていて、間仕切りの扉を開ければ自由に行き来できる構造になっています。

この家は南側に庭を広くとっているのが特徴です。とても日当たりがいいから、冬でも居心地がいいんですよ。建坪は七十四坪ほどです。ここに暮らし始めてからは、この家を拠点にあちこちの国に旅行しては行く先々でゴルフを楽しむ、そんな生活を送っています。

◇

それから、われわれ夫婦がカナダにコンドミニアムを買って住むことになった経緯についてです。それは子どもたちから刺激を受けたということがあると思うんです。

わたしたちはふたりの子どもを自立した個人として生きていけるよう教育したつもりです。娘は交換留学生としてアメリカに行かせましたし、その三つ年下の息子も日本の大学を卒業したあとアメリカの大学院に行って経営学を学びました。ふたりとも学校を卒業したあと外資系企業に就職しています。

そんな子どもたちの相手をしているうちに、今度は家内が外国で勉強したいと言い出しました。一九八九年と九〇年にそれぞれ三カ月ずつサンフランシスコに語学留学しました。九一年にはオーストラリア、さらに九二年にはイギリスに三カ月間、いずれも語学留学に行きました。

わたしも会社勤めをしている時は休暇をとって、たびたび海外には行きましたよ。とは言うものの、一週間から十日間程度の観光旅行です。さきほど話した台湾や韓国での現地法人設立の時も、ホテルに滞在しただけのことです。つまり家族のなかでわたしだけ一人、それまで海外生活した経験がなかったんです。

この家を建てた時の資金は、名古屋の家の売却と会社上場の際のキャピタルゲインを充てました。また、家の購入にはおばもお金を出しましたから、懐具合にまだ余裕もありました。それで海外生活することを考えるようになったんです。

海外に家を買うことは、勤めていた頃から興味をもっていました。だから、会社にいた時から、外国に行く機会があると、それとなく物色していたんです。

最初に候補地として考えたのはフィリピンです。インドネシアではジャカルタ郊外のプンチャックというところで物件を見ました。でも、どちらも政情が不安というイメージがありました。台湾にも行ってみたんですが、この国は台北以外は事情がよくわかりません。それに台湾は経済が発展しているので価格も高いんです。オーストラリアとニュージーランドにも行きましたが、気に入るところはありませんでした。

カナダのヴィクトリアに行ったのは一九九九年の五月でした。むこうに部屋を借りて三カ月ほど滞在しながら観光やゴルフをしていました。その時に、われわれが借りていたコンドミニアムのすぐ近くに、たまたま建設中のアパートメントコンドミニアムがありました。見に行ったところ、これがなかなかいいんです。海が見えて眺望がとてもよかったものですから。ただ残念なことに、その建物は北向きだったんです。日本人は南向きが好きですからね。

地元の不動産屋さんに行ってみたところ、さきに見た物件のちょうど真向かいにあたるバンクーバー島の南端に、とてもいいコンドミニアムがあったんです。そこはわれわれが希望した通りの南向きです。さらによかったのが、コンドミニアムが面している入江にシアトルからのフロートプレーン、つまり水上機が飛んできては離発着する様子が目の当たりにできるんです。わたしは飛行機が大好きで、空港で離発着する様子を一日中眺めていても飽きない性格なものですから、ここに住みたいと思いました。家内もすごく気に入りました。

ヴィクトリアという町も、わたしたちと合いそうな感じがしました。もともとヴィクトリアは仕事をリタイアしたシニアが多く住んでいるところです。また、カナダ西海岸ではもっともアメリカに近いので、カナダ人にとっては避寒地になっている土地です。毎年冬になると寒さをしのぐために北部や東部から人びとがやって来るんですが、そういう人たちは「ウィンターバード」と呼ばれています。治安の良さもこの地域のよさのひとつに挙げられますし、この国はオーストラリアなんかと違って、カナダには外国人に対する細かい規制もありません。

なによりも、カナダには観光ビザで六カ月間滞在できるんです。ほかの国々では三カ月しか下りないので、そのつどいったん国外に出ないといけないんですが、あまり頻繁に出入りしていると、そのうちビザが下りなくなる可能性もあります。そういうことを考えると、カナダが一番いいんじゃないかと思ったんです。

わたしたちが購入したコンドミニアムには部屋が五つあります。まずベッドルームが二つ。それからリビングルームとダイニング、キッチンという間取りです。この広さで二千万円ほどでした。日本と比べると、かなりお買い得ではないですか？　また買った時と同じくらいの値段で売れそうだというので、思い切って購入することにしました。

◇

この家からヴィクトリアまで行くには、いくつかの方法があります。まず成田からバンクーバーまで直行便で行くルート。バンクーバーからヴィクトリアまでは直線距離にして百キロほどで、そこから先はバスかフェリーボートを使います。

ヴィクトリアまでの交通の便を考えると、アメリカのシアトルを経由するのも便利です。シアトルからヴィクトリアまでは百五十キロほどあるんですが、交通機関が充実しています。シアトルからの航空便もあります。さきほど話したフロートプレーンも頻繁に飛んでいますし、ジェットフォイルを使っても二時間半ほどです。意外と短時間で行けるんです。

ところが、ここから成田までが思った以上に時間がかかるんです。いつも荷物を大型トランクにつめて持って行くんですが、けっこう大荷物になるので、できれば車を使いたいところです。前に一度、渋滞に巻き込まれてしまい、あやうく飛行機の時間に遅れそうになりました。それ以来、できるだけ電車で行くようにしているんです。

そういうこともあって、ここからヴィクトリアまではかなりの時間を見ておく必要があります。でもべつに急ぐ旅でもありません。途中でシアトルやバンクーバーに一泊したりして、寄り道しながら行くこともあります。

行く時は、着替えなどはほとんど持って行きません。それぞれの家にそれぞれの季節のものが置いてありますから。家内は多少のものは持っていくみたいですが、わたしは短パンとトレシャツぐらいです。必要になれば、むこうで買えばいいんです。質が良くて安いものを現地でも売っています。わざわざ持って行かなくても、いくらでも手に入ります。

持っていくものがあるとすれば、それはむこうで手に入れられないものです。例えば漬け物やお茶、味噌、醬油、ポン酢といったものです。そういうものも、いまはヴィクトリアにはあるんです。日本食の素材のほとんどが買えます。だけど、われわれの年齢になると、どうしても食べ物に対するこだわりが出てくるんです。ポン酢はどこのメーカーで作っているナントカというものでないとダメだとか、味噌は岐阜産のナントカ味噌じゃないとダメだ、なんていうことがあるものですから。

荷物のなかには干物類も入れていきます。むこうにもドライフィッシュはありますが、どうしても日本のものが欲しくなります。伊東は干物の特産地ですから、むこうに行く前に地元の漁港でたくさん買ってきて、それをトランクに入れて持って行くんです。

さらに欠かせないのが本の類です。日本語の本はシアトルまで行かないと買えません。長期滞在の時は、できるだけ分厚い本を持っていくようにしています。短い物だとすぐに読み終わってしまいますから。ジャンルは推理小説なんかが多いです。西村京太郎や高村薫など。経済小説も読みます。高杉良や城山三郎といったあたりも何冊か読みました。

それから、ないと困るのがインターネットです。むこうでは日本語の新聞が発行されていないので、日本の新聞社のホームページに毎日アクセスしています。そうしておけば、日本に帰ってきた時に浦島太郎になってしまうことはありません。だから日本国内のニュースもちゃんと知っていますよ。

昨年は食品メーカーと自動車メーカーで不祥事がありましたけど、リタイアした身とはいえ、ああいうことは、とても他人事とは思えないですね。

◇

じつはわたしたちはハワイのワイコロアというところにもコンドミニアムを持っています。正確に言うと、そこの利用権を買ったんです。

これはさきほど話した伊豆でタイムシェア・マンションをやっているのと同じ業者がやっているものなんです。ビーチに面したコンドミニアムを一年のうち一週間だけ利用できる権利を販売していました。そこを買ったのも、ヴィクトリアのコンドミニアムを買ったのと同じ年です。値段は二百万円弱でした。

それを購入することにしたのは、付随してくる特典に魅力があったからです。その権利を一年間使わなければ、ホノルルのハワイアンビレッジにあるヒルトンホテルのポイント券がもらえます。それを使えばヒルトンホテルにタダで十二泊できるんです。

そんなわけで、いまわたしたちは一年を大きく三つに分けて暮らしています。六月から十月までがヴィクトリア、十一月から一月までと三月から五月までが伊東。二月はハワイかニュージーランド、オーストラリアなどに行っています。

わたしにはほかに好きなものがあります。車です。いまはベンツS430とBMW328iクーペの二台を所有しています。ベンツは4300ccの比較的大きな車です。BMWは小回りが利くスポーツタイプです。

伊豆には車の運転を楽しむにはもってこいのカーブやアップダウンが続く道路がたくさんありますから、天気がいい日には気が向くとBMWのハンドルを握って遠乗りに出かけることもあります。ベンツは昨年買いました。でも、日本を半年以上も留守にしていますから、その間は車を動かせません。それで車を買ったディーラー会社の人に車庫の鍵を預けて、時々動かしてもらっているんです。

こうやって話をしていると、なんと贅沢な生活を送っているのかと思われることでしょう。でも、これらはぜんぶ自分で働いて稼いで得たお金を使ってやっていることです。いくらお金があっても、あの世までは持って行けません。しかも、使えるのは元気なうちだけです。

わたしたちはふたりの子どもたちに対しては、親としての務めはじゅうぶんに果たしてきたつもりです。だから彼らに何かを残してやるつもりはありません。もし子どもたちが何かを望むのであれば、それは自分たちで働いて得たお金でやればいいわけですからね。子どもには美田を残さない。そう考えて、使えるうちは思う存分使っているんです。

伊東にいる間は、平日は週二日ぐらいのペースでゴルフに行きます。それから庭の草とりをしたり、いま頃の季節だと落ち葉掃きなんかもします。あとは散歩をしたり、日記を書いたりするというのが日課です。

カナダに滞在している時は、同じようにリタイアした世代の知人がいて、年に何回かはホームパーティーをやります。コンドミニアムに日本のマンション自治会のような組織があって、そのメンバーが集まって食べたり飲んだりしながらおしゃべりをするんです。

伊東のこの一帯は、もともとは商社系の不動産会社が開発した別荘地だったところなんですが、わたしたちのように定年になってから移り住んで来た人も少なくありません。周囲に建ち並んでいる家々にも半分くらいはリタイアした夫婦が住んでいて、残りの半分はふだんは空家です。

ホームパーティーはこの家でもよくやります。昨年はここの自治会の役員をしていたんですが、そこで知り合いになった何人かの定年夫婦と懇意になって、じつは今日もこれからクリスマス・パーティーをすることになっているんです。

今日は二組の夫婦がいらっしゃることになっています。一人は大阪の家電メーカーで広報部長をしていた人です。もう一人は外資系の石油会社に勤めていた人で、どちらも同年代の人です。同じ時代にサラリーマンとして働いてきた者同士ですから、話題も合うし盛り上がるんです。

料理はそれぞれの家で奥さんが腕によりをかけた家庭料理です。それを持ち寄って、発泡酒と日本酒で乾杯です。あとカニすきもやることになっています。仕事も子育ても終えた気の合う者が集まって雑談に花を咲かせる、そんな時間も悪くないですよ。

妻と相談して東京を脱出する

定年になったんだから、
ずっと東京にいたってしょうがない。

久保田誠（73歳）
元建設会社勤務・宮城県

夫婦でこの仙台に住むようになったのは、会社を定年になってからなんだよ。会社に勤めている間はずっと東京だったんだ。じゃあ仙台の出身かっていうと、そういうわけでもないし、こっちに子どもが住んでいるわけでもない。オレもカミさんも、物心ついた時からずっと東京だったからね。

なのに、定年になったのをきっかけに、それまでは縁もゆかりもなかった仙台にいきなり越してきちゃったんだ。まあ、勤めが終わったわけだから、なにも東京にいることはないと思って。すると、うちのヤツも「そうだ、そうだ」って言うわけだよ。それで、知り合いもなんにもいないんだけど仙台に来たっていう、そういうわけなんだよ。

勤めをしていた時は土建屋だったんだ。建設会社に勤めていました。仕事で行かなかった県はなかったわなあ。転勤もあれば出張もあった。大阪支店にも六年ほどいましたよ。会社でつくっていたのは、ごく普通のオフィスビルだね。顧客のひとつに生命保険会社があって、その会社のビルはぜんぶうちが建てることになってたんだ。あとのメンテナンスのことなんかもあるから、むこうも同じ会社にやらせた方が都合がいいんだよ。

オレはその保険会社の担当になって、そこが新しく支店を出すたびに、その町に行って建物を建てていたんだよ。会社の担当者と打ち合わせをしながら、その内容を会社に持ち帰ってから分担して図面を引くわけだ。

海外にも行ったことがあるよ。その会社がブラジルのサンパウロに支店をつくるというので、やっぱりうちの会社が建物を請け負ったものだから。人があんまり行かないようなところではリビアにも行った。これは衛星受信局のビル建設を請け負ったんです。

そういう工事って、ふつうは総合商社が受注するんだよ。それを商社が今度は、アンテナ部分はどこどこ、電気部分はどこどことといった具合に、パーツごとに分けてそれぞれの会社に発注するわけだね。

リビアの仕事をやったのは、たしか昭和五十五年頃だったなあ。むこうの人を日本に呼んで接待なんかもしたりするわけだ。リビアは酒が御法度だから、日本に来るとすごいよ。川崎なんかのいかがわしいところに連れていくと、思い切りハメをはずすんだから(笑)。

仕事でたいへんだったのは図面引きだね。いまみたいにコンピューターで図面を引くことはなくて、むかしはぜんぶ手でやっていましたから。おまけに納期に間に合わせなきゃいけないから、あれはたいへんだった。なにしろ手間のかかる作業だし、実際に工事が始まっても必要な図面がぜんぶ揃わないこともあるわけだよ。図面がきちっと上がるようにすることも、大事な仕事のひとつだったね。

それから、なにしろその頃はファクスもないし、メールもない。宅急便さえなかった時代だからね。何かあると、その度にいちいちお客さんのところに足を運んでいたんだから。そうやってお客さんの意向をつかむのも、大事な仕事だったんだね。その会社には学校を出てすぐの二十代から勤め始めて、最後までいました。定年が延びて、さらにしばらくいたんだけどね。終わりの方は設計ではなくて、もっぱら営業を担当していました。

◇

そうやって四十年ほど会社で仕事をしてきたけど、

たいへんな苦労を乗り越えて何かを学んだとか、仕事を通じて何か自信になったものとか、そういうものはないよ。そういうことを話すのは好きじゃないんだ。そもそも、そういうことは考えない、おおざっぱな性格なものだから。

仙台に移って来たんだって、本当にいい加減な考えからだよ。定年になったわけだから、東京にいたってしょうがない。それで東京を離れることにしたという、ただそれだけのことなんだから。カミさんはずっと専業主婦だったんだけど、どちらも都会での生活しか知らないし、このあたりで一度、気分転換がしたかったのかもしれないね。

それで、ふたりで日本地図を見ながら、どこにするかという相談を始めたんだ。オレが「九州は台風が多いからイヤだなあ」と言うと、うちのカミさんも「そうだ」って言う。オレが「大阪は？」って聞くと、カミさんは「大阪弁が嫌いだからイヤだ」。ふつうは老後を過ごす土地なんていうと、まず候補に挙がるのが伊豆だの房総だのといったところです。すぐに暖かいところが出てくるわけだ。でも、オレが「生ぬるいところはダメだ」と言ったので、その辺も消えました。

だからといって、北海道はチト遠い。だいたい東京との行き来にお金がかかってしょうがない。兄弟や親類はみんな東京におりますからね。それで仙台と金沢、松江あたりが候補地として残りました。そして最終的に仙台に決めたというわけなんだョ。

でも仙台には親戚もいないし知人もいない。カミさんに「仙台には誰も知り合いがいないんだから、オレたちが死んだって、誰も仙台までは葬式に来てくれないぞ」と言いました。そしたら「死んだら、もうわかんないんだから、かまわない」だって。そりゃそうだよな(笑)。

ところで、オレには兄貴がいて、ずっとうちで面倒を見ていたんだ。すぐ隣に住んでいたものだから、うちの風呂に入りに来たりとか、そういうつき合いをしてたんだよ。その兄貴が死んでしまって、その遺産が、大した額ではないけれど、うちに来たわけ。どこかに移ろうかという話はそういうこともあって出てきたんだ。といっても兄貴が急にいなくなって、それまでの生活にぽっかりと穴が空いたような気分になったということもあったものだから。

それに当時は仙台の住宅価格なんて、東京の三分の一だったからね。だから仙台にマンションを買ったら東京の家は売ろうと思っていたんです。ところがバブルが崩壊してしまったから、東京の家を売るに売れなくなっちゃった。あまりに安くなりすぎて、とてもじゃないけど売れやしない。それが平成二年のことです。だから、いまは家が二軒あるんです。これは、たまたまそうなっちゃっただけなんだけどね。

◇

仙台に移ってしばらくしていると「何もしないでいると早くボケちゃうわよ」ってカミさんに言われたんだよ。それで何か新しいことに挑戦しようかという気になってね。

地元の新聞を見てると、仙台で国際音楽コンクールが開催されることになっていて、その手伝いをするボランティアを募集してるというのが目に留まってね。正式名称が「若い音楽家のためのチャイコフスキー国際音楽コンクール」といって、十六歳以下のジュニアを対象にしたコンクールなんだけど、これは毎年モスクワでやっているのを平成七年に限って仙台でやることになって、そのボランティアを探してたんだ。

コンクールをやるとなると、関係者や出場者、その家族なんかが世界中からやって来るわけだ。募集していたのは、そういう人たち向けに仙台を案内するパンフレットを作るスタッフで、それに手を挙げたんだよ。パンフレットはロシア語と英語、それから日本語の三種類。外国語の専門家は別にいるんだよ。オレたちがやったことは、日本にいる間の宿についてだとか、食べ物や交通といった日常に関する有益な情報を文章にまとめるということだよ。そういう活動は初めての経験だったけど、けっこうおもしろかったよ。

そのあと新聞を見てたら、今度はシニアのためのサロンについてのことが紹介されていたんだよ。これはリタイアした人たちが月に二百円の会費を出し合ってつくったサロンで、まあ、引退した年寄りの居場所みたいなもんさ。これだと思ってすぐに入会したんだ。

活動のなかにマージャンの会というのがあるんだ。週に一回、この同じビルの三階にあるマージャンホールに集まってマージャンを打つわけよ。その正式名称は「杜の都の麻雀会議」というんだ。いや、別に会議をやるわけでも何でもないんだけど、そういう名前の方がおもしろいから、そういう呼び方にしているわけ。洒落ですよ。

利用しているホールには四十八卓あって、そこを月曜日にいつも十五、六卓借りてやっているんだよ。だから参加者は毎回六十数人というところかな？まずまず盛況ですよ。会員はぜんぶで百二十人くらいです。男性よりも女性の方が少し多いくらいです。指先を使うとボケ防止になるからというので、みんな喜んで参加していますよ。

ご婦人方のなかには、まったく初めてという人もいるんです。「むかし主人がマージャンにはまっていて、えらい目に遭いました。だから今度は自分がやってみようと思います」なんて、そんな動機で来ている人もいるよ。男連中がそんなに夢中になるのなら、わたしもやってみようかしらって(笑)。

麻雀というと、どこかマイナスのイメージがあるじゃないですか。でも、ここでは賭けは一切禁止なんだよ。約束事が三つあって、賭けない、飲まない、吸わない。だからご婦人たちも安心して参加できるんだね。初心者でやり方がよくわからない人がいたら、われわれ世話人がうしろについていて教えてあげたりもします。この牌は捨てたらマズいよとか。そうやって自分で打っているうちに、だんだんルールも覚えるようになるし、みんな仲よくなっていくんだね。

マージャンの会はいつも月曜日の朝十時に始まって、午後の三時半ぐらいには終わります。参加費は千円で、このうちプレー代は六百五十円。ジュース代に百二十円かかって、残りがサロンの収入になるわけさ。二百三十円掛ける六十人分だから、まあたいした額でもないんだけど、それでもいくらか家賃の足しにはなるからね。

◇

今日ここに来ているのは、毎週水曜日にサロンの当番を頼まれているからなんだよ。誰かやってくれる人がいないかって言うものだから、じゃあオレがやるよって引き受けました。仕事をやめた人間は、家にいたって孤独なだけだからね。ここに来るといつでも誰かがいるわけだ。行くところがある、会う人がいる、やることがある。この三つがここのサロンの合言葉なんだよ。

ここにいると、いろんなことを頼まれるし、雑用をいろいろと言いつけられるんだよ。ここには一人暮らしの老人に給食サービスをしているグループだとか、ほかにもいろんな活動をしている人たちがいるものだから。さっきも頼まれて、明日のお祭りのバザーの看板を作っていたんだよ。「青葉祭り」という地元では有名なお祭りがあって、その祭りにわれわれの会でもいろんな物を持ち寄って店を出すことになっているものだから。バザーでの売り上げはサロンの活動費に充てるわけだよ。

ここに来ない日の過ごし方？　市内の青葉城に散策に行ったり、ちょっと足をのばして松島の瑞巌寺に行ったりとか。たまには女房と一緒に近くの温泉に行ったりすることもあるよ。東京に用事があって行くこともたまにあるし。今度の日曜日は東京で同窓会に出席することになっていて、その翌日は前の会社のときの同僚たちとゴルフに行くことになっているんだよ。そうやって毎日のんびり過ごしているわけで、やっぱりこれが一番だよ。

あんまり大きな声じゃ言えないけど、オレは何か社会に役立つようなことをしようとか、年をとっても生き生きした毎日を過ごさなきゃダメだとか、そういう考え方があんまり好きじゃないんだよ。そんなふうに肩肘を張って生きていくんじゃなくて、自然にのんびりとした定年後を過ごせれば、それでいいんじゃないかと思っているものだから。

6 高齢社会に生きる

高齢者グループホームをはじめる

せっかく定年になったのに、
なんで痴呆老人の相手をしているんでしょうかねえ。

堀内静子（62歳）
元看護婦・長野県

看護婦として勤めていた国立小諸療養所を昨年三月に定年になりました。これをきっかけに、自宅の隣で「せせらぎ」というグループホームを始めたんです。グループホームというのは痴呆の気があるお年寄りたちが共同生活をする介護施設のことです。介護保険の対象になる高齢者が何人かで共同生活することによって、痴呆の症状が緩和される効果があると言われています。

このホームに入居した人たちも、ここに来てからずいぶん変わってきましたよ。さきほどホームでご紹介した、リビングルームにおられた女性は、もともとは書道の先生だった人です。ここに来てちょうど一年になりますが、ここに来られた時は別人のような状態でした。それが、いまではあの通り本当に元気になりました。あの人に痴呆の気があるなんて、話していてもぜんぜんわからなかったでしょう？

入居者の人たちが住んでおられるあちらの建物は、わたしの退職金をつぎ込んで建てたものです。四十年間働いて貯めてきたお金は、いまではぜんぶあの建物に化けてしまいましたから、わたしの財布はもうスッカラカンです(笑)。

敷地は百五十坪ほどあって、建物そのものは木造二階建てです。一階には事務室とリビングルーム、食堂、バスとトイレのほかに六畳間の広さの個室が六つあります。それぞれの部屋には、あらかじめベッドや家具などの生活に必要なものが備わっています。二階にはミーティングができる部屋もあります。

建物が完成したのは定年退職して二ヵ月後、平成十一年の五月です。でも、はじめは痴呆相談だけをやろうと考えていたんです。お年寄りを預かって共同生活のお世話をしようなんて、最初はそこまでは考えていなかったですよ。

にもかかわらず、どうしてグループホームを始めることになったのか。じつは勢いみたいなことで始めてしまった部分が大きいんです。その話をする前に、まずわたしが老人介護と関わりを持つようになった経緯からお話しした方がわかりやすいと思うんです。

◇

わたしが看護婦になったのは昭和三十年代の初めです。看護婦というのは、だいたい二、三年ごとにいろいろな部署をまわるものなんです。わたしの場合も最初はいろんな科を担当しましたが、なかでも一番長かったのが精神科です。入院病棟の患者さんを何人かの看護婦で分担して受け持っていました。

ところが、昭和六十三年の四月に配置転換になってデイケアの担当になりました。これは当時の所長が、これからは国立の療養所でも高齢者に通ってきてもらって介護サービスを提供する時代になるだろうと考えたからです。新たに設立されたデイケア部門の担当者のひとりとして、わたしも配属されることになりました。

デイケアに行ったのは、自分から希望したことではありません。というよりも、わたしには不満がありました。「どうしてわたしが行かないといけないの？」というのが、当時の正直な気持でした。

たしかに高齢者の痴呆症の治療を担当するのは精神科ということになっています。精神科に長くいたわたしとしては、この分野の仕事について比較的通じているという自負もありました。ただしその頃は、まだいまみたいに老人介護が世間の注目を集めていたわけでもありません。むしろ高齢者ケアについての関心はとても低かったんです。しかも、何もないところから始めなければならない状態でした。

当日は週に三回行っていたデイケアの日になっても、十人の定員が埋まりません。これを始めた四月頃は開店休業の状態で、わたしはまるで窓際族にでもなったような気分でした。それでも四月いっぱいは、ずっと机に座っているような状態でした。

そのうち、待っていてもダメだと思うようになりました。自分から積極的に外へ出てみることにしたんです。といっても高齢者介護のことなんて、ぜんぜんわかりません。介護や看護が必要なお年寄りなんて、いったいどこにいるの？　という程度の認識しかありませんでしたから、まず現状を知ろうと思って保健婦さんに同行させてもらうことにしました。

当時の老人介護というのは、いまからは到底考えられないような状況でした。高齢者のお宅を訪問すると、寝たきりになったお年寄りが世話もされずに放っておかれているのが当たり前でした。半身不随のお年寄りが家の離れに一人ぽつんと置いておかれていて、背中までオシッコでビショビショに濡れているのを目にしたこともたびたびでした。なかには痒みのために体じゅうをかきむしるので、昼間は手にグローブをはめられて、家の人が帰ってきたら外してもらうといったケースもあったんです。

これが本当に高度成長を遂げている日本の現実かと思うくらいの悲惨な状況でした。作家の有吉佐和子さんが『恍惚の人』という小説を書いたのは昭和四十年代だったと思いますが、わたしがデイケアの担当になった頃も、それに書かれていることと大差ない、そんな状態でした。

そのうち療養所のデイケアにも高齢者がぽつぽつと通って来るようになりました。お年寄りにこちらで用意した作業をしてもらいながら、一日を過ごしてもらうんです。でも、当時はケアの手法もまだ確立されていません。作業やレクリエーションの内容は看護婦で知恵を出し合って決めました。すぐに思い浮かぶのはラジオ体操や散歩です。昼ごはんを食べてお昼寝したあとは、みんなで稲の穂先摘みをしたり、玉子の殻に色を塗ったものを画用紙に貼って絵を描くということをしていました。豆の選別のような作業を取り入れたこともあります。

やがて知るようになったのは、そうやってお年寄りたちのお世話をすることで、お年寄りよりも先に介護をしている家族たちの表情が明るくなってくるということでした。それまでは目がつり上がっていた家族の顔が、一ヵ月もたたないうちに和やかな表情になってくるんです。

自分たちだけでぜんぶ抱え込まなくても、困ったことがあれば専門家に頼めばいいんだということがわかってくると、痴呆老人と毎日を接している家族としては、ずいぶんと気が楽になるんでしょうね。そうやって介護者に心の余裕ができてくれば、家族がお年寄りにかける言葉も自然と優しくなってくるわけです。

そんなふうにして試行錯誤をしながらやっていたんですが、わたしはどういうわけだかデイケアの部門から異動にならなかったんです。最初は二、三年のつもりでいたのにだんだん古株になってきて、そのうち老人介護の専門家みたいになってきてしまいました。

平成三年頃からは電話による介護相談も始めることにしました。たまに講演なんかにも呼ばれて行くこともあったんですが、その頃になると老人介護についての世間の関心も次第に高まってきて、ある時は四十人ほどの会場を用意してもらっていたところ、席がいっぱいになって立ち見が出たこともありました。

講演や相談にやって来る人たちのほとんどが身内に介護が必要な老人を抱えた家族です。その多くは、いったいどういう介護をしたらいいのかということがわかりません。介護に携わっている家族の問題の深刻さを痛感するようになりました。

その翌年からは同じ長野県内の上田市役所から頼まれて、市民を対象にした介護相談を定期的に行うようになりました。相談日は月一回です。広報に載ったお知らせを見た家族の人たちが福祉センターにやって来ます。同じ頃から丸子町というところでも定期的に介護相談をやるようになりました。

介護相談には一定の手順があります。家族が困っていること。おかしいと思うこと。発症前の日常について。発症の理由として考えられること……。そうした項目について、家族からまずひと通り話を聞きます。わたしはその内容を自分で作った相談用紙にまとめてファイルするようにしています。いまはそうやって集まった事例も六百ケースを越えました。そして、その内容に応じて助言するわけです。

症状が重かったり明らかに病気と思われる場合には、専門医に診断してもらうことを勧めます。また介護者の負担が重すぎる場合にはヘルパーさんを紹介することもあります。この介護相談はけっきょく定年まで続けました。

やがて定年を前にして考えるようになりました。国が進めている介護保険もスタートすることだし、わたしももうすぐ定年なのだから、この相談はいったん区切りにしようかと。そういう話を上田市と丸子町の担当者にしたところ、できればこのまま続けてほしいと言われます。じゃあ、いっそ定年後のライフワークとして、この先も介護相談の仕事を続けようかって、そんなことを考えるようになったというわけです。

◇

病院というところはどこも人手不足なので、看護婦は定年になっても働きに来てくれと言われてまた勤めるケースがとても多いんです。まわりの先輩なんか見ていてもそうですが、そうやって勤め始めると、また同じことの繰り返しです。「やれたいへんだ」「こんなことではダメだ」という話に看護婦同士で必ずなるんです。でも人手不足はかんたんには解消されませんから、忙しすぎて患者に適切でじゅうぶんな看護はなかなかできません。

その時わたしが思ったのは、問題が根本的に改善されないまま、胸の内に不満を抱えながら勤めをするのはもう嫌だということでした。

再就職の話もあるにはありました。でもその勤務先は東京でしたから、現実的には不可能でしたけど。まあ勤めても不満が残るだけだし、いまの介護相談の仕事だけは続けていこうかと、そんなことを思っていたわけです。

それが、どうしていきなりグループホームを始めることになったのか。それは介護相談をするための場所がほしいと思ったことがありました。

いまもふたつの町でやっている介護相談では、限られた日にだけこちらから出かけていきます。でも相談なんてやっていると、決まった相談日以外にもいろんな人から頻繁に電話がかかってくるんです。そうした応対は、たしかに自宅でやればいいわけですけど、わたしも家族と一緒に住んでいるわけだし、それでは何となく落ち着きません。

さいわい四十年間ずっと働いてきたので、それなりの蓄えもありました。わたしは職場結婚で、夫は同じ国立療養所で今春まで心理療法士として働いていました。ずっと共働きだったわけですし、貯金は夫婦それぞれ別々です。そういうこともあって、定年になった記念に介護相談のための建物でも建てようかと考えました。

そう思って建築事務所に見積もりを依頼したところ、介護相談のための建物をつくるのもグループホームができる大きさの建物を建てるのも手間は同じですよと言われました。あとからやろうとすると、かえって高くつくことになると言われたんです。

この時たぶん、わたしのなかにグループホームをやってみたいという気持ちがあったんでしょうね。それまで自分ではあまり意識はしていなかったんですけど、建築士の人にそのことを話したところ「これからはグループホームの時代ですよ」と言われました。それで、やっぱりそうなのかと思ったわけです。

グループホームという介護形態は、日本ではまだ始まったばかりなんです。わたしも療養所に勤めていた時に秋田県内のグループホームを視察に行ったことがありました。その時は、わたしにはとてもやれないなと思いました。

なにしろ身の回りの世話が必要な痴呆のお年寄りを二十四時間預かるわけです。わたしも国立療養所では二十四時間勤務を三交代でずっとやってきましたから、そのたいへんさはよくわかります。そんなことが個人の力ではできるわけがないと思いました。

だから最初はあんな大きな建物を建てるつもりはなかったんです。でも、わたしはケチなものだから、どうせ建てるお金が高くつくと聞いて思いました。

のなら、一度にやってしまおうって(笑)。

でも、その時はまだやると決めていたわけではありません。やれる大きさの建物にしたからといって、グループホームをやらないといけないということはありません。使い道なんてあとからいくらでも考えられるわけだし、どうにでもなるだろうって。そんな屁理屈をこねながら建築にかかってもらいました。

いま建物が建っている土地ですか？　あそこは、以前は別の人が所有する別荘だったんです。お隣さん同士ということもあって、うちの夫が庭木の手入れなんかを頼まれたりしていました。じつは最初は別の土地を買うつもりでいたんですが、うまくいきませんでした。それでどうしようかと思っていたところに、前にあの土地を売りに出す看板が立っていたことを思い出したんです。それで持ち主の人に手紙に書いたところ、すぐに快諾の返事をもらいました。

グループホームを始めるための認可申請は、建物が完成する時期に合わせて長野県に提出しておきました。こういうものは、なによりも実績が考慮されるので、認可が下りるまでに何カ月もかかるのが一般的です。やる、やらないということは別にしても、認可の手続きだけは済ませておこうと思ったんです。

ところが認可は一カ月ほどですぐに下りました。なにしろ、わたしは老人介護専門の看護婦を長年にわたってやってきたわけですから。それに自治体の介護相談もずっと担当してきたわけなので、きっとその経歴がものをいったんでしょうねえ。

そういうわけで、とりあえず認可はもらえたわけですが、わたしの胸の中ではグループホームを始めることについての踏ん切りは依然としてついていませんでした。だいたい、本当に個人でグループホームができるんだろうかという気持ちがありました。まわりを見渡しても、個人でグループホームを始めた例なんて聞いたことがありません。病院や介護施設に併設されるというのが一般的な形態ですから。

これが看護婦として勤務しているのなら、かりに泊まりの時に何かあったとしても、同じ施設のなかに医者やほかの看護婦もいてくれます。また昼間なら理学療法士や調理といった専門スタッフもいるわけですが、個人で始めるとなると、そうした仕事の一切をぜんぶ自分で引き受けないといけないんですから。さらに、まんがいち何かあったらどうするかという問題も考えないわけにはいきません。事故でも起これば、その責任はぜんぶ自分にかかってきます。

それでもけっきょく最後には始めてしまったわけです。それは、やっぱり自分がずっと考えていた理想的な介護を実際にやってみたいという思いが強かったんでしょうねえ。自分がこれまで看護婦をしながら考えていたことを実際に確かめてみたいという気持ちがあったと思うんです。

同じ老人介護の仕事をするにしても、病院内の施設では一人ひとりのお年寄りにまでは、なかなか目が届きません。限界がどうしてもあるわけです。大人数のなかに新しい人が入ってしばらくして、せっかく落ち着いてきたと思っていたら、また次の人が入って来ると、みんなの注意が新しい人にいって放ったらかしにされてしまう。するとまた同じ症状が出て来てしまうということが多いんです。

グループホームでは五人から九人という定員が決まっています。そのくらいの人数の高齢者が一緒に生活することで、適度なコミュニケーションが生まれます。また生活をしている以上は、そのために必要な仕事というのがあります。食事の支度、洗濯、掃除、お風呂の用意……。そういう身の回りのことをぜんぶスタッフがやってしまうのではなくて、入居者にできることは一緒にやりましょうというのがグループホームの考え方です。そうした役割分担をやることが、高齢者自身の生活に必要な身体機能を取り戻すことにもつながってくるんです。

人間は他人との関係を取り結ぶことによって自己を恢復してゆくという部分が大きいと思うんです。そのことで痴呆症状が治るということはないにせよ、少なくとも進行を遅らせることはできるのではないだろうか。そういうことが、看護婦をしているうちにわたしのなかで確信できるようになってきました。だからやってみたいと思うようになったんです。

◇

グループホームをスタートさせるきっかけは、その年の秋頃にむこうからやって来ました。それまで介護相談でつき合いのあった保健婦さんから連絡をもらって「お世話してもらいたい人が一人いるのよ」と言われました。

でも、わたしにはこの期におよんでも、まだためらいがあったんです。「年内はダメだわ。年明けからにして」と答えました。すると、その人から「そんなことを言っていたら、いつまでたっても始められないわよ。もう決断しなさい」と強く言われました。いまから考えると、それがいい踏ん切りになりました。

ここでは入居予定者に二泊三日の体験宿泊をしてもらうことにしています。この時の入居予定者にも体験してもらったんですが、その人は当初、来たくないって言っていました。それまで入院していた病院の方がいいと言っていたんです。ところが、体験宿泊に来てみると、ここがいいって言ってくれました。帰る頃には、ずっとここに居たいって言ってくれるようになりました。その人には昨年の十二月十二日に入居してもらいました。それがさっき紹介した書道の先生です。

二人目も同じ年内に決まりました。それまでは小諸療養所にいた人です。暮れもおし迫った十二月二十九日の入居だったので、とても慌ただしいものでした。三人目と四人目も小諸療養所にいた人で、いずれも療養所からの紹介です。そんなわけで、いまは入居者が四人になりました。いずれも女の人です。ここの定員は五人で申請していますので、あとひとつ部屋に空きがあります。六つ目の部屋は、近所のお年寄りを短期で預かってほしいと言われた時のために空けてあります。

入居者に対して心がけていることですか？　一番大事なことは、自分がここに入りたいと思えるような環境にするということだと思うんです。だから、新しい入居者には「よくおいでくださいました」と言ってから、ここはこういうところなんですよとよく説明して案内します。また、もし嫌なことがあったら遠慮なく言って下さいねという話をします。

それから、新しい人が入居すると、最初のうちはなるべくその人のそばにいるようにしています。環境が変わったことで抱えている不安も大きいので、そうした不安やストレスをできるだけ取り除くようにしています。人間というのは、自分が理解されないところにいるということは、それだけでたいへんなエネルギーがいるものなんです。また、自分の存在意義が見出せないということについても大きな苦痛を伴います。

それから、どの入居者に対しても絶えず話しかけるようにしています。笑顔で声をかけます。そうやって話しかけるだけで、高齢者に与える影響もずっと違ったものになってくるんです。そうやって心がけていても、相手との信頼関係を築けるまでにはかなりの時間がかかります。

あちらの建物で、あなたが座っていた隣におばあさんが一人いたでしょう？　あの人は、ああ見えても性格がとてもきついんです。ここに来るまでは娘さんが世話していたんですが、娘さんもとうとう音をあげて、それでここに入居することになったんです。

あの人は台所仕事がしたい、そういうタイプの人です。日に三度の食事の時には、自分が台所に立って料理をしたいので、他の人に譲ろうとはしません。それはほんの一例ですけど、人それぞれに、いろいろな個性を持っているわけですから、そうした入居者同士の人間関係をどうするかということも考えないといけないわけなんです。

そのための雰囲気づくりをどうしたらいいのかということについても、いま考えているところです。今年の春に療養所を定年になった夫は、最近は野菜作りに熱中しています。入居者と一緒に畑でイモ掘りやダイコンの種まきをやろうか、なんていう話を夫婦でしているんです。今日もそのための小型耕耘機を買ってきたようです。

お年寄りの世話をする介護スタッフはいま九人です。さっき、おじいさんが一人いたでしょう？　あの人は入居者ではなくて、スタッフの一人です。近所に住んでいる七十歳を過ぎた人なんですが、入居者たちと年齢が近いということで来てもらっています。

法律では介護スタッフは痴呆老人の専門家が二人

以上いればいいことになっているんです。でも、うちは常勤を雇うほどの余裕がまだないものですから、わたしのほかは全員がパートです。このうち看護婦は五人です。泊まりの勤務もありますから、スタッフの人数は必要です。それにスタッフが少ないと、雰囲気が閉鎖的になってしまいます。きょうは、たまたまわたしともう一人だけでしたけど、いつもはもっと多いんですよ。

勤務は日勤と夜勤に分けてあります。日勤は朝の九時半から五時まで。お風呂は昼間に入ることにしているんです。だから、いつも一日かけてワアワア言いながら入浴しています。

夕方の五時になると夜勤の人がやって来て、昼間の人と交代します。そのまま翌朝の朝食の時間まで勤務してもらうことになっています。わたしは夜は自分が泊まりの時以外はむこうには行きません。行くと、泊まりの人を信用していないようで失礼ですからね。何かあれば連絡がくることになっています。

◇

グループホームの運営については参考にしたところがあります。わたしが卒業した東京の看護学校の後輩が千葉でグループホームの運営を始めたんです。そこを見学させてもらった時にそのノウハウもぜんぶ教えてもらいました。入居者の家賃や食費、光熱費なども、そこでの設定をそのまま参考にしました。

でも長野は冬は寒いので、暖房費が思った以上にかかります。あちらの建物は部屋も廊下にも床暖房が入っているものだから、光熱費がバカにならないくらいかかるんです。入居者にとってはそれだけ居心地がいいということなんですけどね。また水道料金もこれほどかかるとは思っていませんでした。一度、水道局から連絡があって「お宅の水道は出しっ放しになっていませんか」と言われたことがありました。これだけの人数が生活していると、使う水の量も常識では考えられないくらいかかります。

そういうこともあって、いまのところグループホームからの収入は、わたしの懐にはほとんど入っていません。まあ、それで生計を立てようと思って始めたことではありませんから、べつにいいんですけどね。いまのところは赤字にはなっていない、そんな程度です。

苦労することですか？　ひとつは食事についてです。わたしは料理があまり得意ではないものですから、いつも頭を悩ませてしまうんです。

そりゃあ、これまでも仕事もやりながら、主婦としても夫と二人の娘に手料理を食べさせることはしてきましたよ。でも、それは家族に対してのことですから。他人から預かっているお年寄りに三度三度の食事をさせるとなると、まったく別の話です。

ひと様に出す食事なわけですから、内容については気を遣います。栄養のバランスも考えないといけません。また飽きられないように、いろいろなものを出すように心がけてやっています。いまは毎日、お総菜を買うためにスーパーのハシゴをしています。こまめに試食して、どこどこのものがおいしい、なんてやっています。そうやって買ってきたものを、夕方になると夜勤の人に出してもらいます。

ほかに苦労することは入居者の確保です。最近になって、このすぐ近くにある老人施設でもグループホームを始めました。こちらにとっては手強いライバルが出現したわけです。

だからといって、どんなお年寄りでも入居してもらえるかというと、そういうわけにはいきません。個人でやっているグループホームですから、やれることにはおのずと限度があるんです。あまり症状が進んだ方は受け入れたくてもできません。態勢に限りがありますから。

個人的な苦労ということで言うと、預かっているお年寄りのことが四六時中忘れられないのは、つらいといえばつらいことです。こちらの家にいる時も、自分で意識していなくてもいつも入居者のことを気にかけている、そういう気持ちがどこかにあるんです。

自分が勤務になっている日でなくとも、何か起こっているんじゃないだろうかって絶えず思いをめぐらせてしまいます。世話をしているのが自分の親なら何があってもかまわないけれど、他人様の親を預かっているわけですから。何かあったらどうしようって、ずっと考えてしまうわけなんです。グループホームを始めてしばらくの間はそんな状態がずっと続いていて、始めて数ヵ月間は夜もろくろく眠れませんでした。体重も三キロぐらい落ちました。オープンして以来、近くに旅行に行くこともできなかったんです。

じつは先日、上の娘が結婚することになって、その記念に家族全員で泊まりがけで温泉に出かけました。泊まりの旅行なんて、本当に久しぶりのことだったんです。そしたら、思わず気が抜けてしまったんでしょうねえ。みんなで一杯飲んだあと、夜の九時には、もう寝入ってしまいました。そのまま朝の八時までぐっすり熟睡してしまい、翌日に娘たちから大笑いされました。

グループホームを始めてからわかったことがひとつあります。これまで自分がいかに温室育ちだったかということです。勤めている時は、看護婦の仕事ほどたいへんなものはないと自分では思っていたんです。でも、いまから考えると、ぜんぜんそんなことはないことがわかりました。組織にはたくさんの専門家がいるわけだから、何かあってもちゃんと助けてもらえるわけですからね。最近は経営者と呼ばれる人たちの気持ちが少しだけわかってきたような気がします(笑)。

もう少し欲を言えば、常勤スタッフを雇えるようになれば、わたしもずいぶん楽ができるようになるんですけど。でも現状では、とてもそんなところまではいきません。いまスタッフに払っている時給は九百円なので、せめてもう少し払えるようになりたいと思っています。

この仕事をやっているうえでの一番の喜びですか？　毎日ここで接していると、入居者が日に日に元気になっていく様子がわかります。そんな元気な姿が見られるということでしょうねえ。

新しい入居者がやって来ると、一ヵ月目、二ヵ月目は、どうしても見た目の様子も不安定です。そんな人が、しばらくするうちに自分からまわりの人に話しかけたり冗談を言ったりするようになってきます。不思議なことです。あの書道の先生も、ここに来てすぐの頃は筆なんて握れない状態でした。それがいまでは毎日、筆を手にして書を書いているんですから。リビングルームの壁に貼ってあった達筆な書は、あの人が書いたものなんです。

痴呆も早期対応さえすれば日常生活ができるようになります。グループホームを始めてまだ一年ほどですが、早期発見、早期治療ということがどれだけ大切かということが立証できたのではないかと自負しているんです。

でも、傍から見たら奇妙に思えるかも知れません。せっかく定年になって勤めをやめたのに、なにを好き好んでこんなことをやって痴呆老人の相手なんてやっているのかって。趣味でも楽しみながら、のんびりと余生を過ごせばいいじゃないかって考えるのが当然だと思いますよ。

じつはわたしも定年になってから、詩吟やダンス、カラオケなんかもやってみました。でも、なかなか長続きしないんです。いまも辛うじて続いているものといえば詩吟ぐらいです。

そういうわけで、さっきの話とは矛盾しているかも知れませんけど、入居者と一緒に出かけることが、いまのわたしにとっては何よりの気分転換です。回転寿司に行ったり、散歩に行ったり。この近くには乙女湖という人造湖があるんですが、そこまでみんなで行って、コイにエサをやったりする、そういう散歩コースもいくつかできました。

そうは言いながらも、じつはやめられるものなら、やめてしまいたい。そういう思いがあることもたしかです。でも、やめたところで、ほかにやれることもありません。だから、この先もいろいろ言いながらも、けっこう生き甲斐を感じつつやっていくんじゃないでしょうか。

介護ヘルパーの仕事には喜びがある

人生の終末に関わることなく一生を終えて、
それで人生をまっとうしたと言えるのか。

奥薗高之（70歳）
元銀行員・東京都

いまは週に三回、ヘルパーの仕事をしています。在宅療養している高齢者を対象にした生活のお手伝いです。現在、世話をしている人は二人です。一人は八十四歳の男性で、四年前に緑内障で失明された人です。外出介助というんですが、月曜と金曜の午前中に一時間ほど近くの公園まで散歩に出かけます。もう一人は右半身不随の人で、木曜の午後に二時間ほど車イスに乗せて公園に散歩に連れていきます。

地元の東京都小金井市内のヘルパーステーションに登録していて、どちらもそこを通じて派遣されている仕事です。わたしはヘルパー一級の資格を持っているものですから。男性のヘルパーは珍しいので、けっこう重宝がられているんです。

また小金井市のシルバー人材センターにも登録していて、そこから依頼される障害者福祉センターが高齢者を対象に行っている配食サービスの仕事にも関わっています。これは月のうちの一週間だけ、週に三日間、決まった曜日の午前中に車で給食を届けるというものです。

それから「小金井ハンディキャップ友の会」という団体にも所属しています。こちらはまったくのボランティアで、病院に通院する人たちを車で送り迎えするという活動です。わたしの場合はずっと定期的にお世話している人がいます。透析を受けている七十歳くらいの女性を月曜と金曜の週二回、病院に連れて行っています。

病院の送り迎えは朝が早いんです。早朝に家に迎えに行って、診療が終わるとまた自宅まで送ります。今朝も七時四十分に迎えに行ってきたところです。それが九時過ぎには終わるので、九時半からは散歩の介助をしてきました。それから十一時からは配食サービス。だから、今日はもう午前中に三つも用事を済ませてきたんです。

午前中にこんなにスケジュールが詰まっているのは、できるだけ時間を有効に使うために調整してもらっているからです。活動の日を分散させないで、あえて同じ日になるようスケジュールを組んでもらっているんです。一つひとつは小さな用事でも、毎日あると、ほとんど一日、時間をとられてしまうものですから。でも、ほかのことでも用事が多くて、ここのところ何も予定のない日は、ほとんどないんです。

◇以前の仕事ですか？　銀行員でした。旧住友銀行で営業の仕事をやっていました。融資もやりましたし、集金の業務もやりました。当時は五十五歳が定年だったんですが、わたしの場合は五十四歳から別会社に出向になりました。系列でも何でもない民間の企業で、建設業界向けの水処理機器をレンタルしている会社です。取締役総務部長という肩書きをもらって、売上計画を立てたり人事の仕事をしたりしていました。そこを退いたのが六十一歳の時なので、第二の職場には足かけ七年ほどいた計算になります。

その次に行ったのが銀行の時の後輩が働いていた会社で、ここはプラスチックの成型に使う部品のメーカーでした。売掛金をきれいにしたりするという事務仕事が主でした。前の会社を退職したという挨拶状を出したところ、手伝ってくれと頼まれて嘱託で勤めることになったんです。その会社にいたのは約三年です。

それが、どういう理由からヘルパーをやるようになったのか？　そのことについては、わたしもよく聞かれるんです。うちは二人の息子も独立しているし、家のローンもずっと前に払い終わっています。夫婦ふたりがこの家で日々を送るのに必要なお金はあるんです。若い人たちには申し訳ないんですけれども、年金もじゅうぶんなだけもらっているものですから。

だから、べつに食べるに事欠いてヘルパーをやっているわけではありません。ヘルパーやシルバー人材センターの仕事をすれば、いくらかの報酬が出ますけど、そういうものを当てにしてのことではないんです。

勤めを辞めたのが平成六年末だったんですが、そのあと新たに始めたことがひとつありました。翌年の四月からNHK学園の通信教育でヘルパー二級講座を受講するようになったんです。

毎月テキストで勉強した内容をレポートにして郵便で出すと、びっしり添削されて戻ってきます。介護に対する自分の考え方をまとめなさいとか、関係する法律についてだとかいった、いろいろな課題があるんです。その頃勉強した法律なんかはもう忘れてしまいましたけれど。

郵便でのやりとりだけではありません。施設で実習をしたり、専門学校に行って授業を受けたりするんです。また近くの老人保健施設にいるお年寄りを入浴させてあげたり、シーツやおしめの交換をしたりということを経験しました。男性ばかりではなくて、女性の介護もしましたよ。

わたしがスクーリングで授業を受けに行ったのは、池袋にある福祉専門学校です。通信教育を受けている人ばかり四十人ほど来ていましたが、男はわたしだけでした。銀行の元同僚を見渡しても、老人介護だとかボランティア活動だとか、そういうことをやっている人はほかに見当たりません。

前に一度、銀行のOB会報に、定年になってからヘルパーを始めたという文章を書いたことがありました。すると一緒に働いていた人から手紙をもらって「介護サービスというのは利用するものだと思っていた。自分でやるものだとは考えたことはなかったよ」とありました。ほめているともクサしているともわからない調子でそう書いてありました。

平成十一年から介護保険が始まったことで、最近ではヘルパーの資格をとることがちょっとしたブームになっているようです。でも、男の人でも女の人も、せっかく勉強したことを活かして実際に仕事をしている人が意外と少ないんです。しかもヘルパーでも一級を取得するとなると、三年以上の実務経験が必要です。わたしも実務を三年間経験してから一級の講座を受けて合格しました。

いや、本当によく聞かれるんですよ。せっかく定年になったというのに、なんでこういうたいへんな仕事をしているのかって。なんででしょうかねえ。言われてみれば、たしかに他に楽しいことはいっぱいあるのにねえ……。

◇

もう二十年以上も前なんですが、椎間板ヘルニアになったことがあるんです。たしか四十代半ばのことでした。最初はぎっくり腰だったんですが、それがだんだんひどくなっていったんです。椎間板ヘルニアとは年をとるとだんだん脊椎の骨の間の軟骨がすり減って、神経がはみ出して痛むという、そんな病気です。手術をしたあと、いろんな治療器具をためしたり、温めてみたりとか、いろんなことをやってみたんです。でも、いっこうに治らなかったんです。

そういうことがきっかけになって、体の自由がきかなくなっても世話をしてくれる人に迷惑をかけることのないよう、介護について知っておこうと思ったんです。ヘルパーの資格を取ろうと思った動機のひとつに、そんな経験があったことは否定できません。

ところが人間の自然治癒力というのは不思議なものですね。朝夕十回ずつ腹筋運動をするといいという話を人から聞いて、半信半疑ながらやってみたんです。そしたら、あれほど苦しんでいたヘルニアが嘘みたいに治ってしまったんですから。

ヘルパーの資格に関心をもった理由はほかにもありました。親戚に高齢者が増えてきた時期とちょうど重なっていたんです。わたしの兄弟や家内の兄弟、息子の嫁の両親はみんないい年になってきているんですが、誰も介護についての知識をもった人間がいませんでした。一人くらいはよく知っている人間がいた方がいいという気持ちがあったことは確かです。

それと、定年になった直後の時期にふたつのことを経験したということがありました。そのひとつは、上智大学のデーケン教授の生と死をテーマにした公開講座を聴きに行くようになったことです。

定年を過ぎた頃から、どういうわけか死というものについて関心を持つようになったんです。その講座では、死を迎えようとしている人に接する時の心構えについてなどが話の中心だったと思います。でもこの講座で学んだことは、あとあと役に立つことが多かったんです。これがきっかけになって、葬式にお金がどのくらいかかるかについて調べたり、老いや病についても自分なりに考えるようになりました。

もうひとつは定年の翌々年に小金井市に福祉公社ができたことです。その紹介で派遣ヘルパーとして末期ガンの方の世話をしたことがあったんです。

わたしがお世話をしていた人というのは、本人から直接聞いたわけではないんですが、病院からも見放されて家に帰された人のようでした。抗ガン剤の副作用から、その人は全身のかゆみと痛みで苦しんでいました。それを抑えるために、かゆみ止めと痛み止めの二種類の薬を塗ってあげることが、わたしに与えられた仕事でした。毎日決まった時間にその人の家に行って薬を塗ってあげるんです。

わたしがその人のお世話をしたのは、正味三ヵ月ほどだったと思います。薬を塗ってあげながら、いろんな話をしました。若い頃は東海林太郎さんの歌の伴奏をギターでしていたということでした。ステージにまつわるエピソードをいろいろ聞かせてもらいました。また、ガンになってからの顛末とか、お医者さんのことだとか、こちらが教えてもらうことの方が多かったんです。

なにしろ、わたしはまったくの素人なものですから、最初のうちは薬がうまく塗れません。痛がられることもありました。でも、そのうち慣れてくると、だんだん気持ちがよくなるのか、うとうと眠ってしまうようになったんです。

なんでも、あまりのかゆみと痛みのために夜も眠れないということでした。わたしがかゆみ止めの薬を体じゅうに塗ってあげると薬が間もなく効いてきて、気持ちよくなってくるんでしょうねえ。すぐに寝入ってしまいます。そのうち、わたしがやって来るのを心待ちにされるようになりました。

そういう時は、自分のやっていることが他人の役に立っているのだという実感がもてて、とても嬉しい気持ちになりました。その人はしばらくして急に具合が悪くなって病院に担ぎ込まれたんですが、そのまま亡くなりました。

死に直面した患者さんのお世話については、そのあとも何人か経験しました。ボランティア活動もそうですが、介護の仕事もけっして楽なものではありません。でも、相手から好意的に受け入れてもらえると、とても嬉しく感じることが多いんです。

◇

そうそう、なぜ定年後にヘルパーを仕事として選んだのかという質問でした。関係があるのかどうかわかりませんが、この年齢になってくると、不思議と子どもの頃のことを思い出すことが多くなるんです。それは自分自身についてのこともありますし、両親についての記憶が浮かんでくることもあります。

わたしは福岡県久留米市の出身です。父親は職業軍人で、軍では経理畑の仕事をしていました。その関係で子どもの頃は三年ごとに各地を転々としていました。太平洋戦争の末期に、アメリカの潜水艦がうようよしていた対馬海峡を船で行き来したこともあります。

三人兄弟の真ん中だったんですが、熊本医専に行っていた兄のところに行った時に空襲に遭って、落ちてきた焼夷弾の油がズボンに燃え移ったことがありました。さいわい畑の中だったので、慌てて土をかけて消し止めたので命拾いしました。その翌日には焼け焦げた死体をたくさん目にしました。

いまも両親のことで思い出すのは、その死に目にあえなかったことです。父親はたしか六十四、五歳の頃に一度、脳溢血で倒れました。税理士と公認会計士の資格を取得して、晩年は独立して仕事をしていたんですが、六十八歳の時に再び倒れて三年ほど寝たきりの生活を送ったあと亡くなりました。

わたしは父親の介護を兄にまかせっきりにしていました。兄は医者ですから、素人のわたしがよくわからないまま首を突っ込むよりは専門家にまかせとけばよかろう、という気持ちがあったんです。それに親父が死ぬ一年ほど前に、わたしは久留米から東京に転勤になりました。そういうことを口実にして、父親の介護には一切関わろうとしませんでした。父が死んで一カ月ぐらいしてから、おふくろもあとを追うようにして亡くなりました。

当時は介護なんていう言葉もありませんでしたし、寝たきりになった年寄りは寝かせっきりにしておくのが当たり前でした。それがふつうの時代でしたから、仕方がなかったといえば、その通りです。けれども、親の面倒を見ることを避けて通ったということが、わたしの心の中でいまだに引っかかっているのでしょうか。罪悪感かと聞かれれば、そうかもしれません。でも、そういうのとはちょっと違うような気もするんです。むしろその逆で、好奇心と言うのか、怖いもの見たさみたいなものかもしれないなあ、と自分では思っているんです。

考えてみると、病気や寝たきりになるということは、人間が生きていく上である意味で避けて通れないことなわけです。そりゃあ、うまく関わり合いにならずに済めばいいですよ。そういう気持ちは誰にでもあると思います。だけど、これぱかりは計算のしようがありません。ぜったいに避けたいと思えば思うほど、むこうから勝手にやってくるような気もします。自分がうまく避けられても、家族がなってしまえば否応なく関わることになります。

幸か不幸か、わが家の場合はいまのところ、わたしも家内も誰の世話にもならずに生活しています。でも、この年になれば、そうなったらどうしようという恐怖感は常につきまとっています。一方で、病気になったらなったで、それもまた人生の一部なわけです。そこにはまた思いがけない感動やドラマが待ち受けているかもしれません。

少なくとも、人生の終末という誰もが通らざるを得ない通過点で立ち止まって考えようともせず、まったく関わることなく一生を終えてしまうのでは、それで人生をまっとうしたと言えるのか。そういうことを思ったりもするわけです。そうは言っても、まあできれば避けて通りたいものではありますが（笑）。

いまの活動を始めてから、いろいろな人たちとの出会いや関わりをもちました。このことが一番の財産であり収穫です。やめようと思ったこと？　一度もないですね。むしろ、お世話をしている相手からもらうものの方が多いですから。

今後の予定ですか？　さあ、五年後、十年後もいまの活動を続けていられたら、とてもしあわせでしょうけどね。でも体力はだんだんなくなっていくだろうから、どうなるかわかりません。できれば、ずっと続けられたらと思います。二十年後ですか？　そりゃあ、その頃には夫婦ともどもコロッと逝って、もうこの世にはいないのが理想じゃないですか？

デイサービス施設で働くことが楽しい

給料をもらっていると、
頼りにされる度合いがぜんぜん違うんです。

奥村タカ子（75歳）
元救護施設職員・大阪府

今年の初めに再就職して、また再び働き始めました。勤めていた救護施設を六十五歳で定年になって、その後十年はいろいろな趣味の活動をやって過ごしていたんです。でも、やっぱり仕事をやっている方が生活に張りがでると思って、デイサービス施設のスタッフとして働くようになったんです。

デイサービス施設というのは、介護保険で介護が必要だと認定されたお年寄りに来てもらって、一日を入浴をしたりリクリエーションをしたりして過ごしてもらうところです。お年寄りたちを朝迎えに行って、夕方になると家まで送ります。

わたしが働いているデイサービス施設は大阪の高槻市内にあります。内科医院をやっている女医さんが経営してるところです。バス通りに面したマンションの一階ワンフロアを借りているんですが、家族的な雰囲気のところが気に入っています。

ここにやって来るお年寄りたちは、月曜日から土曜日まで毎日違う人たちが一日に約二十人くらいになります。若い人で七十五、六歳くらいから、一番年上は九十八歳やったかな？　平均年齢は八十五、六歳です。

介護するスタッフはみんな若いんです。七十五歳のわたしは、もちろんスタッフのなかでは最高齢です。ほかのスタッフはヘルパーが五十歳と四十歳、二十七歳、十八歳の四人。それから看護婦さんが二人にケアマネージャーが常勤の人が一人と、非常勤で週二回来る人が一人います。調理をする人も三人。あと経理の人が一人という構成です。

仕事は毎朝九時から始まります。午前中はみんなで体操をしたり、入浴してもらったりします。そのあとはリハビリを兼ねて手芸や紙工作をします。みんなでお昼を食べて、それからお昼寝です。二時すぎに目が覚めるとコーヒータイム。午後からはいろいろなリクリエーションをします。民謡の先生に来てもらって三味線に合わせて唄ったり、フラワーアレンジメントをしたり。それぞれが好きなことをして過ごします。そうそう、最近になって陶芸もやるようになりました。いまは土をこねたあと電子レンジで焼ける、そんな陶芸があるんです。

毎朝八時半になると上の階から降りて来てカギを開けるのがわたしの日課です。この同じマンションの上階に住んでいるものですから。ここで働くことになったきっかけも、ここの喫茶店によくご飯を食べに来ていたからです。わたしはあんまり料理が得意でないものだから、毎日ここに食べに来ているうちに、働かないかって声をかけられたからです。それで働き始めたんですけど、いまは毎日がとても楽しくて。

わたしは五人姉妹の一番上で、親からとても可愛がられて育ったものだから、性格がわがままです。おまけに気も強いものだから、救護施設で働いていた時は「カミナリ」というあだ名だったんです。ところが、ここではみんな「タカ子姫」なんて呼んでくれます。そうやっておだてて上手につき合ってくれているんです(笑)。

◇

六十五歳まで働いていた救護施設も、この同じ高槻市内にありました。わたしが働いていたのは日赤病院に隣接している「高槻温心寮」という施設で、経営母体は大阪市内に本部のある福祉法人です。救護施設というのは、住む家のない高齢の障害者や病院を退院した人たちのための生活保護施設です。知的障害者や身体障害者、内部疾患者など男女百人ぐらいずつが入所していました。法律的には六十歳までということになっているんですけど、最近は高齢化してきています。入所者の平均年齢はたしか五十五歳ぐらいだったかしら?

わたしはその施設では寮母として働いていました。それが四十四歳の時からです。それ以前について?九州で小学校の先生をしていたんです。

教師をしていたのは二十二歳から三十五歳の時までです。もとは朝鮮からの引揚者で、うちは祖父の代からむこうに住んでいました。祖父は朝鮮鉄道、父は逓信局に勤める公務員だったんですけど、終戦後に一家で日本に戻ってきて、下関の近くにいた親戚のところに身を寄せました。

朝鮮にいた時は女学校に行っていたんですが、引揚げてきてからは門司にあった教員養成所に入り直しました。そこを卒業してから北九州の小学校の先生になったんです。そこで大恋愛をして結婚しました。娘も一人できたんだけど、その人とは離婚してしまったの。

わたしが勤めていた小学校はとても大きな学校で、一学年が六クラスありました。当時から男っぽい性格だったものだから、「あれはカンカン娘や」なんて言われていました。担任を持つのは高学年が多くて、だいたい四年生以上を担当していたんです。

わたしはこの年齢になっても、ほら、ご覧の通り前髪を青く染めたりしているでしょう。いまも町を歩いていると、小学生くらいの男の子がわたしの頭をじっと見て「おばちゃんの頭はウグイスみたいやなあ」なんて声を掛けられることもあります。いまも昔も小学校の三、四年生ぐらいの子がとても可愛くてねえ(笑)。

結婚相手は国鉄に勤めていた二つ年下の人だったの。その人が学校に毎朝、朝礼の時間になると電話をかけてくるの。困ったんだけど、電話してくるなとは、よう言わんかった。言ったら逃げられそうだったから(笑)。その人とは二十五歳の時に結婚して、その二年後には子どもも生まれたの。

そのあと夫が実家のある大分県の宇佐に転勤になりました。夫について大分に行ったのは二十八歳の時だったかな？　むこうでも学校の先生は続けました。

離婚した理由は、彼のお母さんとうまくいかんかったから。とてもシャキッとした人で、表立っては何も言わないの。でも陰で言うのよ。家には小姑もいて、一緒になって悪口を言われるのが癪にさわったわあ。

夫も何かあるとすぐに母親にお伺いを立てるんです。実家に戻るまでは、そんなことはなかったのよ。でも、戻ったとたん、何かにつけて、お母ちゃん、お母ちゃん言うようになった。「お母ちゃん、きょうはこのシャツでいいかな？」「きょうはこの靴でいいかな？」って、そんな調子。アホかっていうのよ(笑)。

そんなだったから、わたしは日曜日になると学校に行って宿直室で寝てました。あからさまに衝突することはなかったけど、家にいると、だんだん何も言う気がせんようになってきたから。あの頃は一番しんどかった(笑)。それで三十五歳の時に別れて、やり直すことにしたんです。

娘はむこうに引き取ってもらいました。それが離婚の条件やったから。勤めていた学校の校長は「娘は渡したらあかん。離れたところに転勤させてやるから、仕事は辞めるな」と言ってくれたんです。でも、自分から言い出したことだから、仕方がないなと思って。

移ってきたのが奈良県の五條市です。その頃に、たまたま知り合いになった天理教の布教師さんに事情を話したところ、奈良に行ってみんかと言われました。それで、しばらくその教会に住み込んで手伝いをしていました。あちこちお掃除に行ったりとか。それから、わたしの母親に言われて名古屋や山口の実家に行って、親戚やおばあさんの世話をしたりとか、そういうことを半年ほどやっていました。

そのうちに同じ教会にいた人の口づてに就職口があることを教えてもらいました。五條市と隣接している和歌山県橋本市にある救護施設で職員を募集しているというんです。その話が決まって救護施設の寮母の仕事をすることになりました。

◇

橋本市の救護施設で働いている時にお見合いの話をもらいました。相手は同じ橋本市内に住んでいる二つ年上の男性だったんですけど、その人の家は地元では旧家だったので、釣り合いがとれるやろうかって考えました。それに、また失敗するのはイヤだったので、その人と結婚する前にお寺に行って見てもらったんです。すると不思議なことを言われました。「あなたは生まれながらにして慈悲の心をもっている」って。

最初は何のことやろうかって思っていたんです。でも、生きているうちに、だんだんその通りだと思うようになりました。わたしは学校でも施設でも、自分なりに精一杯のことをしてきましたから。それから、これまで捨て犬や捨て猫を何匹拾って世話してきたことか。一番多い時には、家に十六匹もいました。わたしが死んだら顕彰碑を建ててほしいくらいやわ(笑)。

救護施設では男性と女性の両方が生活しています。寮母はどちらかの寮生の受け持ちになるんです。どちらにするかは寮長が決めるんですけど、和歌山では男女とも空いていました。寮長はじっと考えたあと「男の人の方にいってもらいましょうか」と言われました。あとで高槻に移ってからも、わたしはずっと男の方の受け持ちでした。

入居者のなかには体格の大きな人もいるんです。でも、わたしはそういう人もぜんぜんこわいと思わないもんだから。なかにはいろいろと悪さをする子もいるんですけど、そういう時はガーッと怒って、あとはいっさい忘れます。「カミナリ」というあだ名はそこからきているんです。

わたしは最初、自分が何を言われているのか、ぜんぜんわからなかったんです。みんなが「落ちるぞ、落ちるぞ」って言っているのを、「きょうは天気がいいのにね」なんて思っていました。そしたら、わたしのことだったんですから。

でも、みんな可愛いんですよ。六十歳くらいの人でも、知恵遅れで学校に行っていないものだから、子どもみたいなものです。「これをやりましょう」と言うと、彼らなりに一生懸命やるんです。勤め始めてすぐの頃は、手先のリハビリを兼ねて粘土細工をしていました。

最初はたいしたものができなくても、しばらくやっているうちに、だんだん上手に作れるようになってくるんです。最初は石ころだったのが、スコップを作れるようになって。湯飲み茶碗を作って窯で焼いて実際に使ったりするんです。それから、籐細工を作ったり、手芸で小物を作ったりする人もいました。

わたしはずっと機織りを担当していたんです。男の人も女の人も好きなようにやらせます。西陣織りで使っているような手織機で寮生と一緒にガッタン、ガッタンとやって、いろんな生地を作っていました。午前中はそんなことをやってから、午後になるとクラブがあるんです。囲碁とか短歌とか。わたしはマージャンクラブに入って、みんなと一緒に楽しくやっていました。

高槻に来てからは、いろいろな行事をやるようになりました。それまでは何もなかったので、わたしが提案したところ、雛祭りとか運動会、カラオケ大会なんかをやるようになったんです。それから年一回、一泊旅行にも行くようになりました。近いところだったら有馬温泉とか、石川や岡山だとか。行き先は温泉が多かったです。

高槻の施設に移った理由？　こっちの方が勤務条件がよかったから(笑)。それに施設もこちらの方が大きいし。経営はまったく別の法人です。だから、いったん橋本の方を退職して、高槻に転職したんです。それに夫の勤務地のこともあったから。さっき話した、見合で結婚した夫は大阪の会社に勤めていました。そういういろいろな条件があったので、高槻の方が都合がよかったんです。勤めは寮に入るのが前提だったので、夫婦で移ってきました。

そういえば、夫が六十歳で定年になってからは、よく施設に弁当を持ってきてくれました。わたしは料理がぜんぜんダメなものだから、夫に弁当を作ってもらっていたんです。施設のみんなからは「愛妻やなくて、愛夫弁当やなあ」ってよく冷やかされました。その夫が亡くなって、もうすぐ丸四年になります。

救護施設の入居者とは、この近くのスーパーなんかでバッタリ出会うことがあります。「よう先生、元気か？　また遊びに来いよ」なんて声をかけられます。施設にはいまも時々ボランティアに行っているんです。といってもマージャンの相手なんですけどね（笑）。

◇

六十五歳で退職したあと、しばらくの間はいろんな習いごとをしていました。もうじゅうぶん働いたつもりだったから、あとは自分の好きなことをやって暮らそうと思ったんです。それで、まず地元の短歌クラブに入りました。短歌は女学校の頃からやっていました。そしたら主人も行くと言うので、夫婦で一緒に行っていました。

次に始めたのは踊りです。日舞、民謡、詩吟の三種類をいっぺんに習い始めました。しかも詩吟は舞いと謡いの両方です。ひとから「ごっちゃになりませんか。器用な人ですね」とよく言われました。日本画も習いに行きました。

日本画というのは、けっこう面倒くさいんですよ。一枚の絵を仕上げるのに四工程もあるんです。でも、先生からは「奥村さんは一見がさつそうに見えるけど、けっこう緻密でいい絵を描く」って言われました。それから詩の教室にも通い始めました。これは高槻市の学習センターでやっていたものです。月曜日から金曜日まで毎日なにかの教室に行っていました。

これだけいろいろとやっていても、ぜんぶ中途半端に終わってしまっているんです。だから自分では未完成交響曲だと言っているんです。退職して三年くらいずっとそういう生活を続けているうちに、なんだかわびしい気持ちになってきたんです。それで習いごとはぜんぶやめてしまいました。

でも、いまもひとつだけ続いているものがあるんです。それは「五行歌」といって、すべてを五行で表現する詩です。これを勉強するために毎週、奈良県の生駒まで通っているんですよ。わたしが作ったのをひとつ詠んでみましょうか。

電話の声に／すねたり／はずんだり
でも切れると／またわびしい

これは先生が「恋」という題を出した時のものなの。大勢のなかで最高点をもらったんです。わたしが作者だとわかったら、みんな「もっと若い人かと思った」と言っていました。

そんなことをやっているうちに、高いとか安いとかいうことは言わないから、いくらかでも給料がもらえる仕事がしたいなあって思うようになったんです。どうして給料にこだわるかって？　だって給料をもらっていると、頼りにされる度合いがぜんぜん違うから。お金をもらってやる以上は、趣味や無給のボランティアみたいに気楽な気持ちではできません。

わたしの場合は、学校とか施設にいたこともあって、ずっと勤める生活に慣れているんです。趣味や習いごとでは、どうも物足りなさを感じるんやろね。そんなふうに思っていた時に、ちょうどいい具合に民間で運営しているヘルパーの会の仕事に行くようになりました。知り合いのつてがあったので、それに飛びついたの。

そこは「助け合いの会」といって、茨木と高槻に住む定年退職者が日替わり交代で事務所にいるんです。そこでわたしがやることになったのはコーディネーターです。事務所から連絡があると、ヘルパー派遣の依頼があった家に出かけていって、どういうサービスが必要かを聞いたうえでヘルパーを手配する仕事です。

そこの会では寝たきりとかの重度の介護が必要な人に対してのお世話はしていないんです。家事支援や身の回りの世話を中心にしたサービスについてだけ、ヘルパーの資格を持たないふつうの主婦を派遣する、そういうやり方をしていました。料金は一時間あたり六百円プラス交通費という設定でした。

わたしは月曜から金曜まで仕事をして、わずかだったけれども給料ももらっていました。勤務は自由なんです。何かあれば携帯に連絡が入ることになっていましたから、時間がある時には習いごとにも行けました。

そうやって数年たつうちに、会を運営していたおじさんたちが、年をとったからやめたいと言い出しました。でも、ヘルパーをやっている主婦の人たちは、まだやれると言います。じゃあ、わたしが世話人をやってもいいよと言って、去年の六月から「ひまわりの会」という名前に変えて、活動を続けることになりました。高槻市にもちゃんと届けを出してあります。その会の活動はいまも続いています。そっちの方は四十歳代で車も持っている人がいてくれて、わたしがいなくても、あちこち動いてくれるので助かっているの。

ここの施設は、今年になってから、それまでやっていたデイケアからデイサービスに変わったの。つまり医療施設から介護施設になったので、スタッフに介護福祉の資格を持っている人が必要になったんです。

わたしは救護施設にいた頃に社会福祉主事の資格を取っていました。四十六歳の時にそういう資格ができた時に、自分ではその気はなかったんだけど、まわりがあんまり言うもんだから、それですぐに取りに行ったの。東京で四日間だったかの講習を受けて、試験にも合格しました。その資格を持っていることを知って、ぜひ働いてほしいって言われたんです。

わたしは最初、資格だけ貸しますよって言ってたんです。この年齢で若い人たちに混じって仕事をするのは、なんだか気恥かしい気持ちがありましたから。でも、ここの施設をやっている女医さんに「そんなことを言わずに働いてみなさいよ」と説得されたものだから。好きなようにやっていたらいいからって。

でも、わたしはずっと勤めをしてきたから、自由にやっていいと言われても、あんまり勝手なことができないの。ここは日曜日が休みで、スタッフはそのほかにも一日休んでいいことになっているんですけど、とても休む気になれないの。どうしても抜けないといけない時は、午前中はここにいて、昼から行くようにしています。これまで一日も休んだことがないんです。

だって、こう見えても、けっこう頼りにされているんですから。仕事中にちょっと外出することがあっても、ほかのスタッフから「送迎の時までには帰ってきてね」って言われるし。そう言われたら、またやり甲斐を感じるんです。

ここの利用者の朝夕の送り迎えは、勤めを定年になったおっちゃんたちにお願いしています。小遣い程度の謝礼で、毎日四、五人の人に日替わりで自家用車で来てもらっては、送り迎えをしてもらっているんです。みんなには、きっちりやってもらっているんですけど、でもこれだけ大勢いると、やっぱり人間には相性というものがありますから。だから、いろいろな意味で頼りにされてしまうんです。

一度こういうことがありました。一人口うるさいおばあちゃんがいて、その人がある日わたしのところに来てこっそり言われたの。送迎の誰々さんがイヤだって。あの人とはどうしても合わないから、別の人に替えてほしいって。それで、配車の時にその人と一緒にならないようにしてあげました。

すると次の時に、そのおばあちゃんから「ありがとうね」って言われました。それから、その次の時もまた「どうもありがとうね」って。ありがとうなんて、めったに言わない人なのにね(笑)。

このあたりは年の功ですよ。若い人たちには、なかなかそういう人間関係のことまではやれませんから。大勢の人を見ながら、誰と誰が相性がよくて誰と誰が悪いとか、そういうことがさっと見抜けないとできません。

それから、ここでは毎日レクリエーションで歌を歌ったりするんですけど、どうしても「鉄道唱歌」とか「やしの実」だとかいった昔の歌が多くなるんです。そういう歌を歌う時も、やっぱりわれわれみたいにその歌をよく知っている世代が混じっている方が、利用者にとっても楽しいでしょうね。

利用者はみんなつき合いやすい人ばかりですよ。わがままで手に負えない人というのはいません。だって、あの人たちは賢いもの。どこまでならだいじょうぶということが、みんなちゃんとわかっている人たちばかりですから。

それから、送迎のおっちゃんたちと話をしていると、すごく楽しいのよ。朝一番にここに来ると、毎日その人たちと最初に顔を合わせます。わたしが少々キツいことをいっても、みんな上手に折れてくれます。「まあまあ、そのうち天女になって空に昇っていくんだから」とか。すると別の人が「ドスーンと落ちてくるなよ」なんて合いの手を入れたりします。

あのおっちゃんたちは、よく飲むから楽しいんです。時々みんなで遊びに行ったりするの。今年も秋になったら紅葉狩りに行こうねって言っているの。それから冬は忘年会をしようって。わたしにはボーイフレンドがいっぱいいるんです(笑)。

若いスタッフの人たちも、いいところがあるのよ。わたしもたまには今日はあまり仕事をしたくないなあって思う時もあるの。すると顔に出ているんでしょうねえ。十八歳や二十歳の子らにもそれが伝わるみたいです。「奥村さん、今日はなんだか元気がないですね」なんて声を掛けてくれます。あの子たちは可愛いわあ。ここのスタッフはみんな、わたしの孫みたいなものです。

◇

でも、ときどき「もう、やめようか」って思うことがあるのよ。意外かしら？　だって、この先どうせ長くないわけだし、それなら趣味の世界で限られた時間を楽しく過ごそうかって思ったりもするわけ。そういう時は「お兄さん」に相談するの。といっても、わたしよりずっと若い人なのよ。送迎のおっちゃんたちのうちの誰かかって？　違う、違う(笑)。

その人はいま三十一歳で、奥さんもいるし、子どももふたりいる人なの。ふたりでどこかへ行くとか、そういう関係ではなくて、わたしの心の拠り所になっている人。ここにいる人たちも、みんな知っているわよ。だって、わたしがぜんぶしゃべってしまうから。

その人は近くのスーパーにある薬局の人なの。うちのお父さんが食道ガンになった時、よく薬を買いに行っていた薬局の店長さんで、いろんなことを細かくていねいに教えてもらったんです。そうそう、さっきの詩も、その人のことを詠んだものなの。電話をすると、とてもよく話を聞いてくれるから。

「もう仕事をやめてしまおうかしら」なんてわたしが言うと、こちらが言ってほしいことだけちゃんと言ってくれるんです。「そんなことを言わずに続けたら」って。だから、その人とは恋愛感情とか、そういうことではないの。

こうやって生きているると、突然息苦しくなって倒れそうになることがあるの。夜眠れないとかいうことじゃないのよ。昼間に動いているから、ふだんはぐっすり眠れるんだけど、どういうわけか夜になると、ときどき気管のあたりが急に苦しくなることがあるの。そういう時に店長さんのことを思うと、すーっと楽になるの。また電話で話をすると気が楽になるんです。

病院で診てもらったら「過換気症候群」という病気だって言われたの。若い女の子がよくなる病気ですって。お医者さんからは「よかったね。奥村さんは、まだまだ若い娘で」って言われました（笑）。

その店長さんは死んだお父さんにそっくり瓜二つなの。わたしはその人からもらった写真をいつも持ち歩いていて、話ができない時には写真を見て気を落ち着かせるの。おかしいでしょう？（笑）最初はお父さんのと二枚持っていたんだけど、でも死んだ人に手を合わせたところで何も言ってくれないから。家では毎日、位牌にお水をあげていますけど。

ところが、その人がこの七月から本部に転勤になってしまったんです。なかなか会えなくなって、いまは毎日泣いて暮らしているんです。そこの社長に泣きついて、できるだけ早く元に戻してもらえるように言っているんです。でも本部でも必要な人だから、仕方がないんですけどね。いつまでも子どもでしょう？

別れた子どものことですか。ときどき思い出しますよ。昭和二十七年生まれですから、元気にしていたら、もう五十歳前になっているんじゃない？　結婚してたら、その子も大きくなっている頃でしょうけど……。その子が小学校に入る前の年に別れて、それ以来ずっと会っていないものだから。会いに行こうと思ったこと？　ない、ない（笑）。自分から別れて来たんだから。

それよりも、わたしには、これからまだやりたいことがあるんです。それは、さっき話した五行歌のことです。もうちょっと頑張ったら教室を持たしてやるって言われているものだから。来年くらいにどうかって先生が言ってくれているんです。教室は週に一回です。日曜日に教室をやれば、ここの勤めと両立できますから。

それともうひとつ、これも五行歌が関係していることなんです。これまで作った五行歌はかなりの数になります。これに亡くなった主人の短歌も入れて、歌集にまとめたいなあって。自分で機織りした布を使って、きちんと装丁もして。そうやってちゃんとした詩集を作るというのが、いまのわたしの夢なんです。

そのためには、もっといい歌をたくさん作ろうと思っていまも毎日いろいろと観察していますよ。デイサービス施設にいる時も、嬉しいことがあったり、ちょっと気がついたことがあったりすると、いちいちメモしておきます。それを毎日の励みにして暮らしているんです。

カウンセリングで老人ホームを訪問する

一番嬉しいのは、
帰る時に「また来てね」と手を振ってくれる瞬間です。

高橋俊郎（70歳）
元警視庁刑事・東京都

わたしはいま、シニアピア・カウンセリングという活動をやっています。警視庁を四十二年間勤め上げてリタイアしたあと始めたボランティア活動の一種で、老人ホームなどの高齢者施設を訪問しては高齢者の話し相手になるというものです。

「ピア」とは仲間という意味です。「シニアピア」はアメリカで始まったカウンセリングの一方法です。専門家ではない、境遇を同じくする者がカウンセラーとなって話を聞くことで、心を癒そうという趣旨から始まったものなんです。

ただし、やみくもに話を聞けばいいというものではありません。カウンセリングというからには、ひと通りの確立された手法があるんです。わたしも養成講座に通って、どういう聴き方をしたらよいのかなどについて学びました。

いまでは週に一回、施設に話をしにいくことが生き甲斐にもなっていますし、なかなか刺激がありますよ。人の役に立っているという実感がもてますから。

わたしは警視庁にいた時は暴力団を長く担当していました。三鷹署などの所轄で刑事課長や防犯課長を長く務めていたんです。そんな人がどうしてカウンセリングのボランティアなんか始めたんですかって、よく聞かれるんです。うちの女房からも、ここまでよく変われたわねえって感心されています。そのあたりのことからお話しましょう。

◇

じつは六十歳の定年になる直前に人間ドックを受けたんですが、直腸ガンだということがわかりました。それまではどこも悪いところがなかったものですから、青天の霹靂でした。検査の結果が出たあと、ちょっとおかしいぞということで触診してもらい、腫瘍ができていることがわかりました。最初は二、三日程度の検査入院ということだったんですが、そのまま緊急入院して手術することになりました。

手術を受けたのは西東京警察病院です。あとから聞いてびっくりしたんですが、おへそのところからメスを入れて、恥骨の上から肛門までをぜんぶ切り取ったそうです。そして残した腸の部分を前に引っ張り出す、そういう手術だったんです。人工肛門をつけることになりました。

手術そのものはあっという間だったんです。麻酔を打たれて、「一、二、三……」と数えるうちに、すうっと意識がなくなりました。気がついたら手術は終わっていて、すでに十時間が経過していました。

家内は手術の前に医師から「命の保証はないですよ。もしかすると、あと四カ月ぐらいかも知れません」と言われたということでした。本人にはガンだという告知はなかったので、手術のあとで聞いて本当に驚いたんです。

わたしが手術前に受けた説明では、いろいろな内臓を切り取ってしまうので、内臓の諸機能がダメになってしまうかも知れませんよということでした。いまから考えてみると、要するにほとんど死の宣告みたいなものだったんです。自分としても、告知こそされなかったものの、これは大手術だから死んでも仕方がないという覚悟はしていました。

それでも手術前の恐怖心というのは予想をはるかに上回るものがありました。このまま死んでしまうかも知れないと思ったとたん、頭の中が真っ白になってしまい、何も考えることができなくなってしまいました。夜も目がさえて眠れませんでした。

その時の感覚というのは、経験した人間でないとわからないものだと思います。とくにわたしの場合は、それまで自分の体にメスが入ったことがなかったものですから、体の一部が切除されてしまうとか、すべてを医師にまかせないといけないとか、いろんな種類の不安が交錯しました。でも、とりわけ死に対する恐怖心が何よりも大きかったんです。これは助からないんじゃないかって考え始めると、どんどん最悪の事態を想像してしまうんです。

手術はひとまず成功でした。ところが、手術が終わると今度は全身に激痛が走るんです。とても耐えられないくらいの痛みでした。手術が終わってからの二、三日はとくに痛みがひどくて、本当につらいものでした。その時のことをあとになって考えられるようになってくると、傷ついた人にとって心のケアっていうのはとても重要だなと思うようになったんです。とにかく自分一人ではどうしようもありませんでしたからね。

手術の時に感じたのは、宗教はあまりあてにならないなということでした。生きていれば御利益もあるかも知れないけれども、死んでしまえば神も仏も関係ありません。数字で言えばゼロです。ゼロに何を掛けても、なんにも出て来ないわけですから。

反対に一番救われたのは、人からかけてもらった励ましの言葉です。言葉がこれほど大きな力を与えるものかということを知ったのは、大きな発見でした。そこから思うようになったのは、ガンの手術と闘病という自分の体験を活かせる活動はないかということです。自分が直面した死の恐怖や死の直前まで行った経験をどうやったら人の役に立てられるのかということを真剣に考えるようになりました。

ガン手術を受けたあとは再就職しました。第二の職場として、警視庁の外郭団体である暴力団追放推進センターに五年間勤めました。さらに外資系の生命保険会社に移って、そこでは暴力団や総会屋対策の仕事をしました。その会社も昨年の五月に退職して、そのあとしばらくのんびりしていました。

ある日たまたま新聞を見ていたところ、高齢者が高齢者の相談にのる活動とその養成講座についての記事を見つけたんです。それは「ホールファミリーケア協会」という団体が主催するシニアピア・カウンセリングの養成講座を紹介したものでした。

同世代の人間が高齢者に向き合い、悩みを聞いたり相談にのるという活動です。死への恐怖、病苦、体力の衰え……。高齢者には高齢者にしかわからない特有の悩みを抱えています。そうした悩みについて本当の意味で共感して相談に応じられるのは、やっぱり同じ立場の高齢者がもっとも適していると思うんです。とくにわたしのように、死の恐怖を味わった人間だからこそできる活動ではないだろうか。記事を見てそう思ったわけです。

講座は二週間に一回、土曜日の午後に二時間程度の授業がありました。まず心理学や老人学などの基礎についての講義を受けるんです。それが終わると、次は実技中心のロールプレイングに移ります。受講者同士で相談者になったりカウンセラーになったりしながら、お互いに練習するわけです。

そこでの十カ月間の講座を終えたあと、今年の二月から週一回、わたしが住んでいる西東京市内にある特別養護老人ホームにカウンセリングのボランティアに通うようになりました。わたしの家から自転車で十分のところにある老人ホームです。そこに行くことになったきっかけは、西東京市のボランティアセンターに連絡したところ、ボランティアを受け入れる施設として紹介されたからです。

老人ホームには毎週水曜日の午後三時頃に訪問するようにしています。活動はいつも、だいたい二時間くらいです。通常のカウンセリングなら、相手の依頼を受けて決まった時間に個室で話を聞くのがふつうです。でも、わたしがやっているのはそういうものとは違います。

話をするのは一対一ですが、場所は食堂兼広間です。わたしが訪問すると、いつも二、三十人の入居者が自分の部屋から出て来てくつろいでいます。そんな人に声をかけては、順番に話を聞かせてもらうんです。だからカウンセリングというよりも、話し相手のボランティアに近いですね。

この活動を始めて半年ほどになりますが、一番むずかしいのは、初対面の人からどれだけ本心を聞けるかということです。例えば、ある人が奥さんとケンカばかりしているんだという話をしたとします。上っ面だけ聞いていると、奥さんのことが嫌いだと言っていると思えるかも知れません。下手をすれば「じゃあ、離婚すればいいんじゃないの」という話にもなりかねません。

でも、よくよく聞いてみると、ずっと奥さんとケンカばかりしているけれども、本当は仲良くしたいんだ。そのためにはどうしたらいいのか、という悩みだったりするわけです。話している本人も、そのことを意識していないということがあります。カウンセラーと話をしているうちに「ああ、オレは本当は女房と仲良くしたいんだ」ということに気がつくんです。これがカウンセリングの役割です。

話を聞く時に気をつけるべきことがいくつかあります。そのなかのひとつに、相手が話したいと思う状況にもっていくということがあります。そのためには、相手の話には、ぜったいに反論しないという原則があるんです。相手の感情や思いに共感しながら話を聞くんですが、これがけっこうむずかしいことなんです。

では、何でもかんでも共感すればいいかというと、そういうわけでもありません。例えば専門用語で「危険介入」と呼ばれるものがあります。自殺したいと言っているのに、うんうんと頷いていてはいけません。そんな時は、ダメだって止めないといけないわけです。

でも基本的には、相手に共感しながら話を聞くことで、もっと話したくなるようになります。そう口で言うのは簡単ですが、初めの頃はそういう姿勢で話を聞くのは、わたしにとって相当の努力が必要なことだったんです。

というのも、これは暴力団の担当をしていた時とは正反対の態度なわけです。暴力団を取り締まることを仕事にしていたわけですから、相手を押さえ込まないといけません。相手を威圧するように話したり取り調べたりするわけで、この点がいまとは大違いでした。でも、そういうことを考えると、いまの活動に興味を持つようになったのは、警察にいた時の仕事が関係していると思うんです。

暴力団の取り締まりというと、ガサ入れとか強制捜査とかいったイメージがあるかも知れません。でも、暴力団が相手だからといって、何でも取り締まればいいというものでもありません。ガサ入れをするにしても、いつ取引があるだとか、そういう情報をとることも仕事の重要な部分を占めているんです。まず相手と話ができるような関係になれないようでは、取り締まりもへったくれもありませんから。

再就職の暴力団追放推進センターでは相談員をしていました。つまり相談者の話を聞くのが仕事で、おもに暴力団の被害に関するいろいろな相談にのっていたんです。ただし、ここでもその相談といまやっている活動は似て非なるものでした。その一番の大きな違いは、その場で相談者に対して適切なアドバイスを与えるということです。

相談者は暴力団について困っているからこそ相談にやって来ます。暴力団対策についての有効な解決策が求められるんです。「こうすれば解決しますよ」と言ってあげられないとダメなわけです。そうでないと、警察はなんの頼りにもならないと信用されなくなってしまいます。カウンセリングはその反対で、さっきも言ったように指示はしないんです。ひたすら聞くことに徹します。そういうわけで、指示を出す世界でずっとやってきたのに、指示は一切ダメだと言われて、最初の頃はとまどいもありました。

そもそも、カウンセリングというのは出来ることと出来ないことがはっきりしています。相談内容に対して「それはここに行って、こうやったらいい」などと具体的な助言を与えることはぜんぶダメです。例えば高齢者の話を聞いていると、家族から貯金通帳を狙われているだとか、いろんな話が出てきます。明らかにボケの症状が出ているなと思えるケースもあります。でも痴呆やうつ病は精神科医の領域ですから、そういうことには一切立ち入らないことになっているんです。

話を聞いているうちに、この人は前も同じような話をしていたなと思うこともあります。でも、われわれは治療のために話を聞いているわけではありません。そういう場合でも「なるほど」と相槌を打ちながら、ひたすら聞き役に徹します。

それと、じっさいにシニアピア・カウンセリングの方法を学ぶようになって知ったことですが、人間が絶望の底から立ち直って生きる希望を見出すうえでもっとも大事なことは、自分が置かれた状況を認識するということです。人間には寿命というものがあり、必ず死ぬわけです。必ずやって来る死というものを避けて通ることはできません。これに向き合うためにはある種の諦めが必要で、これはどうしようもないことだと思うことなんですね。

このことをお坊さんに話したら、「その通りです。『諦める』ということは『明らかにする』ということだから、それが正しいんですよ」と言ってくれました。わたしも自分なりに考え抜いた挙げ句、これ以上あがいても仕方がないんだなあと手術の直前になって気がついたんです。そうすると、ふっと気が楽になりました。

このプロセスを助けるのがカウンセリングだと思うんです。いまその人が置かれている状況を認識する手助けをしてあげることです。非情なようだけれども、その問題でどれだけ悩んだところで結論は出ないことなんですよということを気づかせてあげるわけです。カウンセラーと話しているうちに、そのことを本人が悟るんだとわたしは思います。そうして、苦しみをバネにして生きていくということのお手伝いをしているわけです。

◇

つくづく思うことは、カウンセリングの活動をするには自分自身が健康でなければならないということです。精神的な悩みを抱えている人というのは、どうしても物事を消極的にとらえがちです。そんな人の話を聞いていると、こちらまで落ち込んでしまうことがあります。そうした心の負荷をいちいち背負い込んでいたら、こちらの身が持ちません。

じっさい、高齢者というのはじつにさまざまな悩みを抱えているものです。一番多いのは家族との関係についてです。なかでも嫁姑の悩み。同居するとかしないとかいう問題ですね。それから、財産についての相談も多いんです。

高齢者というのは、とても複雑な心理状況にあるものなんです。お嫁さんが気を遣って「もう台所はしなくっていいのよ」と言うと、自分がのけ者にされたと思う、そういうところがあります。疎外感、孤独感がとても強いんです。「配偶者がいない」「茶飲み友達がいない」という悩みもあります。具体的なアドバイスができるものは少なくて、どうしようもないといったら申し訳ないけれど、特効薬のない悩みが多いというのも特徴です。

いまの世の中は高齢者が抱える悩みも多様化してきていると思うんです。それを聞いてあげる態勢がもっと整備されないといけないんですが、実際には対応できていないというのが現状ではないでしょうか。

これは施設に通い始めてから知ったことですが、老人ホームの入居者同士では世間話をほとんどしないみたいです。近くにいる人ほどコミュニケーションのとり方がむずかしいのかも知れません。それは一般の住宅地に住んでいる者だって同じことです。隣人とほとんど話をしなくなりましたから。近所の人とは話をしないのに、わざわざ施設まで話をしに行くというのも考えてみれば奇妙なことかも知れません。

そういうこともあって、施設にいるお年寄りたちは、われわれのような人間がやって来るのを心待ちにしているんです。わたしなんかが行くと、待ってましたとばかりにしゃべってくれます。話題のとっかかりにも事欠くことはありません。

相手はお年寄りですから、これまでの人生があります。生まれたところ。子どもの頃の話。仕事の話。どうしてここに住むようになったのか……。話のきっかけは豊富にあります。話をしているうちに方言が出てきたりしたら、しめたものです。「ご出身は北関東ですか？」なんて聞いたら当たっていて、ぼくも北関東の出身なんですよという話に自然となっていきます。それでいっきに親近感が増すことはよくあります。

ほかにも心がけていることはあります。お年寄りを子ども扱いしないということです。相手は高齢者ですから、記憶力が落ちていたり、思ったことがうまく言えなかったりということはよくあります。そんなふうに能力が多少低下していても、自分よりも目下の人間だと思ってはいけないんです。人生の大先輩ですからね。相手の様子を笑うとか、小バカにするとかいった態度は問題外です。

相手の立場を考えるということも大事なことです。初対面の人と話のきっかけをつかむには「こういうことでここに来ているんですが」なんて自分のことを説明しながら話しかけるということも重要です。それでも、うまくいかないこともありますよ。好き嫌いや相性もありますからね。いくら話しかけても、のってこない人もなかにはいます。こちらの思った通り、筋書き通りというわけにはいきません。お年寄りというのはムラ気で心変わりしやすいものですから。何気なく「ここは呑気でいいところですね」と言ったら「何が呑気なものか。じゃあ、お前もここに入ってみろ」なんて言われたという話を知人から聞いたこともあります。

そういうわたしも、最初の頃は失敗したことがありました。それは歌の催しにボランティアとして参加していた時のことです。時間が来たので片づけようと思って、あるおじいさんが持っていた歌詞カードをすっと取ってしまったんです。するとそれまで温厚そうで怒りなど見せたことがなかったその人が急に怒りだしたんです。「なにをするか」とえらい剣幕だったので、周囲はびっくりしました。「オレは部屋に持って帰って覚えようと思っていたんだ」というんです。本人の承諾を得ずに片づけようとしたのは、たしかにわたしのミスでした。

こうやって話している分にはかんたんそうに聞こえるかも知れませんが、なかなかむずかしいものですよ。一回、二回ならできても、ずっと継続してやるとなるとたいへんです。にもかかわらず、なぜこういう奉仕活動を続けているのか、不思議に思われるかも知れません。

わたしがガンで直腸を失ったことは、さきほどお話ししました。いまは直腸がないので、便の排出は通常のやり方ではできません。人工肛門というのは意外と面倒です。三日に一度は腸を洗浄する作業が欠かせないんですから。

病院に行く必要はぜんぜんないんです。ぜんぶ家でできますから。自宅のトイレにこもって一時間くらいかけて自分できれいにするんです。でも冬場なんかはとてもつらい作業です。寒いトイレで雪隠詰めですから。冷たいトイレのなかで、大の男が情けないなあと思いながら、そういう作業を三日ごとに必ずやっているんです。

それを除けば、なに不自由なく日常生活をしていけるわけですから、考えてみればありがたいことです。でも、体の一部を失ってしまったんだという気持ちはありますし、そのことで時には落ち込むこともあります。

同病相哀れむではないけれども、施設に出かけていくことで、つらいのは自分だけじゃないんだという気持ちになれる。そういう心理があることは否定しません。家にずっと引きこもっているだけだと落ち込む一方ですが、ボランティア活動をすることによって人の役に立っているという実感をもつことができるんです。

この活動をしていて一番嬉しいのは、帰る時に入居者の人たちが「また来てね」と言いながら手を振ってくれる、そんな瞬間です。軍隊経験をもつあるおじいさんは、いつも最敬礼して見送ってくれます。そんな時には、また来週もここに来て話を聞いてあげようって思うんです。

ボランティアをして社会を知った

最初のうちは、正直言って
「なんでオレが」と思うことが多かったんです。

遠藤勝目（71歳）
元小学校教員・宮城県

六十歳まで教師をしていました。学生時代に勉強したのは社会科だったんですが、わたしが教えていたのは小学校だったので、主要科目はぜんぶ教えていました。教頭で定年になりました。そのあと三年間は市民センターの嘱託職員として、生涯学習向けのプログラムをつくる仕事をしていました。

七年前に「くらし生協」という地元の消費者運動の団体の会員になって、いろんなボランティア活動をするようになりました。看護婦をしている妻が看護や介護について生協の講座に教えに行っているんですが、その妻から「こんなのがあるわよ」って教えられたのがきっかけです。

くらし生協の会員にはA会員とB会員があります。わたしが登録したのはA会員です。B会員の依頼に応じて、さまざまなお手伝いをします。間を取り持つコーディネーターの人がいて、最初にかんたんな面談があります。その時に「何ができます？」と聞かれたので、わたしは庭木の手入れと大工仕事、車での送り迎えができると答えておきました。

しばらくしてコーディネーターから連絡がありました。脳溢血で倒れた五十代半ばの男性の昼間の面倒を見てくれないかということでした。その家では喫茶店をやっていて、奥さんは働かなければならないということです。日中にその家にいて、男性と一緒にお昼を食べればいいだけという話だったので引き受けることにしたんです。

ところが行ってみると、実際は聞いていた話と大違いでした。食事を自分で食べられないんです。手づかみなら食べられるんですが、自分で箸やフォークを使えなくて、わたしが食べさせてあげないといけないんですから。二日目に行くと、もっと驚きました。朝、玄関に入ったら廊下が光っているんです。見るとオシッコでした。なんでオレがと思いながら拭きました。

また別の家で病院の送り迎えをしてほしいという依頼がありました。相手はおばあさんでした。なんでも、息子夫婦は会社を経営しているらしいので、お金には不自由していないらしいんです。それならタクシーを使えばいいじゃないかと思っていたんですが、行ってみるとタクシーではダメなことがわかりました。家の玄関から車まで歩けないんです。手を持って支えてあげないと移動ができません。病院に着いてからも同じです。車寄せから診察室までを支えてあげる必要があるんです。これらはタクシーの運転手にはできないサービスです。病院内ではそのおばあさんの付添としてずっとついていきます。そのまま更衣室のなかまで行くことになるのかなって、あせりましたけど(笑)。

ほかにも、高齢者の家から庭木の手入れをしてもらえないかという依頼を受けたこともあります。地震が来ても大丈夫なように仏壇を固定してほしいという依頼もありました。この時は板を仏壇の上に通し、しっかり天井に固定してから見苦しくないようノコギリで上の部分を切り落とすという、ちょっとした大工仕事になりました。

◇

最初のうちは正直言って「なんでオレが」と思うことが多かったんです。でも、やっているうちにわかったのは、わたし自身の勉強になることが多いんです。

やっぱり五十代半ばの男性からの依頼だったんですが、その人は糖尿病で失明して人工透析に通っているんです。車で通院の送迎をしたり、身のまわりのことを手伝うんですけど、不思議なことに、その人はまったく目が見えないのに街を自由に歩きまわれるんです。しかも、わたしなんかも知らないような路地まで知っているんですから。きっと頭のなかに街の地図がぜんぶ入っているんでしょうねえ。

その人に買い物を頼まれると、「どこそこの橋を渡って何番目の辻を曲がって何メートルくらい歩いていくと、なんとかという店がある」といった具合に、説明がいちいち具体的です。身の回りの品がなくなっても、「その商品はどこそこのスーパーのどの側の棚の何段目にある」とかいったことが、口をついて出てくるんですから、びっくりしてしまいます。

やっぱり三十代半ばの若い男性のお世話をした時のことです。その人は車イスに乗った障害者で、一緒に買い物に行ったり、身のまわりのことをしてあげていたんですが、こちらが気をきかせたつもりで頼まれないことをやろうとすると、すごく怒るんです。車だって自分で運転します。車イスを乗せたり下ろしたりするのもぜんぶ自分でやるんですから。そうやってスーパーまで行ったら、彼が買い物リストを胸ポケットから取り出して読み上げます。それに従って、わたしが商品を探すわけです。これでは教師をやってた頃と立場があべこべだなあって、心のなかでにが笑いしました。ふつうなら、読み上げるのが教師で、動くのは生徒ですからね。

レジを済ませてからビニールの買い物袋を持とうとすると、持たなくてもいいと言います。いったいどうするんだろうと思って見てたら、袋を口でくわえて両手で車イスを動かしていました。あれには仰天しました。

いまは高齢者なんかでも施設に入ると至れりつくせりで、介護スタッフが身のまわりのことをぜんぶやってくれます。自分で何もしなくなるので、すぐにボケの症状が出るといいます。あれと同じで、障害者だってできることは自分でやらないとダメだという思いでいることがわかりました。

少し変わったボランティアでは、ある障害者の人が歌手の藤圭子さんのファンで、そのコンサートに一緒について行ってあげるというのがありました。その人が買ったチケットでコンサート会場に入り、その人の隣の席で一緒に歌を聴きました。わたしはこれにも驚きました。障害があっても、コンサートに聴きに行ったり好きなことをやったり、いまはそういうことが自由にできる時代なんだなって。

こんなことを言うと叱られるかも知れませんが、わたしたちの若い頃だったら障害者がコンサートに行くなんていうと、なんて贅沢なと言われかねない時代でした。社会はどんどん変化しています。でもわたしはずっと学校のなかにいましたから、新しい知識を得ることができませんでした。学校にいると世の中の新しい流れに触れる機会がありませんからね。それで、こうした活動を通して世の中のいろいろなことを学んでいるんだという気持ちにだんだんとなってきました。

もっと積極的に社会との関わりを持ちたいと考えて、いまは観光ボランティアの活動も始めました。これはもともと自分が好きな歴史のことを勉強しようと考えて、地元仙台の歴史を学ぶ会としてスタートしたものです。せっかく学んだ知識を活かす方法はないかと思っていたところ、伊達政宗一族の墓所である「瑞宝殿」の観光案内をボランティアでやってくれないかという話があったんです。

いまは毎週日曜日になると、会のメンバーとともに瑞宝殿に行って無料の観光案内をやっているんです。瑞宝殿は仙台では青葉城と並ぶ観光名所ですが、県外からやって来る人たちの多くは、意外とどういう場所かということを知らないことが多いんです。観光客の人たちに、瑞宝殿の由来についてエピソードを交えながら説明してあげると、時には拍手をもらうこともありますよ。

◇

ただ、わたしがこういうボランティア活動を続けているのは、正直言って、楽しいという要素からばかりではありません。そりゃあ、人の役に立てれば嬉しいし、またやってあげようかという気にもなります。でも、そういう理由からだけでやっていることではないんです。わたしにとってボランティアはたいへんなことも多いし、それほど楽しいとはいえません。でも、いろいろなことが学べます。

例えば、高齢者のお宅に伺って庭木の手入れをしてあげるとします。すると「むかしは庭木の手入れぐらいは、簡単にやってたんだよ」という話になります。そうか、そんなことでも、人にやってもらわないといけなくなるのかって思うわけです。年をとるということはそういうことなんだなあっていうことがよくわかるわけです。

学校に勤めていた時は、子どもたちに社会について教えていたわけですが、この活動をするようになってからは、自分が社会のことをほとんど知らなかったことに気づきました。そういうことでは、学校を退職してから、本当の意味で社会を知るようになったような気がします。

7 日本を飛びだす

ウズベキスタンで日本語学校をはじめる

いま思うのは、
家内がよく賛成してくれたなあということです。

大崎重勝（63歳）
元機械製作所勤務・石川県

現在ウズベキスタンという国で、家内とふたりで日本語学校をやっています。始めたのが九九年秋のことですから、もうスタートして丸二年になります。

ウズベキスタンは民族の交差点と呼ばれる中央アジアに位置する国で、いろいろな民族が入りまじっています。ウズベク人、カザフ人、タジク人、キルギス人、タタール人などですが、ほかにもロシア系、朝鮮系、ドイツ系、イスラエル系などの民族で構成されている多民族国家です。

わたしたち夫婦が学校を開いたのは、ウズベキスタンの首都タシケントから東に三百キロほど離れたアサカという町です。山岳地帯が続くこの国の東端に位置していて、フェルガナ盆地のなかにあります。

わたしたちの学校には、現地の子どもたちが百三十人ほど通って来ます。とても盛況です。知り合いの土地に土で練ったレンガで作った教室で、夫婦で授業を分担しながら、毎日子どもたちに教えています。

周囲が高い山々に囲まれた土地柄のせいでしょうか。大人も子どもたちも、国境の外に広がる世界に強い関心を持っています。世界の出来事や文化にとても興味があるようで、そんな子どもたちに囲まれながら楽しい定年後を過ごしています。

そもそも、どういうわけでウズベキスタンのようななじみのない国で日本語学校を始めることになったのか？　このことについて不思議に思われるのも、もっともなことです。じつは、わたしは会社勤めをしていた当時からウズベキスタンと交流があったんです。成り行き上でそうなっただけで、べつに計画を立てて始めたことではありません。

わたしは九八年六月に㈱コマツを定年になりました。大型機械製造部という部署でカスタマーサポートの仕事をしていたんです。自動車のボディーを製造するラインを組み立てるというのがその役目でした。

世界のいろいろな国に出向いていっては、自動車メーカーの製造ラインを組み立ててました。イタリアではフィアット、オーストラリアではフォード、メキシコではクライスラー、韓国では大宇、現代、三星。ロシアではカマーやトリアッチ、ゴーリキーというトラック工場にもラインを設置しました。

仕事は現地に滞在してやります。滞在期間は半年とか一年になることがふつうです。入社してこのかた、ずっとこの仕事に関わってきましたから、会社にいる期間の半分は海外で過ごしたことになります。仕事がひと段落すると、日本に戻って来てしばらく準備期間をおきます。そして、また別の国との間を行き来するという生活をずっと続けてきたわけです。

そういう仕事をするなかで、九三年から九四年にかけての時期にウズベキスタンに自動車工場を作るという話が舞い込みました。

ウズベキスタンは当時、旧ソ連邦から独立したばかりの若い国家でした。そのウズベキスタンに現地資本との合弁で自動車会社を設立する計画を立てていたのが大宇自動車です。大宇は九〇年に日本のスズキから技術援助を受けて「アルト」と同じ車種を韓国で生産していたのですが、その生産ラインを手がけたのがコマツでした。そんな経緯から、コマツが再びウズベキスタンでライン組み立てをまかされることになったんです。

このプロジェクトでは、まず日本で作った機械部品をウズベキスタンまで持っていくのが大仕事だったんですが、これは新潟からロシア経由で運びました。船便でウラジオストクまで送り、ナホトカからシベリア鉄道に載せ、途中でシルクロード鉄道に積み替えてアルマータまで運びました。そこからさらにトラックで現地まで運ぶという輸送経路をとりました。

そうやって持ち込んだものを基礎しか出来ていない工場予定地に設置します。組み立てから運転するためのメンテナンスまでの一切をぜんぶやるというのが、われわれに求められた仕事でした。そこには供用に必要な現地社員の教育なども含まれていました。

◇

わたしはこの仕事にはマネージャーという立場で関わっていました。この時はたしか基礎工事の時に現地に行きました。さらにスイッチ・オンの時と引き渡しの時、それからサービス期間の終了時の合わせて四回、現地に足を運んだと記憶しています。

このウズベキスタンでの仕事は、通常の仕事ではとても考えられないほどたいへんなものでした。最初に問題になったのは、作業をする人間が寝起きするための住居と生活インフラの確保です。とにかく周囲に何もないところに工場を作ろうというんですから。

工場を予定していた町は盆地のなかにポツンとある小都市で、ホテルや食堂もありません。工場が予定されている隣の敷地にトレーラーハウスを持ち込んで、スタッフはそこで生活しながら仕事しました。しばらくして旧ソ連邦の時代に保養所だったところに移れることになったので、ずいぶん楽にはなりました。

わたしはこの仕事を手がけるにあたって、日本を出発する前に、地元の石川県小松市に住むナジュロフという人を訪ねました。彼は陶芸の勉強に来ていたウズベキスタン人で、陶器の絵付が専門です。日本の国際交流基金の招きで九谷焼を学びに来ていました。

大半の日本人がそうだと思いますが、ウズベキスタンと聞いても当時のわたしには何の知識もありませんでした。すがる思いでナジュロフを訪問したところ、彼は「オレもフェルガナ盆地の出身だから心配しなくてもいい。まかしといてくれ」と言ってくれました。その言葉を心強く思いながら、わたしはウズベキスタンへと向かいました。

いまは関西空港からの直行便も出ていますが、当時はまだそんなものはありません。ルフトハンザ機でフランクフルトまで十一時間半。そこで乗り換えて、さらにタシケントまで六時間かけて行きました。空港に着くと、ナジュロフが手配した弟のガニシェルが迎えに来てくれていました。

当時のウズベキスタンは旧ソ連邦から離脱した直後だったので、経済は混乱の極みにありました。それまで通貨として流通していたルーブルが廃止されて、代わりに「スム」というクーポン券が導入されていました。迎えに来てくれたガニシェルは、現在は日本語学校のパートナーという間柄ですが、そういう困難な経済事情のなか、遠く何百キロもの道のりを車で迎えに来てくれたことにいたく感動しました。

ガニシェルはわれわれが現地で仕事をしている間も親身になって協力してくれました。わたしたちが保養施設に住めるようになったのも、ガニシェルが手配してくれたからです。また、その施設が見つかるまでは民家を転々と泊まり歩きましたが、これもガニシェルの力添えがあってのことでした。

ウズベキスタンの第一印象ですか？　とてもエキゾチックで神秘的な雰囲気が感じられる国だなあと思いました。

むこうの学校なんかではロシア系、ヨーロッパ系の学生たちとウズベク系の学生たちが入りまじって楽しそうに話をしています。青、緑、黒、さまざまな色の瞳をもった女の子たちが、夏になるとミニスカートに半袖で歩く姿は颯爽として見えました。すぐに似た同士が集まって行動する日本では、とても考えられないことです。

一方で、考え方については昔の日本人に近いものがあるんです。好奇心が旺盛で、生活のスタイルや伝統的な価値を大事にするところなどは、かつての日本人の気質とそっくりです。どこか懐かしいという印象も持ちました。

好奇心が旺盛なのは、おそらく砂漠のなかの島国みたいなものだからでしょう。ほかのカルチャーを見たいというのか、憧れの感情を抱いているんです。おまけに国民の多くが文化的なものに飢えています。わたしたちの日本語学校に大勢の子どもたちが集まるのも、たぶんそうした文化的な理由からだと思います。

またウズベキスタンではコメを好んで食べます。主食はナンというパンですが、油で炒めたコメをピラフ風にして食べたりします。どの家庭でも週に二回くらいはコメを食べるようです。小麦を粉にして日本の手打ちうどんのようにしたラグマンという料理もあります。ただし味付けはダシではなくてケチャップ味です。

それから、むこうは家にじゅうたんを敷いて生活します。むかしの日本と同じで、イスに座るのではなくて床にしゃがむ文化という点でも同じです。家のなかでもあぐらをかく姿を見ていると、このあたりも日本人とそっくりだなあと思いました。

日本との関わりも少なからずあって、おおむね親日的です。シベリア抑留と同じ時期には、ソ連兵に捕まった日本人がウズベキスタンに連れて来られて働かされていたことがあるんです。タシケントにはナボイ劇場というオペラ用の劇場があって、日本人抑留者が作ったものだそうです。この劇場は一九六六年にあった大地震でも壊れなかったというので、日本人の技術力はたいしたものだと評価されているんです。

ウズベキスタンには、この時に抑留されたまま日本に帰ることがかなわず、この地でなくなった日本人の遺骨が八百八十ほどあることがわかっています。その遺骨は現地の人たちがていねいに埋葬して、墓をいまも守っているそうです。このあたりからもウズベキスタンの人たちの気質がうかがえます。

現地にいた時は、週末になると学校や家庭に招待されて、そういう話を聞いたりしながらむこうの手料理でもてなしてもらいました。むこうの料理は油がきついので、とても毎日は食べられないんですが、週一回くらいなら中華料理を食べるような感覚で楽しむことができます。

むこうは大家族ですからどこの家も大きいし、庭も広いんです。庭にはベンチがあって、アンズやザクロが実をつけている果樹の下でパーティーをすると、おじいさんやおばあさん、親族たちが集まって来て、次々にあいさつしてくれました。それはにぎやかなものでした。

◇

そんなわけで、当初は不安に感じていたウズベキスタンでの仕事でしたが、なんとか無事にやり遂げることができました。現地への滞在期間中は、とりわけナジュロフ一家にとても世話になりました。

その恩返しの意味もあって、ナジュロフの息子で小学六年生のヘルズをしばらく日本のわたしの家で預かることにしました。これは自分が生活した日本で自分の息子を勉強させたいというナジュロフの強い希望があったからです。

ヘルズがやって来たのは九六年三月のことです。彼は小松市内の小学校に入って十カ月間、日本の小学生たちと一緒に勉強しました。わたしはその間も韓国や国内で仕事があったので、家を空けていることが多かったんですが、代わりにうちの家内が面倒を見てくれました。

その翌年の五月の連休のことです。わたしはこの時期、たまたま何のプロジェクトも担当していませんでした。家内に「ヘルズはどうしているかな？久しぶりに会いにいこうか」と言うと、そうねえと家内も言います。そこで、夫婦でぶらりとウズベキスタンまでヘルズに会いに行くことにしました。

ナジュロフの家でヘルズに再会したあと、時間もあったので現地の学校を訪問したんです。日本から持って行った紙芝居を子どもたちに見せたり、折り紙の折り方を教えたりしました。子どもたちは、ヘルズの通訳を交えながら大喜びです。その時は、そうやって一週間だけウズベキスタンに滞在して、むこうの子どもたちと遊んでいました。

そんなことをしているうちに、ある一人の男の子が「おじさん、ぼくたちに日本語を教えてくれるといいのになあ」と言ったんです。それで、わたしも思わず「来年になったら、もう一度来るよ」って言ってしまいました。次の年になれば、わたしも定年になりますから時間もたっぷりとれます。定年になったら、またここに来て日本語を教えるのも悪くないかなと、ふとそんな気持ちになったんです。

その時の約束を果たすために、翌九八年の六月、定年になってまもなくウズベキスタンに日本語を教えに行きました。むこうの夏休みは日本よりも長くて、八月までの三ヵ月間です。この時も家内と一緒にウズベキスタンに行って、夏休み中の学校の教室を借りることにしました。七月と八月の二ヵ月間、そこで日本語教室をやったんです。

教室には毎日、小学生から大学生までの五十人ほどがやって来ました。学校といっても、経済がそんな状況ですから黒板も穴ぼこだらけです。そういう黒板を使いながら日本語を教えていると、どういうわけか子どもたちは毎日喜んでやって来ます。最初のうちは、授業は午前中だけだったんですが、生徒の数がだんだん増えていきました。全員が入り切らなくなり、午後も開いてほしいと言われたので、午前と午後の二回制にしました。さらに大学生のグループからも教えてほしいと声がかかって、夜もまた別の場所に家内と教えに行きました。

わたしたちの急ごしらえの日本語教室がこれだけ盛況だった理由のひとつに、ウズベキスタンが日本を目標にした国づくりを進めているということがあったと思います。

ウズベキスタンの大統領はたいへんな日本びいきです。むこうでは明治維新のことを革命と言っているようですが、どうして日本があのように急速な近代化をとげることができたのか。また敗戦後にいち早く国力を回復して経済成長したことが現地では驚異として受けとめられています。そういうこともあって、わたしたちの活動に自然と関心が集まったのかもしれません。

とにかく、まったくの素人が思いつきで始めた急ごしらえの日本語教室です。なにがさいわいしたのかよくわかりませんが、たいへんな盛況ぶりでした。二ヵ月間はあっという間に過ぎました。教室を返さなければならない時期になった時に、子どもたちがまた言うんです。「ずっと開いている教室があればいいのになあ」って。

そう言われて、わたしは思うようになりました。いつも開いている寺子屋を作ろうかと。その夜ナジュロフとガニシェルの三人で酒を酌み交わしながら、そんな思いつきを口にしたところ、「それはいい考えだ」と彼らはすぐに賛成してくれました。いくらぐらいお金がかかるかと聞いたところ、土地ならあるよと言います。ウズベキスタンは人口が日本の五分の一で、国土は一・二倍ですから土地はたくさん余っているんです。弟のガニシェルが、自分が持っている土地を使ってくれればいいよと言ってくれたんです。それなら三十人くらい入れる教室を作ろうかと思って、そのことを家内に言うと、彼女はその場で「いいわよ」って言ってくれました。

そんなわけで、学校の建設はあっという間に決まってしまいました。その仕事はガニシェルに頼みました。煉瓦を焼いて壁を作り、屋根葺きも彼がやってくれました。ガニシェルはロシアの林業大学を卒業して独立したのですが、経済状態の悪化で木材の仕事がうまくいかず、失業したあとはいろいろな仕事を手伝っていました。

彼の奥さんは産婦人科のお医者さんをしているんですが、教室作りでは彼女にもたいへんな負担をかけたようです。左官の仕事をするために、ガニシェルの家には連日泊まり込みで二十人もの労働者が来ることになったからです。むこうの習慣では、作業の間の食事はその家で出すことになっていて、彼女は仕事のかたわら毎日二十人分もの食事を作ってくれたということでした。

ガニシェルには教室の建設にかかる前に、わたしたち夫婦が住む小松市に来てもらうことにしました。学校運営のパートナーになってもらうわけなので、彼にも日本のことを理解してもらっておいた方がいいと考えたんです。

彼が日本にいた三カ月間は小松市内の小学校を訪問してもらったりしました。というのも、それはウズベキスタンの気候のことも関係していました。むこうは夏がとても暑く、気温は連日のように摂氏四十五度を越えるほどですが、冬は極端に寒くて日中の最高気温でも零下十度以下です。冬の間は凍てついてしまって建設作業ができないという事情もあったので、その期間を勉強に充ててもらうことにしたんです。

年が明けて九九年の二月に帰国したガニシェルは、さっそく作業にかかってくれました。そのための建設費として、彼には米ドルで一万ドルを渡しました。そのお金は退職金から出しました。

◇

念願の校舎が完成したのは九九年の十一月です。退職して一年半後に、本当に日本語学校のオープンにまでこぎつけることができました。

最初のうちは細かいことにまで苦労しました。生徒用の机を用意したんですが、数が足りないので二人掛けのものに三人座らせることにしました。何より困ったのが教科書です。ウズベク語の教科書がないんです。国際協力事業団などにも問い合わせてみたんですが、ウルドゥー語やパキスタン語のものはあっても、ウズベク語の教科書はないということでした。

仕方がないので、テキストは自分で作ることにしました。ベースにしたのは日英と日露の教科書です。これらを参考にしながら自作のテキストをまず日本語だけで作り、それをガニシェルとヘルズに訳してもらって、必要な箇所を授業のたびに子どもたちに配るという方法をとりました。

テキストはパソコンで作成します。これをプリンターで出力したものをコピー機にかけます。コピー機は日本から持ち込みました。そのための運賃ですか？　けっこうかかりましたよ(笑)。

手作りの教科書といったって、苦労なんて知れたものです。むかしは日本の学校でも、授業で使うプリントはガリ版刷りでしたから。ロウびきの薄い原紙に一字ずつガリガリと字を書くのはたいへんな作業でした。あれを考えれば、パソコンで作ることなんて楽なものです。

授業については、ぜんぶ日本語だけで通すようにしています。ウズベク語はいっさい使わないんです。じつは定年退職になる少し前に小松市内で夜にやっている日本語教師の講座に通ったんです。週に三日の講座に三カ月間通って修了証ももらったんですが、その時に言われたのが、技術が多少下手でもぜんぶ日本語だけで授業をした方がいいということでした。

講座で学んだやり方を参考にして、授業ではテキストや絵カード、テープをワンセットにして使っています。また、あらかじめ年間の授業計画を立てておいて、その計画に沿って授業を進めることにしています。

教える内容も、それなりに工夫したものにしています。例えば、食べ物や家畜などの身近なものを題材にとって話を始めたりします。ウズベキスタンでは子どもはみんな家で手伝いをしています。水くみや家畜の世話は子どもたちの仕事なので、ヒツジやニワトリ、ウシなどの子どもたちが日頃から接している動物の話から入ったりします。

むこうでは肉というとヒツジです。日本では魚がとてもごちそうなんだよという話をすると、みんな不思議そうな顔をしています。なかでも一番のごちそうはエビだなんていう話をしながら、エビを描いた絵を見せるわけです。すると、子どもたちは「えーっ」と驚きの声を上げながら好奇心あふれる顔をします。

さきほども言いましたが、彼らが日本語に興味を持つ理由は、日本語そのものに魅力を感じるというよりも、文化の違いを知りたいということがあるようです。だから、そういう関心に応えられる内容の授業をと、わたしなりに考えるわけです。

一番苦労するのも、やっぱりこの文化の違いというものです。ある時、子どもから「おじさんはイスラムではないんだろう？　ブッダの人か？」と聞かれたことがあります。この質問に答えるのには、たいへん苦労しました。

日本ではキリスト教の教会で結婚式をする人もいるし、葬式は仏教のやり方でする人が多いという話をしました。また日本の仏教というのはイスラムほど人びとの生活を縛るものではないんだという説明もしました。でも、なかなかうまく伝わらないみたいです。日本人の生活に仏教がどう関わっているのかを彼らに理解させることはできないんじゃないかって思います。そういう意味では、宗教の扱いが一番むずかしいんです。

むこうの人たちは、とかく右か左かを決めたがる傾向があります。ある何かしらのテーマについて、街中で賛成と反対に分かれて激しく議論したりしていることもよく見られる光景です。時には「この問題について、おじさんはどう思う？」と子どもたちから自分の意見を求められたりすることもあります。

そんな時は、わたし自身がどう答えたらいいのか、ほとほと困ってしまう時があります。とりわけイデオロギーに関わることについては、いっさい言わないよう心がけています。

ともかく子どもたちにとって、文化の違いを理解することはとても時間がかかることのようです。その反対に、文化について理解できれば、言葉も不思議と早く上達するようです。これはおもしろいことだと思いました。

わたしたちが楽しみにしていることのひとつに、子どもたちがやってくれる学芸会があります。踊りや歌、寸劇みたいなものを彼らなりに考えてやってくれたり、漫画の本を参考にしてコントを作って、それを覚えたての日本語で演じて見せてくれたりします。そういうものを子どもたちと一緒に見るのは、なかなか楽しいものですよ。

じつは今年の夏に日本からある団体がやって来て、交流会を申し込まれました。子どもたちが日本語を話すのを見て「一年半でこれだけしゃべれるようになったんですか」と感心した様子でした。

子どもたちのなかには、とても熱心に日本語を勉強しようとする子もいますし、それほど熱心ではない子もいます。教える側の都合もあって、子どもたちには申し訳ないんですが、テストの成績でクラスを二つに分けています。ところが不思議なことに、グラフの山が成績のよい方とよくない方の二つになるんです。何度やってもそうなります。

わたしたちの学校は、授業があるのは月曜から金曜までで、時間は朝の九時からと午後の二時からのそれぞれ二時間ずつです。早く進んでいるクラスとゆっくり進むクラスに分けて、家内と二人で分担しています。ウズベキスタンの学校では午前中に学校へ行く子と午後に行く子に分かれています。だから、わたしたちの学校には、午後から学校へ行く子どもたちは午前中にやって来ます。午前中に学校を終えた子どもたちが午後から来るわけです。

わたしの教室は、授業中はとてもさわがしいですよ。「おじさん、これはこうこうですか?」なんていう声がガヤガヤと飛び交っています。ところが相棒のガニシェルが教室のうしろから入って来たとたん、急にシーンとなります。彼は怒るわけではないんですが、いつも空気が自然とそうなってしまうんです。

ガニシェルは熱心でない子はやめさせた方がいいと言います。でも、そういう子どもたちだって、熱心な子と同じように喜んでやって来ていますからね。そういう子は、授業がついつい長くなって十分ほど過ぎてしまうと「おじさん、もう終わりましょう」なんて言うんですが、翌日も朝の八時過ぎ頃から来ているんです。勉強が好きでなくても、ここに来ているだけで彼らなりにきっと楽しいことがあるんでしょうねえ。

むこうには日本みたいに児童センターだとか交流施設といった子どもたちのための遊び場がありません。わたしたちのところにやって来て、いろんなことをして遊びたいのかもしれません。あまり勉強が好きでない子どもたちも興味を持てるようにと思って、教室には日本のテレビ番組から録画した「ドラえもん」を流したり、ピアニカを置いたりしています。

◇

わたしは授業中はできるだけ楽しい雰囲気になるように心がけています。最近では、ほめることがとても大事なことだなあと思うようになりました。わたしは教育学のくわしいことはわかりませんが、ほめられると子どもたちもおもしろくなってくるみたいです。十のうちの七ぐらいまでをほめるようにしています。注意することは三くらいです。

また、いい授業をするには、そのための下調べが欠かせません。前の日の夜に一杯飲みながら、いつも翌日の授業のシミュレーションをしているんです。絵本からとってきた絵や教科書を使って、進行を想定しながら頭の中でイメージしておきます。

そうしておかないと、ついついモタついてしまいます。余裕がなくなれば、どうしてもイライラしてしまって、スムーズに授業ができなくなりますから。でも実際は、なかなか想定した通りにいかないことも多いですけどね。

それでも、できるだけのことをして授業に臨むようにしているんです。精一杯やってダメなら仕方がないと思えますが、努力せずにうまくいかないと悔しいですからね。

このことは工場にラインを設置する時とまったく同じだと思うんです。自動車の製造ラインを組み立てる時も、試運転というのを必ずします。引き渡す前にボタンを押して試し運転をし、確認しながら調整するわけです。会社にいた時はユーザーなんて立派な言葉を使ってましたが、いま相手をしている子どもたちだって、いってみればユーザーみたいなものですからね。

ただし、子どもたちからは授業料やそれに類するものは一切もらっていません。まったくの無償でやっていることなんです。むこうで夫婦二人が生活するのに必要なお金といっても、日本円にして一万五、六千円ぐらいのものです。そのくらいのものを子どもたちから集めたところで、あまり意味はないと思うんです。わたしが日本から持ち込めば済むことですから。

わたしは三十五年間も会社に勤めることができましたから、さいわい月額で二十数万円の年金があります。そうしたものを持って行けば、それで生活はじゅうぶんにやっていけます。いまではボランティアで活動をしていることが評価されて、電気代はウズベキスタン政府が援助してくれることになりました。

ただ、今回もビザの更新と娘の結婚式に出席するために日本に一時帰国したわけですけど、そのための航空運賃についてはバカになりません。けっこうつらいものがあるので、これだけはもう少し何とかならないものかと思っています。

◇

最近では自分がやっている活動について、いろいろなところから頼まれて話す機会も増えてきました。今週も埼玉県内の集まりで講演するよう依頼されています。でも他人からすると、どうしてウズベキスタンで日本語学校なのか、不思議に思われることも多いんです。

先日も小松市のボランティア協会の人から「大崎さん。ボランティアは日本でもできるんですよ」って言われたばかりです。でも、わたしとしてはウズベキスタンで日本語学校を始めることが自然なことだったから始めた。ただそれだけのことです。これだと思って始めたものが、たまたまウズベキスタンにあっただけなんですから。

だから、なぜウズベキスタンだったのかなんてことをあらためて聞かれても、わたし自身が困ってしまいます。プロ野球でどこの球団が好きかと聞かれて、ジャイアンツだとかヤクルトだとか言っているのと同じことですから。

ただ、いまやっていることは、わたし自身が小学生だった頃の思い出と多少の関係があるのかもしれません。小学校五年生の時に担任してもらっていたある女の先生のことがいまも心に残っています。

わたしは勉強があまり好きではなかったので、宿題なんてあまりやりませんでした。音楽の時間にも熱心に歌う方ではありませんでしたし、先生から逃げ回ってばかりいる子どもだったんです。でも算数の時間だけは違いました。算数の時間になると、その先生はわたしに頻繁に当ててくれるし、わたしも一生懸命に答えようとしました。この時間だけは、わたしを中心に物事が回っている気がしました。

大学では機械工学を学びました。関東学院大学の工学部です。教師になりたいという気持ちはありませんでしたから、教職の免許は取っていません。そのまま卒業して会社に入ったあとは、さきにお話しした通りです。

コマツにはエルダー制度というものがあって、じつは会社からは、定年後も会社に残って後進の指導にあたってほしいという話を退職の前からもらっていました。ウズベキスタンに行っていなかったら、いま頃はおそらく会社に残っていて、そのまま惰性的に仕事を続けていたかもしれません。

いま思うのは、家内があの時によく賛成してくれたなあということです。主婦の立場なら、定年後に夫が外国で学校を始めたいなんて言い出したら、ふつうは反対するんじゃないですか。老後のために少しでもお金を残しておこうと考えるものだと思うんです。なのに家内がその場ですぐに賛成してくれて、わたしは本当に嬉しかったんです。

家内はわたしより二つ年下で、見合い結婚でした。会社に勤めている間は海外赴任のために半分ぐらいしか家にいませんでした。子ども二人を育てるのも、ぜんぶ家内にまかせきりでしたから、たまに家に帰ると子どもが「このおじさんは、どこの人?」という顔をしていました。そんな生活だったので、家内も一緒にウズベキスタンに行ってくれることがなによりも嬉しかったんです。なにしろ、ずっと家内と一緒に生活できるんですからね。

家内は日本にいる時から視覚障害者用の音読テープを作るボランティア活動をしていました。いまもウズベキスタンの教室では、子どもたちに発音を教えるのに家内が吹き込んだテープを使っています。また発音の基礎をみっちり教えるために初級クラスの方を担当してもらっていますし、家内の力はとても大きいんです。

今年の前半は、家内はボランティアや娘の結婚式の準備などがあって日本に戻っていたんですが、来年はまた、わたしと一緒に行ってくれることになっています。

会社に残った同僚たちも、最初はいったい何を始めるのかと思っていたようです。でも、いまでは大いにうらやましがっています。「好きなことができて、絵に描いたみたいにしあわせな定年後だなあ。いまは景気がこんなだから、こっちはたいへんだよ。本当にいい時に辞めたものだよ」なんて言われます。

こんなふうにしてウズベキスタンで子どもたちと一緒に日を送りながら願うのは、子どもたちに少しでもまともな生活ができるようになってもらいたいということです。

ウズベキスタンで子どもたちに将来の夢を聞くと、日本みたいにケーキ屋さんだとか野球選手、お医者さんとかといった答えは返ってきません。ほとんどの子どもは秘密警察に入りたいと答えます。給料はほかの公務員と同じだけれども、ワイロをもらえることを子どもたちも知っているからです。そういう現実を目の当たりにして、少しでも変えたいという思いがありました。

むこうで教え始めてまだ二年ですが、子どもたちの間にも少しずつですが、変化が現われてきているような気もします。なかには、将来は外国に行ってみたいとか、日本に行って勉強したいなんて言う子も出てきましたから。じっさい、最初の頃に教えた子どもたちのなかには、日本にやって来て北海道大や福井医大に入学したり、アメリカの大学に留学したりという子もいます。

勉強のことだけではありません。わたしたちの学校に来ることは、子どもたちにプラスにこそなってもマイナスにはならないと思うんです。時間はかかりますが、やったことは必ず実を結ぶと思います。最近では、子どもを通わせているお母さんたちからも、わたしたちの学校に行くようになってから子どもが親の言うことを聞くようになりました、なんて言われることも増えてきました。そういうことを言ってもらえるのが、いまのわたしにとっては何よりの励みです。

わたしも来年は六十四歳です。年齢だけは確実にとっていきます。この活動はできる限り続けたいとは思っているんですが、かといって、むこうに骨を埋めるつもりでいるわけでもありません。いずれ、この活動を引き継いでやってくれる人たちが出てきてくれたらという思いがあるんです。

なにしろ、こうしてビザの更新で帰国するたびに、ほかに教える人がいないので、その間は学校をお休みしないといけないものですから。やっぱり継続するということが一番大事なんです。機械設備を作るのと違って、とても時間がかかることをやっているわけですから。

わたしたち夫婦がここまでやってきた活動を引き続き担ってくれる人たちやＮＰＯ団体があればと思っているんです。そんな後継者をつくることが、わたしのこれからの仕事だと思っています。

そういう意味では、わたしは結局のところ「立ち上げ屋」なのかもしれません。会社にいた時は工場の機械ラインを立ち上げるのが仕事でした。定年後には日本語学校という文化拠点を立ち上げました。

そういう意味では、会社にいた時も、いまも同じ仕事をやっているだけだと思っているんです。

自転車でアジアを走る

いつもペダルを踏んで練習しているかどうかです、年齢なんて関係ないですよ。

堤美奈登（73歳）
元地方公務員・長野県

わたしの趣味は自転車だけではなくて、たくさんあるんですよ。盆栽、マラソン、登山、表装、彫刻……。なかでも盆栽は四十年もやっていて、いまでは百鉢ほどになりました。マラソンは二十五年ぐらいになりますし、登山も南アルプスと北アルプスを中心に登り始めて二十年ほどです。

ログハウスも作っています。同じ町内に所有する杉山に間伐材を利用したログハウスを作っている最中で、来年には完成の予定です。何もなかったところにゼロから手作業で小屋を建ててゆく作業というのは、それはそれで、なかなか楽しいものです。

自転車はこれらの趣味のなかでも比較的新しいものです。といっても、勤めていた村役場を退職する前の年からなので、かれこれ十三、四年ほどにはなるんですが。

山形村役場を定年退職する時に、退職祝い金を二十五万円もらいました。長野県なのに山形村なんて、ややこしいでしょう？　そのお金で二十数段変速の自転車を買ったんです。ブリヂストン製のロードレーサーなんですが、アルミ製のフレームが銀色なので、遠くからでもよく目立つんです。ふつうの自転車よりもタイヤが細いので軽くて、たった八キロの重さしかないんです。

◇

そもそも自転車に乗り始めた発端は、定年になる前年のことです。わたしが住む村に隣接する安曇村というところで、自転車による「マウンテン・トライアルレース」の第一回大会に出場したんです。鈴蘭高原を自転車で出発して、そのまま乗鞍岳の山頂まで登ります。標高差千三百メートルを一気に駆け上がるという、とても過酷なレースです。そんな大会が新たに開催されることを新聞で知ったので、じゃあ出てみようかという気になったんです。

その時はまだレース用自転車は持っていなかったので、ママチャリに乗って出場しました。通勤に使っていた買い物用自転車です。これは通勤で毎日乗っていたものだったので、比較的乗り慣れているという感覚がありました。

しかも、レースの当日の朝は自転車に乗って山形村の自宅を出ました。一時間ほどかけて会場まで行き、着いたあと少し時間を置いてレースに出たんですが、にもかかわらず五十歳以上の壮年の部で三位に入賞したんです。出場人数ですか？　さあ、よくおぼえていませんけど、壮年の部では百人ぐらい出ていましたかねえ。ほかにも二十代の部、三十代の部、女子の部と分かれていて、たくさんの人が参加していました。

その時のタイムはおぼえています。一時間四十八分台でした。制限時間の四時間以内で走れたらいいと思っていたのに、難なくクリアできただけでなく、なんと入賞までしてしまったものだから、それが妙な自信になったんです。これなら、ちゃんとした自転車に乗って出場すれば、優勝も夢ではないだろうって。

それで翌年もらった退職祝い金で自転車を買いました。それに乗って、同じ大会の同じ部門に出場したんです。ところがこの年もやっぱり三位でした。つまり自転車の問題ではなくて、体力が勝負なんだなあということがよくわかったわけです(笑)。

さきほど言ったマラソンや登山は四十代の頃から続けていた趣味です。わたしは何でも始めたら三日坊主にならないよう、長続きさせることを心がけているんです。それから、たぶん体を動かすことが根っから好きなんでしょうね。汗をかいて体を動かしている間は、よけいなことを何も考えません。

若い時には、休日にやることといえばマラソンか、それとも山に出かけるかでした。たしか五十一か二かの時にも、石川県の小松で行われたトライアスロンに参加したことがあります。この時も五十歳以上の部門に出場して、初出場で一位になりました。翌年も出たところ、また一位になって二年連続で優勝したんです。ところが三年目は優勝を逃してしまったので、この大会はそれっきりやめてしまいました。

趣味とは違うんですが、自転車歴そのものは長いんですよ。わたしは生まれつき色盲で、色の区別がつかないものだから、運転免許がとれなかったんです。役場まで自転車で通勤していたのも、そういう理由からです。若い時からどこに行くのもずっと自転車です。

初めてペダルをこいだのが小学校一年生の時でした。兄貴が乗っていた自転車で乗り方をおぼえたのが、そもそもの始まりです。自転車歴は六十年以上になるわけで、地球をもう何周もするくらい乗ってきたのではないかなあ。いまでも松本駅あたりまでだったら自転車で行きます。この家からだと十キロくらいあるんですけれど、勢いよくペダルをこぐと二十分ぐらいで行ってしまいます。

乗鞍岳のレースは例年八月の最終週の日曜日にあるんですが、これにはいまも出場しています。大会の二回目以降は上位進出の有力候補としてチェックされるようになりました。地元のテレビ局なんかも取材にやって来るんですが、いつもカメラを持って追いかけてきては、わたしを大写しにするんです。

でも、近年はさすがに入賞候補というわけにいきません。なにしろ七十三歳ですからね。このため、紹介のされ方も以前とは違ってきました。最高齢出場者という言い方なんです。たしかにこの年齢になっても、こういうレースに出ようなんていう人は周囲を見渡してもいませんよ。でも、自分としてはそれほど年をとっているとは思っていないんです。なのに、あちこちのレースに出るたびに、最高齢だ、最高齢だと言われてしまって。そういうわけで、いまでは近所ではちょっとした有名人です。

その後に、似たような大会が松本市のすぐ近くでも開催されるようになりました。こちらの方は新緑の季節に浅間温泉のふもとから美ヶ原の頂上まで自転車で走るというレースです。やっぱり千二百メートルの標高差があるんですが、その大会にも出場しています。

◇

ここ数年の間は、同じ自転車でも別の走り方にも目が向いてきました。タイムを競うのではなくて、外国に自転車を持っていって日本とは違った景色を眺めながら走る。そういう自転車の乗り方にも興味が出てきたんです。

三年ほど前から、韓国やベトナムや中国といったアジアの近隣諸国を自転車で走るツアーに参加するようになりました。一昨年の八月に行ったのは中国の東北地方、いわゆる満州と呼ばれていた地域です。瀋陽はかつては奉天と呼ばれていた都市ですが、大連からこの町までの四百キロを自転車で走る、そんなツアーでした。

昨年は五月にベトナム北部の沿岸地方を、やっぱり四百キロほど走破しました。今年は七月二十二日から二十八日まで韓国に行って、釜山からソウルまでの約四百キロを走ってきました。いずれも、大阪に事務局がある「アジア・ピース・サイクル」という団体が企画したものです。参加者はいつも二十人から三十人ほどです。それだけの人数が隊列を組んで走るので、装備もおのずと大がかりなものになります。

ベトナムはとても暑い国なので、ツアーが行われたのは五月です。でも自転車で走っているとすぐに喉が乾くんです。今年に韓国を走ったのは真夏だったので、アスファルト道路を走るのは暑さとの戦いでした。ツアーでは、いつも隊列の最後尾に給水車がついてきます。休憩になるとボトルに入った水をもらって、また元気を取り戻します。そうやって毎日百キロ以上を走るんです。

大勢で走っているので、思わぬアクシデントも起こります。一番多いのはパンクです。パンクすると自分で修理して、給水車と一緒についてくるバスに乗って次の休憩地点まで行きます。そうやってみんなに追いつくと、再び合流してみんなと一緒に走るんです。

外国でペダルをこいでいると、いろんな目新しい光景が目に飛び込んできます。いまも記憶に残っているのはベトナムの水田風景です。

ベトナムではあちらで田植えをしていると思ったら、反対側では稲刈りをしているんです。なにしろ米が年に三回穫れるというんですから。一年を通じとても暑い国なので、そういうことが当たり前だというんですが、ただ驚くばかりでした。

またベトナムの海岸沿いを自転車で走っていると、むかしの日本にもあった懐かしい風景をたくさん見ることができました。例えば塩田です。海水をひしゃくで汲んで塩を作っている様子は、かつての日本の海岸でよく見られた風景とそっくりでした。

ベトナムに行った時は、いろんなおみやげを日本から持って行きました。ノートや鉛筆を持って小学校を訪問することはあらかじめ計画していたんです。でも訪問の約束まではとりつけていません。走っていて学校を見つけると、その場で交流会の申し込みをします。自転車に乗った日本人が大勢やって来たというので、どこでも子どもたちは大喜びでした。文房具だけでなく、千代紙やコマなどのおもちゃもプレゼントして、束の間の交流を楽しみました。

ベトナムでは最初、子どもがとても多いなあという印象がありました。往来を自転車で走っていると、やたらと子どもの姿が目についたものですから。学校に行ってみて初めてその謎が解けました。ベトナムの学校では同じ校舎を時間で区切って入れ替え授業をしているんです。朝から十一時までは小学校の低学年。お昼から午後三時までが高学年です。そして三時以降が中学生といった具合に、同じ校舎を三回に分けて使っているんです。

ベトナムの人から言われたことで忘れられないのは「ベトナムはアメリカとの戦争に勝った」ということです。日本はアメリカに負けたが、そのアメリカと戦ってベトナムは勝ったんだから、こっちの方が偉いというわけです。とてもプライドが高い国民だということがわかりました。

今年に行った韓国で印象的だったのは、道路が立派だったということです。これはソウル市の近辺だけではなくて、地方に行っても道がとてもきれいなんです。しかも、ずっと片側二車線の道路がどこまでも続いているのには感心しました。また韓国では途中でソウル大学の学生グループと一緒に自転車のペダルをこぎました。カタコトの日常会話だったんですが、むこうの若い人たちと話ができたことは、とてもいい経験になりました。

また、こうした旅行中の楽しみのひとつに参加者同士の交流があります。チャリンコに乗る者ばかりが集まった雰囲気というのは、とてもいいものです。気のあった者が集まって、いろいろな話をするということも、このツアーの魅力のひとつなんです。

ツアーでは前回の参加者と再会することもありますし、初めて参加した人とでも、すぐに打ち解け合って話に花が咲くこともしばしばです。自分の経歴から始まって、今日の行程はきつかったとか、ふだん練習はどこでやっているかとか、そういう話に自然となるんです。

参加者のなかには毎回、大学生のグループも何組かあるんですが、今年の韓国では大学生の女の子ふたりがホテルでわたしの部屋をふた晩連続で訪ねて来てくれました。自分が若い頃の話をするとか、ただそれだけのことなんですが、なかなか悪くない気分になりました。若い人がわたしの話を聞きたがってくれることがわかるのは、まんざらでもない気持ちになるものです。

交流するのは若い人たちとばかりではありません。わたしと同年齢とか、もう少し若い世代の人から話しかけられることもあります。わたしが趣味でやっている陶芸や盆栽について教えてほしいと言われて、知っていることを話すこともあります。そういう人たちは、自分でもやっているから聞きたがるんでしょうねえ。

なかにはとても気が合って、文通する仲にまでなることもあります。大阪から参加していた五十代のご夫婦とは、いまも手紙のやりとりが続いています。そのご夫婦は、わたしの家にも遊びに来られました。ついでに、わたしが建てているログハウスを見て帰られました。あなたも興味がありますか？　じゃあ、あとで案内しましょう。

毎回、ツアーの参加者はまんべんなく、いろいろな世代の人たちが集まっているんです。四十代や五十代もいれば、二十代、三十代の人も来ています。男女もちょうど半分ずつくらいに分かれています。わたしのような高齢世代も少なからず参加していますよ。

なかにはおばあさんもいて、時速三十キロぐらいで走っているのにバテないんです。平気でついてきたりしますから、たいしたものです。むしろ最初につぶれてしまうのが大学生だったりするんです。いつもペダルを踏んで練習しているということが大事で、年齢なんて関係ないですよ。

◇

自転車ツアーに参加しようと思った動機ですか？　三年前に中国への自転車旅行が計画されているという新聞記事をたまたま目にしたことです。この時の行き先が中国ではなかったら、参加していたかどうかはわかりません。

じつは、わたしは中国には定年になる前後から何度も行っているんです。というのも、わたしにとって中国は、それこそ因縁の土地であるからです。

わたしは昭和十八年の三月から終戦後まで満州にいたことがあります。満蒙開拓青年義勇隊の隊員として、ソ満国境に近い原野で開拓の仕事に従事していたんです。そういうことになったのは、高等小学校の時に「この戦争は負ける。ぜったいに勝てるはずがない」と言ったからです。それを聞いた先生からぶん殴られて「この非国民が。お前のようなやつは、義勇隊に入って根性を叩き直してもらえ」と言われました。日本に居られなくなってしまったんです。

茨城県の訓練所で仕事をおぼえたあと、次に向かったのが黒龍江省の嫩江《のんこう》県というところです。そこには当時、日本人が八洲という地名をつけて開拓していた土地がありました。

終戦になった直後は、しばらく逃げ回っていましたが、間もなくソ連軍の捕虜になりました。あやうくシベリアに抑留されるところだったんですが、まだ子どもだということで日本に帰されました。帰国してしばらくの間は、実家に戻って農業を手伝っていました。村役場に入ったのは、そのあとのことです。

役場を定年になる二年ばかり前に、長野県厚生課が主催する中国への訪問団に参加する機会がありました。自分から応募して、この時は十日間ほど中国に行きました。大連から瀋陽まで行って、そこから、むかしは新京といっていた長春、さらに嫩江へと移動しました。

この時に驚いたのは、むかし原っぱだったところが見渡す限りの農地に変わっていたことです。あれには本当にびっくりしました。大豆、小麦、大麦といった作物が立派に育っていたんですから。わたしがいた当時は黄砂と風害で農作物を作ることができなかった土地に防風林を植えることで、見事に肥沃な農地に変えてしまっていました。わたしはその移動中にバスの座席で眠ってしまいました。また一時間ほどして目を覚ましても、まわりの風景がぜんぜん変わっていないんです。ずっと同じ畑の景色が続いていました。

あのまま日本人が支配していたとしたら、あの土地はきっとあんな立派な農地になっていなかったでしょう。なにしろ、わたしがいた頃に栽培できた作物といえば、せいぜい家畜のエサにする燕麦ぐらいのものでしたから。

それから二年後にも、また同じ土地を訪問しました。中国残留孤児の運動にも関わりを持つようになったからです。残留孤児のなかには、ようやく身元が判明したものの、日本での身内が引き取るのを拒んだケースも少なからずあったので、そうした場合にわたしが代わりに身元引受人となって帰国のお手伝いをしたこともあります。

そういう縁から、わたしは定年になってからも中国に何度となく足を運んでいます。東北部ばかりではありません。うちの家の近くのおばさん連中に頼まれて、北京周辺を観光案内したこともあります。ぜんぶ合わせると、これまでに十数回は行っていると思います。

話がそれてしまいました。大げさな言い方をすると、わたしは自転車で外国を走ることで、自分自身を確認できるということではないかと思うんです。ペダルをこぐことで、足腰だけでなく全身の筋肉を使います。それは体力の衰えを防ぐとか、いろいろな効果がありますが、あまりむずかしいことは考えていないんです。汗をかくと、とにかく楽しい。わたしにとっては、ただそういうことです。

しかも、自転車で走るのが、自分が若い頃の一時期を過ごした中国の東北部だったり、アジアの国々だったりすれば、ある種の感慨のようなものがこみ上げてきます。いわば第二の故郷のような地域を自転車で風を切っていると、自分で意識していなくても、身体や脳がいろんなことを感じとっていて、それが快いということになるんでしょう。

チャリンコ仲間との交流も生き甲斐のひとつになりました。自転車を続けてきたことで、各地にいろいろな友達もできました。中国にも大勢の友達ができて、そうした人たちからも頻繁に連絡があります。

せっかくですから建設しているログハウスをぜひ見て行ってください。いまから案内します。

◇

ログハウスを建てているこの土地は、わが家の杉山です。建築に使っている木材は、すべてこの山から伐採した間伐材です。建坪は九坪ほどです。六メートル四方ほどの建物なんですが、なにしろ素人の仕事です。まあ、話のネタに見ていってください。

柱と壁、屋根はできているんですが、床はいま張っている最中です。電気工事は済んでいますから、あたりが暗くなっても明かりはつきます。この通り、ラジオを聴きながら作業をしているんです。いちおう二階もあるんですよ。なかなかのものでしょう？　床を張り終われば、あとは壁の色を塗ったら完成です。

このログハウスづくりは基礎のセメント入れから、ほぼ自分でやりました。屋根葺きだけは職人に頼みました。ただし作業はわたし一人でしているわけではないんです。ちょうど息子の元同僚が仕事をやめたので、その人と一緒に作っています。ログハウスを作る仕事をすることを考えているというので、息子が紹介してくれたんです。彼もいまは趣味でやっているんです。時間がある時にやって来ては、何時間か作業をしていきます。

　ここで使っている道具類も、ほとんどが手製なんです。これは自作の水平器です。この透明な部分の内側に水と空気が入っていて、空気の粒が中心に来たら水平の状態だということを示しています。購入したものでは電動ノコギリとカンナ、カナヅチくらいです。このくらいの道具があれば、かんたんに建ってしまいます。

　この小屋が完成したら何に使うとか、そういうことを考えていません。杉山の木を活かす方法はないか、なんてことを考えて始めたわけでもないんです。楽しいから作っている、ただそれだけのことです。完成すれば、知人を集めて焼き肉パーティーをやろうとか、そのくらいのことは考えています。

　用途や目的はそれほど重要ではないんです。使い途はあとからついてくるものです。むしろ、その作る過程にこそおもしろさがあるんですから。ペダルをこぐ目的や結果もあとからついてくるもので、自転車に乗っていること自体が楽しい。きっと、それと同じことかもしれません。

ロンドンに語学留学する

六十歳を過ぎたら何をやってもムダとか、そんなことはありません。

広田絢子（71歳）
元出版社勤務・東京都

定年になってから英語をものにしようと真剣に考えるようになりました。どうせ勉強するのなら本場の英語をと考えて、イギリスに行くことにしたんです。

最初に行ったのが六十五歳の時です。イングランド南西部のエクセターという町に三週間滞在して、現地の英語学校のシニアコースに通いました。その三年後には約一年間ロンドンに滞在して、一人暮らしをしながら英語の勉強をしました。

ロンドンにいた時は郊外に部屋を借りて、料理も自分で作っていました。部屋探しから学校選びまでをぜんぶ自分でやったんです。ヨーロッパ人の友達が何人もできましたし、日本にいてはできない貴重な体験もたくさんすることができました。なかなか楽しかったですよ。

この年齢になって語学留学するなんて、ちょっとどういう動機からなのかと思われるかも知れません。でも、外国との関わりは六十歳を過ぎてから急に始まったわけではないんです。わたしの場合は、それまでからずっとやってきた仕事が外国とは切っても切れない関係にありましたから。イギリス留学の話をする前に、まずそちらの話からした方がわかりやすいと思うんです。

◇

わたしは編集者を仕事にしていました。女子美大で被服のデザインを勉強したあと入ったのが、農家向けの婦人雑誌『家の光』です。原稿の作成から割付、校正など、編集に関するひと通りの仕事をここで覚えました。

そこに六年ほどいたあと、学習研究社が家庭記者を募集していたので応募しました。学研では当時、十代の女性向けの雑誌を創刊することになって、編集の経験者を探していたんです。すぐ来てほしいと言われて、面接に行った翌日から会社に泊まり込んで仕事をするような状態でした。

この後、学研でいくつかの雑誌の編集を経験したあと、四十代から関わるようになったのが百科事典の編集です。当時は家庭向け百科事典がブームで、学研でも『ホーム百科事典』というシリーズを出すことになったんです。ぜんぶで十巻にもなる大仕事だったんですが、わたしはこのうち「料理」と「和洋中」の二巻を担当することになりました。

百科事典の編集というのは本当に手間暇のかかる仕事です。原稿の手配をしたり、必要な資料を探したり、写真をカメラマンと一緒に撮りに行ったりといった具合に、何から何までぜんぶ自分でやらないといけないんです。家庭向けとはいえ、事典をまとめるとなれば相当の突っ込んだ専門知識が必要です。そのため専門家に監修をお願いすることになります。日本料理は誰、中華料理は誰といった具合に各界の権威に依頼するんですが、このうちフランス料理は辻静雄さんにお願いに行きました。

ちょうど大阪で万博があった時期です。辻さんは初め、一般向けのものは書かないとおっしゃっていたんですが、大阪に何度か足を運ぶうちにOKの返事をいただきました。そのうち大阪に行くと、いつもマイセンのコーヒーカップでもてなしてくれるようになりました。

この頃になると、わたしはもっぱら料理記者という立場で仕事をするようになりました。もちろん最初のうちはファッションや家庭一般についても広くカバーしていたんですが、そのうち料理一本、とりわけフランス料理の分野に絞って仕事をしていきたいと思う気持ちが強くなってきたんです。

さきに作った百科事典が好評だったので、その事典を底本にして『ファミリークッキング』というシリーズを刊行することになりました。その編集も、わたしがまかされることになりました。これは本編の十二巻に加えて別巻が三巻あるというたいへんな仕事でした。この時もできるだけ本格的な内容にしようと考えて、また辻さんのところでお世話になることにしました。

辻調理師専門学校には、ポール・ボキューズをはじめとするフランスの三ツ星レストランのシェフが教えにやって来ます。その機会をとらえ、料理の手順を取材してレシピをもらうという方法をとりました。シェフがフランス語で書いたレシピは、辻調の先生に頼んで日本語に訳してもらいます。それを原文と突き合わせながら、最終的に適切な内容と文章量に調整するのがわたしの仕事だったわけです。

そんなことから、フランス語がある程度は理解できる必要がありました。そこでフランス語を習い始めたんです。仕事の合間を縫って週一回、神田の外国語学校に通うことにしました。

二年ほど習ったところで、正月休みを利用してパリ旅行に出かけたんです。同じ学校でドイツ語を習っていた友達と一緒に行きました。この時は、旅行代をできるだけ安くあげるためにパックツアーを利用しました。往復の飛行機だけはそれを使い、現地ではふたりで気ままに旅行してまわりました。一九七〇年代の前半のことですから、まだ安売りの航空チケットなんてなかったんです。

最初の一週間はパリに滞在しました。あちこちのレストランに出かけては、舌ビラメや小ヒツジ、カモ料理といった本場のフランス料理を堪能しました。心地よかったのは、わたしのフランス語が通じたということです。レストランのウェイターに注文の内容を言うと、聞き返されることもなく料理が運ばれて来ます。これはとても新鮮でおもしろい体験でした。

そのあとはパリを離れてロアール川の古城めぐりをしました。レンタカーを運転して絵画のように美しい風景のなかをドライブしました。こうして、合わせて十二日間の旅行を思い切り楽しみました。

◇

これがいい刺激になって、今度はスペイン語の勉強を始めました。会社の同僚や社外の友人たち五、六人に声をかけて、スペイン人の知人を招いての勉強会を定期的にやるようになったんです。この頃はとにかく外国語の習得に燃えていました。

スペイン語の学習が進むと、またその国に行きたくなってきます。この時はたしか六月頃だったと思うんですが、姉もスペインに行きたいというので、姉妹で旅行に出かけました。

スペインでは姉がレンタカーを借りてくれて、南部のグラナダまでフラメンコを見に行きました。マラガという地中海に面した町に宿をとると、ホテルのテラスからは闘牛場が見下ろせました。そこから闘牛を眺めているうちに、なんだか残酷に思えてきて、予定していた闘牛見物はとりやめにしました。代わりにサクランボが安かったので、たくさん買ってきてホテルで食べたことをおぼえています。

わたしは若い頃にスキーをやっていた経験があるんですが、語学の勉強にもそれと同じ楽しさがあります。個人差はあるけれども、スキーも語学もやればある程度は上達します。以前できなかったことができるようになると、誰でも楽しい気分になるものです。それまで隠れていた才能が開花したような気分になる喜びと言えばいいのでしょうか。おまけに、わたしにとって外国語は仕事に役立つという要素もありました。じっさい、フランス語やスペイン語を勉強していたことが仕事でのチャンスに結びついたこともありました。

当時、学研には女性は五十五歳で定年という規則がありました。男性は六十歳です。その頃は男女雇用機会均等法もありません。わたしは社長のところに行って、これはおかしいと言いました。すると、そういう規則だから仕方がないという答えでした。「あなたが希望するなら、嘱託社員となって一年ずつ雇用を更新してゆく方法もあるよ」と言われたんですが、わたしは断りました。フリーの編集者としてやっていくことにしたんです。

出版業界では、さまざまな機会にパーティーをすることが多いんです。フリーになってからは、そんなパーティーで知り合ったいろいろな出版社の人から仕事を依頼されるようになりました。なかには一冊まるごと本の編集をまかされることもありますし、この部分だけと区切って依頼されることもあります。そうやって受けたものは仕事場と兼用の自宅に持って帰ってこなします。

フリーになったわたしのところには、フランス料理がわかる編集者ということで、これに関連する仕事の話がずいぶんありました。編集の仕事ではその本の内容を理解できることが大切です。文章の校正などもありますし、フランス語がわかることは出版社としても安心なわけです。

一九九三年には学研でプロのコック向けに『現代フランス料理宝典』という本を作りました。これはヨーロッパを代表する三百の三ツ星レストランをじっさいに訪問して、シェフの経歴や料理についての考え方、作り方などを写真入りで紹介するというものです。全十二巻に及ぶものでしたが、この時も辻静雄さんが監修でした。わたしは「フランス編」と「スペイン編」の二巻の編集をまかされて、そのための現地取材にも行きました。

◇

そんなわけで、フランス語やスペイン語には多少の覚えがあったわけですが、それがどういう理由からイギリスに語学留学しようと思ったのか？　それには学生の頃のことが関係していると思うんです。

わたしが学生の頃は英語の勉強を途中からやらなくなりました。戦争が始まったのが尋常小学校四年の時です。都立第二高女に入学して間もなく、英語は敵国語だというので授業がなくなってしまったんです。第二高女はいまの竹早高校の前身です。

だんだん空襲がひどくなってきたので、女学校の二年の時に父の郷里があった大分に疎開したんですが、その大分の家も空襲で焼失しました。翌年に戦争が終わると家族と一緒に東京に戻り、第二高女に復学しました。そこを卒業してから女子美大に入学したんです。

そんなわけで、英語は中途半端にしか勉強していません。でも「三つ子の魂百まで」と言いますからね。大人になってから始めたフランス語よりも、若い頃に勉強した英語の方がよくわかるんです。体になじんでいるとでもいうのでしょうか。

例えば、空港なんかでは案内のアナウンスが英語とフランス語で流されます。まず英語で、次にフランス語が耳に入ってくるわけですが、そんな時にも英語の方が格段に聴き取りやすいんです。フランス語では、なかなか細かいところまで理解することはできません。

海外で生活してみようという気が起こってきたのは、「ワールドステイクラブ」という会に入会したことがきっかけです。これは第二の人生を海外で過ごそうという人たちの集まりです。定年後に半年とか一年とか比較的長期間海外にステイしようという考えの人ばかりが集まって情報交換をしたり、仲間を探したりする、そういう団体の会員になったんです。

それ以前からもフリー編集者としての仕事は続ける一方で、海外旅行には知人や姉妹たちと一緒に年に一度くらいのペースで行っていました。そのうちに考えるようになったのが、一定期間を海外で生活することで、また新しい視野が開けるのではないかということでした。

でも最初のうちは、そんなことができればいいなあと漠然と思っていた、そんな程度のことでした。それが実現可能なものと思えるようになったのは、会のメンバーが企画する各種のツアーに参加するようになってからです。チェコ、スイス、イギリスなどを旅行するツアーに参加したり、アメリカのシアトルに二カ月ほど日本語を教えるボランティア活動に出かけたりしていました。

それでも、海外長期滞在に踏み切れなかったのには理由があります。当時はまだ母の世話があったからです。母には痴呆の症状も出ていましたし、定期的に病院に連れて行く必要もありました。そういうわけで、母がいるうちは日本を長期間にわたって離れることがむずかしかったんです。

その母が亡くなったのは一九九三年です。母の面倒はおもに弟が見てくれていたんですが、きっとその介護疲れもあったんでしょう。一年後には弟も肝臓ガンで亡くなりました。わたしは、いましかないと思いました。この時すでに六十五歳でしたから、いまを逃せば一人で海外生活を経験するなんてもうできないと思いました。

◇

そこでひとまず三週間、イギリスのエクセターでの英語研修に参加することにしました。それが九五年の五月のことです。

エクスターはロンドンのヒースロー空港から車で三時間の町です。通ったのは「ジ・インターナショナルスクール」という英語学校です。授業は平日の朝九時から午後一時まで。ホームステイした先はミセス・ジョルダンという一人暮らしのおばあちゃんで、以前は判事をしていたということでした。

ミセス・ジョルダンはとても料理が上手で「今日はイタリアンよ」と言ってパスタを出してくれたり、フルーツのデザートをつけてくれたりと、毎日とてもおいしく料理を食べさせてくれました。すごくおしゃれな人で、食事の時にはクラシック音楽を流します。三大テノール歌手のひとり、パバロッティのCDを聴きながら夕食をいただいていました。

ある日ミセス・ジョルダンが言いました。「去年うちにステイしていた女性が今年も来たいって言っているんだけど、いいかしら?」って。どうぞ、どうぞということで、その夜からはスイスから勉強に来ているフリーダが加わりました。

こうして生まれた国も違う三人が同じ屋根の下でつかのまの共同生活を送ることになりました。夜にはリビングでくつろぎながら、いろいろなおしゃべりをして楽しみました。こういう時にどうしても話題になるのは、それぞれの国の年金事情についてです。いろいろ話を聞いたあと「どこでも同じようなものなのね」という結論になったんですが。

何度も来ているフリーダは学校ではクラスも上だったんですが、ドイツ語訛りのざっくばらんな話し方をする彼女とはどういうわけか気も合いました。彼女との手紙のやりとりはいまも続いています。ミセス・ジョルダンも自分の家で知り合った外国の女性ふたりが仲よくつき合っていることを知って喜んでくれています。

学校では午後からはエクスカージョンと称して地元、デボン州のあちこちに出かけます。お城、教会、ガーデン、海岸……。あちこちの史跡や観光名所をみんなでバスに乗って訪問するんです。ワイン工場を見学したこともありました。午前中の授業では、その地域の歴史や文化について学んでいますから、その場所のことがとてもよくわかります。つまり英語の勉強にもなるし、イングランド南西部の歴史や文化についてもよくわかる、そんな一石二鳥の学習プログラムだったんです。

わたしは中級クラスに入っていたんですが、学校には世界各地からシニア世代の人たちがやって来ていました。フランス人、スペイン人、スイス人が多かったんですが、日本人もわたしのほかにもう一人いました。わたしがいたクラスは全員で六人でした。

この学校はシニアを対象にしているので、授業そのものはそれほど厳しくありませんでした。この学校に行ったことでそれほど力がついたとも思わないけれども、それまで使っていなかった英語をブラッシュアップするいい機会にはなったと思います。

この三週間のホームステイを体験したことで、外国で一人暮らしをしてみたいという思いはますます強くなってきました。母を亡くした喪失感もありましたし、ずっと続けてきた編集の仕事にも疲れていたということもありました。

そんな時に自分の夢を実現させてくれる、ある強力な助っ人に出会いました。その人はロンドンに住んでいる日本人女性で、名前を入江鈴子さんといいます。ベッドと朝食だけを提供するB&Bと呼ばれる形態の宿泊施設をやっている人です。日本からやって来た駐在員が住居を探すまで滞在するところで、料金も手ごろなことから、現地を旅行する日本人たちの間でも重宝されています。

入江さんは五十歳頃からイギリスに渡って生活を始めた人です。現地で発行されている日本人向けの新聞に紹介されていたのを会のメンバーが見つけて連絡をとっていました。その人が、こういう人がいるわよって教えてくれたんです。

わたしはその頃、海外に住むならどこがいいだろうかと考えていました。英語を話す国にはアメリカもカナダもオーストラリアもありますが、どうせならキングズ・イングリッシュといわれる正統的な英語を勉強したいと考えていました。そこで、入江さんに連絡をとって、自分が考えていることを伝えると、すぐに適切なアドバイスをくれました。

もっとも参考になったのは、学校は現地に来てから探した方がよいということでした。日本にいる時に学校を決めてしまうと、行ってから思ったものと違っていても、払い込んだ授業料は返してもらえません。入学する学校は体験授業を受けてから決めればいいという彼女の助言はまったくその通りでした。

◇

日本を発ったのは九八年の四月でした。ロンドンに到着すると、まず入江さんのところに滞在しながら部屋を探すことから始めました。入江さんは部屋を見に行く時にも一緒に行ってくれました。アパートを借りたのはロンドン郊外のヘンドンというところです。

アパートは二軒見ました。ひとつは家賃は安いけども、いまひとつパッとしないところです。もうひとつは新築のきれいな物件で、家具や暖房も付いていました。あとの方を見てすぐに、これはいいと思いました。間取りは日本風に言えば1LDKですが、とにかく広いんです。

十畳ほどもある大きなベッドルームにキングサイズのベッドとソファーが置いてあります。リビングルームにもソファーがありました。一人で住むにはもったいないぐらいの広さです。あとで泊まりに来た知人たちからも、ぜいたくすぎるってさんざん言われました。なにしろ、ここは日本円に換算すると月十六万円ほどの家賃でしたから。

でもわたしは思ったんです。この年齢になるまでずっと働いてきたわけだし、このへんで少しくらいぜいたくをしても罰は当たらないだろうって。大家さんが中国系イギリス人で、困ったことがあったら何でも言ってくださいと言ってくれたので、この点も安心できました。

住むところが決まったら、次は学校選びです。じつは入江さんのところにいる時から、すでに市内の語学学校に通い始めていました。でも、そこはあまり気に入らなかったんです。というのも、日本人の駐在員の奥さんたちが多くて、とても真面目に勉強する雰囲気ではなかったからです。

そこでヘンドンの図書館に行って、置いてある英語学校のリストで調べてみました。そして見学に行ったのが「ハムステッド・スクール・オブ・イングリッシュ」という学校です。そこは受付にいた中年のおばさんが気さくで、その人と親しくなったこともあって、なんとなく気に入って入学を決めました。また、借りていたアパートからバス一本で通えるという便利さも魅力でした。

新しく行くことになったこの学校は、それまでのものとは雰囲気からぜんぜん違いました。南米などから来ている比較的若い人たちが大勢いました。イタリア人やプエルトリコ人もいました。何よりも授業がとてもきついんです。毎朝八時半頃になると家を出て、午前中はびっしりと授業があります。終わるのは午後の一時過ぎなんですが、授業がすむといつもくたくたになっていました。日本にいた時はずっと朝が遅い生活をしていたものだから、生活習慣を変えるのはつらかったですね。

七月になるとフリーダが遊びにいらっしゃいよと言ってくれたので、勝手に早めの夏休みをとってスイスに出かけることにしました。スイスから帰ってくると、今度は別の友人が遊びに来いって言うものだから、フランスにも行きました。その時はハムステッドの学校で仲良くなった日本人の五十代の女性と、もう一人若い人の三人でドーバー海峡の下を通るユーロスターに乗って行きました。フランスには二週間ほど滞在しました。

八月になると、わたしの姉といまわたしが住んでいるこのマンションの上の階に住んでいる未亡人が遊びにやって来ました。それでロンドンを案内したりイギリス中部のヨークに行ったりしていました。

そのあと、ようやく九月に入って通い始めたのが「アバロン」という名前の語学学校です。これはロンドンでも市街地にあって、会話が中心の授業内容が特徴です。先生はナチュラルスピードの英語でどんどん授業を進めていくというやり方をします。まずに聞き取れるようになって、その次に話せるようにするというのがこの学校の方針のようでした。

わたしがこの学校を気に入ったのは、自分が好きな授業を選択して出席すればよかった点です。事前に予約さえしておけば、受ける授業の時間割が自由に決められます。朝の弱いわたしは、いつも二時間目から出席することにしました。要するにハムステッドの学校は授業のレベルが高すぎたんです。

とはいえ、前の学校にもよいところはありました。午後にいくつかの選択授業が用意されていて、わたしはカンバセーションのクラスをとっていました。そこでは毎回、テーマを決めて討論をします。安楽死、動物実験、妊娠中絶……。けっこうシリアスなテーマが多かったんです。これは生命や死というものについて考えるいい機会になりました。

それから、どこの学校でもいろいろな国から学生たちが集まって来ています。その様子を見ていると、それぞれの国民性というものがよくわかります。それが一番よく表れていたのがサッカーのワールドカップの時でした。

わたしがロンドンにいた時は、ちょうどワールドカップのフランス大会が開催されていた時期と重なっていました。イングランド対どこかの国の試合のある時は、学校の授業もお休みになります。学校の近くのパブなんかで、テレビ中継を見ながらみんなで応援します。こういう時には、それぞれのお国柄というのがよく出るんです。

イギリス人たちは、自国のチームが負けた時は、みんな心の底からガックリします。すっかり肩を落としてしまい、傍から見ていて可哀想なくらい落ち込むんです。これと対照的なのがイタリア人です。自国のチームが負けても「いいんだ、いいんだ。どうせ次は大勝利するから」とアッケラカンとしています。同じヨーロッパなのに、どうしてこれほど国民性に違いがあるのか不思議なくらいです。

アバロンの学校に移ってからは、午後になると気の合った同年代の人と誘い合ってロンドンのあちこちに遊びに行くこともありました。お昼はたいていサンドイッチでしたが、たまにはパブに入ってビールを飲んだりすることも楽しみのひとつでした。

ロンドンでは、パブに入るとビール付きの「パブランチ」というメニューがあります。それから「トゥデー・スープ」という具だくさんのスープを注文すると、必ずパンもついてきます。「ジャケット・ポテト」というジャガイモの丸焼きを食べたりもしました。そんな定番のメニューを食べながらおしゃべりに興じるのは、とても楽しいものです。

それから、大英博物館に行ったり、ミュージカルを見たり、ヘンデルのメサイアを聴きに行ったりもしました。わたしは学生時代にそういう経験ができなかったので、それだけいっそう新鮮でおもしろいものに感じられたのかも知れません。

◇

ロンドンにいる間はずっと自炊をしていました。つくるのはイギリス料理のこともありましたし、和食のこともありました。お米や醤油、ラーメン、お豆腐など、ロンドンで手に入らないものはありません。スーパーに行けば置いていますから、欲しいものは何でも買っていました。

ただ、ひとつだけ買わなかったものがあります。日本酒です。むこうでは日本酒は高くて、とても買う気がしませんでした。だから日本酒は日本から誰かが来る時に、重いけど持って来てもらうようにしていました。

そうやって自分の好きなものを作って食べ、自分のペースで生活をしているうちに、環境にもだんだんと慣れてきました。そのうちに言葉も自然と口をついて出てくるようになりました。自分で言うのも変ですけど、そうやってしゃべれるようになると、自分もなかなか捨てたものではないと思いましたよ。

六十歳を過ぎたら新しいことは覚えられないとか、やるだけムダだとか、そんなことはありません。七十歳で勉強に来ている人もいました。

また、高齢者が海外で一人暮らしをするのは危険だとか、やめておいた方がいいなんていう考え方もあらためるべきです。日本で一人でふつうに生活ができれば、海外で生活するのに何の支障もありません。健康に自信が持てなければ、やめた方がいいとは思いますけど。わたしもイギリスでは何度か病院にも行きましたが、気持ちさえしっかりしていれば、じゅうぶんやっていけます。

自分が楽しく過ごせる場所を見つけられれば、それはそれで楽しいことだし、張りのある毎日が送れるんですから。反対に、自分はもうこんな年だからなんて思っている人は年齢とは関係なく、何をやってもダメだと思うんです。

わたしが語学学校に通ったのも、そうした張りのある生活を送るためでもあったんです。英語をマスターするという目標もなく、ただ観光だけでロンドンに一年間住もうと思ったって、なかなかできるものではありません。

いくつか苦労したこともありますよ。わたしは観光ビザで入国していましたから、滞在期限は六ヵ月です。ビザを延長する手続きが必要だったんです。ホームオフィスという日本では法務省にあたる役所にビザの延長を申請していたんですが、なかなか許可がおりません。時間だけがどんどん経過していきました。しびれを切らして、直接その役所に出向くことにしました。

窓口に行くと、たくさんの人でごった返していて、それこそ蛇がトグロを巻いているような行列ができていました。アラブの人たちが大勢来ていました。許可がおりなくて泣いている人も見かけました。わたしの場合は朝に行って、夕方までかかってようやく延長の許可がおりたんですが、ビザをとるというのはどこの国でもたいへんなことなんだなあと思いました。

もうひとつは税金のことです。ある日、税金を払うようにという通知が役所から届きました。ロンドンでアパートを借りている人は住民税を払わないといけないというんです。部屋によっては大家さんが払っているケースもあるということでした。契約書を確認してみると、住民税は本人持ちとあります。

でも、勉強に来ている外国人に住民税の支払い義務があるということがどうも納得できません。それで周りの人たちに聞いてみました。イスラエルから来ている人は「ここの国で生活している以上は下水道とか消防の恩恵にあずかっている。負担するのが当然だ」と言います。学校で先生に聞くと「払う必要はないんじゃないか」ということでした。

調べてみてわかったのは、勉強で来ている学生は免除されるということでした。ただし、わたしみたいに学校を休んでばかりいる人間には証明書が出ないというんです。基準がすごく厳しいんです。

これについても自分で役所に行って話しました。担当者に事情を説明したところ、当初の二十五パーセント引きにしてくれました。ぜんぶ払っても六十ポンドですから、日本円で一万五千円ほどです。でも、そうやってその国に住みながらいろんな経験をしているうちに、だんだんイギリスという国がわかってくるような気がしました。

いまも印象に残っているのはロンドンの冬の天気の悪さです。冬場は連日寒くて、どんよりとした天気が続きます。これは住んでみないとわからないものだと思いますが、こういう天気が続くと本当に気が滅入ってきます。わたしは連日のように続く、あの長い曇天の季節を身をもって経験したことで、自分がイギリスという国について以前よりも理解できるようになったと思っています。

イギリス人の我慢強さや、あの言い出したらテコでも動かない頑固な性格は、たぶんこういう気候から来ているんだなあって。また、ああいう寒さも慣れてくると、それはそれでまたいいものです。ああいう季節があることによって一年が引き締まると思うんです。いまから振り返ると、あの寒さもけっして悪くなかったような気がします。

◇

一年間のロンドン暮らしを経験したことで、日本の良さにもあらためて目がいくようになりました。例えば、日本の四季の素晴らしさです。新緑の美しさや紅葉の風景なんて、ほかの国ではけっして味わえないものだということを思うようになりました。また日本文化にも誇りを持つようになりました。歌舞伎やお能や相撲など、ほかの国では見られないユニークなものにも目がいくようになったんです。

さらに痛感するようになったのは、皮肉なことに、和食の素晴らしさです。日本料理が持つ細やかさは世界に比類のないものだと思うようになりました。同じ島国でも、イギリスには本当に雑な料理しかありません。おまけに和食は健康にもいいんです。ごはんとみそ汁、煮物といった日本の伝統的な食事は栄養のバランスもとれています。最近ではアメリカやイギリスでも日本食が大ブームです。ロンドンにも回転寿司の店がたくさん見られるようになってきました。

そんなわけで、若い時からずっとフランス料理の専門記者を自認してきたこのわたしが、いまでは和食のもつ魅力に開眼しました。帰国してからは、これまで以上に和食を作ったり食べたりするようになりました。

海外旅行については、現在もツアーを企画立案する活動をしています。会員のなかからヨーロッパ旅行をしたい人を募っては、その案内役を買って出ています。今年も六月にヨーロッパに出かけました。この時一緒に行ったメンバーは四人です。イギリスの湖水地方に二週間、それからロンドンに一週間滞在して、このあとベルギーにも足をのばしました。

この年齢になっても海外旅行に出かけることで、精神的にもいい緊張感を保てる効果があると思います。また健康のバロメーターにもなります。これからも、可能な限り出かけて行きたいと思っています。

アメリカで小学校の先生を体験する

わたしにとって英語をマスターすることは、やり残した宿題のようなものでした。

中村信（65歳）
元損害保険会社勤務・神奈川県

定年になった翌年にアメリカに約一年間滞在して、現地の学校で日本について教えるという体験をしました。日本の小中学校にあたる学校で、むこうの子どもたちに日本の文化や生活習慣などを教える授業を担当したんです。

わたしが行ったのはアリゾナ州のフェニックスという町です。二〇〇一年の大リーグのワールドシリーズではダイヤモンドバックスが優勝しましたが、ダイヤモンドバックスの本拠地はこのフェニックスです。ワールドシリーズの試合は日本の衛星放送でも中継しましたから、とてもなつかしい思いで観戦しました。なにしろダイヤモンドバックスは、わたしがむこうにいた時にできたチームなんですから。

またフェニックスは毎年「フェニックス・オープン」という大きなゴルフ・トーナメントが開催されることでも有名です。同じアリゾナ州のユマという町では、かつて日本のヤクルト・スワローズが毎年春季キャンプを張っていました。アリゾナ州はカリフォルニア州の東に位置する砂漠地帯で、とても温暖な土地なんです。

アリゾナ州はもともと牧畜業が盛んで、たくさんの銅を産出するんですが、近年は情報産業の集積地になってきています。冬でも雪が降らない温暖な気候に目をつけて、ＩＢＭやモトローラといった大手情報産業が移って来ているんです。

またアリゾナ州はメキシコと隣接していることから、多くのメキシコ人が住む土地でもあります。わたしはせっかくのチャンスなのだから英語をマスターしようと思って、夜は現地の学校に英語の勉強に通っていました。コミュニティースクールといって、地元の人たちがお金を出しあって設立した学校なんですが、そこにはたくさんのメキシコ人が来ていました。

不法に国境を越えてアメリカにやって来た彼らは、なんとか英語はしゃべれるんですが、多くは読み書きができません。アメリカでいい給料をとろうと思えば読み書きができなければいけないので、そのために学校に勉強に来ているんです。アメリカという国は不法入国した外国人に対しても、アメリカに住むようになって何年か経っていて、なおかつ英語の読み書きもできて仕事もあれば、あとは身元引受人さえいれば永住権をくれるんです。このあたりは、どれだけ長く住んでいても追い返す発想しかない日本とは違っています。

わたしはそんなアリゾナ州のフェニックスでホームステイをしながら学校の教壇に立っていました。それまでにまったく経験したことのない新鮮な日々でした。学校では生け花をやって見せたり、折り紙を生徒と一緒にやったりしながら、わたしの方も広い意味でのアメリカというものを教わりました。

一九九八年四月に日本を発って、帰国したのが九九年の四月です。学校で教えていたのは約十カ月間だったんですが、プログラムが終わったあとに、せっかくの機会だからと各地を旅行してまわりました。それで、けっきょくちょうど一年になったというわけです。

◇

わたしがフェニックスに行ったのは「インターンシップ・プログラム」という日米の文化交流を促進するために設立された財団法人からの派遣によるものです。この団体の活動には会社勤めをしている時からずっと興味をもっていました。この団体の活動が新聞のコラムで紹介されていたのを最初に読んだのは、たしか五十歳ぐらいの時でした。いまから考えると、これがたぶん定年後について考えた一番最初のことだったと思います。

記事を目にしたとたん、これはいいなと思いました。というのもこの制度には年齢制限がないんです。定年になってから、こういうことがやれたらいいなという考えがひらめきました。

しかし、そもそも、海外の学校で教えることになぜ興味をもったのか？　わたしは英語教師をしていたわけでもありません。勤めていたのは損保会社です。そんな人間がわざわざ定年後にアメリカに行って一年間も生活してみようと思った理由としては、わたしのなかにあった〝英語コンプレックス〟が大きいと思うんです。

わたしが勤めていたのは興亜火災です。損保会社と英語は関係ないだろうと思われるかも知れません。そんなことはありません。というよりも、むしろ英語とは大いに関係あるんです。先日もアメリカの同時多発テロ事件が引き金になって日本の損保会社が倒産しました。いまでは大事故が予想される事業には「国際コンソーシアム」といって、いくつかの損保会社がチームを組んで保険を引き受けることが多いからです。

ほかにも、例えば人工衛星の打ち上げのように失敗する確率が高く、巨額の保険金が生じる事業分野の保険契約では、一社だけで抱えてしまうと支払いが発生した時にその会社は莫大な損失をこうむることになります。このため、会社の所在地と関わりなく、いくつかの国際的な業務提携をすることでリスクを分散することがふつうになってきました。そんなこともあって、いまや損保会社の日常業務で英語は必須です。

英語が必要なもうひとつの理由として、日本の損保業界の事情があります。損保の先進国といえば、なんといってもイギリスとアメリカです。つい最近まで、日本では損保といえば火災保険と海上保険ぐらいしかありませんでした。ところが、アメリカにはありとあらゆる種類の損保商品があるんです。わたしは課長として大阪にいた時と、秋田と山形を統括する支店長の時期は営業を担当していましたが、それ以外は本社で新商品を開発する部署に長くいました。

新しい保険商品を考える際にはアメリカから資料を取り寄せて参考にするわけで、それに不可欠なのが英語です。英語の資料をスラスラ読めることが、この業界では仕事のできる重要な要素として評価されるんです。

わたしが若い頃に開発した商品のひとつに現金輸送の保険があります。これは興亜火災が昭和四十年代に業界で初めて発売したものです。

興亜火災は日通と株式の持ち合いをしているんですが、そういう関係から現金強奪にあった時の保険はないかと言われたことがきっかけでした。わたしがこの保険の開発に関わったのは係長の時ですが、やはりアメリカから取り寄せた英文資料が参考になりました。

ところで保険の商品の開発には「危険率」という考え方がついて回ります。どのくらいの確率で支払いが発生するかということを想定して掛け金を決めます。かなり複雑な計算が必要なんですが、当時はパソコンもないので、みんなで手分けしてぜんぶソロバンでやっていました。

英語の出来、不出来は出世に直接関わってくるわけなので、英語の勉強は社会人になってからもずっと続けていました。日本商工会議所や日本生産性本部の通信教育や英会話スクールなど、手当たり次第、いろんなことをやってきました。山形に赴任していた時には、電話による英会話講座というものに挑戦したこともあります。でも、けっきょく英語をものにすることはできなかったんです。

仕事で海外に出かける機会もありましたが、その度に痛感するのは、英語が身についていないということでした。わたしにとって英語をマスターすることとは、ずっとやり残してきた宿題のようなものだったんです。中学時代から考えると、じつに五十年近くもの年月と労力を英語に注いできたというのに、日常会話さえ満足にできないというのでは、あまりにも情けないと思いました。

そういうわけで、英語との決着をつけるというのか、どうにかしてケリをつけたいという気持ちが定年になる間際までずっとありました。それなら、いっそのこと英語しか話せない環境に身を置けばいいんじゃないか。そういう思いが日増しに強くなってきたんです。

都合のいいことに、このプログラムに参加してもお金はかかりません。生活費は滞在先でみてくれます。その代わり、教えるという行為に対する報酬が一切ありません。まったくのボランティアです。つまり、この制度は定年になって定収入のなくなった人間にとってもってこいの方法だと思ったんです。

さらにもうひとつ。それまでの自分をふり返ってみると、日本の文化や伝統について学ぶこととはまったく無縁の生活でした。このことに、いまさらながら気づいたんです。

わたしも何かの縁があってこの日本に生まれてきたわけです。この日本にもいろいろな生活習慣や習俗、それに優れた文化がたくさんあります。その良さについてまったく目を向けることもなく、このまま人生を終えてしまうのも、なんだかもったいないような気がしました。子どもたちに日本のことを教えようと思えば、その内容にをまず自分が理解していないといけません。この際、日本の文化というものをきっちり勉強したいと思いました。

なにしろ会社勤めをしていた時はずっと仕事に追われるばかりで、ろくろく本も読めない状態でした。だからといって、定年になって時間ができたからといって、はたして本を読む気になるでしょうか。なかなかそうはいかないのがふつうです。目的があってこそ勉強しようという気になるものですから。

これに加えて、たんなる旅行者としてではなく、たとえ一年という限られた期間であっても、その国で生活することで得られる発見もあるのではないかと思いました。そういうさまざまな期待が重なって、わたしにとってこのインターンシップ・プログラムは一石が二鳥にも三鳥にもなりそうだという気がしたわけです。

◇

そう思ったものの、その後は資料の請求もしないままでした。ようやく具体的な行動をおこしたのは、定年になる半年くらい前になってからです。というのも、定年後に自由な時間が持てるかどうか、その時期になるまでわからなかったものですから。

会社では役員待遇になったあと、五十七歳の時に関連会社に出向しました。電話で顧客と応対する会社の常務になり、さらに関連するクレジット会社に移って代表取締役を務めました。やがて定年になる予定の年の株主総会で退任が認められることになる可能性が出てきました。

その見通しがついた頃になって、どこかの本の間に挟んだまま黄ばんでしまっていた例の新聞の切り抜きを引っ張り出してみました。依然として魅力的なものに思えたので、この時に初めて資料を請求してみたんです。

派遣先の対象になっているのは英語圏ばかりではありません。フランス語圏、イタリア語圏、それからスペイン語圏もありました。そんななかでアメリカを希望したのは、やはり英語をマスターしたいという所期の目的が頭の中にあったからです。イギリスも選択技のひとつとして考えてみましたが、やっぱり自分にはアメリカが向いていると思いました。

イギリス英語には堅苦しいというイメージがありました。それよりもフランクで気さくなアメリカ英語の方が、ずっと親しみがもてました。アメリカであればどこでも構わないと思っていたんですが、やがてフェニックスに受け入れ先が見つかりそうだという連絡をもらいました。

これはまったくの偶然だったんですが、フェニックスという町には以前に行ったことがありました。フェニックスの郊外にはサンシティーというお年寄りだけが住む町があって、会社にいた時にその町を訪問したことがあったんです。サンシティーはリタイアした人たちが全米から集まって定年後の生活を楽しんでいるという、そういう町です。その時は仕事で視察に行ったんですが、その時の印象がよかったので安心しました。

会社を退職したのが一九九七年の六月です。その年の七月から、わたしは財団が運営する講座に通うことにしました。ここではひとつの講座が三ヵ月単位で構成されています。まず通ったのが日本文化について学ぶコースでした。さらに語学コースにも通いました。これらは希望者を対象にしたもので、受講が義務づけられていたわけではありません。でも、これらの講座を受講したことは、のちのちとても役に立ちました。

とりわけ日本文化についての講座はとてもおもしろいものでした。能、狂言、生け花、お茶、水墨画から、折り紙といったものに至るまで、その内容は多岐にわたっています。わたし自身がここで初めて知ったこともたくさんあります。例えば水墨画の技法についてです。ご存知のように、水墨画は墨の濃淡で立体感を表現します。でも、どうやって濃淡を出すのかということは知りませんでした。

水墨画を描く時は、まず筆を墨汁に浸けたあと、いったん軽く絞ります。そして、もう一度筆の穂先だけを墨汁に浸けるんです。つまり、二度浸けした穂先だけは墨が濃くなるので、これを紙の上で横に動かすことで濃淡ができます。そういうことを教わっているうちに、わたしは日本文化の知恵というものにつくづく感心してしまいました。東洋の文化には本当に深いものがあることをあらためて知ることができました。

アメリカにはわたし一人で行きました。むこうでは、いろいろな人からさんざん訊ねられました。奥さんはどうしているんだい？　妻を日本に残したまま、たった一人で来たのはどういう理由からなんだ？　そういう質問を、嫌になるくらい頻繁に浴びせられました。アメリカでは何をするにも夫婦一緒というのが基本です。単身赴任なんて考えられません。ましてや、わたしの場合は仕事で来ているわけではないのに、どうして一人で来ているのか？　というわけです。

しかし、そもそもわたしがこの制度に参加しようと思ったのは、英語をマスターするという目標があったからです。家に帰って女房がいれば、どうしても日本語で話してしまいます。けっして夫婦仲が悪いわけではないのだ。四六時中英語漬けの生活にしたかったからだと相手には説明しましたが、その度に納得したような、していないような、けげんそうな顔をされました。

◇

フェニックスの空港に到着すると、迎えが来てくれていました。校長先生は女性だったんですが、その夫が「スクール・アドミニストレーター」といって、学校の管理運営者をしているんです。その人が生徒を十人ほど連れて迎えに来てくれたんです。

子どもたちは横断幕を持っていました。「ミスターナカムラ、ウェルカム・トゥ・セイジスクール」と書かれた手製の横断幕です。「セイジスクール」というのが、わたしが行っていた学校の名前です。

この出迎えには感激しました。アメリカ人というのは、一度も会ったことのない人間に対してもこんなふうに大歓迎してくれるんだなあ、と思わず嬉しくなりました。その幕は記念にもらって、いまもわたしの部屋に飾っています。

わたしを受け入れてくれたセイジスクールは「チャータースクール」と呼ばれる種類の学校です。チャーターとは認可という意味です。近年になって登場してきた新しいタイプの学校です。

チャータースクールは十数年前にミネソタ州で始まったもので、その多くは公立の学校施設を使って運営されています。でも運営の主体は民間人です。民間の力を導入して学校教育を活性化させることを目的としたアメリカ版の教育改革といえばいいのでしょうか。教育に関心をもつ団体や親たち、企業の経営者、あるいは学識経験者といったグループに、学校の運営そのものを委ねているんです。それぞれが考える教育を自由にやらせてみるところに、この学校のユニークさがあります。

もちろん何でも自由というわけにはいきません。「こういう教育をやります」という教育目標を公約として掲げる必要があります。また、あらかじめ定められた百四十項目をクリアしたものだけが認可を受けて開校することができるんです。

でも、もし目標を達成できない時は、その学校は廃校になります。だから、うかうかしていられません。その教育目標というのも、じつに具体的です。例えば、生徒の学力をここまで引き上げるといった規定があります。平均点がスタンフォード大学の入学試験制度で何点以上、といった具合です。

アメリカでは子どもをどの学校に通わせてもいいことになっています。このため、いい教育をしている学校には生徒がどんどん集まってきます。学校同士が競争をすることで教育の質を上げようとしているんです。チャータースクールは、わたしが行っていた頃で全米で三千校ぐらいにまで急増していました。

もともとアメリカでは学校の先生の質というのはそれほど高くないんです。日本みたいに一定のレベルを確保するための制度もありません。一説には、アメリカの先生は日本の先生の六割程度の学力しかないという話もあるくらいです。またアメリカでは教師が特別な仕事だとは思われていません。民間企業に勤めていた人が転職して教師になることもありますし、またその反対もあります。教師もふつうの仕事のひとつとして見られているという社会風土があるんです。

そういう先生たちをまとめて学校を運営してゆくのがスクール・アドミニストレーターという仕事です。どうやって学校のレベルアップをはかり、生徒が集まるようにしていくかということを考えないといけないわけで、考えてみれば、これはたいへんなことです。

わたしが行ったセイジスクールの女性校長は四十歳くらいでした。スクール・アドミニストレーターをしている旦那さんは四十五歳ぐらい。ぐらい、というのは正確な年齢を聞かなかったからです。アメリカでは日本みたいに相手が何歳かなんていう話はあまりしないんです。

アメリカは日本のように年長者が尊ばれる社会ではありません。むしろ就職試験などでは、同じ能力なら若い人を採用する傾向があります。だから年齢を聞くことは差別につながるという発想があるようです。

女性校長はもともとはイギリス人です。旦那さんは以前アメックスに勤めていたことがあって、その仕事で二年ほど日本に滞在したことがあるそうです。そういうこともあって、日本からのインターンシップを受け入れたいと思ったということでした。

こうして校長夫妻の家にホームステイしながら、

彼らと生活をともにしつつ学校で教えるという日々がいよいよ始まりました。フェニックスに着いた翌日から、さっそく毎朝彼らの車に同乗して学校に通うようになりました。

セイジスクールには、日本では小学校と中学校に相当する学年の生徒たちが来ています。生徒数は百五十人ほどの学校です。先生は十四、五人くらいいて、学校のなかにはその他いろいろな人たちも合わせると二十人くらいのスタッフがいました。

わたしはまずスタッフの顔と名前を覚えようと思っていました。ところが、むこうでは職員朝礼というものがありません。日本では学校に限らず職場で朝礼をやりますから、新参者はそこで紹介されるのがふつうです。でも、全員を集めた場での紹介されることがないんです。

校長室で話をしていると誰かやって来ます。すると「こちらは日本から来たナカムラさんという人で……」と紹介されます。一度に紹介することはなくて、誰かを見つけると、そのたびに話を中断して互いの紹介が始まるという調子です。そういうわけで、学校のスタッフ全員と顔合わせをするまでに三日くらいかかりました。

かんじんの授業についてですが、そのやり方にも驚きました。いきなり、わたしにぜんぶまかせると言うんですから、面食らってしまいました。もちろん最初に打ち合わせはありました。しかし、それもごくかんたんなもので「こちらはクラス分けだけはするから、あとはぜんぶ自分で好きにやってくれればいい」と、ただそれだけです。指導なんてものも一切ありません。もっとも、それはわたしに限ったことではなかったようです。

学校では、いちおう時間割はあります。例えば、小学校三年生のクラスでは火曜日の十時から十一時とだけ書いてあります。その時間は担当になった教師が思ったようにやればいいんです。アメリカでは日本みたいに学習指導要領なんてものはありません。アウトラインについての決まったものはあるんですが、具体的に何を教えるかということについては教師の判断にまかされているんです。

時間についても融通無碍です。書道を教えるのに一回一時間では足りないから二時間欲しいと言うと、二時間続けて割り当ててくれます。その分、次の週の授業が少なくしてあります。どこかで帳尻を合わせればいいという考え方で、授業の直前になってから何をやるかを考えたり、教師が交代したりということもよくあることなんです。

◇

こうして事情もよくわからないまま、たった一人で試行錯誤しながら授業をする日々が始まりました。最初のうち困ったのは、子どもたちのレベルがまったくわからないことです。いったい何に興味や関心があるのかもわかりません。とりあえず折り紙や書道、生け花、お茶といったものを、とにかく生徒と一緒にやってみることにしました。

授業では、まず最初に自分がやって見せて、次に生徒にやらせてみます。そのうち生徒がいろいろと聞いてきますから、それに対して答えます。とりわけ高学年のクラスでは、話題を文化的な背景や歴史にもっていくといった具合です。

毎回たいへんなのが授業の準備でした。例えば書道の時間では、日本を発つ時に大きな段ボール箱二つに習字の道具を詰めて持って行きました。筆、墨、半紙などを使って字を書かせるんですが、その前にやるべきことがあります。墨についての説明をきっちりしておかないといけません。衣服につくと取れなくなるよとよく言い聞かせます。さらに教室のじゅうたんにみんなで新聞紙を敷いてから、やっと授業開始です。

お茶の授業に使う道具も日本から持って行きました。茶碗、茶杓、茶筅、ふくさなどです。折り紙は大小合わせて五百枚。浅草に行って大量に買い込んで持って行きました。

生け花については現地調達で済ませました。むこうには「九十九セントストア」という、何でもその値段で売っている店があります。そこで買ってきたプラスチックのボールに剣山を沈め、花屋さんで買ってきた花を生けました。ハサミも現地で入手しました。

花を飾る習慣はアメリカにもありますから、子どもたちにも多少のなじみはあるわけです。むこうはとにかく豪勢に飾るやり方です。量で圧倒するようなところがあります。日本の生け花はその反対です。三本か四本の花を差すだけで、しかもそのうちの一本だけがあさっての方向に突き出したりしています。一見バランスを欠いたその生け方を見て、子どもたちは不思議そうな顔をしています。「どうしてこの一本だけが突き出ているのか？　しかも傾いているよ」と聞いてきます。そこでわたしは「いや、これでいいんだ。この傾いているのが、なんとも言えず風流なところなんだ」なんてことを言います。すると、子どもたちはわかったような、わからないような顔をするわけです。

こういうことになると、高学年のクラスになれば興味深そうな顔つきでじっと話を聞いています。なんとか理解しようという姿勢がこちらにも伝わってくるんです。そのうち上級生のクラスに行くと「今日はどういう授業をしてくれるのか」という期待感が伝わってくるようになりました。これまで教わった西洋の価値観とは違う何かがあるということが、彼らにも感じ取れるみたいでした。

低学年の子どもたちに人気があったのは日本の昔話です。「鶴の恩返し」とか「山ん姥」とかいった、日本人なら誰でも知っているおとぎ話をしてやると、瞳をキラキラさせながら聞き入っています。ひとつ話し終わると、もっとないのかと催促されるほどでした。日本でもアメリカでも、子どもがお話好きなことは共通しているようです。

◇

しかし、すべてがそんな調子でうまくいったわけではありません。最初の頃は失敗もたくさんありました。なかでも、いまも忘れることのできない出来事があります。

小学五年生のクラスに一人だけ、わたしの言うことを聞かない子どもがいたんです。いつも授業とは関係のないことばかりやっていて、ずいぶん手を焼かされていました。アメリカの学校ではそれぞれが自分の進度にしたがって勉強します。先生の話をクラス全員がおとなしく一斉に聞く日本のようなやり方ではありません。わたしの授業でもそれぞれの進度でやらせていたわけですが、その子の場合はそういうのとは違うんです。授業の内容とまったく関係のないことを平気でやっているんです。話しかけてもまったく知らんふり。あからさまに反抗的な態度をとることもありました。

わたしはずっと我慢していたんですが、ある日その生徒を呼び出して言いました。「こういう状態が続くようだと、お前と差し違える覚悟だぞ」という意味のことを言いました。すると、その子の顔色がさっと変わり、それからは態度も急に改まりました。

そのことを思い出すと、いまも胸の内側にザラザラした思いが込み上げてきます。こちらも拙い英語で子どもたちに日本の文化をわかってもらおうと懸命にやっていたんです。ストレスもたまっていたんでしょう。それで、思わずそんな言葉が出てしまったんです。いまでは苦い思い出です。

似たようなことは同僚の先生との間にもありました。それは小学五年生を受け持っていた、コーヘンというわたしより十歳以上も若い先生でした。彼はニューヨークから来た人で、いつもスニーカーにトレーナーというラフな格好で授業をしていました。

わたしは内心そのことを苦々しく思っていました。こういう服装は日本の学校では考えられないことです。わたしは正式の教師ではありませんでしたが、それでも自分なりに教師としてふさわしい格好をするよう努めていました。ネクタイまでは締めませんでしたが、毎日パリッとしたシャツにジャケットを着用するようにしていました。

ある時、わたしはコーヘンに言ってやりました。「いつも、なかなか気の利いた格好をしているねえ」って。すると、彼はニコニコしながら「そうかい、サンキュー」と言ったんです。ほめられていると勘違いしているんですから。空いた口がふさがらないというのは、このことです。

しばらくしてパーティーの席でコーヘンと話す機会があったので、彼に言いました。「前に服装のことを言ったのは、ほめたのではなくて嫌味のつもりだったんだよ」と。すると彼は「そんなもってまわった言い方をしても、アメリカでは通用しないよ。言いたいことがあるのなら、もっとストレートに言わないと」と答えました。文化のギャップを肌で体験した出来事でした。そういう体験を重ねながら、わたしはだんだんアメリカという国を理解していったんだと思います。

考えてみると、わたしも最初のうちは「日本流」という物差ししか持っていなかったわけです。だから、すべてを日本式の見方でしかとらえられていなかったように思うんです。アメリカにも日本にない良さがあることもわかってきました。一例を挙げると、人間の裏表のなさです。

ある時、ホームパーティーでえらく盛り上がっていることがありました。何かと思って覗き込んでみると、ヌードグラビアが載った本をまわし読みしているんです。教師たちがそういう本をおもしろがって見ているんですから。日本ではこういうことはまず考えられません。

日本では、とかく「教師だから」といった発想に縛られてしまいがちです。しかし、いくら教師だって人間である以上は、そういうものにまったく関心がないわけはありません。にもかかわらず、日本の先生はそういう人間の本音の部分を人前で、見せようとはしません。アメリカの先生たちのそういう振舞いが、とても新鮮で自然なもののように思えました。

◇

さらに印象深かったのが子どもと大人の関係です。むこうでは子どもを必要以上に子ども扱いすることはありません。これは親子関係を見ると明らかです。

ふだんは父親を「ダディー」とか「パパ」とか呼んでる子どもたちが、ある時「ユー」に変わるんです。自分というものを主張する必要が生じたときは、子どもが親に対して「ユー」と呼ぶんですから。しかも、わたしが驚いたのは、そういう時の子どもの態度です。八歳ぐらいの小さな子どもが腰にギュッと両手をあて、父親を見上げて「ユーはそういうが、ボクはこう思う……」と彼らなりに一生懸命に主張をするわけです。胸を反らして一歩も引こうとしないんですから。あれには、ちょっとした感動をおぼえました。

日本と違っていることは、ほかにもたくさんあります。親が子どもの教育を学校にまかせきりにしていないということです。

アメリカでは学校に親がやって来ない日はまずありません。父母参観日でも懇談日でもない平日の昼間に、親が入れ替わり立ち替わり学校にやって来ます。何かしらの用事を見つけて、頻繁に学校に顔を出します。これは自分たちが学校の運営に関わるのは当然という意識があるからでしょう。これが日本なら、先生は嫌がると思います。

学校以外でも学ぶべきことはたくさんありました。例えば、初対面の人と知り合いになると、なぜアメリカに来たのかという質問をされます。「こういう目的で」と話すと、それだけでもう仲良くなれるんです。以前はどこに勤めていて、どういう肩書だったかとかいったことは一切聞かれません。そういうことに関心がないし、言う必要もない。大事なことは、いまその人が何をしようとしているかだけであって、過去は問わない。そういう社会のあり方には心地よさをおぼえました。

アメリカでは経歴や社会的地位とは関係なく、何かにチャレンジしようとしている人が評価されます。努力している姿に共感が持たれます。このことを理解できたことの意味は大きかったと思います。

それから、アメリカで過ごしたあの十カ月間は、わたし自身にとっての定年後ということでも重要な意味があったと思います。つまり、サラリーマン生活の垢落としをするいい機会になったということです。

一般的に言って、企業社会にどっぷり漬かっていた人間ほど定年後も気持ちの切り替えができにくいものです。わたしも元の同僚と会う機会がたまにありますが、あきれてしまうことがあります。「あの時、部長にこう言われて……」と、いまだに愚痴をこぼす人がいるんです。退職してもう何年にもなるというのに、いまだに会社と切れていないんでしょうね。せっかく定年になったというのに、棺桶に入るまでそんなことを言い続けているつもりなんでしょうか。

そういうわたしだって、他人のことは笑っていられないんです。先日も会社にいた頃の夢を見たばかりですから。

とても大事な取引があった時に、たまたま名刺を切らしてしまっていた時のことが夢の中に出てきたんです。それで取引がうまくいきませんでした。定年になる何年も前のことだし、自分ではすっかり忘れているつもりでした。なのに、どういうわけかふと夢に出てきたんですから、びっくりしました。目が覚めると体中が寝汗でびっしょりになっていました。

考えてみると、会社というのは怖ろしいところです。人の人生を平気で左右しますからね。それどころか、会社に命を奪われる人だって大勢いるわけです。

さて、約束の十カ月が無事に終わり、同僚や子どもたちに別れを告げて学校を去る日がやって来ました。同僚たちにあいさつをすると、みんなは「どうして帰るんだ。このままずっといたらいいじゃないか」と口々に言ってくれます。校長夫妻もそれを望んでいるようでした。

というのも、わたしのようなスタッフがいることは、学校にとってもセールスポイントになるからです。わたしがやっていたようなユニークな授業は生徒集めの材料になるんです。その証拠に、学校にほかの学校に通っている子どもが親と一緒に見学にやって来ると、たいていわたしの授業を見せていましたから。

フェニックスを発つ一週間くらい前になって、日本で留守番をしてくれた家内に連絡を入れました。日本に帰る途中にあちこちを見てまわるつもりでいたので、家内にも一緒に来ないかと誘ったんです。

それはアメリカにいる間に、いろんな人から聞かれた質問のことが頭の中にあったからだと思います。「どうして一人で来ているのか？」というあの質問です。家内を日本に残して一人にさせていた、その罪滅ぼしの意識がなかったといえば嘘になります。それで二カ月間かけて、夫婦でアメリカの各地を観光してまわりました。家内はアメリカが初めてだったので、とてもいい思い出になったようです。

むこうの学校で一緒だった人たちとの交流はいまも続いています。校長夫妻、同僚の先生たちとカードのやりとりをしています。いまもちょうどクリスマスカードを書いているところです。

　わたしが住んでいる藤沢市にもチャータースクールの研究会ができました。教育に関心をもつ親たちが始めた勉強会に呼ばれて、むこうで体験したことを話したりすることもあります。

　帰ってきて、もうすぐ二年になります。帰国した直後はもう一度どこかの学校にインターンとして行きたいと思っていました。でも、いまみたいにのんびりした毎日を過ごしていると、すっかり腰が重くなってしまって。できれば、また機会をつくって行きたいとは思っているんですけれども。

8　仲間と過ごす

シニアのための起業の会を立ちあげる

われわれの技術教育の水準は、
民間の大企業と比べても引けをとりません。

堀池喜一郎（60歳）
元家電メーカー勤務・東京都

わたしが関わっているのは「シニアSOHO三鷹」の活動です。正式名称を「シニアSOHO普及サロン・三鷹」といいます。活動を始めて二年ほどになるこの会の活動に、わたしは代表理事という肩書きで参加しています。

会はシニアの事業を支援することを目的としたものです。もともとは慶応大学のOB会である三田会の三鷹支部「三鷹三田会」の活動として始まりました。わたしは工学部の卒業です。

発端は三鷹三田会のホームページを立ち上げたことです。それなりに苦労してホームページをを作ったんですが、はたしてどれだけの人が見ているのかという話になりました。それでみんなに聞いてみたところ、六十人いる会員のうちの数人しか見ていないことがわかりました。OB会なんて年寄りが中心なわけです。当時はインターネットができる人なんてほとんどいませんでした。年配の女性の会員から「パソコンやインターネットを学ぶ機会がない。これではホームページなんか持っていても意味がない」という発言もありました。

それでは機会をつくればいいということで、わたしにやってくれないかという話になったんです。日立製作所でパソコンの開発などの仕事をしていましたから、そういう話がわたしのところに来たわけです。でも、当時はまだ勤めもあるし、ほかに用事もあって忙しいので、最初はお断りしていたんです。でも、あまり熱心に頼まれるものだから、考えてみることにしました。

わたしは会員の人たちに「インターネットができるようになったら何がしたいか」というアンケートをとってみました。すると、その答えが予想していたよりおもしろかったんです。

病院の事務の仕事をしているある女性はクリスチャンで、長年キリスト教の宗派について調べているそうです。「自分が調べた内容を、できればインターネットで発信したい」ということでした。別の人は登山が好きで、夫婦で海外の山々を歩いていました。「世界各地の山小屋についてのホームページを立ち上げて、自分が歩いた山小屋のことを国内外の人たちに教えてあげたい」ということでした。

やりたいことが具体的だったことに感心しました。たんにメールをやりとりしたり情報を検索したりというだけでなく、自分自身が情報の発信者になりたいという声が多かったんです。これは意義があることだと思いました。人びととの意識が変わり始めていることを痛感して、パソコンとインターネットについての勉強会を何回かやりました。

◇

その勉強会の第一回目の時に、最初にそれぞれの自己紹介をしてもらいました。その席で、このパソコン勉強会をOB会の組織としてやるのは適当ではないという意見がありました。出席者のなかには近所の友人と一緒に勉強したいとか、配偶者も連れて来たいとかいう意見もたくさんあったんです。それなら、いっそのこと誰でも参加できる市民の会としてやることにしようということになったんです。

また実際に始めてみると、参加者の多くは電子メール程度のことはできました。ある程度はパソコンについての知識があって、さらに高い技術を学びたいという人たちがやって来ていたんです。つまり今後パソコンの勉強を続けていくうえでサポーターになりうる人たちが集まっていたわけで、それによって、その後の会の運営がうんと楽になりました。最初はわたしが講師役になったんですが、助手をできる人が六、七人いましたから。

その頃使っていた会場は、たまたまOB会のメンバーに地元のケーブルテレビ会社の役員がいましたので、そこのショールームを借りることができました。三回ぐらいやったところで、これなら続けられるなという思いを強くしました。

そうするうちに、受講生の間から、パソコンについての情報交換会として継続してやってほしいという声が寄せられたんです。そこで「PCサロン会」という名称にして、二カ月に一回のペースで開くようになりました。この会が「シニアSOHO三鷹」に発展していくんです。

その頃になってくると、地元の事情にうとかったわたしにもいろんなことが話せる知人が何人かできました。そういう人たちに「今度こういう会を始めたんだ」と言うと、そのうちの何人かが参加してくれるようになりました。そしてその人たちがまた新しい参加者を連れてくるといった具合で、PCサロン会には大勢の受講者が集まるようになりました。当時はわたしと同じ五十五歳ぐらいの世代が中心だったと思います。

ところで、この三鷹市には「三鷹市まちづくり公社」という公営の団体があります。市民の活動を支援するための組織です。ある日、そこの主査をやっている人がやって来ました。

その人は、どうしてこんなにパソコン好きの人が集まるのかとしきりに感心されました。そして、これほど活発に活動している会に対してなら、国が補助金を出す制度があるということを教えてくれたんです。当時の通産省がやっていた「シニアベンチャー支援事業」というもので、高齢社会のモデルとなりうるユニークな活動だと認定されれば五百万円の補助金がもらえるというんです。

われわれが選ばれることはないだろうとは思ったんですが、まあ応募だけはしてみようと書類を作成して出しておきました。ところが、選ばれてしまったんです。これには驚きました。その際に、それまでの会を改組して「シニアSOHO三鷹」という名称に改めました。それが九九年の九月のことです。二〇〇〇年の十二月にはNPOの認定も得て、現在に至っているというわけです。

われわれは会員の一人ひとりが事業者という考え方をしています。組織そのものが事業の当事者となるのではなくて、会員がそれぞれベンチャーとなって事業を起こすんです。シニアSOHOはそのための情報交換や支援をする組織に徹するということなんです。

われわれの会もいまでは会員数も二百六人になりました。入会の条件はとくにありません。事業を起こすことに関心がある人なら誰でも入会できます。とはいうものの、設立の経緯もあるので、どうしても五十歳以上の人が多いんです。なかでも一番多いのがリタイアした人です。勤めをやめて、次に何かを始めようかと考えている人たちです。実際に始めている人も何人かいます。

実例を挙げると、会社を早期退職してネットによる通信販売事業を始めた人がいます。在職中に社会保険労務士の勉強を始めて資格を取得し、退職してから事務所を構えて仕事をしている人がいます。パソコン教室を始めた人もいますし、リタイアする前の人も大勢います。会社を退職してから何を始めたらいいかを探している、そういう人たちの情報交換の場という活用のされ方がもっとも多いようです。

◇

わたし自身について話しましょう。わたしの場合は定年まで十カ月を残して会社を退職したんです。この五月までは失業保険をもらっていました。

そろそろ保険も切れる時期になってきたことだし、最近になってあるソフトウェア会社にコンサルティングをする仕事を始めました。ハローワークに登録しておいたところ、面接したいという話をもらって、その会社の仕事をすることになったんです。

会社を退職した経緯ですか？　定年の十カ月前になった時に、仕事とシニアSOHOの活動の両方を続けられない状況になってきたんです。どちらも忙しすぎて、とても両立はできないと思いました。じゃあ、どっちをやめようかと思った時に、会社を辞める方を選択しました。シニアSOHOに関わった方がこれからの自分の人生にとってプラスになるんじゃないかって、そう思ったからです。

でも、辞めた当時はシニアSOHOがこれほど発展するなんて思っていなかったんです。会の活動に時間を費やしたところで、どういうメリットがあるのかわかりませんでした。ただ当時すでに会の活動はだんだんと活発になってきていました。そこで会社の方は自己都合ということにして辞めたわけです。

本音を言ってしまうと、あのまま会社にいても、できることは限られているなあという思いがあったことはたしかです。あと十カ月たてば、定年は確実にやって来るわけですから。

一方、シニアSOHOは新しい活動だから可能性があります。もしかすると大化けするかもしれません。もちろん定年も関係ありません。しかもシニアSOHOなら、自分のマネジメント能力を活かすことができるのではないか、と直感したんです。収入がどうということとは関係なしに、やる価値のある仕事だと思いました。

実際に始めてみると、想像していた以上に刺激的な内容だったんです。シニアの起業を支援するなんて、これまで誰もやったことのない活動ですからね。じっさい、これまでわたしが会社でやってきたことがそのまま活かせる、まさにそういう仕事だということもわかりました。

わたしは会社にいた時は管理工学の技術者でした。大学で勉強したのも管理工学です。つまり製品を造る方の技術ではなくて、生産現場を管理するスペシャリストとして仕事をしてきたんです。退職の直前にいたのは同じ日立系のサービス会社です。最後の役職は取締役MD推進センター長というもので、いちおう部長職だったんです。日立系列の家電製品の修理サービス部門を束ねるのがわたしの仕事でした。

子会社に行く前まで、本社で担当していた仕事は社員教育です。さまざまな技術者を養成する仕事をしていました。そこでのノウハウは、いまシニアSOHOでやっているIT講習にそっくりそのまま応用できるものなんです。

シニアSOHOには、わたしと同じように会社にいた時は技術教育を担当していた人が六、七人います。そういうことでいうと、シニアＳＯＨＯの技術教育の水準は民間企業と比べてもけっしてひけをとらないものだと思います。

さらに、わたしには教育用パソコンの開発に関わっていた時期があります。会社から派遣された出向先で、文部省と通産省が進めていた学校用パソコンの開発に携わっていたんです。このことも今後の情報社会について考える大きなきっかけになったと思っています。

派遣先ではＮＥＣや松下電器、富士通などの同業他社の人たちと一緒に仕事をしていました。学校にはどういうソフトやＯＳが必要かということを議論しながら開発するという仕事を二年間にわたって経験しました。そういう仕事をしていると、情報機器の普及によって市民が経済の中心になってくるということが自然とわかってくるものです。そうしたことを、すべて会社の仕事のなかで学ぶことができたと思っています。

◇

このところ、シニアＳＯＨＯの活動は活発化する一方です。昨年の売り上げは約一千万円でした。今年は二千万円に達する勢いです。事業収入の最大の柱はパソコン講習会への講師の派遣です。

いま国が全国で実施しているＩＴ講習は、この三鷹市でも行われています。三鷹では産業プラザがメインの会場ですが、夏休みになれば小学校の教室を使っての講習会も始まります。この時期には朝、昼、晩と一日三回の講習会が予定されています。

三鷹市内で予定される受講者は五千四百人になるんですが、このうちの三千五百人分をシニアＳＯＨＯが受注しました。その講師を会員登録しているメンバーに割り振って派遣するんです。また今年は杉並区でも百人分を担当することにもなりました。

われわれはオフィスも持っています。産業プラザの建物のなかに、五坪程度と狭いながらも事務所を借りているんです。その家賃は事業活動で得た収入のなかから充てています。

講師の派遣料として支払われる謝礼は、いったんシニアＳＯＨＯの口座に振り込まれます。そのあと各講師に、仕事量に応じて支払われる仕組みになっています。仕事を受注してきた人へのフィーはいまのところありません。近い将来には、受注分の何パーセントかを支払うことを考えています。

それから、われわれ世話役にも給料は出ていません。いまのところはまったく無報酬の活動ということになります。そんなボランティアをやるために、よくもまあ会社を辞めたものだと思われるかも知れません。でも結果的に考えると、とても得るものの多い選択だったと思っています。

じっさい、シニアSOHOの活動に定年後の仕事のきっかけを与えてもらったようなものです。さっき話したソフト会社の仕事の話も、半分以上はシニアSOHOの活動がもたらしてくれたものなんです。企業もこれからは地域社会に目を向けた製品開発を進めてゆく時代になってきています。そんななかで、わたしのような活動をしている人間の意見が必要とされているんです。

でも、会社を少し早目に辞めたことについては、いまだに家族に言われているんです。妻からは「必ず取り返してね」って(笑)。これは定年までいればもらえたはずの給料のことを言っているんです。また、出るはずだった子会社の退職金もありませんでした。しかも自己都合で辞めたので、失業保険の給付も三カ月少なくなりました。金額としては八百万円ぐらい損をしたことになるんですが、女房はそのことをいまだに言うわけです。

思い返してみると、会社を辞める時は自分の時間をたくさん持ちたいと思う気持ちも強くありました。いまのところは、そんな時間はほとんど持てないでいます。会の代表の役職も、最初は二年ぐらいのつもりで引き受けたんですが、いまはほかのメンバーから、あと三年ぐらいはやってほしいと言われる始末です。これでは会社にいた頃とほとんど変わらないほどの忙しさです。

わたしは竹トンボを作るのが趣味なんですが、その活動もしたいし、本を読んだり、山に登ったりと、ほかにもやりたいことはたくさんあります。できるだけ早く、自分の好きなことができる時間が持てる身分になれれば。そう思いながら日を過ごしているんです。

インターネット囲碁の代理店になる

ネット囲碁はたんなる趣味です。
でも、やっていると社会の変容がよくわかります。

大澤隆（65歳）
元部品卸会社勤務・東京都

ネット囲碁の会を運営しています。いや、これはただ遊びでやっている活動で、定年後に何かを目指そうとか、なにか高邁な目的のもとでやっていることではないんです。

今日来てもらっているのは三鷹市の公社が運営しているインターネットカフェで、名前を「iカフェ」といいます。ご覧の通りの喫茶店ですが、十台ほどパソコンがあって、ここから自由にネットにアクセスできるようになっています。産業プラザという建物は三鷹市が起業活動を支援するために設置したものです。ここには、さまざまなベンチャー企業がテナントとして入っています。わたしが会員になっている「シニアSOHO三鷹」のオフィスも、この建物の四階にあります。

そもそも、わたしが六十二歳で会社を退職したのは、なにか小説みたいなものが書ければいいなという、そんな気持ちがあったからです。いや、身辺雑記のような文章をいくつか書いてみたことはあるんですが、それが活字になったとかいうことはありません。

そんなわけで退職後は無為な日々を送っていたんですが、インターネットの囲碁の会を始めることになったのは、まったく偶然のきっかけからでした。退職して女房から「友達をつくって外に出るようにしないと、おかしくなるわよ」と言われたこともあって、大学の同窓会に出かけるようになりました。その三鷹支部のメンバーに誘われて「シニアSOHO三鷹」に入ることになったんです。

当時の副代表が「お金にならなくても、毎日が楽しく過ごせれば、それも重要な事業です。シニアSOHOのなかに遊びをテーマにしたサークルを作ってみたらどうですか」という提案をしてくれました。「大澤さんは囲碁ができるのなら、ぜひ囲碁の会を作ってくださいよ」と言われて、うまく引きずりこまれてしまったわけなんです。

しかも、それがいつの間にかネット囲碁ということになってしまいました。ちょっと変わった要素がある方がおもしろいと思ったものですから。それにネット囲碁ならパソコンの操作も楽しみながらおぼえられるので、シニアSOHOの趣旨とも合致するわけです。

◇

じつを言うと、わたしはそれまでネット囲碁というものを経験したことはなかったんです。盤上で打つ囲碁なら、勤めを辞める前頃から会社の同僚と打つようになっていました。

会社を退職してしまうと、会社の同僚とも縁が切れてしまうので、囲碁の相手を探すのにもひと苦労です。でもネット囲碁なら相手に事欠くことはありません。大手の会なら、常時百五十人ぐらいが対戦相手を探すためにアクセスしていますからね。これはまさにシニア向けだと思いました。

そこで、まずは自分でネット囲碁というものを体験してみることにしました。商用ネットにいくつかあるということなので検索してみると、「WWGo」と「パンダネット」というふたつがあることがわかりました。ネットで対局するには入会手続きを済ませる必要があるんですが、入会しなくても他の人たちが対局している様子を観戦することはできるんです。

それを見て、「なかなかおもしろそうだな」と思いました。なにしろ囲碁という東洋が発祥のゲームを、地球の反対側の人たちとリアルタイムでやっているんですから。ネット囲碁の世界では名の知れたナントカという日本人がアメリカのミスター・ナントカと対局しているといった具合で、いろいろな人たちがやっているその様子にはリアルさがありました。

NHKの放送でもプロ同士の対局を見ることができますが、ネット碁ではわれわれと同じレベルの対局が観戦できるんです。見込みのない手を延々と打ち続けることを〝駄目を詰める〟と言いますが、「あんなつまらない手を打ってダメだなあ。オレも同じだよ。ああいうところに引っかかるんだなあ」ということがよくわかります。

そうやってネット観戦しているうちに、これならメンバーも集まるんじゃないかと思いました。そこで、思い切ってパンダネットの会社に直接、電話をしてみたんです。

われわれはこういうグループで、囲碁からパソコンに入ろうと勉強している最中なんだ。パンダネットで囲碁をやるには、会員にならなければならない。でも関心のある人たちが大勢いるので、ぜひ見せてやりたいと思っている。そこで相談だが、われわれの活動の場になっているインターネットカフェでパンダネットが自由に利用できるようにしてもらえないだろうか――。そういう話をしてみたんです。

すると、すぐにOKをくれました。このカフェでやる限りは、パンダネットを自由に使えるようにパスワードを提供しましょう、と言ってくれたんです。

パンダネットとしては、会員が増えるほど収益も大きくなります。数で稼ぐ商売ですから、われわれみたいに代理店になるところを探していたようです。そうして代理店の契約を結んだのが昨年の九月頃だったと思います。

◇

その契約内容というのはこうです。カフェでパンダネットにアクセスした人が、自宅でもやりたいと思って入会したとします。その場合、われわれの紹介で入会したと言えば、営業協力費という名目でシニアSOHOにマージンが支払われます。

パンダネットにはふた通りの料金設定があります。一局ごとに二百五十円という方法と、月に二千五百円で会員となって何局でも打てるというやり方です。われわれの紹介で二千五百円の会員になった場合にのみ、その一割がわれわれの懐に入ります。これは入会時だけでなく、毎月入ってくるんです。紹介した会員が十人なら年に三万円です。

じっさい、いまのところはその程度の人数で、残念ながら事業と呼べるほどの規模にはなっていません。年間の運営費ぐらいをまかなえるくらいの収入額です。ここで得た収入は、現在はシニアＳＯＨＯの売り上げに繰り込まれています。

ネット囲碁をやるようになって思ったのは、これはシニアにうってつけの趣味だなということです。まず、囲碁そのものが頭の体操になります。それから、対局のためにいちいち出かけていく必要がありません。これは体力が落ちてくるシニアにとってはバリアフリーそのものです。相手がいる場所まで行かなくていいということは、そのための交通費もかかりません。年金生活者にとっては、お金がかからないということが趣味を選ぶうえでのポイントですが、その点でもネット碁は退職者世代にはもってこいなんです。

ただし電話代はかかります。でも、いまはどこのプロバイダーでも市内地域ごとにアクセスポイントを設けていますから、かかるといっても市内料金の範囲内です。しかも最近になって市内通話料が値下げになりましたから、その点でも有利になりました。

ネット碁を一局打つのにかかる時間は一時間ほどです。対局料の二百五十円プラス電話代が百五十円前後。ざっと計算して、一局あたり四百円というところではないでしょうか。対局料は月極めにすればもっと安くなります。町の碁会所で打っても一局五百円くらいはしますからね。そう考えていくと、かなり安いかも知れません。

◇

ネット囲碁では、盤上対局にはないユニークな決まりごとがあります。対局者はみんなニックネームで参加することになっていて、本名は名乗らないんです。だから相手の実力だとか国籍について知ることはできるんですが、性別や年齢、職業といったものは一切わかりません。

それから、ネットで囲碁をやる場合にも当然ランクというものがあります。対局者の腕前を合わせないことにはゲームになりませんから。ネット碁の基本は自分が楽しむということですから、同じレベルの人とやらないと、どちらもおもしろくないわけです。ネット碁ではプロを九段に設定しています。プロと常に先手で打てる人は八段ということになります。プロに三目置く人は六段といった具合です。

パンダネットにはプロの棋士も何人か参加しています。「超早碁選手権」というものがあって、これには小林光一九段なんかも出場しています。小林九段はトップレベルのプロですが、この前の大会では優勝していました。早碁というのは一手打つのに三十秒くらいしか時間をかけない打ち方のことです。ネット碁は通信料がかかるので、早碁が基本です。プロ同士が対局する時みたいに長考したりというのでは、見ているギャラリーがつき合い切れませんから。

ネット碁の長所としては、対局のあとで自分の打った手をかんたんに確認できるということがあります。プロ棋士なら、対局が終了したあとで再び局面をさらさらと盤上で復元してしまいます。これは棋士たちが小さな頃から鍛えて上げてきた特殊な能力です。われわれアマチュアが真似をしようと思っても、なかなかできることではありません。でもネット囲碁なら、対戦の局面をパソコンのハードディスクにダウンロードしておけば、勝負所をあとでゆっくり確認することができるんです。この点は画期的なことだと思います。

盤上で顔を突き合わせて対局していると、どうしても冷静に状況を振り返るということができないんですね。あとには負けた悔しさだけが残ってしまいます。しかし何でも同じですが、囲碁も強くなるためには、あとから振り返って反省することが欠かせません。そうすれば誰でも一定レベルまでは確実に強くなることができますから。そういうことでも、ネット囲碁は優れているんです。

◇

われわれの囲碁の会のメンバーもだんだん数が増えてきて、ついに五十人を突破しました。メンバーの力量は人によってさまざまです。一番強い人で五段の人がいます。初心者も何人かいます。煙草ムンムンの碁会所には行きにくいという女性の会員もおいでです。わたしですか？　いちおう二段ということで登録しています。実力はもっと下でしょうけど。

せっかくこれだけのメンバーが集まっているのだからということで、ひと月ほど前からリーグ戦を始めました。いまは毎日、会員同士で対局している最中です。

でも、もともとネット囲碁はまったく見ず知らずの人と対局することを前提としたものです。でも、われわれは地域の囲碁グループですから、それでは意味がありません。せっかく同じ地域に住む住民のグループとして活動している以上、やっぱり顔が見えない関係のままでは物足りなさを感じるわけです。

もっと顔の見える関係にしようやという意見もあります。対局する人間がふたりともカフェに来て、ここのパソコンで顔を見ながら打つとか（笑）。あるいは自宅でやる時でも、どんな人とやっているということがわかるよう、互いにメンバー紹介をしようかとか。そうすれば、懇親会をした時なんかに会員同士が対局のことを話題にできるので、いっそう親しくなれますから。リーグ戦では盤上の対局もOKです。会員のなかにはまだパソコンがない人もいるものですから。コミュニティーセンターなんかに行けば碁盤が置いてありますから、互いに日時を相談して、会って対局するということでもいいわけです。

前に一度、会でプロの棋士をネット上に招いて交流したことがありました。大勢のメンバーがこのカフェに集まって、岩丸平二段に六目置いて対局してもらいました。こちらは十数人が一手ずつ打っていきました。

こちらのメンバーには初心者もいるわけですが、でも傍目八目と言いますからね。どうしても周囲がいろいろと言うので、あまりおかしな手は打ちません。対局の結果は、最後に岩丸二段が「これでは地が足りないですね」とチャットで言ってきました。

負けを認めたわけで、われわれは「プロに勝った。バンザイ」と歓声を上げて大喜びしました。

そんなふうにして、われわれの会も順調に活動を続けています。これはＩＴ活動のユニークな事例ではないかということで、昨年の敬老の日には当時の森首相が視察に見えたんです。われわれのメンバーの一人である七十五歳のお年寄りが海のむこうのアメリカ人とリアルタイムで対局しているところを見てもらいました。首相は感心された様子で「普及させるためには、もっと電話代を下げないとね」と言っておられました。

◇

そんなわけで、わたしの場合は、はからずも退職前の思いとはまったく別の活動に生き甲斐を感じる日々を送っています。ただ、ネット囲碁は退職の直前までやっていた仕事の内容と多少なりとも関係があるんです。

わたしが勤めていたのは機械工具関係の商社です。工務店などで使うプロ用の工具類をメーカーから仕入れて顧客に販売する会社だったんですが、そこを辞めたのは六十二歳の時です。小さな会社だったので、定年なんてものもなくて、わたしが退職すると言ったのをきっかけに定年の年齢を決めたぐらいです。

その会社でわたしが最後にやろうとしていた仕事は、いわゆるネット営業システムの構築です。取締役業務部長という肩書きで、営業のシステムをつくる責任者をしていました。

会社でそれまでやっていた営業というのは、顧客にカタログを送って注文を受けた商品を翌日に届けるというやり方でした。これに代わって、会社のホームページを立ち上げて商品カタログを掲載し、顧客にアクセスしてもらって注文をとるシステムに変えようとしていたんです。小さな工具ばかりですから、得意先に営業マンを張りつかせてもコストばかりがかかってしょうがありません。これからはインターネットを駆使した営業の時代になるだろうと考えて、これを先取りした新しい営業システムをつくろうとしていたわけなんです。

ところが、ちょうどバブルがはじけてしまい、システムづくりは中止することになりました。しかしシステムづくり以外に自分の仕事になりそうなものは見つかりません。じゃあ、年金をもらえる年齢になったことでもあるし、これを機に会社を退職しようと思ったわけです。

悔しさがなかったといえば嘘になります。まだ仕事の途中でしたからね。でも、もう少し投資しないと完成する見込みはありません。しかし会社はすでに縮小均衡に入っていましたから、それが無理なことはよくわかっていました。

退職してから、わたしはパソコンの勉強を始めました。会社にいた時には、自分でキーボードに触れる必要がなかったんです。代わりにやってくれる部下がいましたから、自分では操作することができませんでした。

パソコンの重要性については頭ではわかっていました。でも機械を操作するのはどちらかというと嫌いな方でした。システム開発の責任者なんだから、パソコンをおぼえないといけないなあと思っているうちに、とうとう退職することになったんです。

退職してすぐの時期に、娘婿が使わなくなったパソコンをくれました。それを使って、見よう見まねで操作をおぼえました。ネット囲碁の会を始めるという話があったのは、そんな時期のことでした。

会社でわたしがやろうとしていたネットビジネスの仕事は、中途半端なところで頓挫してしまいました。でも、いまこうやって社会を眺めてみると、その方向はけっして間違っていなかったと思います。世の中ではパソコンが確実に浸透していっています。それでも、わたしがやりかけていた仕事が完遂できなかったことに変わりはありません。つまりその喪失感をなんらかのかたちで穴埋めしたいという気持ちがあって、これがネット囲碁の活動に向かわせているのかもしれません。

ネット碁の会の活動は仕事ではありません。たんなる趣味であり、気晴らしです。でも、それだけではなくて、ネット囲碁をやっていると、社会が変容していく様子がよくわかります。いまは高齢者がパソコンを使ってメールのやり取りをすることも当たり前の世の中になってきました。また囲碁という日本で育った文化が海外でも盛んになっていく状況も目の当たりにできるわけです。

仙台にも同じようなネット碁のグループがあるんです。双方から代表を出して、ぜひ対戦したいですね、なんていうメールのやりとりをしています。時間を決めておいて双方からアクセスすれば、いちいち出向かなくともかんたんに実現できます。いずれは海外の囲碁愛好者とも知り合いになって、ネット上で打ちたいなあって、そんなことも考えています。

自然保護運動で第二のふるさとを得る

当時の仲間と飲むと、出てくるのは
運動に奔走していた頃の思い出話ばかりです。

松本恒廣（66歳）
元化学会社勤務・東京都

退職してもうすぐ五年になります。ここ数年は毎年のように山形県の鳥海山に出かけて行って、地元の人たちとの旧交を温めています。これは八年越しで関わった自然保護運動がもたらしてくれた縁から始まったものです。

わたしは三十年来の日本山岳会の会員です。鳥海山でのスキー場開発をめぐる自然保護運動に会社を退職する数年前から関わるようになりました。それがきっかけとなって、以来ずっと地元の人たちとの交流が続いているんです。

鳥海山の運動は、わが国の自然保護運動の歴史のなかでも記念碑的なものとされています。鳥海山は山形と秋田の県境に位置している、東北を代表する名山です。この山域には絶滅危惧種に指定されている天然記念物のイヌワシも生息してます。この土地に東京の観光開発グループがスキー場とゴルフ場、ホテルを建設しようとしたのがそもそもの発端でした。

鳥海山の山麓に広がるワイセイブナなどの原生林をスキー場開発のために伐採しようという計画がある。これは大規模な自然破壊につながるのでやめさせたいので、東京の本部にもバックアップしてもらえないだろうか――。そういう趣旨の話を日本山岳会山形支部の佐藤淳志さんからもらったのは一九九〇年夏のことです。

わたしはこの時、たまたまこの運動を日本山岳会として支援するかどうかの判断に関わる立場にありました。日本山岳会はいくつかの委員会に分かれて活動しているんですが、当時わたしは自然保護委員会の委員という役職にあったんです。

また、この年の九月に静岡県の三島市で開かれる自然保護全国大会では議長を務めることにもなっていました。その大会で提案したらどうかと佐藤さんにアドバイスしました。その結果、大会では全会一致による支持を得ました。貴重な自然が多く残る鳥海山のスキー場開発計画について、日本山岳会として反対することがこの場で確認されたんです。

反対運動をバックアップするという方針は明確になったものの、やるべきことは山積していました。われわれ東京の人間も、まずは現地の状況を知る必要がありました。現地には山形支部の会員もいるわけですが、東京からも出かけて行って状況の把握に努めようということになりました。

◇

われわれが現地に初めて行ったのは、三島の大会があった翌月のことです。その時のメンバーは自然保護委員の六、七人だったと思います。金曜日の夜に夜行バスで東京を発って、翌日の早朝に酒田駅に着きました。メンバーの多くは仕事をしていましたし、わたしも会社勤めの身だったので、自然とそういうスケジュールになったんです。

駅に到着すると、そこには山形支部の会員が待ってくれていました。合流した十二、三人で建設予定地を見に行きました。地図と首っ引きで、予定されている工事の場所と内容を確認していきました。

あとからわかったことなんですが、スキー場のリフトが建設されることになっている場所がちょうどイヌワシのエサ場とそっくり重なっていたんです。エサになる小動物がいる自然が破壊されれば、イヌワシが生息することはできません。

そういう豊かな自然を壊してスキー場を建設しようというのです。現場ではすでに杭打ちも終わっていました。「これは急がないといけないな」という話をして、その日は登山口の民宿で一泊しました。翌日は希望者だけで鳥海山に登ってみました。ちょうど前の晩に新雪が降ったんです。初雪じゃなかったかと思います。朝起きて外を見てみると、山の峰々はうっすらと白くなっていました。新雪が積もったばかりの山道をゆっくりと登っていったんですが、道ゆく景色の美しさはいまも強く印象に残っています。

鳥海山は烏帽子のように尖った円錐形の山です。山形県側から登ると日本海までが一望できる、そういう珍しい山です。その日は天気もよく、どういうわけかガスひとつありませんでした。わたしは鳥海山に登ったのはこの時が初めてだったんですが、正直言って、登ってみるまではこれほどいい山だとは思っていませんでした。

これほど自然が豊かな美しい山をぜったいに破壊してはいけない。そう強く胸に誓いました。この時の思いがあったからこそ、その後も頻繁に現地に足を運び、最後までねばり強く運動を続けられたと思っています。

ところで、わたしの日本山岳会での活動はずいぶん前からになるんです。入会は一九七二年です。山に登り始めたのは学生時代からで、慶応大学ではワンダーフォーゲル部に所属していました。ところが、事故を起こしてしまって部の活動が休止になりました。やむなく社会人の山岳会に入って登山を続けていたんです。

化学会社に就職してからも、山登りだけはずっと続けてきました。三十代の頃は、週末になると山に出かけていました。当時は会社の休日は日曜と祝日だけでした。土曜日は半ドンだったので、昼に仕事を終えるとそのまま仲間と待ち合わせて電車で山へ向かいました。帰ってくるのは月曜日の朝です。行き先はアルプスや北関東の山が多かったですね。

日本山岳会に入ったのは、父親が会員だったからです。お前も入会したらどうかと勧められました。評議員、支部長、理事、各委員会の委員……。いろんな役職をやらされました。なかでも一番長かったのが自然保護委員です。これは今年の春まで、ちょうど二十年にわたってやってきたことになります。

◇

鳥海山の自然保護運動に関わっていた時期にもっとも苦労したのは、仕事とどうやって両立させるかということでした。わたしは当時、会社では営業部長の職にありました。全国各地を飛び回って営業の第一線を叱咤激励する立場だったんです。

鳥海山の運動に関わるようになると、そのための打ち合わせと称して、委員会で話し合いを頻繁にもつことになりました。また山形支部で運動の中心になっている人たちと連絡を取り合う必要もありました。やがて委員会内にこの問題を話し合うための小委員会も設けられて、自然とわたしが担当委員のような格好になってきました。

話し合いの結果は日本山岳会の意見として集約し、その内容を外部に公表するための文書を作成するのも重要な仕事のひとつです。佐藤さんたち現地メンバーとはファックスでやりとりをしながら文面を手直しし、それを最終的に関係する役所などに提出します。そんな具合にして、わたしはおもに本部の事務方として運動をバックアップしました。

活動の趣旨について話を聴きたいという要請が関係する機関からあれば、平日の昼間にも出かけて行くことになります。その度に時間の融通をつけたり、休暇をとったりということをしながら、やり繰りをしました。

そうやってまとめた文書「スキー場の変更を求める要望書」を日本山岳会の考えとして、翌九一年の二月に地元の八幡町に申し入れました。

そもそも、このスキー場計画は、地元八幡町の強い希望によって始まったものです。日本山岳会はスキー場そのものに反対するつもりはないけれども、建設地を変更してもらいたい、という立場を明確にしました。この時も、やはり金曜日の夜に夜行列車で東京を発ち、翌朝に酒田で地元メンバーと落ち合って八幡町役場に向かいました。役場では町長が待ってくれていました。

しかし民間の一社団法人にすぎない日本山岳会が申し入れをしたところで、計画がそうかんたんに中止になるわけもありません。新たなレジャー施設ができることで、地元に対する経済効果を期待する向きも当然あるわけです。反対だ、いや賛成だとやっているうちに時間だけが経過していきました。

そうしたなかでクローズアップされてきたのがイヌワシの存在です。これは一九九三年になって佐藤さんが目をつけたことでした。自然保護の必要性についてもっと具体的に示すことができないと、広く社会に共感を与える運動にはなりません。そのためにイヌワシの保護を前面に打ち出そうというのが佐藤さんの考えでした。

イヌワシは両翼の全長が二メートルに及ぶ国内でも最大級の猛禽類ですが、いまや全国に三百羽足らずしか生息していないと言われています。生息地は年々狭まっており、その生存は危機的な状況にあります。しかもこの鳥は食物連鎖の頂点にあることから、環境のバロメーターとも言われる存在です。

しかし、それまで鳥海山ではイヌワシの存在がはっきりと確認されていたわけではありません。地元の人たちの間でも「ときどき山の方に大きな黒い鳥が飛んでいるな」ぐらいの認識しかありませんでした。そこで佐藤さんたちが中心になってイヌワシの生態調査をやろうじゃないかという話が持ち上がりました。巣を発見できれば運動の大きな力になると考えたんです。

ところが、やってみるとこれが意外とむずかしかったんです。イヌワシというのは人間が足を踏み入れることのできない険しい断崖絶壁に巣を作ります。しかし考えてみると、そういう場所への登攀こそ、動物学者にはできない、われわれ岳人にもってこいの役回りであったわけです。

調査はのべ二百八十日に及びました。最初は休日だけに限定していましたが、やがて平日にもメンバーをやり繰りして調査にあたることになりました。

メンバーが山麓のあちこちに散らばって、双眼鏡を手に上空を見上げます。その地点からイヌワシが観測されたら、時間とルートをそのつど記録していきます。この調査は現地の会員が中心だったんですが、わたしも何回か応援を兼ねて、現地を訪れて参加しました。

その苦労が実を結び、ついにイヌワシの巣が発見されました。一九九五年の四月二十二日のことです。スキー場の計画地からわずか一・五キロしか離れていない場所でイヌワシの営巣地が見つかったんです。これを受けて、すぐさま県知事から工事の中止命令が出されました。その翌年には有識者を交えた第三者機関が設置されて、スキー場建設が自然環境に与える影響についての検討が、より客観的な立場から行われることになったんです。

わたしは一九九六年の九月に会社を退職しましたので、これ以後は時間に縛られることなく自由に現地に出かけて運動に参加することができるようになりました。また東京での支援活動にも専念できるようになりました。

◇

スキー場の計画が最終的に白紙に戻されたのは、会社を退職した翌年のことです。一九九七年の九月に八幡町は計画の中止を正式に発表しました。これは運動を始めた当初は思ってもみなかったことです。

とても中止に追い込むことはできないだろうけれど、われわれとしては貴重な自然が破壊されるのをおめおめと見過ごすことはできない。できるところまでやってみようという、そんな思いだけでこの運動を始めたわけです。それが期待していた以上の結果になったんですから、喜びもそれだけ大きかったです。

いま、この八幡町には「猛禽類保護センター」がつくられています。これは環境庁が設置した、市民がイヌワシの生態を学習するための施設です。また、現在八幡町では「イヌワシの町」というキャッチフレーズを掲げて町の活性化を図ろうとしています。

今年八月には八幡町内でイヌワシに関するシンポジウムも開催されました。これは日本山岳会などが主催したもので、全国各地から約百人の参加者がありました。

このシンポジウムで司会をつとめたのは、じつはわたしです。シンポジウムには運動の中心になった佐藤さんや八幡町の町長も参加しました。われわれが要望書を手渡した当時の町長とは別の人ですが、この町長には日本山岳会の会員にもなってもらっています。

今回のシンポジウムの時は、わたしはその前日から八幡町に出かけて行って、佐藤さんの家で杯を酌み交わしながら語り合いました。十年近くも運動に関わっているうちに自然と仲よくなってしまったんです。

そういう酒の席で出てくるのは、運動に奔走していた当時の思い出話ばかりです。「あなたがぼくの気持ちをきちんと受けとめてくれたから、うまくいったんだ」という話をお互いにします。その話はこれまでも何十回としてきましたが、いくら話しても話し足りない気分です。

鳥海山にはかつての会社の同僚を連れて登ったこともあります。退職した年にも二泊三日の行程で行ったんですが、その時は佐藤さんたちが車を出してくれました。女房と一緒の時もありました。いまも年に二、三回は必ず足を運んでいます。

東京育ちで田舎がないわたしにとっては、まさに鳥海山が第二のふるさとになったようなものです。会社員時代の終わり頃から夢中になってやったことが、思いがけない副産物をもたらしてくれたわけです。出かけるだけでなく、たまにはこちらに遊びに来てもらうこともあります。

◇

いまは退職してから新たに始めたことがふたつあります。ひとつは海外トレッキングです。妻と一緒にヨーロッパの山々に出かけているんです。

これは退職した翌々年の八月にツアーでスイスアルプスのハイクに参加したのが最初です。スイスのチューリッヒから入って、グリンデンワルト、ツェルマット、シャモニーと歩き、最後はジュネーブとパリを観光して帰ってきました。この時は八泊九日でした。

その翌年にもスイス、オーストリア、イタリアのトレッキング・ツアーに参加しました。チューリッヒからサンモリッツ、コルティナダンペッツォ、インスブルックの近辺を歩いたあと、ミュンヘンから再びチューリッヒに戻るというコースです。こちらは十二日間の旅でした。

これらは本格的な山歩きというよりも、ほとんど観光旅行の延長みたいなものです。わたしはカメラも好きなので、半分は山の写真を撮ることが目的です。

その一方で、若い頃からの山仲間たちとは、いまも一ヵ月に一回くらいのペースで登っています。なにしろ学生時代からの仲間なので、人数もだんだん減ってきて、いまでは十数人ほどになってしまいました。しかも、さすがにこの年齢になってくると、体力の衰えは隠せません。それで引き受けることにしたのがもうひとつの仕事です。『日本山岳会百年史』の編纂作業です。

日本山岳会は一九〇五年の設立で、現在では会員が五千人を数える日本最大の山岳愛好団体です。二〇〇四年には創立百周年を迎えるので、現在は記念誌を発行するための準備にかかっているんです。

日本山岳会の会誌『山岳』の一九九七年版に、私は鳥海山のスキー場計画が中止になるまでの顛末を十頁ほど寄稿しました。それが百年史編纂委員の目に留まったんでしょうか。今年六月の役員改選で自然保護委員からトレードされることになりました。その本格的な作業はこれから始まるんです。

この隣に日本山岳会の図書館になっている部屋があるんです。ご案内しましょう。

年刊の会誌がずらりと並んでいるでしょう？　一冊あたりが千ページを越える冊子ですから、これが百冊分ともなると、たいへんな量です。それを一冊にまとめようというのですから、とても骨のおれる作業なんです。再来年あたりまでは、どうやらこの仕事に追われることになりそうです。

年齢をとってくると、登山そのものとは縁遠くなってきますが、この先も山との関係は切れそうもありません。

おもちゃづくりで子どもたちと遊ぶ

竹トンボが飛んだ時の子どもたちの喜びようは、たいへんなものです。

田仲猪佐美（78歳）
元経営コンサルタント・大阪府

おもちゃの作り方を子どもたちに教える活動をしています。といっても、わたしは教えているつもりはないんです。おもちゃを媒介にして子どもたちと遊ばせてもらっている、そんな気持ちで子どもたちと接しているんです。

おもちゃというのは、いわゆるむかし懐かしの手作りおもちゃです。竹トンボ、ぶんぶんゴマ、割り箸鉄砲……。これらのおもちゃの魅力をいまの子どもたちに知ってもらいたいという思いから、いまの活動を始めて今年で十一年になります。活動の基盤になっているのは「クラフト遊」という高齢者ばかりが集まって作っている団体です。設立した当初のメンバーは二十四人だったんですが、いまは四十二人になりました。平均年齢は七十歳で最年長者は八十四歳。わたしは上から三番目です。

われわれの会の信条は、呼ばれたらどこへでも出かけていくということです。子どもに来てもらうのではなくて、呼ばれた先に、こちらから出かけていくんです。小学校や幼稚園が中心ですが、そのほかのさまざまなイベントにも呼ばれますし、さらには海外にも行ったことがあります。

子どもたちはいつも大喜びしてくれますよ。自分が作った竹トンボが初めて空を飛んだ時の感動というのは、何ものにも代え難いものがあるみたいです。そういう感動をできるだけ多くの子どもたちに体験させてあげたいと思って、こういう活動を続けているわけなんです。

会の活動が始まるきっかけになったのは、大阪府が主催している「シルバーアドバイザー養成講座」です。吹田市の府立老人総合センターで毎週やっているもので、わたしも平成二年に「世代間活動コース」という講座を一年間にわたって受講しました。この講座では、さまざまなおもちゃの作り方を教えてくれるんです。さっき言ったおもちゃのほかに、「昇り動物」といって二本の糸を引っ張ると動物がスルスル昇っていくおもちゃや「がりがりトンボ」なんていうものもありました。合計三十種類ぐらいのおもちゃの作り方を教えてもらいました。

講座の終わり頃に老人総合センターの隣にある小学校におもちゃの作り方を教えに行ったんです。子どもたちはみんな大喜びしてくれました。そして、その講座が終わる時に、せっかくおぼえた作り方を忘れてしまうのはもったいないという声が受講生の間からあがったんです。なんとか役立たせる活動ができないかということで発足したのが「クラフト遊」です。その時の受講者の全員が参加して、わたしがその代表をやらされることになりました。

◇

高齢者ばかりが集まってこういう会をつくったということで、発足の当初からずいぶんと話題にもなりました。物珍しさも手伝ってか、地元のテレビや新聞でも頻繁に取り上げられたんです。たぶん、われわれのような高齢者が何かやろうという発想がおもしろく思われたんでしょうね。これがきっかけになって、小学校や幼稚園、地域のイベントなどに呼ばれるようになりました。

会に依頼があると、まず、その日の予定が空いていそうなメンバーに声を掛けます。小学校や幼稚園の場合には三、四人ぐらいで行くことにしています。規模の大きなイベントになると、十人ぐらいで行くときもあります。いくつかのおもちゃを並行して作ることが多いので、だいたい一人が一種類のおもちゃを担当するよう手配します。

おもちゃの材料として使うのは、どこの家にでもある身近なものばかりです。子どもたちにとっては、見たことはあるけれども、それで遊んだことはないというもの。うっかりすると捨てられてしまうようなものを材料にすることが、われわれのおもちゃ作りの特徴です。

例えばこの竹トンボの羽の部分に使っているのはアイスキャンディーのスティックなんです。細長い棒の両側をナイフで削ることで浮力がつくようにします。ちょうど真ん中に焼き鳥の串を差し込んで、両手に力をこめてギュッと回せば、風を切って舞い上がります。

こちらの割り箸鉄砲は、割り箸二膳と輪ゴムが六個でできています。小学校高学年ぐらいの子だったら「割り箸は何て数えるか知っている？　一膳、二膳っていうんだよ」という話をしながら作り方を教えます。これの作り方は、割り箸の真ん中の部分にもう一本、別の割り箸を重ねます。そして、その上から輪ゴムでぐるぐる巻くんです。「輪ゴムをこうやって引っ張ってから巻くと、時間がたっても緩まず、しっかり固定ができるんだよ」なんて話し掛けながらやってみせます。

わたしたちは、そうやって作ったものを、そのまま子どもに与えることはしません。作って渡すのではなくて、いま教えたものをその場で子どもにも作らせるんです。そうすると、いままで捨てたりまったく目も向けなかったりした身近なものが立派なおもちゃになるんだということを知って、子どもたちは目を輝かせます。

作る時には、まず工作用ナイフの使い方から教えます。「ナイフに指をこう添えて使うんだよ」「使ったものを返す時は、反対向きにして渡すんだよ」といった調子です。でも、ぼくらは先生じゃないから「おじさんて呼べばいいんだよ」なんて言いながらやっているんです。

作業をする時に気をつけないといけないことも、いくつかあります。例えば、竹トンボを作る時はその子が右利きか左利きかを確認してからスティックを削らせます。竹トンボを、右利きの人は左回転、左利きなら右回転に回します。左利きの人が右利き用の竹トンボを飛ばそうとしても飛びませんし、下手をするとケガします。

最初のうちは「お箸を持つ手はどっち？」って聞いていたんです。でも、なかには箸は右で持って、それ以外のものは左利きという場合がたまにあるんです。それで「ボールはどっちの手で投げるの？」って聞くようになりました。それなら間違いがないとわかったものですから。

そうやって子どもにひと通り自分で作らせてから、最後に仕上げを見てあげます。作り方が間違ってないか、歪みがないかをこちらで確認してから「さあ、飛ばしてごらん」と言います。そうやって自分が作ったおもちゃが思ったようにできた時の子どもたちの喜びようときたら、それはたいへんなものです。「飛んだ。飛んだ」って歓声を上げながら手をたたいて大騒ぎです。全身で飛び跳ねて、その感動を表現しようとします。そこにあるのは、われわれ大人がすっかり忘れてしまった、心の底からの喜び、感動するという心です。

ある時、女の子がわたしに言ってくれたことがありました。「この竹トンボは宝物入れのなかにずっと入れておいて、お嫁に行く時に持っていくわ」って。その子はたしか小学二年生の子でしたが、そう言ってニッコリと微笑んでくれました。

敬老の日の前日に、保育園からわたしの自宅に包みが届いたこともありました。なかには園児たちが描いた絵が入っていました。絵の端っこには「おじちゃんが竹トンボをやっているところ」と書いてありました。そんな小さな子どもたちだって何かを感じてくれているんだなあと思うと、とてもしあわせな気分になりました。これは、いまではわたしの宝物になっています（笑）。

今年の八月には大阪ドームの九階にあるホールで十三日と十七日の二日間、手作りおもちゃ教室が開催されました。とくに十三日は盛況で、約八百人もの人たちが集まりました。子ども同士のグループに混じって親子連れもたくさん来てくれて、おもちゃの手作りを楽しんでくれました。でも応対するわれわれの方はテンテコ舞いです。本当にクタクタになりました。終わってから数えてみると、竹トンボが百五十セット、がりがりトンボは二百四十セットも出ていました。

このイベントは新聞社が主催したものですが、われわれはそういう大きなイベントにも、小学校や幼稚園に行く時と同じようにボランティアとして行っています。なかには謝礼を包んでくれるところもあるんですが、それは結果的に頂戴しているだけです。われわれの活動はあくまでも無報酬でやっていることで、報酬がなければ行かないということはありません。

昨年の十月下旬には、八日間ほどオーストラリアにも行ってきました。われわれが行ったのはシドニー・オリンピックが終わったあとの時期です。オリンピックの会場にもなったオペラハウスで知的障害者のコンサートがあったんです。それに関連したイベントのひとつとして、現地の人たちと一緒に竹トンボを作りました。

この時は子どもばかりでなく、大人も大勢来てくれましたよ。七、八百人の人たちが集まりました。われわれは、わざわざ日本から古新聞を持っていってカブトを折ってみせました。「ジャパニーズ・サムライ・キャップ」と言って説明すると、むこうの人たちも納得した理解で熱心に折り方を聞いていました。

最近は会の活動も右肩上がりに忙しくなってきています。発足した一九九一年の活動は年間に十五回、その翌年が二十二回だったんですが、一九九九年になると五十七回、昨年も五十四回を数えています。こうした活動が認められて、平成八年には総務庁長官から社会参加賞という賞をもらって表彰されました。

考えてみると、わたしたちが子どもの頃には、おもちゃの作り方は近所のお兄さんが教えてくれたものです。わたしの近所にも、たしか寺岡さんという三つ年上のお兄ちゃんがいました。わたしが一番最初に竹トンボを作ったのは、そのお兄ちゃんから教わったからです。また、その家のおじさんは、よく知り合いの人と縁台で向かい合って将棋を指していました。そうした人たちから、いろんなことを教わりながら大きくなったような気がします。

それから、むかしは「肥後の守」と言っていましたが、子どもなら誰でもポケットに小刀をしのばせていたものです。小刀を使って竹藪から竹を切ってきて竹馬を作ったりということは、子どもならみんなやっていました。日が暮れるまで走り回ったり、戦争ごっこをしたりというのが日課でした。いまは、そういう遊びを子どもに教える人がいなくなってしまいました。子どもの方もコンピューター・ゲームにばかり慣れてしまっていますからね。

また、いまの子は「ありがとう」とはなかなか言いません。だから、わたしは子どもたちに教えている時に「何か忘れていない？」って聞くことがあります。「そうだね。ありがとうって言うんだね」って、わたしの方から言うんです。そういうしつけの要素もつけ加えながら、おもちゃ教室をやっているんです。

いま言ったこととは反対のことかもしれませんが、わたしはいまの高齢者はあまりにも世の中に甘え過ぎているんじゃないかと思います。

わたしも以前は勤めをしていた時期があります。むかしは給料をもらうのに、いちいちハンコを押して「ありがとうございます」って頭を下げたものです。でも、いまは給料も年金も、黙っていても銀行の口座に振り込まれています。物価の上昇に合わせて年金の額も調整されます。たしかに年金も、元をただせばわれわれが積み立てたお金かもしれません。でも、わたしなんて年金を六十歳からもらっていますから、この年になるまでずいぶん長い間もらい続けてきています。ほかにも介護保険だとか、老人に対する施策をいろいろとやってもらっています。なのに老人たちはそうした状況に甘んじるばかりで、社会に対して何もしようとしません。わたしはそのことが歯がゆくてならないんです。

最近は高齢者のことを「シニア」と言うようになりました。正しい発音は知りませんが、あれを大阪弁で言うと、どう聞こえます？ 「死にや」です。「早う死にや」つまり、早く死ねと言われているように聞こえてしまうんです。

わたしは長生きがはたして本当に喜ぶべきことな

のかと疑問に思っています。長寿は社会悪ではないかと思ったりします。社会に対して何もしなくても年金はもらえる。乗り物に乗れば優先席がある。そうやって高齢者がよくしてもらえることが当たり前だと思うのはおかしいんじゃなかろうかと思うんです。

高齢者は本当にいまのままでいいのでしょうか？年をとったって、自分たちに何かできることはないかと考えるべきだと思うんです。これまで七十年、八十年と生きてきたわけだから、誰にでも何かしら社会の役に立てることがあるだろうって。そういう気持ちをみんなが持たないとダメだと思うんです。わたしがおもちゃ作りの活動を始めたのには、そうした思いがあってのことだったんです。

そういうわけで、最初にお話しした通り、わたしは子どもたちに何かを教えようなんて大それたことは考えていないんです。教えるのは学校に先生がいるわけですから。おもちゃ作りという活動を通じて、子どもと遊ばせてもらっている。そういう気持ちでやっているだけです。

おもちゃ作りの場では、子どもたちは目を輝かせながら、彼らなりに一生懸命に作ろうとします。そうして出来上がった時の感激を、われわれ高齢者ももらっているんです。そうやって子どもたちとおしゃべりをしながら取り組めるというのは、本当にしあわせなことだと思います。

がりがりトンボが完成して、それを手にした子どもが「これは、ちゃんと回るかな？」って聞いてきます。「おうちでお母さんの言いつけを守っていたら、きっと回るよ」って話しながら、一緒に回してみます。回り始めると「なぜ回るの？」と聞くんです。たしかに、割り箸に巻いた針金をガリガリこするだけで、その先についたプロペラが回り始めるのは不思議です。

「どうしてだろうねえ。大きくなったら研究してごらん。ノーベル賞をもらえるかもしれないよ」——。そんな会話をしながらやっているおもちゃ作りの活動は、いまのわたしにとっては何ものにも代え難いものです。この先もずっと続けていけたらと思っているんです。

9　家族のかたち

妻を亡くしてから立ち直るまで

この世に神様なんていないんじゃないかって思いました。

古市欣生（63歳）
元私鉄勤務・埼玉県

わたしは配偶者を亡くした人たちの悲しみを癒す活動に参加しています。わたし自身も四年前に妻を亡くしてしまいました。その辛さはよくわかっているつもりなので、こんな自分でもできることは何だろうかと考えて、この会の活動に参加するようになったんです。

会の事務所は都内の板橋区にあります。そこでは夫や妻を亡くした人を対象にした「ウィドウ・ミーティング」と呼ばれるグループ・カウンセリングをやっているんです。わたしはその活動にカウンセラーとして参加しています。

これは配偶者を失った人たちばかりが集まって、他人のつらさや悲しみに耳を傾けることで悲しみを癒していこうという趣旨の活動です。わたしは現在は一人暮らしということもあって、いまではこの会の活動が生き甲斐の一部になってきました。

わたし自身、妻を失ったときの喪失感はとても大きなものでした。なにしろ彼女とは、高校三年の時からのつき合いでしたから。わたしたちはふたりともキリスト教徒だったんです。浅草にあった教会に通っているうちに、教会内の青年会の活動を通じて親しくなりました。まわりからは長すぎる春だなんて言われていたんですが、大学を卒業後にまもなく結婚しました。

妻に異変があったのは死んだ前年です。平成四年の夏前のことでした。急に体の調子が良くないって言い出したんです。しばらくすると、だいじょうぶだと言います。でも、またすぐに調子が悪くなって寝込むんです。そんな状態が続いたので、病院できちんと精密検査を受けさせることにしました。

その結果が出たのは八月二十五日でした。その時はわたしだけが医師に呼ばれてガンの宣告を受けました。胆のうガンだったんですが、その頃には小腸など体のあちこちに転移していたようです。本人に話してもショックが大きいだろうし、どうしたらいいものかとずいぶん悩みました。考えた結果、本人に告知することはしませんでした。とりあえず九月に入ってすぐに入院させることにしました。

最初の手術を受けたのが十月一日です。手術は三十分ほどで終わりました。医師の話では、腹を切ったあと、何も処置をせずにそのまま縫い合わせたそうです。「ここまでひどいとは思わなかった。手の施しようがない」ということでした。よくもってあと四カ月の命と言われました。

わたしは手術の前に、家内から「ガンじゃないの?」と何回も聞かれました。その度に「いや、違うよ」と答えていたんです。「本当にガンじゃないの?」と繰り返し聞くもんですから、わたしが強く否定すると、それからは二度と尋ねませんでした。わたしの心中を察してくれていたんでしょうかねえ。

とにかく本人には治るという希望を持たせて治療する方針にしたんです。でも、結果的には状況を本人に知らせることなく治療を続けたことで、かえって苦しませることになってしまったような気もします。そのことを考えると、いまでも目頭が熱くなってしまうんです。

◇

たしか十一月三日だったと思いますが、いったん退院して家に帰ることになりました。本人が「良くなっているというのなら、なんで帰してくれないの?」と言うからです。その日はわたしが作った料理を家で一緒に食べました。わたしはそれまでは家で包丁を持つような男ではなかったんですが、彼女が台所のイスに腰掛けて、作り方をていねいに教えてくれました。でも十二月に入ると、ふつうの料理がだんだん食べられなくなってきました。肉やチーズをちょっと口にしただけで吐くようになったんです。

この時期になると、病院と家を頻繁に行き来するようになりました。二日に一度の割合で点滴を打ってもらっては栄養の補給を受けたりしていたんですが、それでも弱っていく一方です。やがて一人では立ち上がることもできなくなりました。それでも家内は「毎日いろいろとしてもらって悪いわねえ。良くなったら、ちゃんとお返しするからね」なんて明るく言っていました。最後まで治るつもりでいたのかも知れません。

その頃、わたしは家事と看病、仕事の一人三役をこなしていました。三人いる子どものうち、会社勤めをしている真ん中の息子だけが家にいたんですが、男の子なんて家にいても何の役にも立ちません。妻が家にいるうちに家のなかのいろんなことを教わっておきました。

わたしが勤めていたのは私鉄会社です。当時は社員教育を担当する部署の責任者をしていました。さいわい不規則な現場の勤務ではなかったので、上司に事情を話して、朝はいったん病院に寄ってから会社に行くようにしました。そういう生活ではありましたが、当時はたいへんだという意識は不思議とありませんでした。その時はただ夢中でしたから。

家内が亡くなったのは四月二十一日です。その日はとても春らしいポカポカ陽気でした。死ぬ前日には車イスを押して、病院の近くの公園までお花見に行きました。前の日まで、そのくらい元気だったんです。

ところが翌日になって具合が急変しました。どうもこの日の夜を越せそうもないということです。それで牧師さんに来てもらうことにしました。長期入院の場合には牧師さんに病院まで来てもらうこともよくあるんです。その日も家内は「牧師さんに来てもらっているのに、お昼ご飯はどうするの？」なんて他人の昼ご飯の心配までしていました。

そして午後になると、だんだんウトウトするような表情になってきました。やがて呼吸もゆっくりになって、さらに少しずつ意識がなくなり、やがてそのまま眠るようにして安らかに息を引き取りました。

◇

家内が死んでしばらくの間も、気分が落ち込むとか、そういうことはありませんでした。亡くなった直後には、葬式だとか納骨だとかいった具合にやるべきことはたくさんあります。そのため、気の張った状態が続いていたんです。

気分が落ち込むようになったのは六月頃になってからです。梅雨に入ると、ただでさえ気持ちが滅入るような天気が毎日続きます。勤めを終えて帰宅すると、真っ暗な家に入るのがとてもつらくてねえ。

ちょっとしたことで、すぐイライラしたり、むかっ腹を立てたりするようにもなりました。会社で同僚が「昨日の休みは家内と温泉に行ってきた」なんて話をしているのを耳にしただけで、何もわざわざオレの前でそんな話をすることはないじゃないか、なんて思っていました。いまから考えると、ほとんど八つ当たりです。

この世には神様なんていないんじゃないかって思ったりしたのもこの時期のことです。家内はわたしの両親を看取ってくれました。父は昭和四十四年の十二月に、母は六十一年の八月に亡くなりましたが、ともに家内が最期の面倒を見てくれていたんです。母の場合は少しボケも出ていました。最後は老人病院で亡くなったんですが、それまで何年も世話してくれました。

わたしもようやく定年が近づいてきたことだし、これでやっと妻にも少しは楽をさせてやれるって、そう思っていたところだったのに……。そう考えると、どうしても納得できません。そのことを牧師に話しても、ただ「祈ってください」と言うだけです。このくそ坊主が、なんて思っていました。

それでも仕事には行かないといけません。無理にでもやる気を起こそうと思って、この時期はやたらと走ってばかりいました。わたしはそれ以前から気分転換にジョギングをやっていたんです。とにかく一人でボーッとしていても、思い出すのは家内のことばかりです。気が落ち込むだけですから、とにかく元気を出そうと思って、時間さえあればジョギングをしました。昼夜を問わず、とにかく落ち込みそうになるとトレーニングウェアに着替えて走りに出かけていました。それでもやっぱり悲しみがこみ上げてきて、走っているうちに顔中が涙でびしょ濡れになったこともありました。

この時期には、家内を失った悲しみを忘れるために、自分なりにいろんなことをやってみました。でもほとんど効果はありませんでした。なかでも一番効果がなかったのは、癒しのCDや本のたぐいでした。少なくとも、その時のわたしには何の助けにもなりませんでした。

お酒も飲みました。家内がいるうちから、ほとんどキッチンドリンカーみたいな状態でしたから。家内が死んでからも、料理をしながら一杯やっているうちに、ついつい飲み過ぎて体を悪くしてしまったくらいです。

そういう時期に知ったのが、いまの会の活動でした。会の存在を教えてくれたのは学生時代の友人です。友人は息子の就職のことで連絡してきたんです。わたしが家内を亡くして落ち込んでいるということを知って、新聞か何かに紹介されていた会のことを教えてくれました。

会に初めて行ったのは、家内を亡くしてから半年ほどたった平成五年の九月です。その時にわたしが顔を出したのは「集い」と呼ばれる集まりでした。妻や夫を亡くした人が二、三人、自分の体験を話すのを聞きました。その日は入会の手続きをしただけです。

実際の会の活動に参加するようになったのは翌年の十一月からでした。二度目の「集い」に参加したことがきっかけで、ウィドウ・ミーティングというものを受けてみようと思ったんです。ウィドウ・ミーティングは二週間に一度、合計八回にわたって行われます。東京都老人総合研究所の研究員である心理学の専門家が独自に開発したもので、配偶者を失った人を対象にしたグループ・カウンセリングの一種です。

その時参加したメンバーは八人で、男はわたし一人でした。参加者は毎回のテーマにしたがって、自分が経験したことや考えたことなどをみんなの前で話します。カウンセラーも二人参加します。

ミーティングでは、カウンセラーの司会進行でメンバー同士の対話が行われていきます。そして八回の講座を終える頃には互いが十年来の友人みたいな関係になるんです。あれは不思議で貴重な経験でした。

例えば、家で料理をしている時に、ほかのメンバーの女性に気軽に電話して「いまピーマンとちりめんじゃこがあるんだけど、何かおいしい料理の作り方を知らない?」って聞けるような関係になりました。逆にむこうから「買ってきたビデオデッキのつなぎ方がよくわからないんだけど」っていう連絡があったりします。それは特定の男女関係ということではないんです。ずっと孤独感を抱えた状態だったのが、ミーティングの場でそれぞれが互いの話を聞くことで心を開き、つらいのは自分だけじゃないということに気づいた結果のことなんです。

講座が終了して一年ぐらいたった頃だと思うんですが、ウィドウ・ミーティングのカウンセラーにならないかという話をもらいました。そして、そのための養成講座に参加することにしました。ミーティングを受けたことで、わたし自身がとても楽になれたからです。自分が経験したことを生かせるひとつの方法だと思って、土日などに合計八時間ほどの講習会に参加しました。

◇

実際のウィドウ・ミーティングについて、もう少し具体的にお話しましょう。ミーティングの場で設定されているテーマは毎回違います。一回目は「オリエンテーション」です。

二回目になると、参加者はそれぞれの「配偶者の死の体験」を語ることになっています。でも、話したくない人に無理に話させるということはしません。また、何か言いたいようだけれども、なかなか言い出せない。そういう人もなかにはいます。そういう時には、その人が話し始めるまでみんなでじっと待ちます。

わたし自身が体験した時に、一番強い印象として残っているのは、六回目の「対人関係とその変化」というテーマでした。この時に具体的に出された設問は「あなたがいまこうやって生きているうえで、もっとも世話になった人を思いつくままに挙げなさい」というものでした。

わたしは自分の子どもや孫、それから会社の同僚などを挙げました。そうやって考えているうちに、そういや近所の肉屋にも世話になったなあ、なんて思えてきました。会社からの帰りに、いつも立ち寄る肉屋のオヤジです。「あんた、いま独り者なんだろう？　何を食っているんだい？」なんて、いつも気さくに話しかけてくれるんです。「肉屋で魚を出すというのも変な話だけどさあ。これはオレが昨日釣ってきた魚なんだけど、よかったら持って帰んなよ」なんて言いながら川魚をくれたこともありました。

また女房が亡くなった直後には、女房の友人たちからも励ましの電話や手紙をたくさんもらいました。そのことでずいぶんと元気づけられたこともあったんです。そうした人たちの顔が次々と思い出されてきます。いろんな人の世話になりながら自分という人間がいまこうしてあるんだということに気がつくわけです。

そのうち、自分はそういう人たちに対していったい何かしてあげただろうかと考えます。自分が世話になることばかり考えるのではなくて、今度は人に何かをしてあげようと思うようになりました。

七回目のテーマは「これからの生き方」です。いろいろな経緯があって、いまこうやって生きているわけだけれども、これから何をしていくのか。そうした目標や生き甲斐を明確にしようというものです。

わたしが目標として挙げたのは、やっぱり健康が第一ですから、まず体力作りに励むということでした。ジョギングは体に対する負荷が大きいので「ハイキングを始める」と書きました。それから、もうひとつ「新しい配偶者を得ること」と書きました。

この講座を受けたことで、わたしの気持ちのなかで「彼女がこの時期にこの世を去ったのは、神様の思し召しだったんだ。ここまではオレの責任だけれども、その先はそうじゃないんだよ」と誰かが言ってくれているような気がしてきました。結婚式での誓いの言葉でも「汝は生涯、この女を愛するか？」と聞かれます。生涯というのは、彼女が生きている限りということなんだと思えるようになったんです。

その時の目標に掲げたハイキングは、いまではもっとも大きな生き甲斐のひとつになりました。「所沢ウォーカーズクラブ」という会に所属して、毎週のように近隣の野山に出かけてます。そこでは理事をやらされているんですけど、会の当日は歩くことよりも交通整理や道案内に忙しいんです。でも、これまで四十年近くも鉄道マンとしてやってきたせいでしょうねえ。そういう雑用がぜんぜん苦にならないんです。というよりも、むしろ楽しいんですから。

もうひとつの目標、つまり新しい配偶者については、いまのところ見つかっていません。この点は、まわりを見ていても女性の方がずっと立ち直りが早いようです。でも男はいつまでも引きずってしまうみたいで、ダメですねえ(笑)。

女房がいた時は所沢市内の一戸建てに住んでいたんですが、いまは同じ駅の近くに２ＤＫのアパートを借りて、そこで一人暮らしをしています。前の家にいると、どうしても女房のことばかり思い出すものですから。空いた家には、いまは娘夫婦が住んでいます。

じつは、わたしにとっては初めての一人暮らしなんです。料理や買い物も、ぜんぶ自分でやっています。最近では少しはマシになってきて、ちょっとは板についてきたんじゃないかと自分では思っているんですけどね。工夫することや新しい発見も多くて楽しいですよ。

今日も、これから帰ってからシチューを作ろうと思っているんです。帰る途中には、その材料と明日の朝のパンを買って。そのうち娘夫婦の世話になることになるのかも知れませんけど、いまはいまの生活をできるだけ楽しもうって、そう思っているんです。

妻の病気で主夫になる

あらためて思うのは、
主婦っていうのはすごいなあということです。

内田滋（仮名・78歳）
元自動車整備士・東京都

いまは主夫業みたいなことをやっています。家内が病気になったものですから、わたしが料理を作ったり掃除をしたりと、このところ家事仕事に忙しい日々を送っているんです。

家内が結核で入院したのは去年の八月です。いまどき結核なんて珍しいでしょう？　若い時分に患ったものが、いま頃になってぶり返したんです。最初は隔離病棟に入っていたんですが、その後だんだんよくなって、開放病棟に移されたあとは看病もしていました。今年の一月には退院することができました。

それでも家内が入院している間は楽をさせてもらっていたんです。外食してもいいし、自分で料理をこしらえてもいい。ある意味で自由でした。自分が満足してさえいればいいんですからね。ところが家内が家に戻ってきてからは、毎日がたいへんです。家事で一番苦労するのはやっぱり料理についてです。なにしろ、自分の妻とはいえ、他人の味覚に合うものを作んなきゃならないんですから。

仕事から完全に離れてもう五年になるんですが、こう見えても料理には少しぐらいは自信があったんです。勤めを辞めてすぐに料理教室に通い始めたものですから。うちは子どもがいなくて夫婦ふたりきりだから、ほかに面倒を見てくれる者もいません。せめて料理ぐらいはおぼえとかなきゃいけないと思って、地元の大田区が主催する定年男性のための料理教室に通っていたんです。

でも、いざこういうことになってみると、ぜんぜんダメですねえ。なにしろ料理を一日に三回も作んなきゃいけないんだから。しかも、それが毎日、毎日のことですからねえ。

◇

そういうわけなので、得意料理は何ですかなんて訊ねられたって、ほんとに困ってしまいますよ。はたして料理と言えるシロモノかどうか。生きていくために必要最低限の食事を作っているだけなんだから。

ごはんを炊いて、みそ汁作って。それから魚か肉を焼いて、ちょっとしたものを作る……。いつもそんな感じです。朝はたいていサラダを作るんです。サラダに使うアスパラガスは毎朝まとめて茹でておくようにしています。残ったものはラップして、冷蔵庫に入れてとっときます。それを晩にまたモヤシと一緒に炒めて使うとか、翌日ハムを買ってきて、アスパラガスとの和えサラダにするなんてこともあります。

一番むずかしいのは煮物です。肉ジャガを作るにしても、材料の野菜がいろいろとあるわけだから。同じ野菜でも、ものによって火の通り方がぜんぶ違うんです。熱を加える時間を考えないといけないんですから。

自分で料理をやるようになる前は、野菜をただ適当にナベに入れて煮ればいいものだとばかり思っていました。実際はそういうわけにはいきません。あまり煮すぎると形が崩れてしまいます。どういう順にナベに入れていったらいいかは、自分で経験してやってみないとわからないものなんです。

味付けにしても、どういう順番で、どういうタイミングで調味料を入れたらいいのか。気をつけないといけないのはこの点です。それで味がぜんぜん変わってしまいますから。いくら料理の本を見ても、そういうことまでは書いてありません。

以前やっていた仕事ですか？　料理や家事とはぜんぜん関係のないことをしていました。メカニックだったんです。エンジンの組み立てなんかもやっていましたけど、自動車の整備士の仕事が一番長かったんです。

若い時は戦争を経験しました。所沢にあった陸軍予科士官学校を出たあと陸軍航空隊に配属になって、飛行機の整備をしていたんです。満州からビルマ、フィリピン、それから内地に戻って、そのあと台湾に行ったところで終戦になりました。

戦後は戦争中におぼえた整備技術をもとにして、いろいろな仕事をやりました。最初は出身地の新潟に戻って地元の織物工場に勤めていたんです。そこが不況で倒産したので、また東京に出てきて船舶用エンジンの会社で働きました。そのあとオートバイを組み立てる会社に勤めていたんですが、さらに三年ほど自動車整備会社でも働きました。

四十五歳の時に入社したのが私鉄系の自動車販売会社です。そこのサービス部門でフォード車なんかの修理をしていました。われわれの年代というのは、自動車の修理技術は過渡期の時期だったんです。なんでもいったんぜんぶバラして、自分の目で確かめた上で悪い部分を交換する。そういう仕事のやり方をしていました。だから腕も要ったんです。

わたしがやめる少し前頃から、車の部品はいわゆるブラックボックスに変わってきました。悪くなった個所を修理するのではなくて、部分ごと取り替えます。故障の原因が何なのかは交換してみないとわかりません。自動車もコンピュータ化されてきて、だんだん電子部品ばかりになったので、メカニックの仕事もそういうふうになってきたんです。

会社ではサービス部門の責任者になって、それから関連会社に出向して取締役になりました。そのあと、元いた会社に戻って技術部の嘱託社員として働きました。その会社には、関連会社も合わせると十七年間いたことになります。そこを六十二歳で退職したあと、今度は機械メーカーに移りました。メカニカルシールといって、化学用ポンプに使う部品を製造するラインで働きました。仕事を離れて悠々自適の生活に入ったのが七十三歳の時です。

考えてみると、料理と仕事は似て非なるものです。一番大きな違いというのは、料理は一人でぜんぶやらなきゃいけないということでしょうか。

仕事なら、ある部分だけをやっていればいいわけです。わたしがやっていた仕事の場合なら、サービス部門のことだけを考えていればよかったんです。販売だとか、新車の開発とか、そういうことは考える必要はありません。自分が割り当てられた、その部分の仕事さえきっちりやっていれば、それでよかったわけです。

ところが料理というのは、何もかもすべて自分でやらないといけません。たんに作ればいいというわけではなくて、何を作ろうかというところから始まって、その準備もありますし、そして食べた後の片づけまでをやってはじめて料理をしたことになります。これらをぜんぶ自分でやらないといけないんですから。

料理教室に習いに行ったって、そういうことまでは身につきません。メニューだって先生が決めてくれます。作り方をひと通り教わったあと、今度は実際に作ってみるわけですけど、食材もすでに用意してあります。しかも何人かのグループで作るので、ひとつの料理を最初から最後まで自分が作るわけではないんです。

日常生活で料理をする場合には、そういうわけにはいきません。買い物に行く前に、まず何を作るかを決めとかないといけません。しかも一回分のことだけ考えて買っていてはダメなんです。そういうことでは、前の日に使い切らなかった野菜が冷蔵庫にどんどん貯まっていってしまいます。うっかりすると、すぐに腐らせてしまうことになります。

料理というのは先のことが見えていないとできないんです。スーパーに行ったら、ナスが安いのを見て買ったとします。でも買う時に、このナスをどう使うかを大まかにでも考えておかないといけないんです。四個入りの袋を買ったとしたら、このうちのふたつは麻婆《マーボー》ナスにして、残りのふたつを、さあどうしようかって考え込んでしまう。そういうことが、いまもしょっちゅうです。

でも考えてみると、メカニックの場合にも同じようなことがあったような気もします。例えばエンジンに付いているプラグの調子が悪かったとします。じゃあ、プラグを交換したら仕事は終わりなのかというと、それでは本当にプロの仕事をしているとは言えません。なぜプラグが悪くなるかということも考えないといけないんです。

プラグそのものに故障の原因があるのではなくて、エンジンから油が流れ出していて、そのせいでプラグがダメになっているのかもしれない。プラグだけ見ていてもわからないのと同じことかもしれません。

料理のなかで何が一番たいへんかというと、それは献立を考えることです。主婦の悩みとして一番よく耳にすることですけど、以前はいったいどこがそんなにたいへんなんだろう？　と思っていたんです。自分でやるようになって、そのたいへんさを初めて痛感するようになりました。とりわけ、わたしの場合には料理の素養が浅いものだから。

自分が食べることだけ考えていればいいのなら、まだ楽なんです。夕飯をカレーにするんだったら、少し多めに作っておいて、翌日の昼にも回せばいい。でも、食べさせる相手がいると、そういうわけにはいきません。毎日、飽きさせないようにして料理を出すというのが、これほどたいへんなこととは思いませんでした。

いまは「おいしい」とか「こうしたほうがいい」とかいった感想を家内が言ってくれることもあります。反対に、何も言わないで黙ったままの時もあります。でも、いちいち言わなくても、料理に満足しているかどうかは、その場の雰囲気で自然と伝わってくるものです。わが家の場合は、家内が病気になったことで、それまでとは立場がすっかり入れ替わってしまったわけです。

最近あらためて思うのは、主婦っていうのはすごいなあということです。わたしなんて、たいていの主婦たちがやってきたことの何千分の一、何万分の一のことしか経験していないわけです。料理教室に通い始めて四、五年ほどですから、それまで作った回数もせいぜい五十回ほどです。教室には月一回しか行っていませんからね。

それに比べると、うちの家内なんて主婦歴五十年のベテランです。一日に三回、しかも三百六十五日分を休みなしに作ってきたわけです。これまでに料理を作った回数はざっと五万回ほどになるんじゃないですか？　しかも仕事もやりながらです。家内は新潟にいる時は小学校の先生をしていました。こっちに来てからも、最初は産休講師をしていました。残りの十年間は教育相談の仕事をして、六十歳で定年になりました。

家内が退院した直後は本当にたいへんでしたよ。病人というのは、相手をするのがたいへんです。気に入らないことがあると怒り出しますし、ちょっとしたことですぐに虫の居所が悪くなりますから。外にも出られずずっと家の中にいるわけだし、楽しみといえば食べることとぐらいしかないんだから。

それでも最近は、まだ本調子ではないにしても、ずいぶん回復してきました。いまは洗濯だけは家内がやってくれるようになりました。掃除は半々ずつです。何日か前からは、食事を作ることも少しずつやってくれるようになりました。買い物したり、ご飯やみそ汁を作ったりするのは、相変わらずわたしの仕事ですけれどもね。

わたしが料理をする日は、ついつい面倒なものだから、スーパーでお総菜類を買ってきて、それを皿にのせ替えて出すこともあります。そういうことばかりでは、あまり体にもよくないので、できるだけ作ろうと思っているんですけれども。

◇

近頃は家事仕事に多少なりとも喜びを見いだせるようになってきました。閉店する間際のスーパーに駆け込んで、値引き品を買うことで安くあげることを励みにするとか。冷蔵庫に残っている材料だけで工夫して、上手に一品作ってしまうとか。そういうことは他人から見ると、どうでもいいことかもしれないけれども、自分でできるようになれば、それはそれで楽しいものです。

でも、誰かのためにやっているんだとかいったことを考えているうちは、まだまだ本物ではないと思うんです。無意識のうちにできるようになれば、本物だろうって。習慣にしてしまうことです。朝起きると体が自然と動き出して、無意識のうちにごはんを作り始めるということが、鼻歌でも唄いながら自然にできるようになれば、きっと本物の域に達したということなんでしょうね。

どうせなら、そういう域にまでなりたいと思って、いまは三つの料理教室をかけ持ちしているんです。ひとつは隣の区で個人の先生がやっている料理教室です。あとふたつは、前に行っていた区の料理教室で一緒だったメンバーの人たちと始めた有志の会です。プロの料理の先生に来てもらっています。

いずれも新しい料理がおぼえられるし、雰囲気も楽しいんです。同じ世代で同じような体験をしている人も来ているので、話題も合います。そうやって日常のことなどについての話ができるのがいいんです。これがわたしにとって、いまは一番の気分転換の場になっているんです。

親の介護をし、孫のお守りをする

母親のおしめカバーを外すと、
なつかしいふるさとの茂みが見えます。

岡本修二（62歳）
元放送局勤務・山口県

山口放送という民放局で二十八年間、アナウンサーの仕事をしていました。いまは七人の孫に囲まれて、毎日をにぎやかに暮らしています。孫たちの相手をして過ごす日々というのも、子育てとはまた違った楽しさがあって、なかなかいいものですよ。

わたしは徳山市に住んでいるんですが、わが家の五軒隣には長女夫婦が住んでいて、ほかの子どもたちもみんな近くに住んでいるんです。そういうこともあって、うちにはしょっちゅう孫たちが遊びに来ます。孫がやって来るとすぐにわかります。「おじいちゃん、来たよ」と大きな声で言いながら、玄関の扉を開けます。そしてピョーンと飛びついて来ますから、そんな孫を思いっ切り抱っこしてやるんです。

また子どもたちに代わって、孫をお風呂に入れてやったり保育園に連れていったりということもします。子育て支援というと言葉は堅くなりますが、わたしとしてはそんな意識があってやっていることではないんです。孫たちに囲まれてワイワイにぎやかにやっている、ただそれだけなんです。

こういう生活を始めるきっかけになったのは、まだアナウンサーをしていた時に、ある番組のゲストとしてお医者さんに来てもらったことでした。

その人は徳山市のふたつ隣の光市というところにある産婦人科病院の先生で、そこの病院では母乳による子育ての普及に力を入れています。その時の印象がとてもよかったので、上の娘が出産する時にその病院でお世話になりました。その病院でやっていたのが「ジジ・ババ・パパ講座」という育児教室です。

これは出産を控えた妊婦の両親や夫を対象にしたもので、沐浴のし方や孫との接し方を教えてくれます。その講座に参加したことが、こうやって孫の面倒を見て暮らすきっかけになりました。そうやって教室で教わっていても、いざ孫を初めて沐浴させた時は、とても緊張してドキドキしました。でもすぐに慣れるものです。安心しきって湯舟につかっている孫の顔を見ていると、こちらまでしあわせな気持ちになってきます。

わが家では、生まれてすぐの時期の孫の沐浴は家内の仕事なんです。でも一カ月、二カ月とたって体重も増えてくると、こちらにも出番が回ってきます。毎日のことだから、家内だけではたいへんです。少しぬるめのお湯に抱っこして湯舟に一緒に入るんですが、この時期の赤ん坊でも目はちゃんと見えています。時々こちらを見てはニッコリするんですから。

そうやってゆっくりお湯につけてやると、心の底から気持ちよさそうな顔をしています。「体をきれい、きれいしようね」なんて語りかけながら柔らかい布で拭いてやると、まったく嫌がる様子も見せません。すごく気持ちがいいんでしょうね。そのうち足をバタバタさせてきます。どの子もみんな気持ちよく洗わせてくれました。

週に一、二回ですが、孫を保育園に連れていくこともあります。孫たちが通っている保育園は、ここから歩いて十分ぐらいのところにあります。わたしはいまは毎朝、NHKの連続テレビ小説を見るのが日課なんですが、それが終わってしばらくすると、孫が表でワアワア言っているのが聞こえてきます。家の中にいてもよくわかるので「きょうはおじいちゃんと行こうか」と言いながら表に出て行きます。保育園は朝九時からなので、ここを八時四十分頃に出れば間に合います。

でも行く途中がまたおもしろいです。道草を喰ったりして、なかなか保育園までたどり着けないんですから。春の時期だったら、タンポポの綿ボウシが風に吹かれて飛んで行ったりする光景が目に飛び込んできたりします。そういうのを孫が目ざとく見つけて追いかけているうちに、目的を忘れてまた家の方向に戻ってしまったり……。そういうことが、しょっちゅうです(笑)。

これが自分の子どもだったら、そういうは無理にでも保育園に向かわせようとするものです。「ほらほら、ちゃんと行かないと遅刻するでしょ」なんて言い方をしてしまうものだと思うんです。でも、いまはそういうことを言わないといけない立場ではありません。孫と一緒になって道草を喰ったり、遊んだりしています。おじいちゃんなんだから、そういう力の抜けたつき合いができる、そういう気楽さがあるんです。

孫がこの家で遊んでいる時も、片づけなさいとかいったことはできるだけ言わないようにしているんです。あまり早い時期からそういうことを言うと、遊ぶことが楽しくなくなってしまうんじゃないかなと思うものですから。

そうやって相手をしていると、子どもというのはおもしろいんですよ。「おじいちゃんのウンチ」とか「バカ」とか、そういうことをわざと言うことがあります。いまも反抗期の真っ只中の子が一人いるんですが、ぜんぜん悪びれた様子もなく、むしろそういう言葉を知っているということがまるでえらいことのように、誇らしげに口にしますから。

もし、そういう言葉を自分の子どもが言ったとしたら、ふつうはオロオロしてしまうと思うんです。たぶん「そんな言葉を使ってはいけません」と思わず言ってしまうんじゃないでしょうか。でも、孫に対してなら離れた距離から冷静に見れるんです。やめろなんて言いません。

わたしもニコニコしながら「どっちがバカかな?」とか「この反対娘」なんて言い方をするんです。わざと反対のことばっかり言う娘だという意味です。「バカなおじいちゃんところに、またバカな子が来たよ」なんていう言い方をすることもあります。すると、むこうにも何か伝わるみたいです。「本当は大好きなんだよ」なんて言ったりします。

言葉というのは不思議なものです。言い方をひとつ変えるだけで、伝わり方も大きく違ってきますから。孫の相手をしていると、そういうことをつい考えてしまうところが、とてもおもしろいと思うんです。大人と接していては気がつかないことをたくさん教えてくれる、とても興味深い存在です。

ある時、夜に一番上の男の子と散歩していたことがありました。すると、その子が急に走り出して言うんです。「おじいちゃん、お空のお月さまがついてくるよ」って。走っても走ってもついてくるのは、どうしてかと聞くわけです。それを聞いて、わたしはおもしろいことを言うなあと思いました。大人にはそういう発想はありませんから。わたしは「きっと海輝のことが大好きなんだよ。だからついてくるんだよ」って言ってやりました。

また孫たちが使う言葉にハッとすることがあります。その下の女の子と一緒にアイスクリームを食べていた時のことです。その子が「おじいちゃん、しあわせだねえ」って言うんです。この子はいったい「しあわせ」という言葉をいつおぼえたんだろうかって思いました。

しばらく考えているうちに謎が解けました。ぼく自身はあまり意識していないけれども、孫といる時いつも口にしているのが「しあわせ」という言葉なんだなあって。一緒にお風呂に入っているときとか、散歩をしている時なんかに、知らず知らずにうちに頻繁に言っていたのが、この「しあわせ」という言葉だったんだと。そのことを孫から気づかされたわけです。

しかし考えてみれば、われわれ大人にだって、しあわせについて口で説明するのは、なかなかむずかしいことです。なのに「しあわせ」とは何かということが、この子にはわかっているらしい。そうか、これがしあわせということかと、その時は孫からあらためて教えられた気分でした。

◇

休みの日になると、孫をキャンプに連れていったり遊園地に行ったりすることもあります。そんな時に楽しいのはもちろんです。でも、わざわざどこかに出かけて行かなくとも、孫といるだけで、楽しいことは日常のなかにいくらでも転がっています。

初孫ができた頃のことですが、どういうわけか孫が家内にばかりなつくんです。いつも「おばあちゃん」と言いながらやって来ます。どうしてかなあと不思議に思ってよく見ていると、その疑問が解けました。家内は孫が来るとお菓子をやるんです。なるほどと思いました。わたしもお菓子を用意しておくようにしたところ、「おじいちゃん」と言ってやって来るようになりました。

そうやって孫がわが家に遊びに来ると、さあ今日は何が起こるかな、と心待ちしてしまいます。わたしがテレビを見ていると、そーっと部屋にやって来て、「チャンネル変えてもいいですか？」と聞いてきます。礼儀についてはちゃんとさせているんです。わたしが「いいよ」と言うと、自分の好きな番組を見ています。そのうち、おもむろに「きょうは何かないですか？」って聞きます。お菓子がある時は「ハイ、これ」って渡しますし、なければ「ないよ」と言います。ないと言った時は、たいていそのまま黙ってスーッとどこかへ行ってしまいます。

最近は、あまりお菓子で釣ることばかりではよくないと思うようになってきて、別のことも用意するようになりました。ここに置いてあるのは絵本作家の田島征三さんの絵本なんですが、できるだけ絵本を読んでやることを心がけています。

うちの家に孫とその友達が遊びに来ている時には、子どもたちを見渡しながら「じゃあ、いまからお話をしてやるよ」って言います。声の調子を変えて「トザイ、トーザイ」なんて高い声で言ってから始める時もあります。そうやって絵本を子どもたちにも見えるようにして読んでやると、みんな大喜びでわたしのまわりに集まってきますから。

自分で言うのも変ですけど、なにしろこちらは本職のアナウンサーですからね。声の出し方とか会話の調子なんて、そりゃあ、たいしたものですよ（笑）。子どもたちもじっと話に聞き入ったり、ところどころで笑ったり、表情を変えたりしながら聞いています。そんな話を聞いたあとは、自然と絵本の内容に関心を持つんでしょうか。関係があるのかないのか、この部屋にいつも置いてある紙とクレヨンを使って、なにやら絵を描いて遊んでいます。

これは孫が描いた絵なんですが、なかなか上手く描けているって思いませんか？　描き方も何も教えていないんですよ。もっと小さな孫なら、穴を空けるパンチと紙を置いておくと、押せば穴が空くのがおもしろいんでしょうね。ひとりでパチパチ穴を空けて、懸命に何かを創作しています（笑）。

そんな〝作品〟が、いまではこんな具合にたくさんたまっているんです。孫たちが自分の家で描いた絵をうちにファクシミリで送ってくることもあります。こういうものはぜんぶとっておいて、大きくなってからまとめて渡してやろうと思っているんです。

絵本の読み聞かせは、家でやっているだけではないんです。わたしは「山口子どもの文化研究会」という団体に参加していて、お母さんやおばあさんたちと毎月一回集まって読み聞かせの勉強をしています。その会では、わたしは読み方の指導をしているんです。また今年の七月二十一日には、山口県内で開催されている「きらら博」の会場で山口の民話を集めた紙芝居を四つほどやりました。

それからわたしが住んでいる徳山市内には、ボランティアだけで運営されている市立の点字専門図書館があります。わたしはそこでスタッフを養成する活動にも参加しています。目の見えない人たちにも本が利用できるよう、本を音読したものをテープに録音して全国の施設に送るという活動をしているんです。読み方には少しコツがいるものですから、その指導をしているんです。これはアナウンサーの時から続けている活動で、始めてからもう二十五年ほどになります。

◇

こんなふうにして定年後に孫たちと積極的に接するようになったのには、わたしの場合には少し個人的な事情が関係していると思うんです。ひとつには、わたし自身が早くに父親を亡くしているということがあると思います。

父は職業軍人だったんですが、わたしが生まれる三カ月前に肺炎で亡くなりました。つまり、わたしは父親というものを知らないので、自分が父親になった時に、その接し方がよくわからなかったんです。

わたしには四人の子どもがいるんですが、その子育てに悔いがあったというのか、やり残した感じもあるんです。アナウンサーという仕事は職業柄、勤務時間が不規則です。深夜まで働いて帰って来て、子どもたちが学校に出かける時間にはまだ寝ている、そういう生活を長くしていました。子どもたちが小さな頃に、毎朝ちゃんと顔を見てあいさつをするということをしなかったことについて、残念なことをしたという思いがあるんです。

わたしが山口放送に入社したのは昭和三十七年のことです。定年になるまでの三十七年間をずっとアナウンサー一筋で仕事をしていました。地域ニュースやバラエティー番組を担当したり、番組のロケで県内を回るなど、さまざまな分野で仕事をしてきました。スポーツ中継では高校野球なんかもやっていました。

アナウンサーの仕事をしていて身につけたのは、正確な情報を迅速に視聴者に伝えるということです。また「デッド・ポーズ」というんですが、放送は〝間《ま》〟が空くことをとても嫌う商売です。このため普段の会話でも、間を置かないことが習慣になっているところがあります。しかも秒刻みで限られた時間のなかにちゃんと収まるように話すことが求められる職業でもあります。そういうことから、現役時代はずいぶんストレスも感じました。

とにかく若い時から、番組のテンポをよくしようと考えて、できるだけ間を置かずにポンポンしゃべるよう努めてきました。それが当たり前だと思ってずっとやってきたわけですが、年をとってくると、そういうしゃべり方が反対に大事なものを壊しているんじゃないかって思うようになったんです。黙っていても視聴者が感じてくれる間というものがあるのではないか。また、相手が考える時間を待つことで、次に出てくる言葉の深さが感じとれる。そういうことが必ずあると思うんです。孫と言葉を交わすようになって、そうした思いがますます強くなってきました。

子どもが持っている間は、じつにゆっくりとしたものです。こちらが何かを聞いても、なかなか返事が返ってきません。いまはお母さんたちでも、間をとらない傾向が強くなっているようです。子どもがまだ考えているのに、矢継ぎ早に次の質問をしたり、子どもが何かを答える前に「こうね。こういうことなのね」って先にぜんぶ言ってしまう。そういうことが増えてきているようです。そういう時も、子どもは子どもなりにしっかり考えようとしています。そんな子どもの間をもっと大事にしてやらないといけないなあって、孫と接しながら思うんです。

そういうことを考えていくと、孫と話すことはアナウンサーの仕事の対極にあるように思えるんです。孫と会話をすることの心地よさは、そういうところからも来ているのかもしれません。

◇

わたし自身は一歳の時から中学一年まで、父親の実家があった島根県の旭町で過ごしました。兄と二人兄弟だったんですが、母親一人で子ども二人は育てられないので、わたしだけ祖父のところに預けられていたんです。

そこでの生活はとてもゆったりしたものでした。いま考えても、とてもいい環境で育つことができたと思っています。また、そこでの祖父との生活が、いまもいい思い出になっています。

祖父は医者だったんですが、わたしがいた頃は、やはり医者だったおじがあとを継いでいたこともあって、すでに隠居していました。祖父は冬場はコタツにあたりながら、いつも漢詩を読んだりして毎日を過ごしていました。わたしはそんな祖父からミカンをもらって、一緒に食べたりしました。いつもゆったりとした接し方をしてくれる人でした。

わたしは祖父とともに時間を過ごしたことで、このころの栄養を与えてもらったと思っています。人の悪口を言わないとか、人生はなるようになると考えるとかいった、いまのわたしのなかにある基本的な価値観は、祖父と過ごしたあの時期に養われたものだと思っているんです。

そんな祖父がいつも口うるさく言っていたことがひとつありました。部屋を出ていく時に「そこを閉めていけ」って言われていたんです。わたしは内心「なんで閉めないといけないんだ？」って不思議に思っていたんです。いまから考えると、年寄りだから、きっと寒かったんでしょうね。わたしもこの年齢になって、ようやくわかるようになってきたんですが(笑)。

その頃に同世代の子どもたちといろいろな遊びをやったことも、いまでは大事な思い出です。上級生から言われて、川で捕まえたばかりのメダカを生きているまま呑み込んだこともあります。すると、いま呑み込んだばかりのメダカが喉のところでピチピチと跳ねて、不思議な気がしました。神楽の季節になると、大人たちと一緒に太鼓を叩いて家々を練り歩いたりもしました。

そんな子どもの頃におぼえたもののひとつに草笛があります。先日も孫と一緒に地域のハイキングに参加しました。その時、こうやって吹くんだよって地域の子どもたちの前でやって見せました。すると、たちまち人気者になってしまいました。

後日、たまたまその時に一緒だった子どもたちと孫がいるところに出くわしました。すると「海輝君のおじいちゃんだ」って言われて囲まれました。それを見ていた孫も感心したみたいです。帰ってきてから「おじいちゃんて、なかなか人気者なんだなあ」ってボソッと言っていました。

◇

アナウンサーの仕事は、じつはいまも続けています。いまもフリーランスのアナウンサーとして仕事をしているんです。といっても、そんなに本格的にやっているわけでもありません。地域のイベントなどで司会をやってくれと頼まれた時に行くとか、その程度のことです。この前も「きらら博」のイベントで司会を頼まれました。

ギャラと関係なしに仕事を受けることもあります。知人からブドウ狩りのイベント司会を頼まれて「じゃあ、ギャラはブドウで」とか、そんなノリで受ける時もあります。そんな時は放送局で仕事をしていた時のように時間を気にして話すことはしません。しゃべりたいようにしゃべらせてもらいます(笑)。

わたしは父を早く亡くした代わりに、母はいまも元気でいます。うちはいま、家内と母との三人暮らしなんです。その母もつい先ごろ、とうとう寝たきりになってしまいました。介護が必要になったので、週に二日ほどヘルパーさんに来てもらっています。

でも、それ以外の日は家族で面倒を見ているんです。お風呂に入れるのは、わたしの仕事です。これはどうしても力の要る仕事ですから。要領は孫を沐浴させる時とまったく同じですよ。母はいまでは言葉も話せないんですけど、体を拭いてきれいにしてやると、ちゃんと表情でものを言います。このあたりも生まれたての孫と同じです。

下の世話もあるんですが、あまり家内にまかせっきりというわけにもいきません。「あなたもたまにはやりなさいよ」と言われて、わたしもときどきおしめの交換をします。でも、こればかりは母親の側にも抵抗があったみたいです。最初のうちは、ちょっと困ったような顔をしていました。

でも、いまはすっかりあきらめた様子で、おとなしく替えさせてくれます。カバーを外すと、ふるさとの茂みも見えるので、わたしも「ああ、懐かしいなあ」なんて思いながらやっています。あまり見過ぎないようにしながら済ませるようにはしているんですけど(笑)。

母に食事をあげる時は、孫娘もときどき母が寝ているベッドの近くにやって来ます。わたしがスプーンをゆっくり口に運んで食べさせていると、彼女なりに「おいしいですか?」なんて話しかけたりします。こういう経験をともにすることで、孫が少しでも人に優しい人間になってくれたら、なんて思うわけです。

いまは少年の凶悪犯罪のことが盛んに言われますが、孫たちにいろんな体験をさせることで、すこしでもそういう事件が少なくなるように、なんて思うんです。少なくとも、うちの身内からは加害者を出さないように、なんて冗談を家内と言い合いながら(笑)、大きいおばあちゃんの世話を孫たちにも見せているんです。

子育てを終えてから離婚し再婚する

この年になって新しい伴侶を得られたのも、双方の子どもが理解してくれたからです。

片岡久江（仮名・62歳）
元飲食店経営・東京都

半年前に再婚して新しい生活を始めたばかりです。相手は六十七歳の元自衛官です。今年の一月から、いま来てもらっているこの家で一緒に暮らし始めました。

前の夫とは五十八歳の時に離婚しました。二人の子どもが無事に大きくなって独立する年齢になったことだし、思い切って離婚に踏み切ったんです。それまでから、いろいろと自分なりに努力はしてみました。でも結局どうにもならなくて。離婚したあとは故郷に帰ろうと思っていたんです。ところが、思いがけなく、こんなことになってしまって（笑）。

結婚といっても、いまは婚姻届は出していません。いわゆる事実婚です。流行りの夫婦別姓と言えば聞こえはいいんですけれども、籍を入れると面倒なので、やむなくそういうふうにしただけのことです。

この家はいまの夫がこれまで住んでいた家の隣なんです。相手が空家になった一戸建てを買いとったものです。いまの夫は奥さんを亡くしたあと、隣の家で息子と娘さんの三人暮らしをしていました。その家には彼の娘さんが一人で住んでいます。

この年齢になって、こんなふうに互いに新たな伴侶を得て暮らすことができるのも、双方の子どもが理解を示してくれたからです。その点については、ずいぶんありがたく思っています。

◇

前の夫は東京都内の旅館の息子でした。わたしは二十三歳の時に結婚して、その旅館に嫁として入りました。嫁いですぐの頃からたいへんでした。すぐに女将として帳場をまかされていましたから。しかも、子どもを生んだ時期と重なって、体を壊してしまって……。いろいろありましたよ。

わたしは高校を卒業してすぐ、神奈川県の教会で奉仕活動をしていたんです。東京に出て来たのも、キリスト教に献身しようと思う気持ちがあったからです。出身は宮城県の塩釜という漁港町です。学校に行っていた頃に仙台市内のバプチスト教会に通っていて、そこで洗礼を受けました。家族のことで悩みが多くて、教会でいろいろと聞いてもらっているうちに信心するようになりました。

ところが神奈川県の教会では牧師さんとケンカをしてしまい、すぐに飛び出したんです。信者さんのところにお使いに行ったり、教会が経営している保育園の仕事をしたりとか、体のよい使い走りみたいなことばかりやらされていたものですから。それで東京に出てきて、日比谷にあった生命保険会社の月掛保険課でOLをするようになりました。書類の整理をしたり、掛け金が滞っている人に督促の手紙を書いたりするのがお仕事でした。

会社は朝の九時からで、夕方の四時には終わります。もっと仕事をしてお金を稼ぎたいと思うようになりました。タイプや英会話なんかができるようになりたいと思ったので、その学費を稼ごうと考えて、保険会社の勤務が終わってから神田の喫茶店でレジ打ちの仕事を始めました。

そちらの仕事は五時からなので、昼間の仕事が終わってから駆け込めば間に合います。そして、そのまま店が閉まる十一時ぐらいまで仕事をするんです。その喫茶店には、わたしがのちに嫁ぐことになる家の隣に住む娘さんなんかもお客さんとして来ていました。そのうちに友達になってグループでおつき合いをするようになりました。

前の夫もそのメンバーの一人だったんです。よく働くからって、わたしに目を付けたらしいんです。わたしの方はあんまり好きじゃなかったんですよ。デートにもわざと遅れて行ったりしていました。三十分の遅刻ならまだ早い方です。一時間とか二時間くらい遅れて行くんだけど、でも待っているの。わたしに惚れたって言うと聞こえはいいけど、行かないとうるさかったのよ(笑)。

彼の家は旅館をやってるものだから、お金をいっぱい持って来るの。遊ぶために都内まで出てくるんです。高校時代の友達なんかを集めては飲み歩いていました。わたしには「欲しいものがあれば何でも買ってやる」って言うんだけど、いつも要らないと言っていました。そりゃあ、飲み会でご馳走になったりとか、そのくらいのことはありましたけど。そうそう、わたしは本が好きなものだから、小さな本棚を買ってもらったことがありました。そうやって三年くらいつき合ったけれど、その間は本当にプラトニックな関係でした。

そのうち、わたしは保険会社を辞めて英会話の学校に通い始めました。その頃になると、どうしても結婚してほしいという話が彼からあったんです。でも、わたしにはやりたいこともあるし、しばらくは結婚はしないつもりでした。でも、惚れられるのも悪い気分ではないし、あまりよく考えもしないで結婚することにしました。

◇

ところが結婚してみると、これがたいへんな生活の始まりでした。彼の実家の旅館に入って生活するようになって初めて知ったことなんですけど、旅館を切り盛りしてゆくのは女の仕事です。男の方は、営業といえば聞こえはいいですけれども、つき合いと称して飲み歩くのがふつうだというんですからね。

しかも、それまで旅館を切り盛りしていた夫の両親は、わたしが嫁ぐなり、すぐ隠居してしまいました。わたしは旅館の仕事なんてぜんぜんわからない素人なのにいきなり帳場をまかされて、一人前の女将としてやっていかなければならない立場になってしまったんですから。

朝から晩までゆっくりする時間がないんです。しかも客商売ですから年中無休です。仲居さんのことを当時はまだ女中さんといってましたけど、そういう人たちに仕事を指示したり、板前さんに注文を出したりと、やらないといけない仕事はいくらでもありました。夫は調理師の免許を持っていて、いちおう板前の仕事をしていたんです。でも、とにかくお坊っちゃんでしたからね。何でもかんでも、ぜんぶわたしに仕事がまわってきました。

旅館には部屋が十室以上あって、このほかに五、六十人ほど入る宴会場もあったので、お客さんは連日ありました。予約の受け付けからご案内、掃除の確認、さらに会計まで、女将の仕事はたくさんあります。しかもこの仕事は朝も早いですからね。宿泊のお客さんに出す朝食の準備とかもありますから。

細かいところでは、お料理の最終的な味見とか、そういうことまでがわたしの仕事として降りかかってきました。お客さんがいる間は片時も気を抜くことができません。毎日の睡眠時間も四、五時間とか、そんなものでした。

一日の仕事が終わると、同じ敷地内の別宅に住んでいる夫の両親のところに行ってその日の売上を渡します。それを確認してから、姑がまた翌日の釣銭などの小銭を渡してくれるんです。それ以外はふたりとも仕事を一切手伝ってくれません。「おかあさん、せめてお掃除のチェックをしてもらえませんか」と頼んだこともありました。でも結局、最後まで手伝ってもらえませんでした。

◇

そのうちに長男が生まれました。帝王切開だったんですが、産後もゆっくり休むこともできないような状態でした。また慌ただしい日々を送るうちに、だんだん体がまいってきたんです。血圧はガッタン、ガッタン下がっちゃうし。ストレスで体がむくんでしまって、体重が六十五キロぐらいにまで増えてきました。これでは体がもたないから、どうにかしてほしいと夫には何度も言いました。

その頃のわたしのストレス発散法は、お酒を飲むことでした。飲んだ勢いで「わたしは奴隷じゃないんだから」と夫に喰ってかかることもありました。夫は、そんなこと言うもんじゃないと言うだけで優しい言葉をかけてくれることも一切なかったし、わたしが我慢してばかりでした。ちっとも優しさのない人だったんです。

それで、わたしはとうとう旅館を出ることにしました。夫には「あなたは残った方がいいんじゃない?」と言ったんですけど、わたしと一緒に行くと言います。その時期には娘も生まれていたんですが、体はガタガタだし、とても自分で育てることが出来ません。旅館で働いていた年配の人にお願いして、新しく借りた家に来てもらって子育てを手伝ってもらいました。

わたしたちが出たあとの旅館には、不動産の仕事をしていた夫の兄夫婦が呼ばれて入りました。夫は新しい仕事を探さないといけません。しばらくして、赤羽のカニ料理の店に板前として住み込みで働き始めました。そのお店でしばらく働いていたんですが、そのうちに「どうしても商売がしたい。自分の店を持ちたい」と言い出したんです。親戚の人の好意で自分の店が持てることになりました。始めたのは同じカニ料理の店で、ちょうどいい具合に貸店舗が見つかったんです。

なにしろ、夫婦で持った初めての店でしたから、最初はふたりとも張り切って仕事をしました。お客さんも大勢来てくださって、とても繁盛していたんです。すると夫は有頂天になって遊び始めました。夜になるとお客さんを呼んでは花札かマージャンです。それから競馬。根っからのバクチ好きな性格でしたから、寝る間を惜しんでやっていました。それで結核になってしまいました。

入院したのは清瀬の病院だったんですが、結核が娘にも感染してしまいました。それで娘も入院です。その時期はたいへんでしたよ。働き手がいないので店を閉めることになりました。主人が入院したままの状態で、ふたりの子どもを連れて引っ越しをしたんですけど、お金がないので生命保険を解約したり、兄に五万円ほど二回くらいもらいました。

夫は退院したあとも、しばらくブラブラしていました。いつまでも遊んでいるわけにはいかないので、わたしが見つけてきた銀行の窓口案内係の募集の面接に行くように言いました。でも就職するのは嫌だと言います。どうしても店をやりたいって言うんです。商売がしたいって。

そのため一時は行商までやりました。わたしが揚げたコロッケや魚のフライを夫が車で売りに行くの。ところが何カ月かやっているうちにクレームがついたんです。夫の実家の旅館にも買ってもらっていたんですが、義姉さんから「臭くって食べられない」って言われました。それで揚げもの屋はやめました。

このままこの人と一緒にいてもダメだなあと思い始めたのは、この頃からです。勤めるのも嫌だと言うし、だからといって商売にも向いているわけでもなし……。それでもカニ料理のお店を、もう一回始めました。親戚など、借りるところからはぜんぶ借りて、やっとのことでオープンしたんです。この店も初めは繁盛していたんです。するとまた有頂天になってしまって。

今度はわたしにきつく当たるんです。その頃の宴会料理のメニューは、わたしが考えていたんです。夫は包丁さばきはうまい人でしたけど、客あしらいの方はダメでした。お客さんがわたしの料理をほめると、夫は「料理をおぼえたのはうちの旅館でだろう。おれに感謝しろ」って。すべてがそんな調子でした。

◇

わたしはこの頃からまた体調が悪くなってきました。尿から糖も出てました。昼間もつらくて起きていられないほどでした。あまりにひどいので、ガンではないかって思ったほどです。それで夫と別居して、しばらく仙台の田舎に帰ることにしました。

さすがの夫もこの時は何かを感じたらしく、心配そうな顔で、送っていくよと言いました。それが五十二歳の時です。田舎に帰ってしばらくすると、だんだん体調が戻ってきました。むくみもとれて、体重もみるみる減ってきたんです。実家には母がいましたから、母の面倒を見ながらのんびりした日々を送っていました。

健康状態が元に戻ってくると、どうしても考えるのは、これから生活してゆくためのお金のことです。そこで住み込みヘルパーの仕事を東京で始めました。仕事の声がかかると働きに行くんです。十日ぐらいの時もあれば、一ヵ月ぐらい続けて頑張ったこともありました。

主人と別居してからは、お金もずいぶん貯まりましたよ。ヘルパーの仕事は住宅費がかからないし、食事も付いていています。お金を使うことがありませんから。反対に、夫がやっていた店はわたしが家を出てから目に見えてうまくいかなくなったようです。

最終的に離婚に踏み切ったのは、いまから四年前です。別居し始めてから六年が経っていました。別居してからも、ときどき家に戻っては様子を見ていたんです。でも夫の生活が改まる素振りはぜんぜんないんですから。いつ行っても、お客と遊んでいます。これはダメだと思って、そのうち戻ることもなくなりました。そりゃあ、誰だって築いてきた年数を壊したくはないですよ。でも続けようと思ったって、どうにもならないんですから。

子どもたちも、このまま結婚していても仕方ないんじゃないかって言ってくれました。二人の子どもたちもすでに学校を終えて社会に出ていました。親としてはやるべきことはやってやったという気持ちはありましたから。それで思い切って別れることにしたんです。

その時の話では、年金だけはわたしにくれるということになっていました。わたしは話し合いの場で、お店やそのほかのものはぜんぶ夫にあげると言いました。何も要らないから、国民年金の支払いだけはちゃんとしておいてほしいと言ったんです。その時はわかったと言っていました。

でも、その約束も結局は守ってくれませんでした。結果的にはその方がさっぱりしてよかったですけれどもね。だから年金の掛け金はいまも自分で払っています。

◇

離婚と前後して都内に部屋を借りました。ヘルパーの仕事を続けるためには、東京にも住むところが必要です。そう思ってアパートを借りたんです。

ひとり暮らしは始めたものの、やっぱり寂しさがつきまといます。友達がほしいなあと思って入会したのが、都内にあるシニアのサークルです。中高年の独身男女ばかりが会員になっているその会では、毎月いろんな催しがあります。ハイキングや旅行に行ったり、食事会があったり。そんな会の帰りに、いつも同じ西武線で一緒になる人たちが何人かいて、気の合うグループができました。そのメンバーのなかに、いまの夫がいたんです。

夫はいまから十三年前に乳ガンで奥さんを亡くしました。自衛隊のレンジャー部隊にいた人です。山の中に降ろされてヘビを食べながら生活したりとか、そんな厳しい訓練をしたこともあると言ってました。最後は中佐までいって、二、三百人の部下がいたそうです。転勤も十数ヵ所を経験したそうです。

わたしは最初、結婚するつもりはなかったんです。だって、男の人はもう懲りごりという気持ちがありましたから。みんなで楽しく会っているだけでいいと思っていたんです。そんなわたしたちが親しくなったのは、お見合いの話を持って行ったことがきっかけでした。

わたしは彼のお子さんが結婚しないで困っているという話を聞いていました。同じ会のメンバーに、やっぱり子どもさんの見合い相手を探している人がいたので、その写真を彼のところに持って行ってあげたんです。そんなことをしているうちに、ふたりだけで飲みに行ったりするようになりました。

彼は当時は二人のお子さんと一緒に住んでいて、洗濯や掃除もぜんぶ自分が面倒を見ているということでした。彼は定年になったあとも仕事をしていて、いまは都内の医療器具会社に嘱託社員として勤めています。商品発注の仕事をしているそうです。

彼はいま六十七歳ですが、オレはずっと働いていないとダメだって言っています。毎朝四時に起きて近所を走ったあと、六時過ぎには家を出て会社に行きます。よく続くなあって、わたしはいつも感心しているんですけど。

親密になったきっかけですか？　彼に家まで押しかけられたんです。グデングデンに酔っぱらって、わたしの部屋にやって来たんですから。おつき合いしてほしいって（笑）。

それは一昨年の冬のことでした。とにかく、とても寒い日でした。その日は知り合いの居酒屋でふたりで飲んでいたんです。そういうことは、それまでにも何回かありました。その夜もいつものように飲んだあと、じゃあねって、いったんは別れました。

ところが家に着いたとたん、彼から電話がかかってきたんです。いま近くにいるんだけど、これから行っていいかって。それが、もう夜中の二時頃なのよ。どこにいるのって場所を聞いて、また急いで着替え直して、その場所に行ってみました。でも、いないの。うちに戻ったらまた電話があって。酔っぱらってその辺をほっつき歩いていたらしいの。わたしのアパートを探そうと思っているうちに、迷子になっちゃったみたいなの。そのまま、いてくれりゃあいいのにね。それで、うちに連れて来たの(笑)。

そうそう、それが二月の二十七日だったんです。忘れられません。だって記念すべき日なわけだから。

わたしも仙台の田舎に帰るつもりだったし、その時借りていたのは六畳一間に六畳の台所があるだけの部屋だったんです。それで、うちに来たところで何をするわけでもないのよ。バタン、キューでそのまま寝入ってしまいました。まったくの正体不明でした。あの頃はまだ何も言えなかったんでしょうね。いろんなことを話すようになったのは、ほんのつい最近になってからですよ。

それからあとがたいへんでした。夜中にお経はあげるわ、部屋の中でオシッコはするわ……。たいへんだったんだから(笑)。いえね、それ以来、時々うちに来るようになったんだけど、泊まっていて、夜中に気がついたら部屋の隅っこに行ってジャージャーおしっこをしているのよ。本人はトイレでやっているつもりだったらしいんだけど。これはたいへんな人だなあって思いました(笑)。

だから、わたしもこのことでは友達に相談しました。こんななのよって。そう話したところ、友達は「その人が一緒になりたいと言うんなら、いいんじゃない?」って。でも、わたしはとてもつき合いきれないと思っていました。隣の部屋の人から「夜中は静かにしてください」って苦情を言われたんですから。だって夜中に寝言でお経をあげるんだもの。

お経はいまも毎日、朝と夕方にあげているんです。仏壇の前で亡くなった奥さんの位牌に手を合わせて、般若心経だかを欠かさず唱えています。

でも最近は穏やかになってきましたねえ。むかしは飲んでいても、そのまま電車に乗ってどっか行ってしまったことも多かったみたいです。方向がわからなくなって家に帰れなくなってしまい、息子さんに迎えに来てもらったことも何度かあったそうです。いまはそういうこともなくなりました。ほんと、あの頃から見たら落ち着いたわよねえ(笑)。

◇

男と女が一緒に住むのに、若いだとか、年とっているとかいうことは、ぜんぜん関係ないと思うんです。若い人と違うところといえば、それぞれが長い年月を生きてきた分だけ、それぞれに生活習慣や価値観ができあがってしまっているということでしょうか。

あの人の場合は若い時からずっと体を鍛えていました。いまでも毎日ジョギングするのが日課で、一日でも休むと気持ちが悪いと言って続けています。家に帰ってくるのも、毎日いつも同じ電車に乗るんでしょうね。夕方の六時五分前になると、いつもピタッと玄関の戸口に現れるのよ。駅からは走ってくるそうです。ほんと真面目、真面目(笑)。

家に帰ると、「ただいま」って言ってから、庭を通って隣の家に直行して、すぐに仏壇にお経をあげています。わたしが一番気に入ったのは、そういう真面目なところです。おつき合いしているうちに、性格もだんだんわかってきますから。でも、こうして一緒に暮らすことにまでなるなんて、最初は思ってもいませんでした。

この家に一緒に住むようになったのは、ほんのちょっとしたきっかけからでした。前にこの家に住んでいた人から、家を買ってくれないかという話が彼のところにあったんです。彼もお金を出して、娘さんが買うことになりました。でも隣の家があるので、最初は人に貸すつもりでいたらしいんです。ところが、彼が突然「片岡とこの家で一緒に住む」と言い出したんです。だから、この家の大家は彼の娘です。その家賃を毎月十万円払っています。

それから、じつは今度わたしの息子が公正証書を作ってくれることになっています。息子はいま仕事でハワイに行っているんですけれど、今月いったん日本に帰って来ることになっています。新しい夫にもし何かあったとしても、わたしはそのままここにいてもいいし、子どものところに行ってもいい。そういう内容の公正証書を早目につくっておこうということなんです。

だってこの年齢になってくると、いつ何が起こるかわからないでしょう？　もし何かあっても、わたしがこの家に住み続けてもいいように、いまのうちにきちっとしておこうということなんです。

でも籍は入れていないんですよ。婚姻届は出していません。財産も、いまのうちに子どもたちに分けておくようにしているんです。子どもにあげるものはぜんぶあげてほしいって、わたしも彼に言っています。だから隣の家は息子さんの名義です。この家も買う時に彼は二千万円ぐらい出してあげたようですが、名義は娘さんになっています。この歳になって一緒に暮らすようになって、財産も何もかも欲しいというのでは、うまくいくわけないですよ。いまのうちに分けておくと、まわりも安心しますからね。大事なことは、自分たちの生活をすることです。

じつはここに越してきた時に、彼と彼の娘の三人で食事をしました。わたしはその時に言いました。わたしの方にはかまわないでほしいって。わたしたちのプライベートな問題には一切立ち入ってほしくないということを、最初にはっきりと言っておきました。お互いの生活には干渉しないことを確認しておいたんです。

ただし、こうやって彼と一緒に暮らせるのは、彼の娘がいいよって言ってくれたからです。この点では彼の娘には恩があると思うんです。そういう考えて、わたしは毎日、朝と晩に必ず隣の家の娘に食事を作っているんです。それを夫が裏口のお勝手を通って隣に運びます。お盆にご飯をのっけて、主人が朝と夜に運び屋なの(笑)。

夫はこれまで、朝はインスタントみそ汁と納豆でご飯を食べていたそうです。お昼は外食です。いまも昼はカツ丼だとかラーメンライスだとか、そういうものを食べているそうです。夜はお刺身をひと皿買ってきて、それとインスタントみそ汁。それが毎日の食事だったというんですよ。

だから一緒に暮らし始めた頃は、反対に苦労しました。量が多すぎる、品数も多すぎるって苦情を言われるんですもの(笑)。だって、こっちはどうしても栄養のことなんかも考えますからね。主人は高血圧だし、糖尿の気もあるので、薬をたくさん飲んでいます。だから健康のことを考えないとって。

そのことでは彼の娘も喜んでくれています。食事のことを心配しなくていいからって。いまは父親のことは放っぽって、安心して大好きな旅行にばかり出かけています。

ところへ、男と女が一緒に住み始めると、どうしても避けて通れない問題というのがあります。わたしは前の夫と別れてからは、男の人との関係がまったくありませんでした。しかも前の夫とは、体の具合が悪いからと言って拒絶ばっかりしていました。いまの夫は嘘だろうって言うんですが、実際にそんなだったんです。男性恐怖症みたいなところがあったものですから。

夫の方も、奥さんが亡くなってからはずっと禁欲生活をしていたらしいんです。死んだ妻に悪いからって風俗なんかにも行かなかったそうです。そういうこともあって、最初の頃は、これはどうなのって思うくらい求められました。

わたしとしては、はたして受け入れられるのかどうかということが一番の心配事でした。わたしのような年齢になってから、男の人を受け入れることができるかしらって。でも人間は順応するものですね。男と女が肌を合わせるのは話をしたり食事をしたりということと同じで、愛情表現のひとつですからね。

いま思い出すと吹き出してしまうんですけど、最初の頃は、布団のなかでパンツだけで待っていてくれというような注文もありました。それがいまは本当に落ち着いてきたというのか、穏やかになってきました。なにしろご飯を食べたあと、八時か九時にはもう寝てしまうんですから。わたしが片づけものをして、二階に上がっていく頃にはもうグーグーいびきをかいていますから(笑)。

それから、最初の頃はこの人は本当にだいじょうぶかしらって思うことが随所にありました。それは生活のすべてにおいてです。それまでは、たぶん精神的にも肉体的にも満たされないために悶々とすることがたくさんあったんでしょうね。それが、いまは「こんな人生があるとは思ってもみなかった。ありがたい、ありがたい」と言ってくれています。わたしにとっても、いまの生活はとても満ち足りたものです。

とはいうものの、わたしも何もせずに日々を過ごしているわけにはいきません。だから、いまも週に三日、しかも一日に三時間ほどですけど、ヘルパーの仕事をしているんです。彼は働かなくってもいいよって言ってくれているんですけど、何もしないというのも、なんだかもったいないと思って。

彼は年金が月に二十五万円ほどあります。そのうち家賃に十万円払っているので、残りの十五万円でやり繰りしています。そのほかにも預かっているお金はあります。でも、そのお金には手をつけるわけにはいかないし、十五万円あればじゅうぶんですから。

でもそれ以外にも、わたしの個人的なことで、いろいろと要りますからね。お友達とのおつき合いの費用とか、年金の掛け金だとか。だからヘルパーで得た収入は、そういうものに充てているんです。主人の収入だけに依存するというのは、どうも性格に合わないものですから。

ひとりで生きるのと、新しい家族と一緒に暮らすのでは、どちらが楽かって？　さあ、どっちも楽ではないんじゃないですか。なんといっても、ひとり暮らしには自由さがあります。お金をどう使おうと勝手だし、人に誘われれても気軽に出かけられます。そういう意味では気軽です。こうして一緒に暮らしている限りは、どうしても相手のことも考えないといけないですからね。

それでも、わたしはいまの生活には満足しています。いまの楽しみは、あちこちを旅行することなんです。昨年はスペインに行きました。これからもふたりでいろんなところに行って、できるだけ長く人生を楽しもうね、なんて話をしているんです。

ただ困ることがあるとすれば、それは彼の晩酌につき合わされることです。主人は毎日、晩酌するんです。わたしが作った酒の肴を、おいしい、おいしいと言いながら飲むんです。お前も飲めって言われるんだけど、わたしはあまり飲めないものだから。それがつらくてね(笑)。

じつは今日は午前中に梅ジャムを作っていました。これは旅館にいた時に義母から仕込まれておぼえたものなんです。その時は料理なんてあまり好きじゃなかったのにね。わたしは早く実家を離れたものだから、若い頃に実母からあまり料理を教えてもらわなかったものですから。

むかしは嫌でしかたがなかった料理が、最近はどういうわけか楽しみになってきてしまって。おかしいですよね。やっぱり人生で経験してきたことは、なんらかのかたちで実になっているということでしょうねえ。

老いてからの「独身貴族」も悪くない

おつき合いしている女性がいます。
高齢者にも異性の友達は必要ですよ。

三宅武一（仮名・72歳）
元高校教員・東京都

同じ年代の高齢者たちと畑仕事をする会をやっているんです。うちには先祖代々の畑が一反五畝ほどあります。その土地をみなさんに開放して、いろいろな野菜を作って楽しんでもらっているんです。

会の活動はいつの間にか始まったんです。畑というのは何も作らないわけにはいかないんです。放っておくと一年ぐらいで草ボウボウになってしまいます。それで、わたしが入っているシニアの会の何人かに「畑仕事を手伝ってくれませんか」と声を掛けたんです。すると、あっという間に大勢の人たちが集まってしまいました。

いつもやって来るメンバーの人たちは、季節にもよりますけど、だいたい十五人から二十二、三人といったところです。このうち男性は三分の一ぐらいです。こういう活動はどうしても女性が多くなるものなんです。作っているのは野菜全般です。コマツナ、ホウレンソウ、シュンギク、サツマイモ、ジャガイモ、ニンジン、ゴボウ、エダマメ。それからキウイやオクラも作っています。冬にはダイコンやハクサイなんかも作ります。

土起こしから畝立て、種まき、植え付け、収穫まで、そのつど来られる時に来て手伝ってもらいます。

五月はサトイモの植え付け、六月はジャガイモの収穫といった具合に、だいたい一ヵ月に一度の頻度で農作業をしてもらっています。

平日に水をやったり草むしりをしたりということを、みなさんにやってもらうことはできません。だから、そういう仕事はわたしがやっています。なかでもたいへんなのは草むしりです。きょうも午前中の涼しい時間に二時間ほどやってきましたけど、この七月下旬の暑い盛りの時期にみなさんに草むしりをやれだなんて、とても言えませんよ。

野菜を作るには、種の購入だとか肥料の準備なんかも必要です。そういうものも、わたしが事前に用意しておきます。ここで収穫した野菜はお土産に持って帰ってもらいます。わたしは妻を亡くして、いまは一人暮らしです。たくさん作ったところで、とうてい食べ切れません。食事は自分で作っているんですが、これに必要な量の野菜を除いて、あとはみんな持って帰ってもらっています。

会のメンバーで収穫をした日は、この家に持って帰ってきた野菜を使って、ちょっとした会を開くのも楽しみのひとつです。野菜を天ぷらにしたり、バーベキューをやったりだとか、みんなで一杯やりながらワイワイやるんです。女の人もけっこう飲みますよ。お酒が飲めない人のためにジュースなんかも用意しています。

そういう企画を立てたり、メンバーに日時を連絡したりということは、世話をする人が別にいて、毎回ちゃんとやってくれることになっています。

いまわたしが入っているシニアの会というのは東京都内にあります。入会したのは、ある出来事がきっかけでした。

わたしは高校の先生をしていたんですが、定年前後に子どもと家内をたて続けに亡くしました。死んだ子どもは三人いる息子のうちの末っ子です。B型肝炎を発症して肝臓ガンになったんです。まだ二十歳だったんですが、見つかった時はすでに手遅れだと言われました。その時が一番つらくて、三年ほどずっと泣き暮らしました。

家内もやっぱり肝炎から肝臓ガンになって亡くなりました。それが平成五年で、わたしが六十四歳の時です。家内は当時まだ五十九歳で、やっとこれからのんびりできるなあという時でしたから、これもつらかったですね。そうして妻を亡くして意気消沈していた時に知り合いが誘ってくれたのが、いまのシニアの会だったんです。

会に入ってからは世界が一変した感じがしました。それまでは学校という狭い世界だけの交わりでしたから。同年代の人たちとハイキングに行ったりカラオケしたり、社交ダンスをしたりと、それは楽しいものでした。

家内が亡くなって八年ほどになりますが、いまは一人暮らしの生活にも慣れてきました。料理も思ったよりかんたんです。自分の好きな物を買ってきて、煮たり炒めたりすればいいだけのことですから。夏だったら、畑からキュウリを採ってきて塩もみにしたり。コマツナやホウレンソウを茹でたのにタコを入れて酢の物を作ったり。いまでは、煮物類なんかもほとんど作れますよ。

◇

いまの生活の楽しみのひとつに、異性との交際というのがあります。一人暮らしの高齢者にだって異性のパートナーは必要ですから。

ここだけの話ですけど、わたしにはおつき合いしている女性がいるんです。そのひとも配偶者をなくされていて、お子さんもすでに独立しています。一緒に食事に行ったり、旅行に出かけたりという仲です。たまには都心のホテルでディナーを食べたりすることもあります。あんまり畑仕事ばかりやっていると泥臭くなってしまいますから。

旅行といっても国内旅行ですよ。近場なら草津温泉とか、遠方であれば京都だとか九州あたりまで行くこともあります。同じくらいの年配同士ですから、知らない人が見たら夫婦だと思うんじゃないですか。いやあ、茶飲み友達に毛が生えた程度のものですよ。年齢とは関係なしに、誰にでもそういう異性の友達は要るんじゃないんですか。

誤解のないように言っておきますけど、ふたりで旅行に行くと言っても、男と女の関係があるとか、そういうんじゃないんです。まったく精神的なものです。そういうことこそ、生き甲斐の大事な部分だと思うんです。生きていくための元気の源みたいなものです。

でも、そのひとと再婚するつもりはないんです。結婚となると、話はまったく違ってきますからね。両方の兄弟や子ども、親戚なんかもぜんぶ巻き込むことになります。ご近所にも紹介しないといけません。いまさら、そういうことは面倒ですから。だから再婚なんてことは考えずに、いいとこ取りのおつき合いのままでいいんじゃないかって、そう考えているんです。

ただし、わたしは自分につき合っている女性がいるなんてことは、周囲の人たちにそんなそぶりは見せたこともありませんよ。まわりにはものすごく気をつかっています。だって、ここはご覧の通りの田舎でしょう？　近所からどう見られているかということがすごく気になります。こう見えても、わたしはこのあたりでは実直な元先生ということで通っているもんだから（笑）。だから地元では噂になるようなことは出来ないんです。

そういうわけで、そのひとがこの家を訪れるということもありませんし、うちのお勝手を掃除をしたりとかいうこともないんです。そのひととはグループでのつき合いから始まって二、三年になります。きっかけですか？　この年齢になると、目を合わすだけで気のあるひとというのがパッとわかるものなんです。自分は根がスケベなのかなあって思う時もあるんですが（笑）。

みんなだってそういうものではないでしょうかねえ。そういう女性がいるのといないのでは、日々の生活の張り合いがまったく違ってきますからねえ。人間はいくつになっても、たまには特定の異性と酒を飲みに行ったり食事をしたりしながら、いろんな話をすることが大事だと思うんです。

でも、ふだんは男やもめの生活です。不便なことは、いろいろとありますよ。自治会費の当番になったら、その集金で近所をまわらないといけないだとか。風呂の支度や洗濯もあります。それから、さっきは少し強がりを言いましたけど、やっぱり食事なんかも不便だなあって思うことがあります。

でも、いまが一番いい時なのかも知れません。仕事のストレスもなければ、家族のことで悩むこともありません。あとに残ったふたりの息子は、いまは所帯をもってそれぞれやっていますから、心配することは何もないですからねえ。

健康状態も、いまのところはこれといって悪いところもありません。一時期、医者から高血圧症と糖尿病の気があると言われて気にしていました。境界値だから気をつけた方がいいと言われていたんです。でも、もういいやと思って気にするのはやめました。おかしいと思ったら自分で病院に行きますし、ダメな時はダメなだけですから。

いまは日に何時間か畑で草むしりをしたり、地元の神社の世話人をまかされて集まりに出たりと、のんびりした時間の過ごし方をしています。わたしにとっては、いまが人生の黄金時代だなあって、そう思っているんです。異性とのつき合いもいいもんですし、畑仲間の人たちと集まるのも楽しいものです。どちらも、それぞれに楽しいものですよ。

明日の日曜日は野菜作りの仲間が集まることになっているんです。午前十時頃にこの家に来て、トウモロコシとカボチャ、シシトウ、ピーマンをみんなで収穫することになっています。そのあとは肉ジャガを作りましょうって、さっき世話人さんから連絡がありました。暑気払いにはちょうどいい時期なので、とても楽しみにしているんです。

10 自分流の隠居を楽しむ

フィリピンでのんびり暮らす

最初の二年間はまったく何もしませんでした。
ひたすらボーッとしていました。

竹内司（69歳）
住宅会社経営・神奈川県

いまはワイフとふたりでフィリピンに住んでいるんです。フィリピンで三カ月ほど暮らしたら、また日本に帰ってきて横浜の家で一カ月くらい過ごす。そういうパターンで日々を送っています。むこうでの生活を始めてから、すでに九年ほどになります。

かつて「冒険ダン吉」というマンガがありました。戦前のことです。ボートに乗って居眠りをしているうちに南の島へ流れついた主人公が、現地人を助けて欧米の悪い白人をやっつけるという、そういう話です。わたしは子どもの頃にそのマンガが大好きだったんです。南の島で時間やお金に縛られることなく、おいしいものを食べ、気ままな生活を謳歌して暮らす……。そんな生活にずっと憧れていました。

フィリピンには約七千の島があるんですが、わたしたちが住んでいるのは一番大きなルソン島です。プエルト・アスールというリゾート地で、これはスペイン語で「青い港」という意味です。マニラから七十キロほど西に行ったところにあります。かつてマルコス大統領の時代に外国からの移住者を呼ぶために開発したところです。ここは後楽園球場の十倍ほどの広さのところに、ホテル、ゴルフ場、ボーリング場、テニスコート、ショッピングセンターなど、あらゆる施設が整っています。とても風光明媚なところなので、コンドミニアムもたくさんあります。

わたしたちの住まいは戸建てが立ち並ぶ分譲地にあります。建坪が約百坪。敷地は五百坪ほどです。買った当時で三千万円ほどでした。家には客間が四つあります。最初は二つだったんですが、あとから増築しました。使用人が五人いて、このうちメイドは二人です。あとは運転手とコックと庭師です。日本食が食べられるよう、家内がコックに作り方も教えています。

◇

日本にいる時は住宅会社を経営していました。自動車メーカーの社員の家を専門に建てる会社です。自動車メーカーには安い金利で住宅資金を貸し付ける制度があります。これを利用して社員が住宅を建てる、そのお手伝いをする仕事です。会社から無担保で借りたお金が正しく使われるよう、あらかじめ住宅会社も指定されているんです。

わたしの家は貧しかったんです。親父が早くに亡くなりました。父は自動車の板金工をしていたんですが、その父親が死んだのはわたしが二十二歳の時です。わたしは六人兄弟の長男でしたから、一家を養っていかなければならなくなりました。勤めをしていては、とてもそれだけの人数を食べさせることはできません。そこで商売を始めることにしました。

一番最初に始めたのが写真屋でした。街の写真屋としてスタートして、そのあと現像所に転換しました。いまのコニカの指定現像所になったんです。写真屋を始めたのは写真が好きだったからです。当時はまだ白黒写真の時代です。自動プリントなんてありませんでしたから、作業はぜんぶ手でやっていました。焼き付けに人手が要るわけで、弟や妹たちにも手伝わせていました。人海戦術に向いた商売をやったわけです。

写真の仕事をやっていたのは四十三歳までです。現像所は区切りのいいところで人に譲りました。現像所を売ったお金を元手にして、次に始めたのがさきほど話した住宅会社です。

会社を設立したのは栃木県です。わたしが住宅会社を始めた時期は、住宅業界の景気が一番よかった頃でした。経済が右肩上がりで景気もよく、自動車も売れに売れていました。従業員数も増えていましたから、住宅の需要も伸びていました。

その自動車メーカーには、以前から写真業者として出入りしていたので、そのつてを活用したんです。でも住宅建築の仕事の経験なんてありません。ノウハウがまったくないところから始めるわけなので、設計や施工の専門家を募集して人材を揃えました。そんな具合にして二十年ほど住宅の仕事をやってきたわけです。

いまは社員が十人ほどです。経営は一番古株の社員にまかせています。まだ五十歳過ぎの男ですが、性格はわたしとは正反対です。攻めより守りに強い人間です。いまはこういう不景気なご時世ですし、今後は会社の拡大が見込めることは考えられないので、潰さないことに重点を置いてやらせています。

リタイアして海外に住むことを考えるようになったのは、たまたま週刊誌で海外移住の記事を見たことでした。たしか「海外にいいところを見つけたい」とかいう連載だったと思います。

でも最初はたんなる憧れに過ぎなかったんです。実際にやってみようと思うようになったのは、正直いって日本の社会にほとほと疲れてしまったということがあったと思います。お金の悩みから逃れたい。お金の心配のないところに行きたい、という気持ちが強くありました。

わたしは日本ではロータリークラブの会員だったんですが、それなりの年齢になると会長の仕事なんかもまわってきます。そんな時期に、ロータリークラブの女性事務員によるお金の使い込みが発覚しました。この不正を糺すのにも、いろいろと気苦労がありました。

わたしはロータリークラブに十年ほどいたんですが、そこでのキャリアでいうと彼女の方がずっと長いわけです。十七、八年も勤めていた人でしたから。それに年齢も彼女の方が上でした。その人を辞めさせて、別の新しい人に替えないといけない。それに本人の名誉もありますから、それなりの配慮もしないといけません。そういうことをやっているうちに、だんだん疲れてしまったんです。

それ以上に苦労があったのが、本業の会社についてのことです。会社を経営しているなんていうと聞こえはいいかもしれませんが、やっているのはお金のことばかりですからね。小切手、手形、請求書……。そういうものに振り回されているような毎日でした。支払いが滞ることのないよう、連日のように金策に走り回っていたんです。そういう資本主義の汚泥というか、カネで泥沼になった状態から抜け出したい。そういう気持ちがずっと前からありました。

もともと商売を始めたのも、最初は写真が好きだという単純な理由からでした。ところが、そのうちだんだんと欲が出てきて、会社を大きくしてやろうと思うようになりました。そうするうちに、いつの間にか仕事そのものは人にやらせるだけで、お金を工面することが仕事になってしまっていたんです。

それに、いまはどこの業界も技術革新が激しいですからね。設備投資に多額のお金をかけて、それがようやく終わったと思ったら、また次の新しいものにお金をかけなきゃいけない。いま頃は街の写真屋なんて残っていません。デジタルカメラなんかが出てきたので、現像に出さなくても自宅でプリントできるわけです。時代が完全に変わってしまっているわけです。

それは一例ですが、会社なんてやっていると、そういう世の中の動きに振り回されっぱなしです。そんなさまざまな心労が重なって、この際リタイアして海外に移住してしまおうかと思うようになりました。そうすれば、お金のことをまったく考えることのない生活を送れるんじゃないかって、そんなことを考えるようになったんです。

そういうことが頭の中にあったので、リタイアする少し前の時期からは、海外のあちこちに出かけて行っては候補地になりそうなところを下見してまわっていました。あんまり遠いところだと、日本との行き来がたいへんです。それに、やっぱり英語が通じるのと通じないのでは、大きな違いがあります。これらのことを考えて、オーストラリアとフィリピンのふたつが候補地に残りました。

最終的にオーストラリアをあきらめたのは、オーストラリアは白人の国だからです。欧米人の間では、日本人はまだまだ洗練されているとは見なされていません。レディーファーストの習慣になじまないとか、エレベーターに乗っても何も言わずに先にすたすた降りちゃうとか、そういうことが日本人の間にはいまも強くありますから。それにオーストラリアだと人件費が高くてメイドが雇えません。それでフィリピンにしようと決めたんです。

実際にフィリピンに行った時には幸運に恵まれました。たまたま行きの飛行機で知り合った日本人の駐在商社マンが、日本人も生活できる候補地を十カ所ほどリストアップしてくれたんです。おまけに、その人が車と運転手まで貸してくれたので、ずいぶん助かりました。

そうして家内も気に入ったプエルト・アスールに土地を買ったのが十二年前です。家を建てるのには二年かかって、六十一歳から現地での暮らしを始めました。

◇

フィリピンに移り住んで最初の二年間は、まったく何もしませんでした。ただ一日中ボーッとして日を送っていたんです。手紙の一通も書きませんでした。なにしろ、その気力さえ残っていなかったものですから。行った直後はそのくらい疲れ果てた状態でした。毎日、昼寝ばかりして過ごしていました。

その頃はいったい何をやっていたかなあ。そうそう、アマチュア無線をやっていました。まわりには一人の日本人もいません。日本語が話せるのは女房ただ一人ですから、すぐに話し相手がほしくなってきました。たぶんそうなるだろうと思って、日本を出る時の荷物のなかにアマチュア無線機を入れておきました。やり方をおぼえたのは現地に行ってからです。

アマチュア無線は、これまでに五千三百回ぐらい交信しました。おかげで日本全国に友達ができました。みんなどうしても、遠くに住んでいる人と話がしたいものだから、「ハローCQCQ、こちらフィリピン」と言えば、すぐに交信してくれます。海外から日本語の交信が聞こえてくる。こりゃあ、しめたって(笑)。アマチュア無線を使えば、いろんな人とすぐ仲良くなれるんです。そうやって広島に住んでいる小学校の校長先生と友達にもなりました。

ある時交信していると、強い電波の人が十人ぐらい声をかけてきました。そのなかに一人、一生懸命にわたしのことを呼んでいる人がいたんです。「竹内さん、竹内さん」って。そこで「強い電波の人は遠慮してください」って言うと、急に静かになりました。その呼んでいる人と話したところ、それが小学校の校長先生だったんです。

アマチュア無線では、仲良くなると交信記録というものを郵便で交換するんです。その先生には、私の家の庭で咲いた珍しい花の写真を送って差し上げました。そしたら先生が朝の朝礼の時に全校生徒に写真を見せて「ハムで交信したら、こんな写真が送られてきました」って話したそうです。何という花でしょうかという問い合わせが来ました。

その校長先生には、わたしが広島に行った時に家に泊めてもらって、安芸の宮島などを案内していただきました。先生の方は、妹さんの娘夫婦が新婚旅行でフィリピンに来た時に、わたしの家にその夫婦を寄越して来ました。

さらに印象に残っているのが身体障害者の方との交信です。その障害のある人が「ハローCQ」ってわたしを呼んでくれたんです。そういう方は話すスピードが遅いから、ふつうの人はあまり相手にしません。わたしは弱者の味方なものだから(笑)、交信の相手をしたことでたいへん喜ばれました。「花には水を、人には愛を」と書いた色紙を送ってきてくれました。

その人は九州の人だったんですが、わたしは日本に一時帰国した時に、女房と一緒にその人が住んでいる施設を訪ねました。そんなふうにして、アマチュア無線をきっかけにして心がふれ合う関係になることがいっぱいあるわけです。

わたしはいまはメールマガジンを出しているんです。「フィリピン便り」というタイトルで、週に一回のペースで配信しています。フィリピンでの生活についての雑感などを書いては、せっせと発信しているんです。こちらは始めて一年ほどになります。

メールマガジンはアマチュア無線と比べると物足

りないところがあります。感情が直接伝わらないし、読んでくれている相手の人柄が送る側にわかるわけでもありません。でも、わたしが発信した文章を読んでくれた、たくさんの人たちから感想を書いたメールが送られてくるんです。なにしろ一回あたりの配信数も、いまでは千六百ぐらいになりましたから。

スタートした当時は八百ほどでしたから、一年でちょうど倍になりました。読者になってくれている人たちは、おそらく南の島の生活というものに何かしらの関心があるからこそ読んでくれているんだと思います。登録を解除すれば、いつでもやめられるんですから。配信数を三千にまでするのが、いまのところの目標です。

◇

いま考えていることがひとつあります。リタイアした人たちが移住して悠々自適できるようなコミュニティーをフィリピンにつくるのがわたしの夢なんです。移住を希望する人たちが、すでに何組か下見にも来ています。なかには五、六回来ている人もいるんです。

うちにはいま書生のようなことをしている若い人もいますから、お客さんがあった時は彼に案内させているんです。日本から来る人たちの多くは二泊三日くらいの予定でやって来ます。忙しい人だと二時間ほどいただけで帰る人もいます。南の島暮らしを希望する人たちが移り住んで、ちゃんとやっていけるようにするのが、これからのわたしのライフワークだと思っているんです。

フィリピンほど気候のいいところはありません。日本のあの冬の寒さは高齢者によくないですよ。お金も日本で暮らすよりずっと安くて済みます。夫婦ふたりでも一カ月間に十五万円ほどあれば、じゅうぶんやっていけますから。自家用車の維持費も、メイドの給料も含めてそのくらいです。メイドの給料は月一万円ほどです。

ただし問題となるのは副収入の点でしょう。定年後すぐに来るとなると、年金生活に入るまでをどうやって食べていくかということを考えないといけません。日本の年金は今度、支給が六十五歳からになりますから、六十歳で退職したり五十五歳ぐらいで肩たたきにあった人たちにとって、これは大きな問題です。それまで退職金を食い潰すわけにはいきませんからね。

その対策として、フィリピンの銀行にお金を預けておくという方法があります。フィリピンの銀行はいま利息が年十パーセント近くあるんです。日本だと限りなくゼロに近いわけですから、この点は大きな違いです。

ほかにも内職がいくつかあります。例えば子豚への投資です。飼育は人に預けますから、この点の心配は不要です。それが六カ月後にいくらになるかは、計算したらすぐにわかります。そこから餌代を引いて、月ごとに割ったもので生活していけばいいわけです。

わたしはいま、犬の繁殖なんていうのも案外いいんじゃないかって思っているんです。日本では子犬は高いですからね。二十万円も三十万円もします。フィリピンで育てたものを日本に持ってきて売れば、けっこういい商売になるんじゃないかなって。

いやあ、仕事を忘れるためにフィリピンに行ったはずなのに、こんなふうにビジネスのことが頭から離れないっていうのも、おかしな話でしょう？（笑）まあ、自動車のエンジンだって、切ったあともしばらく余熱が残っていて、なかなか冷たくなりません。あれと同じです。むこうでボーッとしていると、新しいビジネスの種が次々と浮かんでくるんです。

じつは、すでにむこうで薬草の栽培も始めているんです。ウコンという健康食品の一種です。これは最近は日本でもブームになってきているんですが、もともとはショウガ科の植物で、なかに含まれているクルクビンという成分が肝臓によい作用があるとされています。煎じてお茶にして飲みます。お酒飲みの人とか、肝臓が弱い人になんかにいいということで、巷で静かなブームになっています。

ウコンの原産地はスリランカなんですが、日本に出回っているものの多くは沖縄で栽培されたものです。それじゃあフィリピンでも作れるんじゃないだろうか。そう思って五年前から栽培を始めたんですが、それが今年になって、ようやく出荷できるまでになりました。

ウコンの栽培は、まず日本でタネを買い集めることから始めました。でも、珍しい植物のタネというのは、タネ屋に行ってもなかなか売ってくれないんです。苦労してあちこちから少しずつ入手したタネを箱に詰めてフィリピンまで持って行きました。外国にタネを持ち出すには審査が必要なんですが、これがまた厳しいんです。厚生省の許可を得るのに半年以上もかかりました。

そうやって持って行った三十キロのタネを、三年がかりで徐々に増やしていきました。それが今年はぜんぶで五トンの収穫にまでなりました。日本に輸出するのはこのうちの一トンほどです。これは生のまま輸出します。また三トンは乾燥させてから、日本の製薬メーカーに売る予定です。いま薬種を作っている会社に納める話をしている最中です。残りの一トンは来年のタネとしてとっておきます。

ウコンは自分で育てているわけではないんです。現地の日本人がやっている農場に栽培を委託しています。収穫したその先については自分のところでやっています。

倉庫に運び込まれたウコンを粉にするには、最初によく洗います。洗うのは洗濯機を使います。それを刻んでから、コーヒー豆を引く機械にかけて粉末にします。最終的にそれを製薬メーカーが買い取って、錠剤や粉製品の原料になるわけです。

フィリピンの安い人件費でつくれば、価格に競争力があります。沖縄産とは値段が違いますから。なにしろフィリピンの人件費は日本の二十分の一です。それで一番儲けているのは製薬会社でしょう。わたしもウコンの粉末を買ってみましたけど、グラス一杯分ほど入ったものが五千円ぐらいするんですからね。それに比べたら、原料の買い取り価格なんて安いものです。

こういうことをやっているのも、お金を儲けるのが目的というわけではないんです。じつは、わたしは子どもの時からずっと貿易の仕事を経験してみたかったんです。輸入とか商社とかいうと、いかにも日本の経済を背負って立つようなイメージがあってカッコイイ感じがしたんです。今回、たった一トンでも日本に輸出できたことに、自分としては満足しているんです。

現地の人たちの役に立つことも少しは考えてはいるんですよ。例えば家電の修理です。日本では、まだ使えるのに捨てられてしまっている家電製品がたくさんあります。そういうものを修理して、現地の人たちに使ってもらえるようにすることができないだろうか、なんてことを思っているんです。まったくタダってわけにはいかないでしょうけれども。

また、たまに日本に戻ってくるのも悪くないですよ。横浜にある家には、ふだんは設計士をしている長男夫婦が住んでいます。その孫が小学校三年生になるんですが、最近では孫の顔を見に日本に帰るのが、だんだん楽しみになってきました。

バイクと畑作りで自分を取り戻す

年がら年中顔を突き合わせていれば、夫婦関係がうまくいくとは限りません。

多々良透（62歳）
元航空会社勤務・神奈川県

世の中では、定年になったとたんに落ち込むなんていうことをいいますが、わたしの場合はそんなことはぜんぜんありませんでした。なにしろ、心の底から待ちに待った定年だったんです。

わたしは日本航空で航空機関士の仕事をしていたんですが、会社には定年になったあとも勤務を三年延長して勤められる制度があったんです。にもかかわらず、六十歳の定年を迎えるとすぐに退職しました。いまは自宅の横浜と別宅がある千葉県の勝浦を行ったり来たりしながら、その合間にバイクツーリングを楽しんでいます。

わたしはむかしから司馬遼太郎さんの本が好きで、バイクに乗ってその足跡をたどる旅を続けているんです。司馬遼太郎の『街道をゆく』のシリーズはぜんぶで四十三巻あるんですが、毎回あらためて目を通し、それに関係する内容を調べてから出かけるようにしているんです。

これまでに、いろんなところへ行きましたよ。退職してすぐの九八年の年末から九九年の年明けにかけては、東京の深川に足繁く通いました。横浜の自宅からそんなに遠くないので、何度か通っては富岡八幡宮の祭りについて調べたり、地元の人たちに話を聞いたりしました。それが思った以上におもしろかったので、半年に一回ぐらいのペースで全国のあちこちにバイクで行くようになったんです。

◇

同じ九九年の春には奈良県の十津川街道に行きました。あのあたりは、いろんな歴史上の事件の舞台となってきたところです。南北朝の争乱の時期に護《もり》良《なが》親王が逃げ込んだこともありますし、幕末の天誅組騒ぎとも関わりがあります。

十津川の時は横浜からバイクで東名高速と名神高速を乗り継いで行きました。そのまま大阪までひた走って奈良の五条まで出て、そこから十津川まで行ったんです。十津川沿いを縫うように走る国道を通って紀伊半島の東端に出ました。その後は海岸沿いを走って、名古屋経由で帰ってきました。

この時は三泊四日でした。本当は熊野にも行きたかったんですが、時間が足りなくなって行けなかったんです。ですから、十津川にはもう一回ぐらい行きたいと思っているんです。

さらに印象的だったのは、昨年の初夏に行った高知の檮原街道です。高知県の西部には坂本龍馬脱藩の道というのがあって、わたしはこの道に沿って高知市から宇和島まで抜ける道筋をたどりました。

この時は東京の晴海埠頭からフェリーに乗って高知港まで行きました。高知市内から走り始めると、佐川町というところを抜けたあたりからだんだんと山の中に入って行くんです。あの辺は緑が多く、走っているととても爽快な気分でした。

檮原というのは四万十川の上流にあたります。四万十川の本当の源流がどこかを自分でも探してみようと思いました。源流というのはふつうは最上流の一帯のことを指すようです。わたしはこの件で国土地理院にも問い合わせてみたんですが、一ヵ所に特定できるものではないということでした。

四万十川の場合には、橋本大二郎知事の筆による、ここが源流だということを示す碑が建っています。かなりの山奥にあったんですが、わざわざその場所まで行ってきました。そのあと国道から外れて、いまも残っている志士たちが脱藩した当時の道をバイクで走ったりしました。

一昨年の秋には仙台と石巻に行ってきました。一泊目は仙台でして、ここから塩釜と石巻に足を延ばしました。仙台の南にある名取という町にも一泊しました。そうやってあちこち泊まり歩きながら、宮城市内の観光名所を中心に見て回りました。もっとも最近に行ったのは、今年三月の種子島です。この時は四泊五日でした。

そうやって、いままで行ったところをぜんぶ合わせると、いまでは五カ所ほどになりました。ぼくは自分のホームページを開いているんですが、行った土地について文章にまとめてホームページで公開しているんです。デジタルカメラで撮った写真もくっつけた、そんな旅日記です。ただ漫然と走っているのとは違って、あとで文章にするという目的があると旅行中も気持ちの上でずいぶん張り合いが出てくるんです。

バイクは二台持っています。もともとバイクは大好きで、勤めをしている時から排気量1000ccのBMWの大型バイクに乗っていました。これは八五年型なので、もう十五年以上も前の古いバイクです。しかも大きすぎて、山の中を走ったりするには適していません。だから、退職後に街道を走るために新しくもう一台買いました。カワサキのアメーロという250ccのバイクです。ほとんど山道用というのか、タイヤも少し凸凹になっています。マルチパーパスといって、オンロードでもオフロードでも走れる、そういうタイプのバイクです。

じゃあ、いまは大きい方にはまったく乗らなくなったのかというと、そうでもないんです。バイク仲間と高速道路を運転してツーリングに行く時は、もっぱらこちらの方に乗ります。時速百五十キロくらいで走るには、このバイクがいいんです。われわれ熟年ライダーだって、けっこうスピードを出して走りますから(笑)。

こういう毎日を送れる身分になれて、自分でも本当にしあわせだと思っています。航空機に乗務していた当時と比べたら、まさに夢のような生活です。なにしろ航空機の飛行に関わる日々は、毎日が緊張の連続でしたから。

◇

わたしは早い時期に両親を亡くしました。生まれは横浜だったんですが、静岡に住んでいた母方のおじの家に預けられたんです。小学四年生の時に父親が結核で死んで、母親も早くに亡くなったものですから。

高校は定時制の機械科です。卒業するとすぐに航空自衛隊に入りました。自衛隊ではジェット機の整備技術を身につけて、そのあと入社したのが日本航空だったんです。

自衛隊にいた頃のことですか？　入隊すると全員がまず兵隊としての基本的な訓練を受けるんです。これには鉄砲の取り扱いについてなども含まれています。そして、そのあと専門の勉強が始まりました。

整備学校というのが隊内にあります。そこの授業で最初に航空機の整備の基本を学びます。それが終わると、いわゆるオン・ザ・ジョブ・トレーニング、つまり実際の日常の仕事のなかで整備技術を身につけていくわけです。わたしらの時は米軍の横田基地に放り込まれました。そうやってひと通りのことができるようになってから実戦配備についたんです。

わたしが入隊したのは一九五七年だったんですが、当時の自衛隊は実戦用の戦闘機というとF86しかありませんでした。これは朝鮮戦争で米軍が使っていた戦闘機が払い下げになったものです。練習機ではT33なんていうのもありました。この機種は軸流式といって、いまのようにファンを使って推進力を得るのとはまったく構造の違う旧式タイプのエンジンでした。

日本航空に移ったのは二十二歳の時です。ここでも最初は整備士をしていたんです。整備士は地上の勤務です。空港にある各航空会社の整備工場でエンジンや油圧ポンプの調整をしたり、発電器を交換したりするというのが仕事の内容です。

そうやって現場での経験を積んだあと、次に航空機関士の国家試験に合格しました。わたしの場合はJALの航空機関士二十三期生ということになります。

航空機関士は別名、フライトエンジニアともいいます。航空機に乗務して、さまざまな機器を操作します。航空機には航法装置と呼ばれる、正確に飛ばすために必要なコンピュータやレーダー類が搭載されています。そういう機器を操作しながら、航空機が正常に航行できるようにするのが仕事です。

例えば、飛行中の航空機というのは膨大な電気を使っています。客室用の照明やエアコンなどでたくさんの電気を消費するんです。それ以外にも、高度一万メートルの上空では大気が極端に薄いわけですから、外気圧との調整などについてもぜんぶ電気を使ってやっているんです。そうした電気機器のコントロールから始まって、フライトエンジニアにはじつにさまざまな仕事があります。

飛行中に発生した計器類のトラブルに対応したり、応急の修理をしたりするのもフライトエンジニアの仕事です。機長の操縦席のうしろには、フライトエンジニアがパネルを操作するための席があって、そこで計器類をチェックしているんです。

わたしがフライトエンジニアになったのは二十六歳の時です。それ以来、じつに三十五年間飛び続けてきました。

エンジンが四つある大型旅客機を「四発機」と言います。そういう大型旅客機の勤務は機長と副操縦士、航空機関士の三人が一組になって仕事をしています。一九五〇年代には、ほかに航空士と通信士もいて計五人体制だったんです。もっとも、その頃は航空士が星を見ながら針路を決めていた時代です。

乗務員の勤務はローテーションによって決まります。国際線もありましたし、国内線のこともありました。操縦士なら路線を決めやすいんですが、フライトエンジニアの場合はその割り振り方はまず飛行機の都合があります。その飛行機にフライトエンジニアが必要かどうかで勤務が決まるからです。このため札幌から羽田に飛んだあと、そのまま福岡まで行くということもありました。

それからフライトエンジニアというのは、故障があった時に真価が試されます。そういう仕事なんです。いろんなことがありましたよ。客室から煙が出たとか、エンジンが止まったとか……。そういうことは、わたしも何回か経験しました。

四つのエンジンのうちの一つが止まってしまうと、

もう片方のエンジンも止めるかといえば、そうではないんです。三つのエンジンで飛び続けます。二つになってしまうと推進力が低下してしまい、いよいよ緊急事態です。ただし主翼のエンジン三つでは、そのままでは真っ直ぐには飛べません。だから垂直尾翼で向きを調整します。これもフライトエンジニアの仕事です。

一番気を遣うのは離陸と着陸の時です。離陸時にエンジントラブルが発生すると、機体のバランスが崩れてしまって、たいへんなことになります。操作ミスから大事故になることも実際にあるわけです。

旅客機は大型になると機体が三百トンぐらいになるんですが、このうち百五十トンが燃料ということもあります。目いっぱい燃料を積み込めば百七十トンぐらい入ると思います。ところが飛行機というのは離陸時の重量のままでは着陸できないものなんです。飛んでいるうちに燃料が減っていくから、着陸時には機体が耐えられるんです。もともと、そういう構造にできているんです。

ところが、離陸してまもなく着陸せざるをえない事態が発生したらどうするか？　そんな場合は、ぐるぐる上空を旋回しながら燃料を捨てます。管制と連絡をとりながら、海の上まで行って霧状にして捨てます。そうしないと降りられないんです。そういう操作もフライトエンジニアの仕事です。

飛行中の燃料も、やみくもに消費するとバランスを失って飛行機が傾いてしまいます。そのため、どの部分に積んでいる燃料をどのくらい使うかについても、飛行中に操作する必要があるんです。そうした判断をするのも、すべてフライトエンジニアの仕事です。

飛行中に緊急事態が発生すると、コックピットの乗員三人で力を合わせて解決します。もし機体に穴が空いたらどうするかとか、そういう不測の事態に備えて年がら年中、いろんな訓練を繰り返しやっていました。

◇

最近は大型旅客機でもコンピュータ化が進んできて、機長と副操縦士さえいれば飛べるようになってきました。また法律も改正されて、これまでは義務づけられていたフライトエンジニアなしで飛行できるようにもなりました。最近の航空機の高性能化には目を見張るものがあります。もっともハイテク化が進んでいるボーイング747のダッシュ400には、現在では完全に二人制が導入されています。

それでも、フライトエンジニアがまったく必要なくなったわけではありません。フライトエンジニアがいなくては飛ばない旅客機は、まだたくさん運航されていますから。おそらく日本の空にはまだ三百人ぐらいのフライトエンジニアが飛んでいるんじゃないでしょうか。

ところでフライトエンジニアには年に一回の健康診断が義務づけられているんです。乗客の人命をあずかる、それだけ責任の重い仕事だということです。わたしが定年で退職したのは健康診断でひっかかったからではありません。自分はもう仕事は六十歳までにじゅうぶんやったと思ったからです。

この仕事はストレスがとても大きいんです。勤務も不規則だし、体を酷使する仕事でもあります。わたしも、見た目は健康そうかもしれませんけど、実際はボディーブローのようにじわじわと疲労がたまっていると思うんです。

大陸間を行き来する十数時間にもわたる長距離飛行ともなると、途中で交替する乗員もいます。でもその場合だって、勤務の合間に仮眠ベッドで眠るだけですからね。また時差のズレなども絶えず経験しているわけだし、気圧の急激な変化もあります。心身ともに長年にわたって消耗している、そんな勤務状況だったと思います。

そういうわけで、六十歳の定年になった時には、疲れをかなり自覚していました。もう仕事をする必要がないと思うと、心の底からほっとした気分になりました。あとは自分の好きなことをして、のんびりと時間を過ごしたいというのが願いだったんです。

さいわい定年後に仕事をしなくても生活していけるくらいの給料はもらっていました。乗務員の勤務には特別手当てもついたので、そういう意味では恵まれていたと思います。

考えてみれば、フライトエンジニアの仕事もいまやっているバイクのツーリングも、機械を操るということでは同じです。機械いじりは子どもの頃から好きだったんですが、いまは自分の身の安全だけを案じていればいいわけです。この点、いまは心の底から運転の楽しさを味わえます。

◇

いま熱中していることがもうひとつあります。勝浦の別宅で畑を耕しているんです。これは四十歳の時に思いつきで買ったものです。

といっても、とても家と呼べるような代物ではありません。まあ、小屋みたいなものです。敷地が百坪ほどの広さのものなんですが、当時の値段でたしか千六百万円ほどでした。寝泊まりもできますが、ぜんぜん手入れをしていないものだから、とても人を呼べるものではないんですけど。

耕している畑というのは、近所に住む老夫婦が作れなくなったというので、頼まれて始めたものなんです。二百坪ほどの土地に、定年と同時にいろんなものを作るようになったんですが、やっているうちについついおもしろくなってきてしまって。いまではすっかり熱中しているんです。

といっても、作っているのはありきたりのものばかりです。いまは春先に植えた新ジャガを収穫する時期になっています。ジャガイモというのは生育が早くて、植えてから八十日ぐらいで収穫できます。それから、トマト、ナス、キュウリ、サツマイモやトウモロコシなんかも作っています。

畑では花も育てています。バラやダリア、ユリなどです。春先になると、それは見事なくらい、畑一面に咲き誇ります。花を育てるのは手間がかかるし、むずかしいんだけれども、苦労しながらでも、なんとか上手く育てられれば、やっぱり嬉しいものです。

畑仕事をしていると、植物の表情が毎日どんどん変わっていくんです。それが不思議なくらいおもしろくてね。そうやってうまく育てて横浜の家に持って帰ると、カミさんがとても嬉しそうな顔をして大喜びしてくれるんです。そうしたこともやり甲斐のひとつです。

作っている野菜は楽しみ程度です。そんなにたくさんは作っていません。ジャガイモで四畝ぐらいかな？　それでも、うちだけでは食べ切れません。だから何かのついでに友達の家に捨てて歩いているんです(笑)。けっこう喜ばれますよ。

この土いじりの楽しさは、いったいどこから来ているんでしょうかねえ。もともと人間が持って生まれた遺伝子のなかに刻み込まれているものなんだろうか、なんて思ったりします。

勝浦の家を買ったのは、もう二十数年も前に社内報に載っていたのを見つけたんです。何の考えもなしに買ったものなのに、それがこんなふうに活用できるなんて予想もしていませんでした。その家では、この前も窓枠がダメになってしまっていたので、自分たちでノコギリやカナヅチを使って修理しました。大工仕事が上手な友達がいて、その彼に教えてもらいながら挑戦してみたんです。ビール片手の大工仕事というのも、けっこう楽しいものでしたよ。

だからといって、いっそ勝浦に移って夫婦ふたりで余生を過ごそうとかいったことは考えていないんです。うちのカミさんは都会派なものですから。

カミさんは音楽が趣味で、いまは合唱に夢中になっています。ずっと専業主婦だったんですが、田舎暮らしにはぜんぜん興味がないみたいです。そういうこともあって、いまのところは横浜と勝浦を一週間ごとに行き来するというのがわたしの生活のペースです。畑で一週間汗を流したら、次の一週間は横浜のマンションでカミさんと一緒に過ごす。そんな調子でやっているんです。

カミさんは、その間もずっと横浜にいます。わたしが勝浦との間を行ったり来たりしていることについてですか？　べつに何も言いません。勤めていた頃から、勤務で一週間くらい留守にするのは当たり前のことでしたから。

年がら年中ずっと顔を突き合わせていたからといって、夫婦関係が必ずしもうまくいくとは限りません。少なくとも、わたしたち夫婦の場合は、いまのこの距離感がお互いにとって快適みたいです。

わが家の自慢は自家製味噌と野菜ジュース

畑仕事をしていると、
はるか昔の子ども時分のことをふと思い出します。

鳥原哲夫（69歳）
元ガス会社勤務・奈良県

平成四年に大阪ガスを定年になったあと、さらに関連会社で二年働きました。いまみたいに畑仕事を中心とした生活を送るようになって、今年でちょうど十年目になります。

畑仕事といっても、ぼくの場合はまったくの道楽でやっていることです。いま耕しているのは人から借りている一反半ほどの土地なんですが、作ったものを出荷しているわけではありません。健康と趣味を兼ねて、自家用の野菜を栽培したり、それを原料にして味噌やジュースなどの加工食品を作ったりというぐあいに、自分の楽しみの範囲でやっているだけのことです。

いま作っている野菜は、サツマイモが百株、ナスが六株、トマトが三十株くらい。それにネギ、ジャガイモ、ダイコン、カブ、ニンジンなど、家で食べる自家用野菜のほとんどを栽培しています。ほかにもトウモロコシやスイカ、マッカウリ、クロマメ、ダイズ、シソ……。それからキウイなんかも二十株ほど植えています。

ちょっと変わったところでは、いま健康食品として話題になっているカイアポを作っています。知り合いからタネをもらったので、今年の春に十二株ほど植えてみたんですが、順調に大きくなってきています。秋に収穫できるのを、いまからとても楽しみにしているんです。そんなふうにして畑をやっている知人たちと野菜の種をやり取りしたり、互いに情報交換したりというのも楽しみのひとつです。

また地元の金剛山のふもとに山ウドを採りに出かけることもあります。ウドの木そのものは背が高くて大きなものなんですが、例年四月から五月頃になるとその芽を採ってきます。根っこに生えている新芽を引っこ抜いて、差し芽にして畑に植えておきます。そうやって育てたものを家に持って帰り、皮をむいてから軽く湯にさらして茹で、灰汁抜きします。もとはクセがあるものなんですが、それに三杯酢をかけて食べると、けっこう美味い酒の肴になるんです。もっとも、これを喜んで食べているのは、家の中でもぼくぐらいのものですけど(笑)。

◇

わたしが耕している畑は、自宅がある奈良県河合町から車で三十分ぐらいのところにあります。大阪府の富田林市内です。ここは作り手がいないものだから、ぜひ作ってほしいと先方から頼まれて無償で借りている土地なんです。

畑をやっていると、どうしても生活が規則正しくなって健康的になりますよ。わたしは朝は毎日四時半頃に起きるんですが、いまくらいの暑い時期だったら、朝食を済ませるとすぐに車で畑に行って、午前中の涼しいうちに耕します。そして十一時ぐらいになると、さっさと作業は切り上げて家に帰り、お昼を食べます。それから昼寝をするんです。

午後からは自分の好きなことをして過ごします。ぼくは地域でやっているターゲット・バードゴルフの会に入っているんですが、その練習に行ったりすることもあります。

雨の日は畑には行きません。そういう日は家の中でカゴ編みや棚作りといった趣味と実用を兼ねた大工仕事をすることが多いんです。だから、何もせずになんとなく日を過ごすということはないですね。

それから、ぼくは畑では機械類は一切使いません。最近では小型耕耘機なんていうのもありますけど、そういうものも持っておらないんです。畑はぜんぶ手クワで起こします。もっとも、いまぼくが耕している畑は六枚の棚田に分かれていて、機械には向いていない土地です。

もし機械が使える土地だとしても、やっぱり手でやると思います。機械でやったとしても、あっという間に終わってしまうほどの広さだからです。これでは定年後の楽しみにはなりません（笑）。それに畑仕事は筋力を維持するためのトレーニングだと考えているんです。

一日たった数時間の作業だろうと思われるかも知れません。でもクワをふるっていると、夏場でなくてもかなりの汗がポタポタと出てきます。いつも替えのシャツを畑に持って行って、作業が終わったらその場で着替えるんですが、いまみたいな夏場だったら、脱いだシャツを両手で絞ると水分が垂れてきますから。

楽しみ程度でやっている畑仕事とはいえ、それなりの手順や準備もあります。水をやったり、肥料をやったりとか、畝を立てたりだとか。これからの時期なら秋野菜を育てるのに必要なシートをかけたりします。夏には雑草があっという間に生えてしまいますから、その対策も必要です。除草剤は使いません。クワで草に土をかけて、日が当たらないようにして枯らしてしまうんです。

作っている野菜の量は品種ごとにそれぞれ一畝ずつほどです。わが家は夫婦ふたり暮らしですから、本当はもっと少量でもいいんです。でも作物には最低量というものがあって、一株や二株ずつというわけにはいきません。だからダイコンやニンジンは畑からとってくると、生のまま千切りにして天日で乾燥させておきます。そうしておけば、野菜が少ない冬場でも水で戻せばすぐにみそ汁の具なんかに使えますから。

それでも畑で採れた野菜類をぜんぶ食べ切ることができません。だから余った分は親戚や知人に送って食べてもらっています。また土地を借りている家に持っていったりすると、これがけっこう喜ばれるんです。うちの野菜は形が多少いびつですけど、それでも採れたての新鮮な野菜には違いないわけです。

また、畑で採れた野菜を原料にして、いろいろな加工食品を作っています。うちで使っている味噌と野菜ジュースはぜんぶ自家製です。これがわが家の自慢なんです。ここ数年は味噌と野菜ジュースは買ったことがありません。

とりわけ、しそジュースはわが家の健康の秘訣です。しそは一番最初に採った葉を使って梅干しを漬けます。二番目の葉はこれを絞ってジュースにします。また、しそは九月になると実をつけるので、しそ漬けという佃煮にします。これはよくご飯に合うんです。また味噌に漬けたりして味付けを少し変えるだけで、かなり違った風合いの佃煮が楽しめます。

これがわが家で作った自家製のしそジュースです。ほのかな淡いピンク色をしているんです。なかなかきれいな色でしょう? しその葉を絞ってすぐにクエン酸と砂糖を加えると、こんな色になるんです。しそジュースは毎年、八升ほど作っています。

それから例年、十二月くらいになると今度は大豆が穫れます。それを一昼夜ほど水に浸しておいてから鍋でふかします。そうやって柔らかくしたものを、今度は肉をミンチにする機械にかけてつぶします。これに米麹を合わせて塩をふって一年ぐらい寝かしておくと、いい味噌に仕上がります。

わが家ではここ数年、味噌の仕込みをしないと正月が越せなくなりました。正月の雑煮も、もちろん自家製の味噌を使ったものです。そうやって自家製の味噌を作り始めてから、もう七、八年ほどになります。

味噌づくりを始めたきっかけですか? もともとは、うちの家内が婦人会で作り方を習ってきたんです。それがたしか昭和五十五年頃のことでした。当時は大豆は婦人会で共同購入したものを使い、作業も共同でやっていました。そのうちぼくが野菜を作るようになってから、家内から「大豆は作れないの?」って言われたんです。

そうして始めた味噌づくりは、まるで手前味噌の話になってしまうけれども(笑)、なかなかいい味を出しているんです。けっこう自分の舌になじみます。なにしろ、自分の好む塩加減にできるわけですから。味噌作りは、ひと昔前まではどこの農家でもやっていたことです。味噌は買わずに家で作るものでした。

わが家では、しそジュースを作るのは家内の仕事、味噌づくりはぼく、と分担が決まっているんです。味噌はたくさん作りますし、大豆を練るには力も要りますから。それでも最初の頃に作っていたのは十キロほどだったんです。いまは毎年、四十キロから五十キロぐらい作るようになりました。

そんなに作ったところで、ぜんぶは食べ切れません。これも、近くに住んでいる長男宅や東京にいる次男のところとか、それ以外にもあちこちに送っています。麹の代金なんて知れたものなんですが、意外と高くつくのが宅急便の送料です。それでも、喜んでもらえるのが嬉しいものだから、作る量が年を追うごとに、ついつい増えてしまって(笑)。

◇

味噌づくりと畑仕事に共通していることは、なかなか思った通りにはいかないということです。どちらも最初は失敗続きでした。

畑のことで言うと、初めの頃によくやられたのが野ウサギです。大豆がちょうど芽を出したばかりの時期にやって来て、発芽したばかりの芽をぜんぶ食べてしまうんです。ニンジンやインゲンマメもよくやられました。やっぱり一番の好物なんでしょうなあ。それからカラスもやって来ます。カラスはトウモロコシ、トマト、スイカなんかが大好物です。

そういうものを作る時には、ネットを張ったりして防御しないといけないんですが、最初はそんなことは知りませんでした。トウモロコシなんて、なんぼ一生懸命に世話をしても、収穫するとぜんぜん実がないんです。どうしてうまく育たんのかなと思っていたら、カラスに食べられていたことがわかりました。

それまで農業経験がまったくなかったかというと、そうでもないんです。じつは、ぼくは若い時分に農業の訓練を受けていたことがあるんです。

戦時中の日本には「満蒙開拓義勇隊」というものがありました。これは学校を出たばかりの若い世代が当時、中国の満州、つまりいまの東北地方やモンゴルに移住して、山林を開拓しては農地にするというものです。当時の国の方針に沿って作られた国策の組織です。

高等小学校を昭和二十年に出て、その開拓義勇隊を希望したところ合格しました。この年の三月に茨城県水戸市内にあった内原訓練所というところに入りました。ここでまず農作業のやり方を仕込まれて、そのあと中国に行くことになっていたんです。

ところが、この年の八月十五日に終戦になってしまいました。満州に行く前に義勇隊が解散することになったんです。その間、たった五カ月ほどでしたが、当時のことはいまでもよく覚えています。

広場に集まって玉音放送を聞いていると、同じ訓練所にいた兵隊が泣き出しました。「日本が戦争に負けた」と言うんです。でも、当時のぼくには放送が何を言っているのかよくわかりませんでした。そもそも戦争に勝つ、負けるということの意味がよくわからなかったんですから。

訓練所の生活については、いまも鮮烈に記憶に残っています。ぼくにとって訓練所での生活は楽しいものだったという印象があります。なにしろ食べることを心配する必要がありませんでしたから。

訓練所に入る前は大阪に住んでいました。十二人兄弟の十二番目です。小学校の教師をしていた父親は昭和十五年に死にました。母もそれ以前に亡くしています。

長男、次男、三男は兵隊に行ってしまい、あとに残った年の若い兄や姉たちと一緒に生活していました。いまから考えても、その頃の暮らしぶりは相当たいへんなものでした。いつも腹を空かせていて、何かを腹一杯に食べたという記憶がありません。ほとんど米の入っていないお粥や雑草みたいなものを食べては空腹を紛らわせていました。

水戸の訓練所に行ってからは、毎日の生活に張りがありました。けっして満足できるものではなかったものの、農作業さえすれば日に三度の食事にありつくことができましたから。それに生活そのものも楽しかったんです。ぼくは集団のなかではわりと上手く振るまえる方でしたから。作業の時には班長に指名されたり、教官からほめられることも多かったんです。

一日の作業が終わると、訓練生は寮に帰ってから農機具を洗うことになっています。そんな時も、わたしは率先してやっていました。また農作業に使っていた牛や馬を川に連れて行って洗ったりすることも自発的にやってたんです。すると教官がほめてくれます。ほめられれば、もっとうまくやってやろうと考えます。訓練所では歩兵銃を持って行う軍事訓練もあったんですが、そんな日々がぼくにとってはとても楽しいものだったんです。

いまでもおぼえていることがあります。天秤棒と桶を使って畑に下肥えを撒く作業をしていた時のことです。ぼくは体が小さかったものだから、バランスを崩してひっくり返ってしまったんです。下肥えを頭からかぶって、上から下までビショビショになってしまいました。それを見た中隊長があわてて走って来ました。そして「だいじょうぶか」と声を掛けてくれたんです。ふだんは厳しい中隊長が、この時は「今日はもういいから、寮に帰って風呂に入れ」と言ってくれました。あんなに優しい言葉を掛けてもらったのは初めてでした。その時の嬉しさは忘れられません。

いろいろと悪さもしましたよ。訓練所は軍隊の形態をとっているので、夜間は交代で歩哨に立つんです。その見張りの番が何日かに一度まわってきました。そういう時は、こちらも育ち盛りなものだから腹も減っています。こっそり畑に入ってキュウリやトウモロコシを生のままでかじったこともありました。

◇

戦争が終わると大阪に引き揚げてきました。その頃にも、しばらく農業をしていたことがあります。終戦になった年の十二月頃から四年間ほど、自分が卒業した小学校の校長先生のお宅に住み込んで畑を耕していたんです。

大阪に戻ってすぐ、校長先生に「これから、どうしたらいいでしょうか？」と相談しに行ったんです。すると「うちの畑を耕しながら時期を待ちなさい」と言われました。校長先生のお宅では、息子さんたちが戦争から帰って来なかったので、畑の耕し手がいませんでした。畑をやりながら校長先生から勉強を教わり、経済が回復するまでお世話になっていました。その時期も、ぼくにとってはおもしろいものでした。

なにしろ巷では食料難でしたから、とにかく野菜を作れば何でも飛ぶように売れたんです。売れるからまた作るといういい循環がありました。この時期は、いまから考えても、とても充実していました。

いまこうやって野菜を作っているのも、たぶん「野菜を作っておれば生きていける」という意識がぼくのどこかにあるからでしょうねえ。畑に行けば食べ物がいつでもある。そのことがぼくらの世代には大きな安心感になっているようなところがあるんです。

そうやって校長先生のお宅で世話になっているうちに、景気もだんだん回復してきました。大阪ガスに入社したのが昭和二十五年の十月でした。

会社にいた時は、都市ガスを天然ガスに転換する仕事を長く経験しました。カロリー調整といって、お客さんの家を一軒一軒訪問しては火力を調整するんです。大阪府内の高石市から始まって、東大阪市、京都市、草津市と順番に作業していきました。さらに大阪市内まで行くと、ここは戸数も多いので長い時間がかかりました。そのあと神戸で作業をして、最後は高槻支社でガス器具の修理を担当している時に定年になりました。

仕事で一番つらかったのは京都まで通っていた時期です。大阪に隣接した、いまのこの奈良の自宅から京都まで通勤するのはたいへんなことでした。朝は始発電車に乗って、奈良経由の近鉄線で京都まで行きます。しかも当時は現場の責任者もしていましたから、自分の仕事が終わったからといって、さっさと帰るわけにもいきません。家に帰り着くのはいつも終電近くになっていました。

そんな生活をしていても、絶えずどこかで農業のことを考えていたようなところがありました。その機会を再び与えてくれたのも、やっぱり校長先生でした。

たまたま昭和五十年頃に、いまの家に移って来た時にあいさつに行ったところ「またうちの畑をやってくれへんか?」と言われたんです。でも、当時はまだ会社に勤めている最中だったので、たくさんはできません。二十坪ほどの広さから始めて、だんだん広くやれるようになりました。いまの広さの土地を耕すようになったのは定年になってからです。

ぼくにとって農業はまったくの楽しみでやっていることです。出荷は一切していませんから、同じ野菜づくりとはいっても、売るために作っている人とはだいぶん違うと思うんです。売れる野菜を作ることは、並大抵のことではないと思います。売れる野菜を作るには、味よりも見た目が大事です。虫が食わないよう農薬を頻繁に散布したり、大きさを揃えたりしないといけません。おまけに天候などの要因によって出来、不出来が左右されるわけなので、農業収入で食べていくことのたいへんさは想像がつきます。

うちの野菜は虫喰いもありますし、大きさもバラバラです。でも、それと味とは関係ないですからね。自分が食べておいしいと思い、人にあげて喜ばれる野菜を作る方が、よっぽど純粋に畑仕事を楽しめるんじゃなかろうかって思っているんです。

畑仕事をやっていると、いろいろなことが思い浮かんできます。体というのは本当に不思議なものだと思うんです。ぼくがクワの使い方を教わったのは五十年以上も前のことです。そんなものは、もうすっかり忘れてしまったと思っていました。ところがやってみると、体はちゃんとおぼえているんですから。

また畑仕事をしていると、はるかむかしの子どもの時分のことをふと思い出すことがあります。同級生がこんなことをやったとか、こんなことをして教官にほめられたとか。これはいったいどういうわけなんでしょうかねえ。

この年になっても畑仕事が楽しいのは、かつてのそんな子どもの頃の遠い記憶と出会えるからではなかろうか。そう自分では思っているんです。

本の自費出版と日記で人生を振り返る

日記をつけるという行為には不思議な魅力があります。

間山久（72歳）
元高校教員・栃木県

定年になってから三冊の本を出しました。まず勤めを退職した七年後に『花のあとさき』という本を書きました。そのあと『私の文章教室』と『私の戦中日記』という本を、それぞれ自費出版したんです。『花のあとさき』は人生のいろいろな記憶を文章にしたもので、いわゆる自分史です。子どもの頃の思い出から始まって、高校教師として教壇に立っていた時のこと。結核になって療養生活を送っていた時のこと……。次の『私の文章教室』もその延長線上で書いたものです。

一番最近にまとめた『私の戦中日記』を出した時には、思いがけない反響がありました。あちこちから問い合わせがあって、ぜひ送ってほしいと言われました。おかげでいまでは手元に二冊ずつしか残っていません。

自分で本を書くまでは、本を書き上げるということがこれほどたいへんなこととは思っていませんでした。若い時から本を読むのが好きだったので、これまでいろいろな本を読んできました。でも、それまではなんとなく読んでいたようなところがあったんです。読むことに比べて書く労力のなんと大きいことかということを痛感しました。

本を書く秘訣ですか？　材料を集めたネタ帳のようなものがあるんです。じつを言うと、中学生の頃から今日までずっと日記を書き続けています。書くことは長い間の習い性になっているんです。

『私の戦中日記』は若い時の日記を一冊にまとめたものです。わたしは戦時中は旧制中学に行っていたんですが、見聞きしたり考えたりしたことを日々の日記に綴っていました。それをそのまま、まったく手を加えることなく活字にしたのがこの本です。ひとりの中学生が見た当時の記録としてまとめ、何か世間のお役に立てればと考えてのことでした。わたしにとって書くという行為の原点は、中学生の頃から続けている日記にあると思います。

たかが日記と思われるかも知れません。でも、日記を書くという行為はけっこう奥が深くて、不思議な魅力があるものです。日記をつけることに、わたしの定年後の生活のすべてが凝縮されていると言ってもいいかも知れません。

◇

わたしが日記をつけ始めたのは十四歳からです。かれこれ六十年近くつけていることになります。そのきっかけは、父親が年の暮れに一冊の日記帳をくれたことでした。

ある日、父が博文館が出していた日記帳を買ってきて日記を毎日書くように言ったんです。わたしは当時、東京都内の旧制中学に通っていました。わたしには二人の兄がいて、三人の子どもたちには毎日やるべきことが決まっていました。朝には玄関から新聞をとってくるとか、廊下をぞうきん掛けしてから学校に行くとか、そういうことを言われていたんです。

でも父から日記を書くように言われたのはわたしだけでした。だから日記を書く習慣があるのも、兄弟のなかではわたしだけです。どうして父がわたしにだけ日記を書くように言ったのか。その理由はいまだによくわからないのですが、当時の日記の一冊目の最後にはこう書いています。

《明日一日で昭和十九年の元旦を迎えるのだ。お父さんが今日、来年の日記帳を買ってきてくれた。昨日書くのを忘れてしまったが、来年も毎日、日記を

つけようと思う》

その頃の日記の内容ですか？　どうしても日々の出来事が中心でしたが、時代が時代でしたから、戦争の状況なんかが多かったですね。「大本営発表」というものが新聞に載っていたんですが、それを写したりしていたこともあります。

ここに持って来た当時の日記帳を見てもらったらわかりますが、空白部分のところどころには絵を描いたりしています。ここに描いている飛行機は、当時の陸軍が使っていた双発型のタイプです。その頃、わたしは軍用飛行機が大好きだったんです。わたしはどちらかと言うとお国のためにという意識が強い子どもだったと思います。子どもなりに、日本をどうやって守ったらいいかということを真剣に考えていました。また当時の雰囲気としては、それが当たり前のようなところがありました。

それで昭和十九年九月には旧制中学を途中でやめて、海軍の甲種飛行予科訓練生に志願しました。終戦を迎えたのは石川県の小松市で訓練を受けていた時でした。

さっき言った『私の戦中日記』には昭和十九年と二十年の分は含まれていないんです。日記は書いたんですが、戦争が終わった時に日記や記録類はぜんぶ燃やすようにという軍の命令があったものですから、それに従ったんです。

戦争が終わって引き揚げてきたのが、いま私が住んでいる栃木県です。母方の実家が栃木県の鹿沼市にあったので、こちらに移ってきて宇都宮中学の三年生に編入しました。中学を四年で卒業したあと、宇都宮農林専門学校に進みました。これはいまの宇都宮大学農学部の前身にあたります。ここを卒業したあと高校の先生になりました。担当科目は農業です。

こうやって当時の日記を見返してみると、いろんなことを書いています。当時の農業高校には訪問授業というのがありました。生徒の家に行って、その家で飼っている牛や豚を教材にして生徒にマンツーマンで教えるんです。わたしにはこれがたいへんな負担でした。なにしろわたしは東京育ちです。家畜や農業についての知識はあっても、実際に見たり世話をしたりした経験がありません。だから下手をすると生徒の方がよく知っているわけです。

慣れない農業指導に四苦八苦しながらやっていると、訪れた生徒の家では「接待です」と言って砂糖をくれました。色も形もついていない、そのままの砂糖を手のひらにのせてくれるんです。食糧難の時代ですから、お菓子なんてありません。砂糖が貴重品だったので、それが農家なりのもてなしだったんです。割った生卵を飲めと言って出してもらったこともありました。

この時期は生活物資が極度に困窮していました。それでも日記を書くことだけは続けていました。もちろん日記帳なんて手に入りませんから、大学ノートを横書きにして日々の雑感を綴っていました。

わたしはひとと比べてそれほど波乱に富んだ人生を送ったとは思いません。ただ、それなりに紆余曲折のある人生だったと思います。そのひとつに、結核になって一年半の療養生活を送った時期のことが挙げられます。

結核になる少し前から、その予兆のようなものはありました。生徒とはよくグラウンドで駆けっこをしていたんですが、ある時期から生徒に負けるようになりました。自分から兵隊に志願するくらいなので体力には自信があったんですが、すぐに疲れるようになってきたんです。それから内ポケットに入れた手帳が重く感じられて仕方がないんです。

おかしいなあと思って病院で診てもらったところ、結核だと診断されました。そして東京の中野にあった結核専門の療養所に入院することになったんです。絶望のどん底につき落とされた気分になりました。

その当時、結核はまだまだ死亡率の高い病気で、私と同部屋の人も次々に死んでいくわけです。十人以上いる大部屋に入れられたんですが、結核患者がひとり亡くなるとまた新しい患者が運ばれてくる。そんな光景は当たり前のことでした。

当時の日記を見ると、昭和三十年の十月十二日に結核と診断されて、中野の療養所に入ったのが翌年の二月です。療養所では右肺の三分の二を摘出する手術を受けたんですが、その直前は不安で不安でたまりませんでした。手術の前には死んでも文句は言わないという念書にサインを求められました。

明日はいよいよ手術という日のページを見ると、次のような意味のことを書いています。

《療養所の塀の外では酔っぱらいが黒田節を唄っている。世間の連中はいい気なものだ。たった一枚の塀によって区切られたそのこちらには、生きるか死ぬかの手術を受けようとしているわたしがいる。彼我の差はこれほど大きいのだ》

とにかく療養所では何もすることがないんです。運動や散歩をして気分転換することもできません。とにかく安静にしていないといけませんです。午後になると何もせずに寝ているという時間というのがあったんですが、この時間は本を読むことも許されていませんでした。それなら眠ればいいじゃないかと思われるかも知れませんが、昼間寝てしまうと、今度は夜に寝られなくなります。だから昼は何もせずに、ひたすら安静につとめる。そんなつらい日が毎日続いたわけです。

いま考えると、この時期ほど日記に救われた時期はありません。ベッドで寝ていると、いろいろな考えが頭の中をめぐってきます。どうして病気になってしまったのか。生徒と一緒に遊んだり勉強したりする日は再び来るのだろうか——。世の中から一人だけぽつねんと取り残された気分になって、不安と焦りで頭の中は混沌とするばかりです。

そんなやりきれない思いを日記帳にぶつけることで、なんとか自分の気持ちを整理することができ、辛うじて冷静さを保つことができました。日記を書くことで、ずいぶんと救われたような気がします。

◇

自分がこれまで生きてきた過去の道筋を一冊の本にまとめてみようと思うようになったのは、その作業が自分を見直す機会になると思ったからです。直接のきっかけは、定年になって時間ができたことでした。

六十歳で定年になったあと、教育委員会の嘱託職員になりました。週に三日出勤して、教員の研修カリキュラムを作る仕事です。以前と比べると、時間にもずいぶん余裕がありました。

書き始めるにあたっては、NHKの自分史講座を受講することにしました。ＮＨＫといってもテレビ放送とは関係ありません。この通信講座では、月に一度出される課題に合わせて書いた原稿を郵送すると、それが添削されて戻ってきます。書くのは一回あたり十枚です。わたしには書きたいことは山ほどありました。過去の出来事については、日記帳を見ればすぐに思い出せます。毎回十枚に収めるのに苦労したほどです。いつも削りに削って、なんとか十枚にしていました。

苦労した点といえば、当事者でもない第三者にどうやったらその内容をきちんと伝えられるかという点についてです。このため原稿には何度も何度も手を入れました。そうやって毎月書いていくうちに、だんだんとリズムもつかめるようになってきました。

添削された原稿が返ってくるまでにかかるのは、だいたい十日前後です。家にいる日は、郵便配達がバイクでやって来る午後になると気もそぞろです。届いていないかと、わざわざポストまで見に行くほどでした。

そうやって自分史講座を三年ほど続けたところで、書き綴った文章もそこそこの量になってきました。これだけあれば、なんとか一冊の本にすることができます。ここから先はとりたててむずかしい作業ではありません。書きためた原稿を並べ替えればいいだけです。章立てを考えてテーマごとにまとめていきました。

ここに実際に出来上がった本があります。目次を見ると、第一章から第五章までの構成になっています。苦心したのは、できるだけ興味を引く内容にするということでした。そのためには、ただ時間の経過順に並べるのではなくて、関係のない人が読んでも引きこまれるよう、自分なりに工夫を凝らしたつもりです。

具体的に説明すると、第一章は「最近のこと」、つまり退職前後の思い出が中心です。第二章が「病気の前後」で、これは結核の闘病記です。第三章が「少年時代」、第四章は「死んだ人」、ここでは両親や兄たちについて書いています。第五章は「エピソード」としました。第四章までに入らなかったさまざまなことについて書いています。例えば、交通事故をおこしてしまって、バイクの女性をはねてしまったことがありました。その時の状況などについて書きました。

　出版を依頼したのは東京都内にある出版社です。NHKの自分史講座で紹介されたところで、原稿を渡して半年ほどの間にゲラ刷りに二回、目を通しました。本が刷り上がったのが平成六年の三月です。完成したものは親戚や友人、それから在職中にお世話になった人たちに送りました。三百冊刷ったうちの半分ぐらいを、そうした方々に送ったように記憶しています。

　送って一週間ほどたった頃に、わたしのもとにはさまざまな反応が寄せられました。「本に出てくる誰々さんはわたしも知っている」という感想も多くありました。こういう自分史のおもしろいところは、読者がよく知っている知人や出来事が出てくるところではないでしょうか。反対に言えば、知り合いでもない人にとっては関心がない、どうでもいい話ばかりかも知れません。

　本にまとめたといっても、たんなる個人的な身辺雑感を綴ったものに過ぎないわけです。どこまで一般の人たちに共感してもらえるのかという危惧もありました。そういう意味では、まずまずの反応があったことは大きな喜びでした。まずは本を一冊書き上げるということを定年後のひとつの目標にしてきたわけですが、いろいろな感想が寄せられたことでその苦労が報われたような気がしました。

　反響ということでいうと、三冊目にまとめた『私の戦中日記』の方がはるかに大きなものがありました。こちらは昨年の六月に出したんですが、地元の新聞に紹介されたこともあって、知人だけではなくて、見知らぬ人からも送ってほしいという連絡がありました。

　寄せられた感想もさまざまでした。「山田風太郎が書いたのは不戦日記だったけど、あなたのは戦争バンザイ日記だね」と言った知人もいます。私のような凡人にとっては仕方のないことだと思います。あの時期は戦争礼賛の時代だったんですから。

「山田風太郎のを読んで君のを読むと、同じところがたしかにある。それは天気だ。風太郎が『東京は晴れ』と書いているので、君のを見ると『晴れ』と書いてある。合致すべきところは、ちゃんと合致している」と言った人もいます。いろんな読み方をする人がいるものです(笑)。

ともあれ、わたしの書いたものが有名作家のものと比べられるなんて、これは夢にも思っていませんでした。それだけに、こういう感想をもらってどこか面映ゆい気持ちになりました。

反応はこれだけに留まりませんでした。『私の戦中日記』を出したことで、京都の立命館大学で催された「戦争を考えるシンポジウム」の語り手のひとりとしてお呼びがかかったんです。戦争体験者として、聴衆を前に当時の記憶をたどりながらお話しました。

さらに大学の事務局ではその時の内容を小冊子にまとめたんですが、それを見た新聞記者がわたしのところに戦争中の話を聞かせてほしいと言ってやって来ました。その時の話は今年の終戦記念日に石川県の地方紙に掲載されました。

◇

これらわたしが書いた本は、不特定多数の読者に読んでもらうためのものではありません。書店で扱っているものではありませんから、あくまでも関係者向けのものです。それでもいろんな感想が寄せられます。なかには「明日読もうと思って一ページ目を開いたところ、ついつい面白くて一晩で読んでしまいました」と言ってくれた人もいます。

でも、それはあくまでも結果であって、読み手のためというよりも、自分のために書いているという要素が強いんです。

本を書いたところで、これが収入に結びつくわけではありません。むしろ逆に持ち出しになるんです。一冊目の『花のあとさき』は三百部、一番新しい『私の戦中日記』で百部は印刷しましたが、それぞれ百万円近いお金がかかっています。なのに、なぜ本を出そうとするのか不思議に思われるかも知れません。

ただの自己満足と言ってしまえばそれまでです。でも本にすることで安心することができる部分がわたしのなかにあることも否定できません。活字にすることによって、これで忘れてしまえると思えるものなんです。

人間は誰でも生きている以上、その時々の思い出というものがあります。自分がこの世の中を生きてきた証しとして、いろいろな出来事を忘れてしまいたくない。そういう思いがあることは誰にでも思い当たるのではないでしょうか。

しかし人間の記憶力ほど不確実なものはありません。年をとればとるほど、過去のさまざまな出来事は忘却のかなたへ行き去ってしまいます。そうしたいろいろな出来事を活字にすれば、もう記憶しておく必要がなくなるわけです。忘れ去っても、また取り出して読み返せばいいわけですから。

また、その人が死んでも活字は残ります。わたしという人間がこの世からいなくなったあとも、その人が書いた本は存在し続けます。家族や知人たちが、ことあるごとにページをひもといてくれたら、わたしはいつまでもそこにいるわけです。

わたしはいまも毎日欠かさず日記を書いています。わたしの日記にはちょっとした作法があるんです。他人とは少し違ったやり方かも知れません。

まず、その日の夜に、一日にあったことを思い起こしながら下書きをします。いきなりペンで書くことはせず、鉛筆で下書きをするんです。それを翌日の朝にもう一度見直して清書します。そういうやり方をずっと続けているんです。現在の日記の内容ですか？　最近は「日々これ平穏なり」と書くことが多くなりました。

以前はいろいろなことを書いたものです。仕事のこと、妻や子どものこと。書くことは多岐にわたっていました。でも、いまは仕事もしていませんし、子どもも独立しましたから、それほど書くことがあるわけではないんです。隠居の身なので、社会との接点も多くありません。この前みたいな大きな事件があると「アメリカでテロがあった」と書きますが、それもほんの一行だけです。時事評論みたいなことを書いても仕方がありません。

例えば、今日なら「定年後」というテーマで話を聞かせてほしいという人が来たということを書きまその人は事前に予想していたよりも若い人だったとか、それからうちの庭を眺めて紅葉がきれいだと言ってくれたとか、そういうことを書くと思います。

いま話をしながら、ふと母のことを思い出しました。わたしの母は昭和四十年に脳溢血で倒れてしまい、それ以降ボケ始めました。この家の奥の間で「私の家はどこ?」と言っていたのをおぼえています。

その時期から介護が必要になったんですが、その頃から母も日記を書き始めたんです。リハビリを兼ねてのことだったんでしょう。そんな状態ながら、母はノートに毎日の出来事を記録していました。書き始めの頃は、それでも小さな字で比較的きっちりとしたことを書いていました。ところが日がたつにつれて、だんだんと字も大きくなってきて、内容も小学生の日記みたいになっていきました。

母が死んでから、その日記を何気なくパラパラと見ていると、こんなことを書いてあるのを見つけました。

《文字を書き残せば、私は朽ちない——》

それを見て、わたしが考えているのと同じことを母も考えていたんだなあと思いました。いま毎日、こうやって日記を書くという行為がこれほど安らかな気分をもたらしてくれるのは、そういう理由からかも知れません。

あとがき

この本の取材にかかっていた昨年の夏は、例年にない記録的な暑さだった。そのさなか、お盆の時期に所用のついでに帰省したところ、昭和十二年生まれの父親が家の庭木の手入れをしていた。

父は強い日差しを避けるために、眉毛まで隠れるようなスキー用の大型サングラスをかけ、わざわざこのためだけに買ったらしい大型脚立にまたがって慣れない手つきで剪定ばさみを使っていた。地面に置いたラジカセからは、定年になってから行き始めたという混声合唱団の練習曲をBGM代わりに流しながらパチン、パチンとやっていた。

父は六十歳で勤めを定年になり、その後は関連する職場に週三日ほど出ていたが、いまではそれも離れて現在はこれといって仕事につかない日々を送っている。庭木を刈るその姿は、一見したところ、定年後の悠々とした自適の日々のように思われた。

翌日、用を済ませて再び実家に戻り、ふと庭先を覗いてみると、父は庭木の剪定を続けていた。すでにお盆も中日を過ぎかけているというのに、相変わらずのんびりした調子で作業をしているのである。けっきょく庭の手入れに三日ほどかけたようだった。その様子を眺めながら、私は半ばあきれてしまった。いくら定年後のつれづれにやっていることとはいえ、庭一軒の手入れに二日も三日もかかっているようでは、シルバー人材センターの仕事だって務まらないだろう。いまどきの六十四、五歳といえば、さらにひと花もふた花も咲かせられる年齢である。そういう人たちの話ばかりを求めて訪ね歩いていた時の私からすると、わかりやすい生き甲斐や目標もなしに日々を送っている父親の定年後に、どこか物足りなさを感じてしまったのだった。

はたして父親が幸福な定年後を送っているかどうかは私にもわからない。これといって何もしていない日々を過ごしているからといって、他人には理解できないその人なりの喜びや楽しみというものがあるかもしれない。

そもそも定年後をどう過ごすかなんていうことは、つまるところ人それぞれであって、これが正しいとか、かくあるべきなんていうものでもないだろう。そういうことを考え併せると、この本に登場していただいた人たちは、少なくとも他人の目には理解しやすい例ばかりかもしれない。話はぜんぶで六十一人の方々から伺ったが、結果的に四十七人の物語になった。

四十七人といえば、すぐに思い浮かぶのは四十七士である。定年後という時期を迎えるのに欠かせないものをひとつ挙げよと言われれば、それはある種の侍魂ではなかろうか。ただし、それは元主人の仇討ちに奔走する赤穂浪士のそれとは違う。定年後に必要なのは映画『七人の侍』に出てくる浪人たちのように、自分が描いた理想郷の実現を信じて果敢に現実に立ち向かってゆく信念と勇気だろう。

年をとることだけは経験できない、という言い方がされることがある。定年も同じかもしれない。いくら話を聞いたり計画を立ててみたところで、けっきょくその時になってみないとわからない。つまり定年はすべての人にとってフロンティアなわけである。定年という未知の世界に対して挑戦していく〝開拓者〟こそが、個性的でユニークな定年後を実現させているということだろうか。

さまざまな話を聞きながら思ったのは、定年後というものは定年になったとたんにどこかから突然降って湧いたように始まるものではないということである。その人がどんな幼少期を送ったかということと大いに関係があるように思われた。

成人してからの四十年間は、どうしても生活を成り立たせるということを抜きにしては考えられない。生きていく手段としての仕事というものがあるわけである。仕事を勤め上げ、子育ても終えて、ようやく年金がもらえる立場になり、さあ、これから何をやろうかということを考えるようになった時に、自分が子どもの頃に好きだったことがふと頭に思い浮かぶものなのだろうか。一種の「子ども返り」を楽しめるのが定年後という時期なのかもしれない。

幼少時代にまで遡らなくとも、勤めをしていた頃の内容となんらかの関わりがある場合もある。職業は人間を陶冶すると言われるが、長年にわたってやって来たことが勤めを辞めたあとにも形を変えてでも活かされているのであれば、その人にとって仕事はたんなる生活の糧を得るための労働以上のものだったと言えるだろう。

話を聞いていくなかで、もうひとつ印象的だったことがある。とりわけ男性の場合には、重要な決断やターニングポイントになると、たいてい奥さんが登場してくるということである。定年後をどう生きるかという問題は、多くの場合は会社組織から別の世界へ抜け出すということとイコールである。その際にどうしても妻の存在を避けて通ることができないのだろう。あるいは会社を離れたことで、やっと妻の元へ帰れるということなのだろうか。いずれにしても、定年の際に再登場してくる妻というものの存在は思っていた以上の比重を占めているようだった。

本書で書いた話は昨年の五月から十二月までの期間に伺った。登場する方々の年齢は話を聞いた当時のままとした。何時間にもわたって私の質問にていねいにお答えいただいたすべての方々に感謝したい。

同業の阿古真理さんには取材の準備やアイディア出しなどでお世話になった。また晶文社編集部の島崎勉さんには、この本を世に出すきっかけを与えていただいた。要所ごとに的確なご示唆をいただいたことについても、あわせて感謝の意を示したい。

平成十四年四月

足立　紀尚

著者について

足立紀尚（あだち・のりひさ）

一九六五年、兵庫県生まれ。明治大学文学部卒業。毎日新聞記者、高校教師などをへてノンフィクションライターに。経済、文化、医療介護などをテーマに執筆している。

幸福《こうふく》な定年後《ていねんご》

二〇〇二年六月一〇日初版

著者　足立紀尚

発行者　株式会社晶文社

東京都千代田区外神田二－一－一二

電話東京三二五五局四五〇一（代表）・四五〇三（編集）

URL http://www.shobunsha.co.jp

堀内印刷・稲村製本